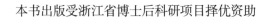本书出版受浙江省博士后科研项目择优资助

浙籍留美学生与浙江近代高等教育早期现代化研究

张睦楚◎著

A Study on the Students Studying in US
from Zhejiang and the Early Modernization of
Zhejiang Higher Education

ZHEJIANG UNIVERSITY PRESS
浙江大学出版社
·杭州·

图书在版编目（CIP）数据

浙籍留美学生与浙江近代高等教育早期现代化研究 /
张睦楚著. —杭州：浙江大学出版社，2024.4
ISBN 978-7-308-24842-6

Ⅰ.①浙… Ⅱ.①张… Ⅲ.①高等教育—教育现代化
—研究—浙江—近代 Ⅳ.①G649.295.5

中国国家版本馆 CIP 数据核字(2024)第 079354 号

浙籍留美学生与浙江近代高等教育早期现代化研究

ZHEJI LIUMEI XUESHENG YU ZHEJIANG JINDAI GAODENG JIAOYU ZAOQI XIANDAIHUA YANJIU

张睦楚　著

责任编辑	陈思佳
文字编辑	刘婧雯
封面设计	雷建军
出版发行	浙江大学出版社
	（杭州市天目山路 148 号　邮政编码 310007）
	（网址：http://www.zjupress.com）
排　　版	杭州青翘图文设计有限公司
印　　刷	杭州高腾印务有限公司
开　　本	710mm×1000mm　1/16
印　　张	24
字　　数	418 千
版 印 次	2024 年 4 月第 1 版　2024 年 4 月第 1 次印刷
书　　号	ISBN 978-7-308-24842-6
定　　价	98.00 元

前　言

一

"一部民国史,半部在浙江。"此言极好地说明了浙江对民国时期中国的重要影响。近代以来,西学东渐,留学教育逐渐兴起,浙江在派遣留学生方面占得先机,成为我国各省份中派出留学生较多的一个省份。此后,江浙成为人文重心,众多沐浴欧风美雨的学人归国后对浙江各方面产生了重要的影响,尤其是对浙江高等教育早期现代化做出了极大的贡献。据梅贻琦、程其保所著《百年来中国留美学生调查录》一书所提供的资料,1845—1953 年,中国共有留美学生20636 人,其中,浙江籍学生有 757 人,其数量位居全国各省份派出留美学生的前列。另据《清华大学校史资料》,仅 1909—1929 年,通过清华大学而派出的浙江籍庚款留美学生就有 157 人,位列全国各省份第三位。这个数字,当然未包括浙江省官费和自费,以及其他渠道而留美的浙籍学生。

在这数量众多的浙籍留美学生中,有相当数量的名字,世人均耳熟能详,如王正廷、王正黼(兄王正廷)、曹云祥、蒋梦麟、邵裴子、任鸿隽、罗家伦、刘廷芳、邢契莘、马寅初、严鹤龄、沈慕曾、丁绪宝、翁文灏、竺可桢、朱经农、朱起蛰、马公愚、陈仲陶、蒋纲堂、赵廷炳、夏元瑮、钱崇澍、王琎、梅光迪、李植藩、沈溯明、陈鹤琴、钱宝琮、徐可陞、孙恒、倪兆春、章祖纯、罗惠侨、郑晓沧、庄泽宣、姜琦、陈选善、杜佐周、谈家桢、贝时璋、黄翼、钟道赞、卫士生、朱君毅、陆志韦、陈裕光、何炳松、查良钊、张其昀(1943 年曾赴美讲学)、杨永清、应尚德、张子高、夏丏尊、陈达、徐名材、沈尹默、张宗祥、郭任远、陆懋勋、胡壮猷、程天放、金士宣等。这些学人中,有相当一部分与浙江高等教育结缘,他们均从美留学归来,其对于教育的理念能够在相当程度上影响地方教育尤其是高等教育的建构。这部分人士或创办、执掌浙江高校(浙大、之大、浙江医专、浙江工专、浙江农专、浙江法专等),或担任系科负责人,或执教,为浙江高等教育的兴起、发展,做出了不可磨灭的贡献。事实上,后人在谈到浙江高等教育现代化问题之时,是不能绕开这些优秀浙籍留美学人所做出的开创之功的。

本书以晚清至民国时期浙籍留学生及留美学者为研究的切入视角,以浙籍留美代表学人创建、执掌、执教或参与浙江专门以上学校,引领和推动浙江高等教育的早期现代化为研究重点,较系统地梳理近代浙籍留美学人的数量、结构、留美学习过程及归国后就职、服务等史实,详细探讨浙籍留美学人对输入欧美高等教育思想与体制、发展与推动浙江高等教育早期现代化所做出的重要贡献,以弥补学界相关研究的不足。

其一,所谓"欲知大道,必先为史",对浙江省域高等教育近现代化发展进行研究,并将浙江高等教育发展置于近代世界变迁潮流下进行考察,有助于更好地廓清近现代中国尤其是浙江地区在社会结构变革、国家形态演变以及全球互动背景之下的高等教育运动的轨迹与内在规律。同时也有助于研究近代浙籍留美学生在近代浙江所具有的重要意义,更好地阐明近代浙江教育学人在近代地方所产生的重要影响力,以便更好地勾勒出晚清至民国学人的"教育救国"理想与职业选择。

其二,从实质上来讲,本书属于高等教育领域下对区域化特性之研究,对本书主题的细致探讨有助于明晰当前各大高等院校如何在当今高等教育国际化潮流中得到更好的发展。如何更好地在国际化潮流下把握地方高校发展的自身特色、阐释自身发展的内涵特征是每一所院校需首要考虑的问题,因而对于该系列论题的考察,有助于当下各方机构更好地从多角度、多层面去考察近现代中国高等教育发展历程。

二

（一）一般留学教育方面的研究

在某种程度上可以说，整个留学教育史，已经是相对成熟的研究领域。舒新城《近代中国留学史》[①]为中国留学教育史研究的第一部专门著作，是中国留学教育史的经典之作。林子勋《中国留学教育史》[②]对勤工俭学留法稍有着墨。王焕琛《留学教育：中国留学教育史料》[③]共五册，涵盖从容闳到1976年的中国留学教育史档案，并精选一部分研究文献，为第一部专门的中国留学教育史料汇编。

另外，译著的出版也有力地推动近代留学教育史的研究。如高宗鲁《中国留美幼童史：现代化的初探》《中国留美幼童书信集》两书，美籍华裔学者汪一驹著、梅寅生译《中国知识分子与西方：留学生与近代中国(1872—1949)》，日本学者多贺秋五郎编《近代中国教育史资料》[④]，其中收录大量有关留学生派遣、管理、奖励等政策的法规和官报。在留美教育史方面，具有代表性的专书，有林清芬编《抗战时期我国留学教育史料：各省考选留学生》。此外还有王惠姬《中国现代化的推手：以留美实科女生为主的研究(1881—1927)》[⑤]，该书对近代中国女子留美教育背景、女子教育发展与主体地位演变等进行考察，将实科女子教育分为理工与生物科学、医护卫生科学、农工科技及教育三类个案进行充实研究，得出"近代中国留美实科女生对中国教育现代化推动不曾缺席"的结论。

学界经过了约40年的发展，目前已经形成由数个专门机构，以及一批历史

---

①　舒新城编：《近代中国留学史》，中华书局1928年版。

②　林子勋：《中国留学教育史》，华冈出版有限公司1976年版。

③　王焕琛：《留学教育：中国留学教育史料》，台北编译馆1980年版。

④　多贺秋五郎编：《近代中国教育史资料》，文海出版社1976年版。

⑤　王惠姬：《中国现代化的推手：以留美实科女生为主的研究(1881—1927)》，花木兰文化出版社2011年版。

学者和教育史学者共同参与的学术领域。其中,李喜所、刘集林等著的《近代中国的留美教育》①,为第一部以留美教育史为研究主题的通史类专著。而李喜所主编、刘集林等撰著的三卷本《中国留学通史》②,可谓改革开放以来该领域的集大成者。另外,浙江大学田正平先生自 1996 年起主持了"中国教育近代化研究""教育交流与教育现代化研究"等国家级课题,发表了一批较重要的论文。田正平还主编了"中国教育近代化研究丛书"③,这一丛书中,就有其著作《留学生与中国教育近代化》④。另外,他又主编了《中外教育交流史》⑤。田正平主编的"中国教育近代化研究丛书",为 20 世纪 90 年代难得一见的佳作。此一丛书中的七本著作,既有对近代留学历史时代背景的回顾,又为研究提供了重要的史料文献,如"中国近代留学教育大事年表""重要文献史料举要"等。最为重要的是,这些著作对留学生与"中国近代教育科学""中国近代教育改革""近代高等教育"等专题进行研讨,突破了既有的研究框架,体现出了研究的专、精及深入性。田正平后来出版的著作《调适与转型:传统教育变革的重构与想象》⑥,为其以往所发表重要论文的精选,全书荟萃其多年以来对留学教育与中外教育交流等问题的思考。

此外,吴汉全、王中平所著《留学生与近代中国社会变迁》⑦,基于历史变迁的历程与思想文化演进的逻辑,以专题研究、个案研究分析为主,详细梳理了留学生与近代中国社会变迁的关系。该书着重对留学生与中国现代学术起源进行了考察,如留学生如何引进西方进化论的学术观念、如何推动中国传统学科的转型、如何创建社会科学的新学科等。章开沅、余子侠所著《中国人留学史》⑧,分为上、下两册。该书以潮流及风帆为喻,分为"起航维艰"(甲午战争之前的留学行动)、"热潮初起"(清末 15 年:1895—1911 年)、"潮起潮落"(民国前

---

① 李喜所、刘集林等:《近代中国的留美教育》,天津古籍出版社 2000 年版。
② 李喜所主编、刘集林等撰著:《中国留学通史》,广东教育出版社 2010 年版。
③ 此丛书涵盖七种独立成书的专题性研究著作,由广东教育出版社 1996 年出版。
④ 田正平:《留学生与中国教育近代化》,广东教育出版社 1996 年版。
⑤ 田正平主编:《中外教育交流史》,广东教育出版社 2004 年版。
⑥ 田正平:《调适与转型:传统教育变革的重构与想象》,人民教育出版社 2016 年版。
⑦ 吴汉全、王中平:《留学生与近代中国社会变迁》,吉林人民出版社 2011 年版。
⑧ 章开沅、余子侠:《中国人留学史》,社会科学文献出版社 2013 年版。

期:1912—1927 年)、"一波三折"(民国后期:1927—1949 年)四个篇章。该著作
史料选择精到,脉络清晰,行文流畅,不失为一部近代留学生研究的佳作。周棉
等著的《中国留学生论》①一书则重点关注留学生"人"的个体。该书框架分为留
学教育发展论、留学生与重要社团事件论、留学生与中外文化交流论、留学生人
物论等四大方面,进一步拓展了留学生个体与时代背景、重要社团、中外交流等
方面相互影响的研究理路。周棉等的另一著作《留学生群体与民国的社会发
展》②,全书共分上、下二编。上编以民国时期政治和社会变迁进程为主要论述
线索,按照清末至民国时期的历史阶段进程,建构纵向论述框架,以体现历史学
研究的一般进路。下编以专题为线索,重点考察留学生群体对民国社会发展的
多方面作用及贡献,以突出留学生群体在民国现代化进程中的重要性。学者王
奇生 20 世纪末出版了两本较有代表性的作品,一是《中国留学生的历史轨迹:
1872—1949》③,一是《留学与救国——抗战时期海外学人群像》④。在《中国留
学生的历史轨迹:1872—1949》一书中,作者指出,海外留学生群体在 20 世纪
中,人数虽然不多,但其群体能量却不容低估。他们在早期直接领略欧风美雨,
无论是知识结构、观念还是行为规范,都迥异于传统士大夫,但又继承了传统士
大夫"天下兴亡,匹夫有责""当今之世,舍我其谁"的壮志豪情。此外,王奇生将
中国近现代留学生分为"六个时代",分别为 19 世纪 70 年代至 19 世纪末、20 世
纪最初 10 年、20 世纪 10—20 年代、20 世纪 30—40 年代、20 世纪 50—60 年代、
1978 年改革开放之后。此外,还有谢长法的《中国留学教育史》⑤、卫道治的《中
外教育交流史》⑥、李兆忠的《喧闹的骡子——留学与中国现代文化》⑦、李书纬
的《少年行:1840—1911 晚清留学生历史现场》⑧、李喜所的《近代留学生与中外

---

①　周棉等:《中国留学生论》,南京大学出版社 2012 年版。
②　周棉等:《留学生群体与民国的社会发展》,中国社会科学出版社 2017 年版。
③　王奇生:《中国留学生的历史轨迹:1872—1949》,湖北教育出版社 1992 年版。
④　王奇生:《留学与救国——抗战时期海外学人群像》,广西师范大学出版社 1995 年版。
⑤　谢长法:《中国留学教育史》,山西教育出版社 2006 年版。
⑥　卫道治:《中外教育交流史》,湖南教育出版社 1998 年版。
⑦　李兆忠:《喧闹的骡子——留学与中国现代文化》,人民文学出版社 2010 年版。
⑧　李书纬:《少年行:1840—1911 晚清留学生历史现场》,广东人民出版社 2016 年版。

文化》①及《中国留学史论稿》②等，也是这一主题的代表成果。

（二）有关近代浙籍留学生方面的研究

目前，有关晚清民国时期中国留学生的专门研究著作虽日益增多，但均属整体性的。而关于近代留学生的分省份研究著作则非常罕见，目前仅见樊国福的《近代留日学生与直隶教育近代化研究》③一种。

不过，虽然目前学界并没有专门探讨近代浙籍留学生群体的著作，但在其他一些有关近现代浙江教育史的研究著作中，已对此问题有所涉及。如浙江工商大学东亚研究院院长吕顺长所著《清末浙江与日本》④一书，即对清末浙江留日学生在日本的学习、生活及归国后的情况均进行了研究。该书还统计了浙江留日学生的人数、生源地、学校及专业情况，对后人了解清末浙江留日学生的整体情况颇有帮助。吕顺长的博士学位论文《清末中日教育交流之研究——以教育考察记等相关史料为中心》⑤，通过考证和论述、宏观与微观相结合的方式，着重对清末中国人的对日教育考察、留日学生和对话教育认识等中日教育关系问题进行研究。

浙江大学张彬教授，从20世纪90年代中期起，即致力于浙江教育史及浙江教育近代化问题的研究，成果颇多。她先后完成了《从浙江看中国教育的早期现代化》⑥《浙江教育史》⑦《浙江教育发展史》⑧《浙江教育家和中国近代教育》⑨等重要著作，其中均涉及浙江近代留学生问题。涉及浙江留学生情况的著作，还有吴民祥所著《浙江近代女子教育史》⑩。该书专设一章，专论近代浙江女

---

① 李喜所：《近代留学生与中外文化》，天津人民出版社1992年版。
② 李喜所：《中国留学史论稿》，中华书局2007年版。
③ 樊国福：《近代留日学生与直隶教育近代化研究》，河北教育出版社2016年版。
④ 吕顺长：《清末浙江与日本》，上海古籍出版社2011年版。
⑤ 吕顺长：《清末中日教育交流之研究——以教育考察记等相关史料为中心》，浙江大学2007年博士学位论文。
⑥ 张彬：《从浙江看中国教育的早期现代化》，广东教育出版社1996年版。
⑦ 张彬：《浙江教育史》，浙江教育出版社2006年版。
⑧ 张彬等：《浙江教育发展史》，杭州出版社2008年版。
⑨ 张彬：《浙江教育家和中国近代教育》，浙江大学出版社2008年版。
⑩ 吴民祥：《浙江近代女子教育史》，杭州出版社2010年版。

子留学教育(包括留学日本和留学欧美)。据吴民祥先生的研究,浙江女子留学教育发轫于 1870 年。当年,金雅妹赴日留学,后又于 1881 年赴美学医,1888 年归国后在厦门、成都行医。1906—1910 年,浙江留日女性有 18 人,20 世纪 20 年代浙江留日女性约有 44 人。关于民国成立后浙籍女性留美的情况,由于相关资料缺乏,作者并没有给出数字,但推算 1925 年浙籍留美女性大约有 50 人,"民国后浙省女子留美生数量也在不断增多"。

研究论文方面,从 20 世纪 90 年代至今,已有十余篇论文涉及近代浙江留学生群体问题。

早在 1997 年,张彬即发表《留学生和浙江教育近代化》①一文,研究了晚清民初浙江留学生的概况。据其研究,从洋务运动时期的"幼童留美"开始,浙江就有留学生。在 120 人的留学幼童中,即有浙江籍 8 人(如王凤喈、陈乾生等)。1885—1897 年,福州船政学堂曾派出一批学生留欧,其中亦有浙江人。至于 1881 年留美的金雅妹,则是近代浙江第一位女留学生。甲午战争以后,浙江留日热潮兴起。自 1897 年开始,浙江一些大、中学堂,求是书院,杭州府学等机构,开始选派学生赴日学习蚕丝、法、商、工科和军事。到 1903 年,浙江已有留日学生 119 名。1908 年和 1911 年,浙江还进行了两次留欧美学生的选拔考试,共有 40 名学生留学欧美诸国,学习理工等实用学科。清朝外务部与学部,在 1909—1911 年亦连续三年选派留学生,浙江先后有 30 人入选留美。1913—1916 年,通过清华考选留美的浙籍留美学生,也有 37 人。这些数量不少的留日留欧美学生在归国后,有相当一部分服务于浙江教育界,对浙江教育的近代化发挥出重要作用。继张彬之后,吕顺长对浙江留日学生亦作了进一步的研究。其较早发表的两篇文章《清末留日学生研究的珍贵史料——〈官报〉》②《清末浙江籍早期留日学生之译书活动》③,从不同角度研究了浙江留日学生的文本、翻译等若干问题。何扬鸣亦发表有《论浙江留日学生》④《浙江留日学生辛亥革命

---

① 张彬:《留学生和浙江教育近代化》,《杭州大学学报(哲学社会科学版)》1997 年第 4 期。

② 吕顺长:《清末留日学生研究的珍贵史料——〈官报〉》,《浙江档案》2001 年第 11 期。

③ 吕顺长:《清末浙江籍早期留日学生之译书活动》,《杭州大学学报(哲学社会科学版)》1996 年第 2 期。

④ 何扬鸣:《论浙江留日学生》,《浙江学刊》1998 年第 3 期。

时期报刊活动述评》①《浙江留日学生与辛亥革命》②等三篇论文,集中研究了浙江留日学生在辛亥革命时期的重要活动及价值。桑兵《留日浙籍学生与近代中国》③一文指出,清代以来,江浙成为人文重心,在派遣留日学生方面浙江又占得先机。盛极一时的留日后来虽被留美热潮所超越,但是影响一直持续。随着中国权力中心的转移,浙籍人脉也从人文领域扩张到政治领域,使得浙籍留日学生的作用进一步扩大,由于中日两国利害相关,归国的浙籍留日学生在各个历史时期的作用正负均有。此外,刘训华 2010 年完成的博士学位论文《清末浙江学生群体与近代中国》④及其所撰写的论文《近代官派欧美留学生的考录及学习生活——以 1908—1911 年浙江区域为中心》⑤,姚媛的学位论文《民国时期浙籍留日学生之研究》⑥等,均对近代浙江留学情况进行了重点考察。赵晓兰《20 世纪初浙江留日学生报刊述评》⑦、夏风珍《辛亥革命时期浙江籍留学生的先进思想及其作用》⑧、王洪岳《浙籍留学生与中国现代主义诗学的生成》⑨等文,也对某些问题进行了补充研究。

(三)近年来关于浙江教育近代化、早期现代化诸问题的研究

1980 年以来,我国史学界开始采用"现代化"这一新的范式,作为观察和研究中国近现代史问题的方法与视角,这也影响了与此有亲缘关系的其他学科的研究。大约从 20 世纪 80 年代中后期开始,教育史特别是中国近现代教育史的研究者,亦采用此一范式开展相关研究,从而取得了一系列成果。

① 何扬鸣:《浙江留日学生辛亥革命时期报刊活动述评》,《杭州大学学报(哲学社会科学版)》1994 年第 2 期。

② 何扬鸣:《浙江留日学生与辛亥革命》,《杭州大学学报(哲学社会科学版)》1993 年第 2 期。

③ 桑兵:《留日浙籍学生与近代中国》,《西北大学学报(哲学社会科学版)》2018 年第 3 期。

④ 刘训华:《清末浙江学生群体与近代中国》,上海大学 2010 年博士学位论文。

⑤ 刘训华:《近代官派欧美留学生的考录及学习生活——以 1908—1911 年浙江区域为中心》,《宁波大学学报》2002 年第 4 期。

⑥ 姚媛:《民国时期浙籍留日学生之研究》,浙江工商大学 2012 年硕士学位论文。

⑦ 赵晓兰:《20 世纪初浙江留日学生报刊述评》,《浙江师范大学学报(社会科学版)》2002 年第 3 期。

⑧ 夏风珍:《辛亥革命时期浙江籍留学生的先进思想及其作用》,《浙江档案》2011 年第 6 期。

⑨ 王洪岳:《浙籍留学生与中国现代主义诗学的生成》,《浙江工业大学学报(社会科学版)》2012 年第 6 期。

研究著作方面,近 30 年来,关于中国教育近代化史(或现代化史)方面的研究著作层出不穷。此方面最早的成果,首推田正平主编、广东教育出版社 1996 年出版的"中国教育近代化研究丛书"。该丛书包括何晓夏、史静寰著《教会学校与中国教育近代化》,田正平著《留学生与中国教育近代化》,张彬著《从浙江看中国教育近代化》,董宝良、熊贤君著《从湖北看中国教育近代化》,王建军著《中国近代教科书发展研究》,钱曼倩、金林祥著《中国近代学制比较研究》,周谷平著《近代西方教育理论在近代中国的传播》7 本著作,分别从西方教育理论在中国的传播、学制、教科书、留学生、教会学校、地域等角度,探讨了中国教育从传统到近代的转型。此套丛书对中国教育近代化问题的研究,实有开创之功。

此后,关于中国教育近代化、现代化问题的研究,在学界日益趋热,成果不断涌现。首先,章开沅、罗福惠在《比较中的审视:中国早期现代化研究》[①]一书中充分借鉴了外国现代化理论,将"一般现代化理论及中国近代史的本质特征"相结合,全面深入地考察了中国早期现代化的艰难历程及中国人关于中国早期现代化思想的发展变化,从而全面阐发了中国早期现代化理论的模式,并探讨了现代化理论的具体框架,对于"现代化"一系列相关问题做了有意义的尝试。作者认为中国早期现代化"始终围绕着如何回应外国列强的不断挑战这个重要主题",随着民族危机的逐渐深化而变化,以鸦片战争为起点,中国早期现代化历程经历了从不自觉到自觉的过程,从物质—器物文化到组织—制度文化,再到精神文化的演变,层层推进。其现代化是一个国家从传统的农业社会向工业社会不断转型和持续发展的过程,它没有终结点,只有不断跃升的目标,对此要找到一种通用的标准十分困难,而且"任何一种标准的普遍适用性都大可商榷",相对意义的现代化更为直观地反映了社会转型、进化的过程,且"人们在心理、思想、政治、文化科学及生产等方面,不断摆脱陈腐过时的旧事物的束缚,追求新的变化和发展",同时"不断在外来威胁或启示之下做出新的探索和选择,以上历程无疑具有现代化的意义"。

在教育现代化研究方面,张平海在《现代化视野下的中国教育(1862—

---

① 章开沅、罗福惠:《比较中的审视:中国早期现代化研究》,浙江人民出版社 1993 年版。

1922)》①一书中将中国教育早期现代化分为三个阶段:1862—1894 年为产生期;1894—1911 年为发展期;1911—1922 年为成熟期。他认为,中国教育早期现代化具有"被动性""非计划性""局部性"等特点。此方面代表性论著,还有李剑萍、杨旭的《中国现代教育史——中国教育早期现代化研究》②,该书认为中国教育现代化分为四个时期:"早期现代化"(1862—1927 年)、"多元发展"(1927—1949 年)、"转折与探索"(1949—1985 年)和"新型现代化"(1985 年至今)。除此之外,杜成宪、丁钢主编的《20 世纪中国教育的现代化研究》③,田正平主编的《教育交流与教育现代化》④,田正平、陈胜合著的《中国教育早期现代化问题研究:以清末民初乡村教育冲突考察为中心》⑤,杨文海的《壬戌学制与中国教育近代化》⑥,张伟平的《教育会社与中国教育近代化》⑦,严加红的《文化视野中的教育近代化研究:以清末出洋游学游历为实证个案》⑧等,亦在这一问题上做出了重要探索。

在中国高等教育的近代化问题方面,目前所见,尚有朱国仁的《西学东渐与中国高等教育近代化》⑨、刘少雪的《书院改制与中国高等教育近代化》⑩两种著作。前书从西学东渐的角度,探讨了洋务运动时期、维新运动时期、清末"新政"时期、辛亥革命后四个时期中国高等教育的兴起与发展情况。后书则专论清末书院改制与中国高等教育兴起之关系。

在近代人物与中国教育近代化的关系问题方面,研究主要集中在吴汝纶、孙诒让、康有为、梁启超、杨贤江等人物身上。代表性成果有:郑德新的《中国教

---

① 张平海:《现代化视野下的中国教育(1862—1922)》,云南大学出版社 2006 年版。
② 李剑萍、杨旭:《中国现代教育史——中国教育早期现代化研究》,人民教育出版社 2011 年版。
③ 杜成宪、丁钢主编:《20 世纪中国教育的现代化研究》,上海教育出版社 2004 年版。
④ 田正平主编:《教育交流与教育现代化》,浙江大学出版社 2005 年版。
⑤ 田正平、陈胜:《中国教育早期现代化问题研究:以清末民初乡村教育冲突考察为中心》,湖南教育出版社 2009 年版。
⑥ 杨文海:《壬戌学制与中国教育近代化》,南京大学出版社 2013 年版。
⑦ 张伟平:《教育会社与中国教育近代化》,浙江大学出版社 2002 年版。
⑧ 严加红:《文化视野中的教育近代化研究:以清末出洋游学游历为实证个案》,西安交通大学出版社 2011 年版。
⑨ 朱国仁:《西学东渐与中国高等教育近代化》,厦门大学出版社 1996 年版。
⑩ 刘少雪:《书院改制与中国高等教育近代化》,上海交通大学出版社 2004 年版。

育近代化的起步：以吴汝纶教育思想和实践为中心的考察》①、王兴文的《孙诒让
与温州教育近代化研究》②、王建军的《教育近代化中的康有为》③《教育近代化
中的梁启超》④《杨贤江与中国教育现代化》⑤等。

中国地域辽阔，各地区经济文化发展水平相差甚大，因此，各省份教育走向
近代化的时间、具体历程和特点，自然存在诸多差异。近年来，学者们亦十分关
注区域教育近代化、现代化方面的问题，并对其进行探讨，产生了一些具有重要
学术意义的成果。主要有：刘正伟的《督抚与士绅——江苏教育近代化研究》⑥、
王运来的《江苏高等教育的早期现代化》⑦、熊吕茂的《湖湘文化传承与湖南教育
现代化》⑧、王兆祥的《华北教育的近代化进程》⑨、何春辉的《湖南教育近代化研
究》⑩、车如山的《甘肃高等教育近代化研究》⑪、樊国福的《近代留日学生与直隶
省教育近代化研究》⑫、吴民祥的《早期现代化进程中的浙江教育研究：基于人口
变迁的考察》⑬等。

研究论文方面，近年来，随着中国教育近代化、现代化问题的趋热，其相关
的研究论文亦日益增多。以下只举几例加以评述。

在研究理论和研究方法方面，田正平的《应重视中国教育早期现代化问题
研究》⑭强调从 19 世纪 60 年代至 1949 年这近 100 年，均属于中国教育早期现

---

① 郑德新：《中国教育近代化的起步：以吴汝纶教育思想和实践为中心的考察》，安徽教育出版社
2009 年版。

② 王兴文：《孙诒让与温州教育近代化研究》，武汉大学出版社 2015 年版。

③ 王建军：《教育近代化中的康有为》，山西人民出版社 2016 年版。

④ 王建军：《教育近代化中的梁启超》，山西人民出版社 2018 年版。

⑤ 王建军：《杨贤江与中国教育现代化》，浙江大学出版社 2003 年版。

⑥ 刘正伟：《督抚与士绅——江苏教育近代化研究》，河北教育出版社 2001 年版。

⑦ 王运来：《江苏高等教育的早期现代化》，人民出版社 2001 年版。

⑧ 熊吕茂：《湖湘文化传承与湖南教育现代化》，中国文史出版社 2004 年版。

⑨ 王兆祥：《华北教育的近代化进程》，天津社会科学院出版社 2008 年版。

⑩ 何春辉：《湖南教育近代化研究》，湖南人民出版社 2012 年版。

⑪ 车如山：《甘肃高等教育近代化研究》，科学出版社 2014 年版。

⑫ 樊国福：《近代留日学生与直隶省教育近代化研究》，河北教育出版社 2016 年版。

⑬ 吴民祥：《早期现代化进程中的浙江教育研究：基于人口变迁的考察》，广西师范大学出版社
2011 年版。

⑭ 田正平：《应重视中国教育早期现代化问题研究》，《河北师范大学学报（教育科学版）》2006 年
第 3 期。

代化的范畴。张平海的学位论文《中国教育早期现代化研究》①从教育思想、教育制度、教育内容、中日比较等角度，探讨了洋务运动至 1922 年中国教育早期现代化的历史进程。在留学教育与中国教育近代化的关系方面，王奇生的《留学生与中国教育的近代化》②一文认为，留学生传入新学制和西方相关教育理论，提供了近代化教育的最初师资，对中国教育的早期近代化贡献甚大。廖容、汪兴权的《晚清留学教育对中国教育近代化的推进》③一文认为，晚清留学教育与中国教育近代化几乎同步，留学教育是中国教育近代化的巨大推动力量。在区域教育现代化方面，王金霞的《河北与中国教育早期现代化》④是一篇具有较好体例和观点的论文。该文设"导论""中国教育早期现代化问题""河北教育早期现代化分期""河北教育早期现代化分类（上）""河北教育早期现代化分类（下）""河北早期现代化历史人物""河北教育早期现代化模式比较"等章，对河北教育早期现代化的进程，进行了相对深入的探讨。

在浙江教育近代化、现代化问题方面，亦有数篇重要论文。张健的《晚清浙江教育近代化历程研究》⑤对晚清浙江教育近代化的基础、发展历程及特点进行了探讨，但其研究比较简略。白锦表的《影响浙江教育近代化的因素与浙江近代教育的特点》⑥一文简要探讨了教会学校、现实要求、各种思潮对浙江教育走向近代化的影响。郑生勇的《教会学校对浙江教育近代化的影响》⑦一文认为，教会学校对浙江近代教育的起步，具有示范、普及和启蒙作用。刘宇的学位论文《温州教育近代化研究(1876—1911)》⑧从兴学资源、社会变迁、教育近代化启动、教育体系形成等四个方面，探讨了温州自 1876 年开埠后，教育走向近代化的历程。刘宇的《浙江教育会与浙江教育近代化》⑨一文从教育刊物的创办、举

---

① 张平海：《中国教育早期现代化研究》，华东师范大学 2001 年博士学位论文。
② 王奇生：《留学生与中国教育的近代化》，《东南文化》1989 年第 1 期。
③ 廖容、汪兴权：《晚清留学教育对中国教育近代化的推进》，《长春教育学院学报》2006 年第 3 期。
④ 王金霞：《河北与中国教育早期现代化》，河北大学 2006 年博士学位论文。
⑤ 张健：《晚清浙江教育近代化历程研究》，陕西师范大学 2013 年硕士学位论文。
⑥ 白锦表：《影响浙江教育近代化的因素与浙江近代教育的特点》，《浙江教育学院学报》2002 年第 3 期。
⑦ 郑生勇：《教会学校对浙江教育近代化的影响》，《浙江社会科学》2004 年第 3 期。
⑧ 刘宇：《温州教育近代化研究(1876—1911)》，杭州师范大学 2005 年硕士学位论文。
⑨ 刘宇：《浙江教育会与浙江教育近代化》，《浙江社会科学》2002 年第 3 期。

办讲演和讲习会、主办全浙和全国教育会议、参与社会公益事业开展社会教育等方面,探讨了浙江教育会对浙江教育近代化的推动作用。李涛的《村落视野中的文化权力更替——浙江乡村教育近代化变迁问题研究》①聚焦于浙江教育近代化的重要问题——乡村教育,详细研究了北洋政府和南京国民政府统治时期浙江乡村教育的改造和改良、全面抗战时浙江乡村教育的破坏与重建、解放战争时期乡村教育的处境等。全文研究视角独特,材料尤其是一手史料尤为丰富,其论述观点颇为引人入胜。

总之,近年来,关于中国教育近代化、现代化诸问题的研究,始终是教育史领域的一个研究热点和重点,新作迭见,新材料、新观点亦迭出。但是,具体到浙江高等教育现代化问题的研究,则明显有所不足。目前不仅没有专门的著作,就连论文亦比较鲜见。而这也给笔者的研究留下了相对较好的研究空间。本书拟在此方面做一些探讨,以弥补学界有关研究的不足。

三

从世界范围来看,现代化主要体现在以下两个方面:发达国家工业革命以来发生的深刻变化;发展中国家在不同领域追赶世界先进水平的发展过程。在这里,所谓的"现代化",既是一个从传统农业社会向现代工业社会转变的历史过程,也是一种发展状态,即完成现代化过程的工业化国家的发展状态。在这一概念下考察,教育的早期现代化是整个社会近代化的重要组成部分,是一种历史进程,即指几千年来自给自足的封建农业经济基础和封建专制政体相适应的传统教育,逐步向与近代大工业生产和资本主义发展相适应的近代新式教育转化演变的历史进程;也指近代资本主义兴起之后,通过多次的教育改革、学习、借鉴西方教育经验,改造、更新传统教育,努力赶上世界先进教育水平的历史进程。这个进程既反映在教学内容、教育制度、教学方法和手段等物质层次

---

① 李涛:《村落视野中的文化权力更替——浙江乡村教育近代化变迁问题研究》,华东师范大学2007年博士后出站报告。

方面,也更加深刻地反映在教育理论、教育思想,以至于教育理念、社会心理、价值取向等精神、思想与心理等层面。

本书以近代留美浙籍学生状况及其对浙江近代高等教育早期现代化的贡献为主要研究对象。近代浙籍留美学生人数众多,这一群体对浙江近现代高等教育的贡献,以及对浙江高等教育新式理念的影响等是不可忽视的。笔者爬梳资料,对前述与浙江近代高等教育关系的人物,予以考证分析,以明其贡献。

本书认为,浙江的近代高等教育从 1897 年求是书院的创办为开端,到 1949 年中华人民共和国成立以前,经历了五个时期的发展演变:第一个阶段(从 1897 年至 1911 年),为浙江高等教育早期现代化的启动时期;第二个阶段(从 1912 年至 1927 年),为浙江高等教育早期现代化的挫折与艰难行进时期;第三个阶段(从 1927 年至 1937 年全面抗战爆发前夕),为浙江高等教育早期现代化的曙光时期;第四个阶段(从 1937 年 7 月全面抗战爆发至 1946 年 6 月高校复员),为浙江高等教育早期现代化的苦难辉煌时期;第五个阶段(从 1946 年 6 月高校复员直至 1949 年 5 月杭州解放前夕),为浙江高等教育早期现代化的调整时期。本书对前四个时期进行了详细研究,至于第五个时期,由于其所涉及的时间较短,加之笔者研究时间及精力有限,本书并未对此展开论述。

在全书结构上,本书以浙江近代高等教育早期现代化的四个时期发展演变情况为论述重点。同时,为了让人们明晰浙江近代高等教育早期现代化发生的条件与环境,又设置了"近代浙江的自然地理、经济概况与人文传统""近代浙江新教育的兴起与发展"两章。这样设计,笔者认为并非多余,而是可以帮助人们对近代浙江高等教育兴起、发展的外部环境,先有一个较全面的了解,然后循序渐进地认识晚清、民国时期的浙江高等教育发展状况,这样比较顺当。

最后,由于笔者学术任务繁重、研究时间十分有限,以及研究能力不足等,本书肯定存在许多不足之处,期望读者不吝指正。

目　　录

第一章　近代浙江的自然地理、经济概况与人文传统

历史是人的活动,而人的活动离不开时间与空间的限定,时间与空间为人的活动提供了舞台,同时也限定了活动范围。所谓"历史就是演剧,地理就是舞台",即是此意。马克·布洛赫曾在《历史学家的技艺》中提出历史学是时间中的人类科学,而深度依托于历史学的教育史,亦是如此。所谓教育史,即是一定时间与空间中的人类教育思想与教育实践史,脱离具体时间和具体空间的教育史是根本不存在的。

高等教育史是人类的一种特殊的历史活动和历史现象,它的产生、发展、变迁,离不开时间、空间、文化传统等在内的诸因素的影响。地理环境为教育活动提供了场所,特定时间为教育活动限定了历史背景,人文传统在思想等方面又是教育活动的前提。

浙江近代高等教育早期现代化的萌发、成长与壮大,离不开近代各时期丰富的历史背景与该省自然地理、经济资源、人文传统、政治与社会变迁等诸因素的影响。正如时任浙江省教育厅厅长陈布雷在 1930 年所谈到的:"浙江于经济较其他各省充裕,地理方面则风俗优美,历史上名人辈出,无论关于砥砺气节或研究学术,皆代有闻人。晚明以来,浙江学者大师对于学术之贡献尤多,往往能领袖一时,转移全国之风气。吾侪欲承继此种文化历史之余辉,责任綦重,而学者涵泳于此等环境中,于修省研究,自有为他大学所不及处,则灼然可见者也。"①

---

① 《教育厅厅长陈布雷在三周年纪念会上的致辞(1930 年 9 月 20 日)》,汪林茂主编:《浙江大学史料·第一卷(1897—1927)》上,浙江大学出版社 2022 年版,第 106 页。

本章即围绕浙江近代的自然地理状况、行政区划与人口变迁、经济概况、人文传统等,作简要的、全景式的扫描,以明了浙江高等教育早期现代化发生的历史与社会条件。

一、浙江的自然地理与行政区划建置

(一)自然地理环境

浙江,因省内的钱塘江旧称浙江而得名。浙江东临东海、包有舟山群岛,南以仙霞岭支脉与福建相接壤,西南以仙霞岭与江西省相连,西北以天目山脉与安徽相邻,北以太湖与江苏省毗连。全省在经纬度上,大体处于东经118°01′—123°10′、北纬27°02′—31°11′,东西和南北的直线距离均长约450公里。全省陆地总面积为10.55万平方公里,是全国面积较小的省份之一。全省共有2000多个海岛,其中较大者有舟山岛、玉环岛、南田岛等。宁波、温州、杭州、乍浦、定海、澉浦在近代以前就是著名的海运港口。全省约有74.6%的面积是山地、丘陵,而平原、盆地的面积占20.3%,河流、湖泊面积占5.1%,故民间有"七山一水二分田"的说法。①

浙江在地形上,呈现出西南高东北低、丘陵山地多而平原少、海岸曲折且岛屿众多等特征。② 全省山脉呈"西南—东北"方向延伸状,主要山脉有三支:南支自浙闽边境的洞宫山向东北延伸为南雁荡山,过瓯江后称北雁荡山和括苍山,主峰均在1000米以上;中支有仙霞岭,组成该省西南山地的骨干,1000米以上的山脉连绵不绝,仙霞岭向东北延伸称天台山、四明山、会稽山,再向东北延伸没于海中,称舟山群岛;北支有天目山,是长江水系和钱塘江水系的分水岭。③全省境内河流众多,主要有苕溪(有东西两支)、钱塘江(又名之江、钱江)、曹娥

---

① 数据来源:浙江省人民政府官网,https://www.zj.gov.cn/art/2023/3/17/art_1229398249_60056356.html,2024年3月8日。

② 陈桥驿:《浙江地理简志》,浙江人民出版社1985年版,第52页。

③ 杭州大学地理系、《浙江地理》编写组合编:《浙江地理》,浙江人民出版社1978年版,第9页。

江、甬江(又名鄞江)、灵江(又名椒江、澄江)、瓯江(又名永嘉江)、飞云江(又名安阳江、安固江)、鳌江八大水系。除苕溪属太湖水系外,其余均流入东海。境内湖泊众多,主要有太湖、西湖、南湖、湘湖、白马湖、东钱湖(又名黄金湖),以及新安江水库等。而平原不多,主要有杭嘉湖平原、宁绍平原、温黄平原三大平原。金衢盆地则是全省重要的农业区。在气候方面,浙江属于亚热带季风气候,冬夏季风交替显著,年平均气温在15℃—18℃,1月平均气温在0℃以上,7月平均气温在28℃左右,总体比较适中。特别是省会杭州,在晚清民国时期,"杭州气候在全国最为和平中正,爽洁宜人,更兼山水明秀,所以成为东南之乐园也"[1]。全省无霜期大体在230—270天,比较有利于双季稻的栽培。总体上四季分明,光照充足,雨量充沛,年均降雨量在1500毫米左右,空气湿润。主要气象灾害则有旱涝、台风等。

民国时期的地理学者从地理上将浙江省分为以下三大区域:其一为平原区,即旧杭、嘉、湖三府所属各县,除靠近天目山脉、莫干山脉的各县略带山地外,其余悉为长江下游的冲积平原的一部分。它南起钱塘,北临太湖,襟带运河,纵横一望平坦,土地肥沃,农产丰富,尤以蚕桑为最,习俗尚繁华。其二为沿海区,即越钱塘而南,循绍兴、余姚、慈溪、镇海、定海、象山、南田、宁海、临海、黄岩、温岭、乐清、瑞安、永嘉,以迄平阳等县,东临东海,西倚四明、天台、括苍、雁荡诸山,沿海岛屿星罗棋布,人民多从事渔盐,又善经商,衣食足以自给,民风勤朴。其三为山岳区,即钱塘江上游旧金、衢、严三府所属各县,多为丘陵地带,其山脉以仙霞岭为主,分支错综,势若高屋建瓴,地多跷瘠,唯茶叶与森林比较丰富,人民刻苦勤劳。[2] 而今天的地理学者,则从地形上将浙江分为八大区域,即杭嘉湖平原区、宁绍平原区、温黄平原区、金衢盆地区、浙西山地丘陵区、浙东丘陵区、浙南山区、沿海岛屿区。[3] 此一分法,较前者更为细致。

---

① 张其昀:《浙江省史地纪要》,商务印书馆1925年版,第74页。
② 葛绥成:《分省地志·浙江》,中华书局1939年版,第12—13页;张其昀:《浙江省史地纪要》,商务印书馆1925年版,第45—46页。
③ 杭州大学地理系、《浙江地理》编写组编:《浙江地理》,浙江人民出版社1978年版,第14页。

(二)区划建置沿革与人口变迁

浙江,春秋时属于吴越之境,后属越。战国时越被楚灭,遂并于楚。秦统一六国后,今浙江地方属会稽郡、闽中郡及鄣郡,设山阴等十五县。西汉时,今浙江地方属扬州刺史部,为会稽、丹阳两郡地,共设有二十县。东汉时,分会稽郡浙江以西为吴郡,浙江地方分属吴、会稽、丹阳三郡,共二十三县。三国时,今浙江地并入东吴版图;又置临海郡,分吴、丹阳二郡置吴兴郡,分会稽郡置东阳郡,新设新都郡。时共六郡,有四十四县。东晋时,分临海郡温桥岭而置永嘉郡,郡数因此增为七,共五十一县。南朝时,分置扬州、东扬州,小部属于南徐州。宋、齐时共七郡,有五十二县。隋时改郡为州,于今浙江境内置越州、杭州、婺州、处州、睦州及部分苏州。大业初,又改州为郡,即会稽、余杭、东阳、永嘉、遂安五郡及部分吴郡,有二十四县。唐贞观年间,全国分十道,今浙江隶属江南道。开元年间,又分十五道,今浙江隶属江南东道。该道辖十九州,在今浙江境内为湖州、杭州、睦州、越州、明州、台州、婺州、衢州、括州、温州十州及部分苏州。乾元元年(758),在江南东道下又分置浙江东道、浙江西道两节度使,分辖浙东、浙西诸州。浙江作为政区名称即始于此。至中晚唐,浙江共有十州五十八县。[①]

五代十国时,今浙江属吴越国属地。吴越共有十三州、一军,共八十六县,在浙江境内为杭州、越州、湖州、明州、台州、婺州、衢州、睦州、温州、处州、秀州十一州和一军(安国衣锦军),共六十二县。北宋初,今浙江隶属于两浙道。后在至道三年(997)隶属两浙路。浙江别称"两浙",即渊源于此。两浙路辖十四州七十九县,在今浙江境内为十一州(具体州名同五代时期)六十五县。南宋时,定都杭州,称临安府,复分临安、嘉兴、建德三府和安吉一州为西路,绍兴、庆元、瑞安三府及婺州、台州、衢州、处州四州为东路。浙西路治临安府,浙东路治绍兴府。全省共六府五州六十六县。元代,今浙江隶江浙行中书省,省治杭州路。江浙行省辖路三十、府一、州二、属州二十六、县一百四十三,在今浙江境内者为十一路、十二属州、五十四县。因省区辽阔,于庆元

---

① 陈桥驿:《浙江地理简志》,浙江人民出版社1985年版,第275—277页。

路置浙东道宣慰使司,分辖浙东诸路。明太祖丙午年(1366),于杭州置浙江等处行中书省,浙江作为省名,即始于此。洪武九年(1376),改浙江行中书省为浙江承宣布政使司。洪武十四年(1381),嘉兴、湖州两府自京师(今南京)改隶浙江布政使司,此后 600 余年,浙江省域大体不变。浙江布政使司辖杭州、严州、湖州、嘉兴、绍兴、宁波、台州、金华、衢州、温州、处州十一府和安吉州,共七十五县。清承明制,康熙初年改浙江布政使司为浙江省。至道光时,浙江共有十一府、一直隶厅(原定海县)、一州(安吉州)、一厅(温台玉环厅)、七十五县,省、府之间复设杭嘉湖、宁绍台、金衢严、温处四道,分辖府、厅、州、县。①

民初废府、州、厅制,而存道、县,在清代的基础上设置钱塘、会稽、金华、瓯海四道,并改定海直隶州、玉环厅、海宁州为县,新置南田县,合并钱塘、仁和两县为杭县,合嘉兴、秀水为嘉兴县,合乌程、归安二县改为吴兴县,合山阴、会稽二县为绍兴县,全省总共七十五县。1927 年,取消道制,实行省、县二级制,设立杭州为直辖市。1935 年,在全省设立九个行政督察区;1943 年时,改为十一个督察区;1948 年春改为六个行政督察区,7 月时复调整为九个行政督察区。民国二十八年(1939),析缙云、永康、天台、东阳四县部分地方,新置磐安县;次年,撤南田县,改置三门县;1948 年,又增置文成县。至 1949 年,全省共一市(杭州)、九行政督察区、七十七县。②

明、清、1935 年浙江全省行政区划建置简况,见表 1-1、表 1-2、表 1-3③。

表 1-1　明朝浙江建置简况

府名	所辖县(州)名	备注
杭州府 (省治)	钱塘、仁和、海宁、富阳、余杭、临安、於潜、新城、昌化	共九县
严州府	建德、桐庐、淳安、遂安、寿昌、分水	共六县

① 陈桥驿:《浙江地理简志》,浙江人民出版社 1985 年版,第 278 页。
② 陈桥驿:《浙江地理简志》,浙江人民出版社 1985 年版,第 275—279 页。
③ 陈桥驿:《浙江地理简志》,浙江人民出版社 1985 年版,第 303—304、305—306、309—311 页。

续表

府名	所辖县(州)名	备注
嘉兴府	嘉兴、秀水、嘉善、崇德、桐乡、平湖、海盐	共七县
湖州府	乌程、归安、长兴、德清、武康、孝丰、安吉州	共六县一州
绍兴府	山阴、会稽、萧山、诸暨、余姚、上虞、嵊县、新昌	共八县
宁波府	鄞县、慈溪、奉化、定海、象山	共五县
台州府	临海、黄岩、天台、仙居、宁海、太平	共六县
金华府	金华、兰溪、东阳、义乌、永康、武义、浦江、汤溪	共八县
衢州府	西安、龙游、常山、江山、开化	共五县
处州府	丽水、青田、缙云、松阳、遂昌、龙泉、庆元、云和、宣平、景宁	共十县
温州府	永嘉、瑞安、乐清、平阳、泰顺	共五县

全省总计十一府一州七十五县

表 1-2　清朝浙江建置简况

府名	所辖县(州、厅)名	备注
杭州府（省治）	钱塘、仁和、海宁州、富阳、余杭、临安、於潜、新城、昌化	共八县一州
嘉兴府	嘉兴、秀水、嘉善、海盐、石门、平湖、桐乡	共七县
湖州府	乌程、归安、长兴、德清、武康、安吉、孝丰	共七县
宁波府	鄞县、慈溪、奉化、镇海、象山	共五县
定海直隶州		共一直隶州
绍兴府	山阴、会稽、萧山、诸暨、余姚、上虞、嵊县、新昌	共八县
台州府	临海、黄岩、天台、仙居、宁海、太平	共六县
衢州府	西安、龙游、常山、江山、开化	共五县

续表

府名	所辖县(州、厅)名	备注
金华府	金华、兰溪、东阳、义乌、永康、武义、浦江、汤溪	共八县
严州府	建德、淳安、桐庐、遂安、寿昌、分水	共六县
温州府	永嘉、瑞安、乐清、平阳、泰顺、玉环厅	共五县一厅
处州府	丽水、青田、缙云、松阳、遂昌、龙泉、庆元、云和、宣平、景宁	共十县

全省总计十一府一直隶州一州一厅七十五县

表 1-3　1935 年 9 月浙江全省行政督察分区及所辖各县简况

区名	所辖县(州)名	备注
第一区	吴兴(署址)、长兴、安吉、德清、武康、余杭、孝丰、临安、於潜、昌化	共十县
第二区	嘉兴(署址)、杭县、海宁、嘉善、平湖、海盐、富阳、桐乡、崇德、新登	共十县
第三区	绍兴(署址)、萧山、诸暨、余姚、嵊县、上虞、新昌	共七县
第四区	兰溪(署址)、东阳、金华、浦江、义乌、永康、汤溪、武义、分水、桐庐、建德	共十一县
第五区	衢县(署址)、江山、淳安、遂安、开化、常山、龙游、寿昌	共八县
第六区	鄞县(署址)、慈溪、定海、镇海、奉化、象山、南田	共七县
第七区	临海(署址)、宁海、黄岩、天台、仙居、温岭	共六县
第八区	永嘉(署址)、平阳、瑞安、乐清、泰顺、玉环	共六县
第九区	丽水(署址)、龙泉、遂昌、青田、缙云、景宁、庆元、松阳、云和、宣平	共十县

全省总计九行政督察区七十五县(杭州为直辖市)

　　清末至民国时期,浙江全省人口数变动较大。据表 1-4,乾隆五十一年(1786),浙江人口为 21473000 人;咸丰七年(1857),为 30596000 人。但在达到3000 万人这一峰值后,出现了人口暴跌,直到 1949 年新中国成立前,全省人口只有 2083 万人左右①。造成浙江人口数在咸丰七年(1857)以后暴跌的原因,无疑是太平天国战事。咸丰七年(1857)后,浙江省成为主战场,太平军与清军反复争夺、拉锯,百姓死伤、逃亡无数,绅商士庶则"丛集沪城"。如:杭州城市人口就从 80 余万人降至 19 世纪 60 年代的 20 余万人,甚至一度仅剩下数万人②;而上海作为避难地,则从几万人迅速增长到同治元年(1862)的 50 万人,甚至一度达到 70 万人③。以嘉兴府而论,光绪四年(1878)该府户口数较道光十八年(1838)减少了 53.19%,人口数减少了 67%。嘉兴府在太平天国战事中所受战祸,在程度上尚不及湖州、杭州,因之湖州、杭州两府人口减少情况可想而知。有学者估计,因咸同兵燹而造成浙江的人口损失,在 60% 左右。④ 也有学者估计战争使浙江减少人口 1630 万人,损失比例为 52%⑤(见表 1-4)。

表 1-4　清朝乾、嘉、道、咸、同、光六朝浙江人口统计

年份	浙江省人口数/千人
乾隆五十一年(1786)	21473
乾隆五十六年(1791)	22829
嘉庆二十四年(1819)	27313
嘉庆二十五年(1820)	27411
道光十年(1830)	28071
道光三十年(1850)	30027

① 陈桥驿:《浙江地理简志》,浙江人民出版社 1985 年版,第 430 页。
② 王萃元:《星周纪事》卷下,上海古籍出版社 1989 年版,第 52 页。
③ 周武:《近代"兵事"与上海城市变迁》,上海市档案馆编《上海档案史料研究》第 15 辑,上海三联书店 2013 年版,第 7 页。
④ 李国祁:《中国现代化的区域研究——闽浙台(1860—1916)》,台湾"中研院"近代史研究所 1981年版,第 151 页。
⑤ 曹树基、李玉尚:《太平天国战争对浙江人口的影响》,《复旦学报》2000 年第 5 期,第 33—44 页。

续表

年份	浙江省人口数/千人
咸丰元年(1851)	30107
咸丰七年(1857)	30596
咸丰十年(1860)	19213
同治元年(1862)	不详
同治十三年(1874)	10843
光绪元年(1875)	11361
光绪二十四年(1898)	11900

说明:本表据严中平等编《中国近代经济史统计资料选辑》(科学出版社 2016 年版)一书附录《清代乾、嘉、道、咸、同、光六朝人口统计表》所提供的浙江省人口数字制成,见该书第 362—374 页。

太平天国战事结束后,左宗棠任浙江巡抚,推行"撤勇归农"等政策,并招徕两湖、江西、安徽等省客民来浙江省分田垦辟,"岁令完捐若干缴官,以充地方公用,而赋额则阙而弗征"①,人口由此缓慢恢复。据宣统二年(1910)调查,浙江省人口数为 17609109 人。民国元年(1912),内务部调查全国人口数,浙江省为 21440151 人。民国十年(1921),海关调查所得浙江省人口数约为 23452000 人。民国十五年(1926),邮务局调查所得浙江省人口数为 24139766 人。民国二十三年(1934),实业部调查浙江省人口数为 20724473 人。民国二十四年(1935),浙江省保甲编组委员会调查所得全省人口数为 20721193 人。② 民国二十五年(1936),内政部统计处所统计的浙江省人口数为 21230749 人。③

抗战时期,浙江成为战区,先后有 61 个县全部或一部沦陷④,大批百姓流离失所,迁往外省的就有近 200 万人,难民及流离人口约为 5185210 人,仅次于河

---

①　李文治编:《中国近代农业史资料》第一辑(1840—1911),科学出版社 2016 年版,第 168 页。

②　葛绥成:《分省地志·浙江》,中华书局 1939 年版,第 61 页;张其昀:《浙江省史地纪要》,商务印书馆 1925 年版,第 45—46 页。

③　袁成毅:《浙江抗战损失初步研究》,陕西人民出版社 2003 年版,第 243 页。

④　黄绍竑:《黄绍竑回忆录》,广西人民出版社 1991 年版,第 383—388 页。

南、江苏、湖北、湖南、河北、山东等省份。① 因人口大量迁移、死难,浙江全省人口数再次大幅度减少。至 1946 年,浙江全省人口统计为 19657551 人,相对于 1936 年的数字下降了 150 多万人。"也就是说,经历了抗日战争,浙江省的人口比战前下降了 150 多万人,下降幅度很大,超过了太平天国以来的任何一个时期。"② 损失的 150 万人中,约 20 万人为直接死亡,约 100 万人为间接死亡(战时缺医少药、营养不良等导致)。③

二、近代浙江经济发展概况

(一)晚清浙江的农商业

浙江古属吴越地,从春秋战国至东汉末,全境尚未开发,处于"地广人稀、火耕水耨"状态。此后,公元 4 世纪永嘉之乱、唐中期安史之乱、唐末五代变乱、北宋末期靖康之变四次变乱所造成的人口大迁徙,使北方移民和生产技术不断注入南方,淮河以南地区得到了广泛开发,南方地区经济不断崛起,在两宋时已超越北方而成为中国经济重心。

江浙东依大海,江海环抱,长江横贯东西,京杭大运河纵贯南北,享有东南西北往来最为便捷的交通之利,经济素称发达。尤其是两省的苏、松、常、镇、江宁、杭、嘉、湖八府,即所谓"江南"地区,其地形以平原、低山丘陵为主,地势平坦,土壤肥沃,气候湿润温和,日照充足,水网密布,交通便利,人口稠密,非常适合农业生产发展和商业活动开展。这里沿江沿海的高田地带,多沙质微碱性土壤,适宜种植棉花。太湖周围低田地带多水,其保肥能力强的酸性黏土适宜种植桑树,其中性土壤适宜种植喜湿的水稻。从唐末五代至明清时期,江浙特别是江南地区,是我国农业和商业最发达的地区,物阜民丰,号称"国之仓廪"。唐

---

① 张根福:《抗战时期浙江省人口迁移与社会影响》,上海三联书店 2001 年版,第 44 页。
② 袁成毅:《浙江抗战损失初步研究》,陕西人民出版社 2003 年版,第 243 页。
③ 袁成毅:《浙江抗战损失初步研究》,陕西人民出版社 2003 年版,第 252—253 页。

代韩愈在《送陆歙州诗序》中曾言"赋出于天下,江南居十九",北宋苏轼亦言"两浙之富,国用所恃,岁漕都下米百五十万石,其他财赋供馈,不可悉数"[1]。至清时,浙江仍是全国赋税重镇,仅杭、嘉、湖三府的田赋,就超过四川、云南、贵州三省的总和[2]。

明清时期,浙江地区广兴蚕桑,杭嘉湖一带成为全国著名的蚕桑业、丝织业中心,出产大量生丝和丝绸,号称"衣被天下"。此外,海盐、淳安、温州一带的食盐,杭嘉湖一带的稻谷和茶叶,宁波、绍兴一带的棉麦,平阳、松阳一带的烟草,温州、黄岩一带的柑橘水果,金、衢、严一带的木材和木制品,均有大宗出产,驰名于世。[3]

咸同年间,太平天国战事波及浙江,造成百姓大批逃亡,田地荒芜,农业生产、商业活动停滞,浙江以农商业为主的经济迅速衰落。至同治末年光绪初期,浙江农业、商业稍稍恢复元气,但远不及变乱前。19 世纪 80 年代后,随着帝国主义对华经济渗透的加深及我国对外贸易的逐步扩大,东南沿海各省农业经济进一步商品化、国际化。这种趋势反映在浙江农业上,即是在原有的蚕桑之外,棉花、烟叶等的种植面积不断扩大,以及罂粟的种植。蚕桑方面,据 1880 年法国人的调查,我国共产茧 243.5 万担,丝 16.2 万担,而浙江一省即产茧 94.5 万担,丝 6.3 万担,为全国之冠。[4] 1875—1908 年,浙江从事蚕桑生产的县约有 58 个,其中湖、嘉、杭、绍为重点地区。[5] 清末浙江棉花种植的增长,最早是因为 1860 年美国内战所引起的国际棉花价格的暴涨,从每包 9 元涨至 28 元,"使种植者受到极大的震撼,而放弃了其他作物的种植"[6]。甲午战后,日本国内棉纺织业迅速发展,"它对中国棉花不断增长的需求,促成了宁波地区棉花种植的扩大"[7]。1897 年,有报道称:"浙江海滨沙地,皆棉田也。每岁所收,为出口一大

①　苏文忠公(苏轼):《进单锷吴中水利书状》,姚文灏编辑,汪家伦校注:《浙西水利书校注》,农业出版社 1984 年版,第 9 页。
②　徐和雍等:《浙江近代史》,浙江人民出版社 1982 年版,第 2 页。
③　葛绥成:《分省地志·浙江》,中华书局 1939 年版,第 92—100 页。
④　朱新予:《浙江丝绸史》,浙江人民出版社 1985 年版,第 133 页。
⑤　朱新予:《浙江丝绸史》,浙江人民出版社 1985 年版,第 132 页。
⑥　李文治编:《中国近代农业史资料》第一辑(1840—1911),科学出版社 2016 年版,第 396 页。
⑦　李文治编:《中国近代农业史资料》第一辑(1840—1911),科学出版社 2016 年版,第 397 页。

宗。今年棉大丰盛,新花山积,而价值仍复甚涨,刻下每担仍银九圆有奇。所以如此者,因各处纱厂日多,商贩甚夥故也。"①棉花之外,浙江的烟叶种植也有所扩大,这亦是由国际市场纸烟消费的持续增长引起的。而罂粟种植面积的扩大,主要是因为有利可图。据1906年的统计,浙江全省鸦片产量估计约1.4万担,居全国各省第12位。②当时,罂粟主要产于台州、温州、绍兴一带。相关文献记载:"浙江台郡,概种罂粟,豆麦则十居一二";"温州五属县,所产鸦片,以瑞安为最,永嘉、平阳、乐清次之,泰顺又次之……通计每年出浆,约值十余万圆";"台州府属各县,地广而土性碱,不宜五谷,惟每年所植罂粟,出浆不下数十万石";"绍属诸山,多半改栽罂粟也";"罂粟的种植,以产量言……在浙江省,温州府所产,每年不过四五千担……栽种罂粟,只要不是凶年,总是有利的,因而废弃他种作物而改种罂粟者,有逐渐增加的趋势"。③光绪三十二年(1906)后,清廷颁布《禁烟条例》,要求各省禁烟,浙江省曾汇报查禁情况:"烟禁未颁布时,该省烟地计四十七万三千七百余亩。昨年已减十三万五千七百余亩。人民之吸烟者约二十七万五千余人,前年骤减十八万五百人,至昨年则约减四成云。"④

(二)民初至全面抗战前浙江的农业

民国前期,随着上海、宁波、绍兴、杭州等地棉纺、丝织、火柴、造纸等工业的发展,对相关原材料的需求持续旺盛,这带动了浙江各县蚕桑、棉花、烟叶等经济作物的种植。棉花方面,据1930年铁道部的调查,"浙省棉花产额,以余姚等处为最旺。沿线各地,惟杭县为最多。自杭、绍二处机制纱厂先后设立,棉花销路日广,各地产额亦因之愈丰"⑤。烟叶方面,据1927年的一篇文章中说,"浙江本非产烟著名之区,然以近年纸烟盛销,种烟叶者获利颇优,因之浙东、西农民,

---

① 李文治编:《中国近代农业史资料》第一辑(1840—1911),科学出版社2016年版,第411页。
② 李文治编:《中国近代农业史资料》第一辑(1840—1911),科学出版社2016年版,第457页。
③ 李文治编:《中国近代农业史资料》第一辑(1840—1911),科学出版社2016年版,第460—461页。
④ 李文治编:《中国近代农业史资料》第一辑(1840—1911),科学出版社2016年版,第906页。
⑤ 章有义辑:《中国近代农业史资料》第二辑(1912—1927),科学出版社2016年版,第147—150页。

以稻田改种烟叶者,日见增多"①。至于蚕桑业,据 1929 年编印的《浙江经济纪略》一书记载,浙江 75 县中,除南田、景宁等少数县份因"地土不宜种桑,兼之天气阴雨寒暖不时,与育蚕有碍",从而导致"人民对于蚕桑一项,素不讲求"外②,其余绝大部分县份农户均从事蚕桑生产。如嘉兴"蚕桑素称发达";嘉善"蚕桑素称兴盛,东北为少,西南最多";海盐"比户养蚕,田间宅旁,均栽桑树";崇德"蚕桑素称兴盛,近益发达";平湖"人民对于蚕桑业,近年大有进步";桐乡"蚕桑向来兴盛";吴兴"向以蚕桑为大宗出产,种植桑树,不惜工本,以求其发达。近年丝价日昂,更见乐观,田稻收后,即从事于桑园,修改剪桑枝,捕虫施肥,不遗余力";长兴"蚕桑向称兴盛";德清"春夏之交,比户育蚕,次则耕种副产物";武康"育蚕缫丝,均用竹架木车";安吉"近年桑地日辟,人知植桑饲蚕之利,凡属隙地,靡不种桑,故养蚕户数,多至百分之八十五而强。核计每岁所出丝多至五六千石"……③至 1939 年,葛绥成仍称浙江为"我国蚕业的中心",指出浙江全省 75 个县份中,产蚕丝者达 58 个县份;以种桑养蚕为专业的,也不下 30 个县份。全省每年产生丝八九万担,"占全国丝茧总数三分之一"。全省桑树种植面积达 260 万亩,养蚕户共有 80 余万户,产茧量为 108 万余担之多。④

(三)晚清至全面抗战前夕浙江的工业

除传统农业、商业经济外,19 世纪 80 年代末 90 年代初,特别是 1895 年杭州开埠后,采用机器生产的小型轻工企业陆续在浙江各地出现。1887 年,亦官亦商的慈溪人严信厚与周金箴、宁波人汤仰高,在宁波创办了通久源轧花厂,初时使用 40 台手摇轧花机,雇工 40 人,此为浙江省内所出现的首个近代企业。同年,上海机器造纸总局在宁波设立了分局,这是浙江最早的造纸工业。1889 年,宁波商人在慈溪开办仁乾火柴厂,雇工 200 人,资本 1.5 万两,但具体创办人不详。⑤

1895 年前,浙江省内的近代企业数量比较少,仅有宁波通久源轧花厂(1887

---

① 章有义辑:《中国近代农业史资料》第二辑(1912—1927),科学出版社 2016 年版,第 153 页。
② 魏颂唐编辑:《浙江经济纪略》,第七十五篇"景宁县",无出版单位,1929 年编印,第 2 页。
③ 参见魏颂唐编辑:《浙江经济纪略》各篇,无出版单位,1929 年编印。
④ 葛绥成:《分省地理志·浙江》,中华书局 1939 年版,第 97 页。
⑤ 陶水木:《浙商与中国近代工业化》,中国社会科学出版社 2009 年版,第 41 页。

年创办)、上海机器造纸总局宁波分局(1887 年创办)、慈溪仁乾火柴厂(1889 年创办)、杭州蒸汽石印厂(1892 年创办)、宁波机器布纺纱局(1894 年创办)5 家。而 1895 年后,浙江商人、地主、官僚纷纷在省内投资创办近代企业。据不完全统计,1895—1900 年,浙江创办的工矿企业约有 27 家,除 9 家企业创业资本无考外,其他 18 家企业的创业资本总额为 414.3 万元。① 1901—1911 年,受清末新政鼓励工商业发展、收回利权运动等因素的影响,浙江近代企业的数量不断增长,达到 110 家,其中已知 67 家的资本总额数为 366.5 万元。② 就晚清私营企业数量和企业主数量来看,据王继平的研究,从洋务运动至辛亥革命前的晚清 40 年间,全国共有私人企业 375 家,创办人或主持人有 375 人。其中上海有私人企业 84 家,占全国私人企业总数的 22.4%,私营企业家有 10 人,占全国私营企业家总数的 2.7%;江苏有私营企业 55 家,占全国私营企业总数的 14.7%,有私营企业家 65 人,占全国私营企业家总数的 17.3%;浙江有私营企业 42 家,占全国总数的 11.2%,有私营企业家 89 人,占全国总数的 23.7%。浙江的私营企业数居全国第三,私营企业家数则居全国第一。③

甲午战后至辛亥革命前,浙江代表性的企业有:萧山合义和缫丝厂(1895 年创办)、杭州大纶缫丝厂(1896 年创办)、宁波通久源纱厂(1896 年创办)、杭州通益公纱厂(1897 年创办)、杭州世经缫丝厂(1897 年创办)、湖州公益缫丝厂(创办时间不详)、萧山通益公纱厂(1899 年创办)、杭州利用面粉厂(1900 年创办)、宁波电灯厂(1901 年创办)、宁波顺记机器厂(1901 年创办)、杭州洋烛厂(1902 年创办)、杭州官脑局(1903 年,官商合办)、宁波通久远面粉厂(1904 年创办)、杭州祥华肥皂厂(1905 年创办)、宁波汇昌机器厂(1905 年创办)、宁波光明烛皂厂(1906 年创办)、宁波禾盛碾米厂(1906 年创办)、宁波禾盛烟公司(1906 年创办)、杭州扬华织绸厂(1906 年创办)、宁波和丰纱厂(1906 年创办)、湖州青城造纸厂(1906 年创办)、秀水泾东窑业公司(1907 年创办)、杭州鼎和罐诘厂(1907 年创办)、宁波正大火柴厂(1907 年创办)、杭州大恒砖瓦厂(1908 年创办)、杭州钱江轮船公司(1908 年创办)、杭州光华火柴厂(1910 年创办)、杭州大有利电灯

---

① 陶水木:《浙商与中国近代工业化》,中国社会科学出版社 2009 年版,第 55 页。
② 陶水木:《浙商与中国近代工业化》,中国社会科学出版社 2009 年版,第 71 页。
③ 王继平:《晚清人才地理分布研究》,中国社会科学出版社 2012 年版,第 329—347 页。

厂(1910 年创办)、海宁碤石电灯厂、诸暨大成樟脑公司(创办时间不详)等。①
除杭州官脑局系官商合办性质外,其余全部为商办企业,主要从事纺织、缫丝、
面粉、火柴、电灯、造纸、制烛、制皂等轻工业,一般投资规模较小。

此外,还不应忽视同期浙商在上海或其他地区从事的近代企业活动。浙商
在沪多投资缫丝、火柴、棉纺等工业和金融业,在上海民族工业的初创阶段发挥
了重要作用。如 1882 年,湖州商人黄佐卿即以初始资本 10 万两,在上海闸北
创办第一家民族资本缫丝厂——公和永缫丝厂,丝车及设备订购自法国。1892
年,黄佐卿又在上海杨树浦创办祥记号缫丝厂。1890 年,湖州丝商杨信之也在
上海创办延昌恒丝厂。另一位镇海商人叶澄衷,从 19 世纪 60 年代开始,即在
沪经商。1890 年,他集资 7 万元在上海创办燮昌火柴公司,日产量 50 箱,是上
海第一家火柴厂;后又投资 20 万元②,在上海开办伦华缫丝厂。浙商在近代上
海金融业中,也占据重要地位。据 1912 年的统计,上海共有钱庄 28 家,其中浙
籍人创办的就有 17 家,占 60.71%;到 1929 年,上海钱庄数增至 78 家,而其中
浙籍人创办的就有 58 家,占 74.36%③,可谓很有势力。

这些早期近代企业的创办,对于打破"以农桑为本"的传统观念,树立"以工
商为本"的新式理念,转变社会风气,推动浙江经济的近代化,无疑发挥了前驱
先导的作用。

民国初年至 1937 年,浙江工业仍继续发展。但对于具体情况,过去缺乏研
究。学者陶水木所作的一个初步统计显示,1936 年,浙江省资本在 2000 元以上
的企业共 293 家,分布于碾米、火柴、电气、电灯、电话、纺织、印刷、化学、面粉、
机械、医药、五金、制绸、制丝、自来水、食品、造纸、印染、榨油、砂土、砖瓦、织席、
玻璃、木器加工、制烛、制皂、冷藏等多个领域,总体上呈现出"传统优势工业仍
占重要地位""新兴工业领域获得发展""重工业有一定发展,但相对薄弱"等几
个特点④。由于相关资料残缺不全,学者陶水木所作的这个统计,自然不是很全

---

① 汪敬虞编:《中国近代工业史资料》第二辑(1895—1914)下册,科学出版社 2016 年版,第 683—
920 页。

② 陶水木:《浙商与中国近代工业化》,中国社会科学出版社 2009 年版,第 33 页。

③ 中华人民政治协商会议浙江省委员会文史资源研究委员人编:《浙江籍资本家的兴起》(《浙江文
史资料选辑第三十二辑》),浙江人民出版社 1986 年版。

④ 陶水木:《浙商与中国近代工业化》,中国社会科学出版社 2009 年版,第 109—147 页。

面,实际当时浙江工业企业的数量可能更多。比如,上述统计中就没有食盐工业的统计。全面抗战前,浙江在余姚、黄岩、定海、岱山等产盐区,共有 25 个盐场,并在定海设有民生精盐股份有限公司,采用手工和机械相结合的生产方式。全省年出盐 300 万担,行销该省及江西、安徽部分地区。

工业之外,这一时期,浙江的银行业也得到较快发展。1913—1915 年,中国银行和交通银行两大银行,均在杭州设立了分行。1913—1925 年,浙江共设立商办银行 19 家。①

浙江的商业活动也日趋繁荣。温州、杭州、鄞县、永嘉,成为省内四处比较大的贸易中心。温州陆续发展起丝绸、棉布、国药、西药、南北货、卷烟、染料、颜料百货等行业,并对外输出茶叶、鸡蛋、菜籽、桐油、木炭、纸伞、皮箱等产品。杭州主要输入洋糖、人造丝、煤油、香烟、咸鱼及南北杂货,对外出口绸缎、茶叶、棉花等。鄞县输入粮、煤、油、铁、锡、香烟、棉纱、棉织品,输出绿茶、席、草帽、伞、药材、木器等。永嘉主要输入糖、煤、油、柴油、染料、棉织物、火柴、杂货,输出伞、纸、炭、轻木、茶、桐油、烟叶、柑橘、咸菜、獭皮等产品。②

(四)全面抗战前浙江交通运输业的发展

全面抗战前,浙江的交通建设,也取得重大突破。

其一,水运。浙江东临大海,处于南北洋之间,境内水网密布,自古以来,水运就比较发达。近代以来,除远洋运输被外国企业垄断而未能发展起来外,沿海、内河运输均比较繁荣,形成了宁波、温州、海门三大沿海航运中心和杭嘉湖、钱塘江、萧绍、宁波、温州、台州等内河水运网络。20 世纪 20 年代,"浙江小轮企业发展更趋普遍,轮汽船的数量成倍增长,全省所有可以通航小轮船的内江、内河几乎都开辟了轮汽船航线,内河轮汽船遂成为沿海平原地区的区域内部和区域之间的主要交通工具"③。

其二,铁路。浙江的铁路建设始于 1905 年沪杭甬铁路的开工建设。1909

---

① 潘国旗:《民国浙江财政研究》,中国社会科学出版社 2007 年版,第 15 页。
② 葛绥成:《分省地理志·浙江》,中华书局 1939 年版,第 124—125 页。
③ 童隆福主编:《浙江航运史(古近代部分)》,人民交通出版社 1993 年版,第 344 页。

年,沪杭段186公里先建成通车。而杭甬段由于要跨越曹娥江,难度较大,因此进展缓慢。宁波至曹娥段于1910年2月开工,1912年至1937年,宁波至慈城、宁波至余姚、宁波至百官、萧山至曹娥各段,先后修成通车,但曹娥江大桥未修成。全面抗战前,浙江建成的另一条干线铁路是浙赣铁路。1929年3月,浙江省政府为发展浙西南经济,自筹资金1393万元,开工建设杭州至江西玉山的杭江铁路。1934年1月1日,正式建成通车。1934年5月,浙赣铁路局成立,继续向西延伸修筑杭江铁路;同时,准备修建钱塘江大桥。这一大桥由于工程难度大、资金缺乏等,被搁置了20年。1934年5月,钱塘江大桥工程处成立,茅以升为处长,茅以升在美国康奈尔大学留学时的同学罗英为总工程师。他们带领40余名行政人员和800余位民工,仅花费540万元(由铁道部和浙江省共同承担),利用两年半时间即建成该桥。建设时没有一辆运料的卡车,靠人力搬运。设备只有两艘船:一艘是水上打桩船,是用半艘报废的船改装而成的;另一艘是水上吊机船,起重能力只有10吨。两艘船烧的都是煤。该大桥位于杭州市区西南的闸口,全长1453米,内江中正桥1072米,北岸引桥288米,南岸引桥93米。该桥采用"双层联合桥"型式,下层单线行火车,上层双线行汽车,两旁各有人行道一条。正桥共16孔,每孔跨度67米,桥高71米;桥墩共15个,6个在岸边,9个在江心。大桥于1937年9月26日通车,1937年12月23日杭州失陷前一日主动炸毁。该大桥是中国自行设计、建造的第一座铁路、公路双用桥梁,主持该桥建造的茅以升因此被称为"中国桥梁工程之父"。1937年9月26日,随着钱塘江大桥的竣工通车,一条以杭州为起点,以湖南株洲为终点,全长1004公里的铁路全线贯通。由于这条铁路的大部分路段位于浙江、江西境内,所以最终被命名为浙赣铁路。浙赣铁路是当时中国长江以南最重要、最繁忙的东西向铁路大干线,是东南沿海连接西南腹地的交通大动脉和长三角与珠三角间最快速的通道,在全面抗战初期的淞沪会战、军民撤退及以后的抗战中,均发挥了非常重要的作用。[①]全面抗战前浙江建成的第三条铁路是苏(州)嘉(兴)铁路,于1934年开始修建,1936年6月建成,全长74公里。后在1944年被日军拆毁。

其三,公路。浙江的公路修筑,始于1920年。1922年,浙江成立省道局,以

---

① 丁贤勇:《新式交通与社会变迁:以民国浙江为中心》,中国社会科学出版社2007年版,第116页。

卷烟特税为筑路经费。至 1926 年,仅有萧绍段 84 里修成通车。至 1928 年初,共修成 1100 里公路。这一时期,浙江民间资本以"商办"的形式参与了一些县际公路的修筑,当时商办汽车路已修成椒嵊、长宁、德余、孝安等线,计 260 里。1928 年 4 月,浙江省道局改组为浙江省公路局,开始发行公路公债 250 万元,不足之数,则以省建设经费及公债基金余款拨充。1928 年,浙江省公路局制订了修筑公路计划大纲,计划在 6 年内分四期修筑 8000 公里公路。其中第一期计划修成 10 条干线,共 2020 里,包括杭(州)长(兴)、杭(州)平(湖)、杭(州)昌(化)、新(昌)温(岭)、新(昌)宁(海)、桐(庐)衢(县)、衢(县)常(山)、衢(县)江(山)、永(嘉)温(岭)、永(嘉)丽(水)等线。1929 年,浙江省建设厅又重新拟定全省公路网,计划修筑干线 10 条、修筑支线 40 余条,"以杭州、乍浦、宁波、永嘉为干路之中心,其县与县相联络之道路,及各县境内之路,则为支路,所以干支各路,列为路网者,凡一万一千六百四十六里,内计干路四千八百五十二里"[①]。干线按经线、纬线、沿海线设计,经线公路包括杭州至宁波、杭州至景宁、杭州至常山、杭州至昱岭关、杭州至长兴县夹浦镇、杭州至乍浦镇等六条,另有纬线公路三条、沿海线一条,总计干线 10 条。1931 年 5 月,南京国民政府组织全国经济委员会,提出"修建公路为政府第一要务"之口号。在全国经济委员会的组织下,苏、浙、皖、京、沪五省建设厅分别派员,共同组建了"五省市交通委员会"。1932 年,"五省市交通委员会"提出建设沪杭、京杭、京芜、杭徽、苏嘉、宜长等六条主干道。借助于"五省市交通委员会"的这个计划,浙江省也很快迎来公路建设高潮。1933—1934 年,全省共建成公路 2346 公里,仍在建筑中的还有 530 公里。公路建设促进了汽车数量的增长,截至 1934 年秋,浙江全省共有汽车 1041 辆。[②] 到 1937 年,浙江已修成的公路长 3715.69 公里,其中干线公路 2100 公里,占 57%;40 余条支线中已建成 25 条,部分建成的有 8 条,有 64 个县已通公路。1935 年,全省省营汽车公司,载客 508 万余人次,客货运收入 206 万余元;

---

① 浙江省政府建设厅编辑:《两年来之浙江建设概况》,"第二章交通",浙江省建设厅 1929 年编印,第 1 页。

② 武剑华:《浅析五省市交通委员会》,郭太风、廖大伟主编:《东南社会与中国近代化》,上海古籍出版社 2005 年版,第 129—138 页。

全省 21 家商办汽车公司,载客 493 万余人次,客货运收入 260 万余元。[①]

总之,从 1920 年至全面抗战爆发前夕,浙江的公路、铁路建设均取得重大成绩,水运、公路运输、铁路运输发展迅速,为全省人民生产生活、人员往来、对外交流、教育发展、文化传播等提供了极大的方便。

三、"人文渊薮"与藏书之风

(一)"东南进士甲天下"

人才地理学的研究表明,经济是教育、文化、人才兴盛最重要和最根本的基础。以社会生产力为核心的经济愈发达,教育、文化、科技愈进步,人才总体数量就愈多、质量就愈好。

南宋以来,我国江浙地区特别是一般所称的"江南",不仅经济发达,而且文风鼎盛,人文荟萃,学者辈出,有"江南人文渊薮""东南进士甲天下""东南文物之邦"等美誉。清代学者刘声木曾评论:"历代声明文物之盛,多在大河以北,即世所谓中原是也。自南宋偏安于杭,声明文物,转为江南。我朝学术之盛,超逸前代,综其人物,大约不外江浙数省,地实江南一隅。"[②]

近人丁文江,曾将"二十四史"中有列传的 6000 多人(其中有"籍贯"可考者为 5783 人)列表统计,比较各省人才数量。他发现,在西汉时,全国有 208 位名人,其中属于浙籍者 2 人,占总人数的 0.96%;东汉时,全国有 457 位名人,属于浙籍者 14 人,占 3.06%;唐朝时全国有 1282 位名人,浙籍者 34 人,占 2.65%;北宋时全国有 1461 位名人,浙籍者 84 人,占 5.75%;南宋时全国有 604 位名人,浙籍者 136 人,占 22.5%;明代时全国有 1771 位名人,浙籍者 258 人,占 14.57%。[③] 根据丁文江的这个研究,在南宋和明代,浙籍人才数量已居全国之

① 丁贤勇:《新式交通与社会变迁:以民国浙江为中心》,中国社会科学出版社 2007 年版,第 92 页。
② 刘声木:《苌楚斋随笔》卷五,"江南文物盛衰"条,中华书局 1998 年版,第 104 页。
③ 丁文江:《历史人物与地理的关系》,《努力周报》第 43 期,第 1—3 页;《努力周报》第 44 期,第 1—2 页。

冠。其他学者的研究,也同样证明了这一点。[1]

　　浙江人才辈出的现象,在清代也得到了延续。李国祁对清代基层地方官人事嬗递考察发现,"浙人出任清代基层地方官知府、直隶州知州、散州知州及知县,几均居全国第一位"[2]。据梁启超在 1924 年对 461 位清代学者籍贯的研究,江苏以 121 人居各省第一;浙江以 90 人居第二;河北以 42 人居第三;安徽以 41 人居第四。[3] 后朱君毅根据李桓《国朝耆献类征初编》及《清史列传》所收人物,对清代人物地理分布问题进一步研究。他从这两本书中分别选取 5986 位、2019 位汉族人物进行研究,认为:"江苏人物之多,均为各省之冠。浙江一次居第二,一次居第三之地位。"[4]这个结论,大体与梁启超的观点一致。张耀翔也研究了清代全国进士的分布,发现浙江 2796 人,占全国总数的 11%,居各省第一;江苏 2603 人,占全国总数的 10.6%,居各省第二。如再按"状元""榜眼""探花"的录取人数排列,浙江则以 81 人,占全国总数的 23.7% 而居第二,仅次于江苏的 119 人,占全国总数的 34.8%。[5]

　　再据缪进鸿的研究,合明、清两代进士人数,则浙籍为 6379 人,居各省第一;苏籍 5958 人,居第二;赣籍 5057 人,居第三;直隶 4360 人,居第四;闽籍3897 人,居第五。其后则为豫、鲁、晋、鄂、皖、川等省。[6]

　　以上这些数字,均说明了明清时期浙江举业之盛,科甲人物名列全国前茅。

(二)民国时期人才辈出

　　20 世纪初,科举废、学堂兴,传统"士"的阶层日益分化,新兴职业者不断涌现,这使人才的范围和标准均发生很大的变化。简言之,凡属在政治、经济、教育、文化、外交、军事等领域具有一定地位和影响的人物,皆属"名人"。1926 年,朱君毅根据鲍威氏 1925 年所编《中国名人录》和吴德海 1925 年所编《中国年

---

　　① 张彬:《从浙江看中国教育近代化》,广东教育出版社 1996 年版,第 26 页。
　　② 李国祁:《中国现代化的区域研究——闽浙台地区》,台北"中央研究院"近代史研究所 1984 年版,第 478 页。
　　③ 梁启超:《近代学风之地理的分布》,《清华学报》第 1 卷第 1 期,1924 年 6 月,第 2—37 页。
　　④ 葛绥成:《分省地志·浙江》,中华书局 1939 年版,第 80—81 页。
　　⑤ 张耀翔:《清代进士之地理的分布》,《心理》第 4 卷第 1 期,1926 年 10 月,第 1—12 页。
　　⑥ 缪进鸿:《长江三角洲与其他地区人才的比较研究》,《教育研究》1991 年第 1 期,第 10—27 页。

鉴》,对两书中共 750 位人物的地理分布进行统计,结论为:"民国时代(民国元年至十五年)产生人物最多之省份,为(一)江苏(二)浙江(三)河北(四)广东(五)福建(六)安徽等省。"并言:"江浙文风之盛,人才之众,早已为世人所公认;今则益以统计证实,愈信其说之非诬也。"他又按政治、实业、教育、军事几大类,对各类人物的籍贯进一步研究。浙江政治人物数量列各省份第二,实业人物数量列各省份第三,教育人物数量列各省份第二,军事人物数量居各省份第八。这说明至少在民初,浙籍人物在政治、实业、教育界具有较大优势。[①] 但朱君毅的这个研究较早,并未囊括 1926 年后的情况,显然并不全面。以下笔者从科学、教育两个方面,分析浙江人才群体所具有的优势。

先看民国时期最高学术机构——中央研究院中的浙籍学者数量。1928 年 6 月 9 日,中央研究院正式成立,其下设的学术评议会为民国时期最高的学术评议机构。该学术评议机构先后两届评议员及 1948 年选出的首届院士,综合资历、声望与成就,颇能代表民国时期的最高学术水平。1935 年 6 月 20 日所当选和聘任的第一届 41 名评议员中,属于浙籍的,有蔡元培、竺可桢、张其昀、陶孟和、姜立夫、谢家声、翁文灏、朱家骅、叶良辅、任鸿隽、茅以升(因 1938 年李协去世,由茅以升补选替补),共 11 人,超过总数的四分之一。1940 年 3 月 22 日当选和聘任的第二届 41 名评议员中,属于浙籍的有朱家骅、竺可桢、陶孟和、罗宗洛、赵九章、姜立夫、茅以升、翁文灏、钱崇澍,共 9 人,占总数的 21.9%。[②] 1948 年 3 月 27 日,中央研究院举行第一届院士选举,竞争激烈。在选出的 81 位院士中,按出生地论,有 18 位属于浙江籍,占总人数的 22%,位列各省份第一。具体是姜立夫(平阳)、许宝𫘧(杭州)、陈省身(嘉兴)、苏步青(平阳)、赵忠尧(诸暨)、严济慈(东阳)、朱家骅(吴兴)、翁文灏(鄞县)、竺可桢(绍兴)、伍献文(瑞安)、贝时璋(镇海)、童第周(鄞县)、钱崇澍(海宁)、罗宗洛(黄岩)、冯德培(镇海)、张元济(海盐)、马寅初(嵊县)、陈达(余杭)。

20 世纪 50 年代,中国科学院先后两次推选学部委员,共 190 名。这两届

①　朱君毅:《现代中国人物之地理教育与职业的分布》,《心理》第 4 卷第 1 期,1926 年 10 月,第 1—12 页。

②　国立中央研究院总办事处编:《国立中央研究院概况(民国十七年六月—三十七年六月)》,1949 年编印,第 24—25 页。

学部委员,均成长于晚清民国时期,其学术成就也主要是在民国时期所取得的。1955年推选出的233名学部委员中,属于自然科学领域的有172名,其中浙籍者33人,具体是:陈建功(绍兴)、严济慈(东阳)、赵忠尧(诸暨)、苏步青(平阳)、陆学善(湖州)、柯召(温岭)、钱三强(湖州)、黄昆(嘉兴)、汪猷(杭州)、钱志道(绍兴)、纪育沣(鄞县)、梁希(湖州)、钱崇澍(海宁)、金善宝(诸暨)、罗宗洛(黄岩)、冯泽芳(义乌)、伍献文(瑞安)、朱洗(临海)、张肇骞(永嘉)、童第周(鄞县)、贝时璋(镇海)、冯德培(临海)、李庆逵(宁波)、竺可桢(绍兴)、斯行健(诸暨)、赵九章(吴兴)、顾功叙(嘉善)、程裕淇(嘉善)、汪胡桢(嘉兴)、朱物华(绍兴)、章名涛(鄞县)、褚应璜(嘉兴)、邵象华(杭州)。哲学社会科学学部共61名学部委员,属于浙籍者13人,即:千家驹(武义)、吴晗(义乌)、沈志远(绍兴)、金岳霖(诸暨)、范文澜(绍兴)、茅盾(桐乡)、夏鼐(温州)、马寅初(嵊县)、马叙伦(杭县)、陈望道(义乌)、冯定(慈溪)、郑振铎(永嘉)、骆耕漠(於潜)。[①] 以上两项合计为46人,占首届学部委员总人数的19.7%。1957年,中国科学院又补选出21名学部委员,属于自然科学领域的18名,其中浙籍者1人,即张宗燧(杭州);属于哲学社会科学领域的3名,其中浙籍者2人,即吴文俊(嘉兴)、陆志韦(吴兴)。[②] 综合这两次学部委员的推选,浙江籍自然科学、哲学社会科学学部委员共计49人,占总数的19.29%,仅次于江苏,居各省份第二。

综合民国时期中央研究院两届评议员和首届院士名单,及新中国成立后中国科学院前两届学部委员的名单,可以说,在民国时期的学术领域(特别是在自然科学领域),浙江与江苏是全国顶尖人才最多、科学研究最优秀的两个省份。

再看教育领域中浙籍人才的情况。首先,据王继平的研究,在晚清时期,全国有教育家225人,其中浙江籍就有49人,占全国总数的21.78%,居各省第一位。[③]

1940年8月,国民政府行政院颁布《大学及独立学院教员资格审查暂行规

---

① 何明主编:《中国科学院第一批学部委员(哲学社会科学部)》,中国大百科全书出版社2010年版,第3—115页。

② 郭金海:《1957年中国科学院学部委员的增聘》,《中国科技史杂志》2011年第4期,第501—521页。

③ 王继平:《晚清人才地理分布研究》,中国社会科学出版社2012年版,第380—388页。

定》，由教育部学术审议委员会对大学及独立学院任教的教师进行资格审查，事后曾将审查合格人员编订成册，以"专科以上教员名册"为书名，分别在 1942 年、1944 年印行。该书第 1 册共收入合格教员 2257 人（其中教授 1022 人，副教授 290 人，讲师 445 人，助教 500 人），第 2 册收入合格教员 2286 人（其中教授 807 人，副教授 367 人，讲师 632 人，助教 480 人）。两册合计共收入合格教员 4543 人，其中有极个别合格教员未注明籍贯。笔者对其中籍贯明确为浙江的教员进行了数量统计，第 1 册中共有浙籍教员 248 人，第 2 册中共有浙籍教员 272 人。两册合计共有浙籍教员 520 人，占全国审查合格教员总人数 4543 人的 11.45%。[1] 考虑到教育部对大学及独立学院教员的资格审查工作一直持续到抗战胜利后，而抗战胜利时全国经审查合格的教员总数已达 7141 人[2]，所以笔者的前述统计亦肯定不全面，但浙籍教员占全国大学及独立学院合格教员总数达 10% 这一比例，颇能说明在战时高校教师队伍中，浙江教师是具有一定的数量优势的。

　　我们还可以从下述两项材料中得到启发。一是近代浙江籍教科书编纂者。根据吴小鸥《启蒙之光：浙江知识分子与中国近现代教科书发展》一书的统计，晚清民国时期，主编或参与编写过教科书的浙籍学者就有 71 位。他们是：李善兰、谢洪赉、张元济、蔡元培、杜亚泉、陆费逵、周建人、丰子恺、张其昀、朱家骅、陈立夫、蒋智由、王亨统、汪洛年、戴克敦、张相、樊炳清、章鸿钊、经亨颐、虞和钦、虞和寅、李叔同、钟毓龙、胡仁源、周越然、夏丏尊、姜琦、朱经农、刘大白、陶孟和、金兆梓、翁文灏、何炳松、竺可桢、陈望道、陈鹤琴、蒋伯潜、陈建功、周玲荪、顾寿白、傅东华、吴梦非、刘质平、陆志韦、郑昶、杨贤江、楼光来、陈醉云、朱文叔、胡愈之、宋云彬、戴运轨、葛绥成、陈希豪、喻守真、周予同、朱自清、陈兼善、傅彬然、陆高谊、林汉达、章克标、贾祖璋、赵景深、盛叙功、都冰如、陶百川、孙正容、沈振黄、任美锷、沈鼎三。[3] 二是民国时期浙籍教育家群体。在民国时

---

　　①　教育部编：《专科以上教员名册》，1942 年编印；教育部编：《专科以上教员名册》第 2 册，1944 年编印。

　　②　教育部资料研究室编：《一九三七年以来之中国教育》，1947 年编印，第 3 页。

　　③　吴小鸥：《启蒙之光：浙江知识分子与中国近现代教科书发展》，浙江工商大学出版社 2016 年版，第 178—254 页。

期和新中国初期担任过教育部部长的浙籍教育家就有5人,即蔡元培、蒋梦麟、陈立夫、朱家骅、马叙伦;在民国时期和新中国初期担任或代理过大学校长的浙籍教育家,有蔡元培、蒋梦麟、陈大齐、竺可桢、马寅初、陈裕光、陆志韦、吴贻芳、李培恩、许寿裳、何炳松、罗宗洛、张寿镛、朱经农、邵裴子、许绍棣、杜佐周、李熙谋、沈尹默19位;其他如章太炎、王国维、罗振玉、张元济、蒋维乔、蒋百里、沈钧儒、经亨颐、鲁迅、张雪门、陈鹤琴、杨贤江、张宗麟、范文澜、朱自清、朱希祖、钱玄同、郑晓沧、王国松、陈布雷、陈训慈、查良钊、庄泽宣、孟宪承、雷震、俞子夷、俞庆棠、马一浮、丰子恺、姜琦、舒鸿、王琎、金海观、许璇、王佶、韩清泉、徐崇简等几十位教育界名人。他们在民国时期长期从事教育行政、大学教育或其他培养人才的工作,不仅教育思想突出,著述丰富,而且弟子众多,当然也可称为著名教育家。

从以上几种教育统计即不难看出,与科学界一样,在教育界,近现代浙江同样人才辈出,群星璀璨。他们之中大多数人的教育思想、主张,颇富特色,甚至走在时代前列,引领了晚清以来中国新教育的兴起、改革与发展。浙籍教育家无疑是近代中国教育家中最重要的一个地域群体。

(三)藏书之风

书是人类知识的载体和文化传承的工具,也是兴学重教的必要条件。因此,藏书也是衡量一个地区经济文化发达程度的重要尺度。藏书之多寡,与学风之浓淡呈正比例关系,足以体现一个地区读书、尚文的风气。中国藏书历史悠久,自古以来就有皇室藏、书院藏、寺院藏、私人藏四大藏书形式,随时代变化交替兴衰。

江浙经济发达,自宋以来就是全国出版、印刷的中心,官刻、私刻图书长期并存于世,且书院众多,书肆林立,学者云集,文人荟萃,讲学风气浓厚,因此官吏、富商、文人之中的嗜书者,热衷于私家藏书。据吴晗《两浙藏书家史略》一文考证,浙江历代藏书家共有399人。这399名藏书家,如以朝代计,则晋朝2人,南朝(梁)2人,北宋、南宋共33人,元朝15人,明朝80人,清朝最多,为267人。若"以地计,则杭县、海宁、绍兴、鄞县、海盐、吴兴、嘉兴最多,余姚、桐乡、萧山、兰溪、嘉善、平湖、浦江次之,他县又次之"[①](见表1-5)。

表1-5　晋朝至清朝浙江藏书家

单位:人

县名	数量	县名	数量	县名	数量	县名	数量	县名	数量
杭县	105	海宁	38	富阳	1	余杭	1	临安	1
於潜	1	新登	1	昌化	1	嘉兴	21	嘉善	5
海盐	22	崇德	3	平湖	13	桐乡	9	吴兴	24
长兴	3	德清	1	武康	2	孝丰	1	安吉	2
鄞县	27	慈溪	5	镇海	2	象山	1	绍兴	27
萧山	9	诸暨	2	余姚	9	上虞	5	新昌	3
临海	4	黄岩	3	温岭	1	衢县	3	龙游	3
常山	2	金华	4	兰溪	7	东阳	4	义乌	4
永康	1	浦江	6	永嘉	1	丽水	2	缙云	4
庆元	2	瑞安	3	平阳	2				

说明:本表据辰伯(吴晗)《两浙藏书家史略》(载《清华周刊》第37卷第9、10期合刊,第198—285页)一文制成。

浙江私人藏书兴起于晋时,历经南朝、两宋、元、明、清而不衰。在明朝时,浙江藏书大家及著名的藏书楼,有金华宋濂的"青萝山房"、鄞县丰坊的"万卷楼"、宁波范钦的"天一阁"、嘉兴项元汴的"天籁阁"、兰溪胡应麟的"二酉山房"等。特别是天一阁,屹立浙江400多年,为我国唯一最古的藏书楼。天一阁的建造者范钦,字尧卿,号东明,嘉靖十一年(1532)进士,官至兵部侍郎。其藏书主要来源有二:一是购自城西丰氏万卷楼,后又与王世贞相约互抄书籍。二是自己广泛搜求所得。他历官江西、广西、福建、云南、陕西等地,每至一地,即刻意求访,尽力收购,最终使藏书达到7万多卷,被全祖望称为"雄视浙东"。天一阁藏书以宋元以来的刻本、刊本、钞本为主,其中特多明朝地方志、政书、诗文集等。它所收藏的明朝各省、府、州、县志,达到435种,比

---

① 　辰伯(吴晗):《两浙藏书家史略》,《清华周刊》第37卷第9、10期合刊,第198—285页。

《明史·艺文志》著录的还要多。这些地方志，至今保留下来的仍有 271 种，"即在今日，尚可列全国各大图书馆之首"①。范钦曾为后代立下"代不出书，书不出阁"的规矩："禁以书下阁梯，非各房子孙齐至，不开锁。子孙无故开门者，罚不与祭三次；私领亲友入阁及擅开橱者，罚不与祭一年；擅将书借出者，罚不与祭三年；因而典鬻者，永摈逐不与祭。其例严密如此。"②这大大避免了书籍的散失。清乾隆年间，朝廷因修《四库全书》而从天一阁征用书籍，事后并未归还；近代第一次鸦片战争期间及太平天国战事中，天一阁藏书均有损失。到 1949 年时，天一阁藏书仅存 1.3 万余卷。明朝堪与范氏天一阁匹敌的，是嘉兴项元汴的"天籁阁"。项氏善治生产，家资富裕，遂广为搜罗，"三吴珍秘，归之如流"，"海内珍异十九归之"。之后这些丰富藏书，在明朝末年，清兵初入嘉兴之际被人掠去。

除天一阁外，兰溪胡应麟的"二酉山房"藏书亦很闻名。胡应麟(1551—1602)，字元瑞，号少室山人，为明代著名文学家。他于万历年间中举，久不第，遂"毁家购书"，筑室山中，取名"二酉山房"。其藏书达 4.2 万卷以上。

进入清朝，浙江民间藏书之风仍很盛行，有名藏书家达 267 人，主要集中于浙东、浙西一带，特别是杭州。近代藏书家丁申说："武林(即杭州)为浙中首郡，天子行都，声名文物，甲于寰宇。士多好学，家尚蓄书，流风遗韵，扇逸留芬。"③俞樾云："武林山水甲神州，文物东南莫与俦。缃帙缥囊富藏弄，香梨文梓竞雕锼。丁君好古承遗绪，上溯六朝范与褚。遥遥书藏访钱家，下逮瓶花兼玉雨。我披此录心忡忡，千秋过眼如飞蓬。"④清乾隆时，朝廷为修《四库全书》，曾下诏从江南征书。浙江就在短短的两三年中，向朝廷献书 4523 种，56955 卷，不分卷2092 册，进呈藏书之多为各省之冠，可见当时浙江民间藏书之丰富。⑤

至近代，杭州有"清末四大藏书家"之一的丁丙，湖州有"清末四大藏书家"之一的陆心源和民国"海上三大藏书家"刘承幹、蒋汝藻、张钧衡。⑥"海源阁"主

---

① 顾志兴：《浙江藏书家藏书楼》，浙江人民出版社 1987 年版，第 99—100 页。
② 顾志兴：《浙江藏书家藏书楼》，浙江人民出版社 1987 年版，第 102 页。
③ 丁申：《武林藏书录》，自序，古典文学出版社 1957 年版。
④ 丁申：《武林藏书录》，俞樾题辞，古典文学出版社 1957 年版。
⑤ 顾志兴：《浙江藏书家藏书楼》，浙江人民出版社 1987 年版，第 142—143 页。
⑥ 李雪梅：《中国近代藏书文化》，现代出版社 1998 年版，第 108—127 页。

人聊城杨氏、"铁琴铜剑楼"主人常熟翟氏，"十万卷楼"和"皕宋楼"主人归安陆氏，"八千卷楼"主人钱塘丁氏。其中的后三家，又被称为"江南三家"。

陆心源(1834—1894)，字刚甫，号存斋，晚称潜心老人，祖籍临安，世居归安。他年轻时资质过人，好读书，年三十能九经。咸丰九年(1859)中举，官至福建盐运史。他生平嗜书，家又巨富，遂购书大江南北，其中不少珍贵的宋元版图书，在十余年中，已获书 15 万卷，先后建"十万卷楼""皕宋楼""守先阁"加以贮藏。光绪八年(1882)，他的藏书楼对外开放，公开借阅。陆心源死后，其子陆树藩不能守业，于 1907 年将藏书以银 10 万两售予日本岩崎弥之静嘉堂文库，使精华图书流失国外，酿成"我国文化史之惨祸"，令国人痛惜。

丁氏即丁申(1829—1887)、丁丙(1832—1899)兄弟，均嗜书，家有世藏。祖父丁国典、父丁英皆好藏书，造"八千卷楼"以藏之。至丁氏兄弟掌家时，继续四处求购，先后增建"后八千卷楼""小八千卷楼""善本书室"以藏之。杭州文澜阁《四库全书》在太平天国战事中散失，丁氏兄弟极力搜访，奔走于书肆及断垣残壁之中，使文澜阁之书幸存十之七八，被光绪帝颁旨表彰，赞其行为"嘉惠士林"。其所藏之书多日本、朝鲜刊本及名人精写稿本、钞本、校本，多收明清著名藏书楼遗藏，如明朝范氏"天一阁"、项氏"万卷楼"、祁氏"澹生堂"、毛氏"汲古阁"及清朝吴氏"瓶花斋"、严氏"芳茞堂"等数百年来江浙乃至全国著名藏书楼的藏书，少则一二万册，多则十数万册。故"八千卷楼"可以看作明清两代藏书楼的一个缩影。史学大师柳诒徵曾说："清光绪中，海内数收藏之富，称翟、杨、丁、陆四大家。然丁氏文化史上之价值，实远过翟、杨、陆三家。"[①]后丁申之子丁立诚由于经商失败，亏空巨万，由官方主持出卖家产以赔偿，当时国内学术界担忧藏书再次流失国外，两江总督端方请缪荃孙到杭州与丁氏后人谈判。丁氏后人同意以时银 7.3 万余两售予官府所建立的江南图书馆。这批藏书在全面抗战时曾转移至苏北等地，抗战胜利后运至南京，今保存于南京图书馆内。[②]

民国时期，浙江著名的藏书楼，还有张钧衡的"适园"、刘承干的"嘉业堂"、蒋汝藻的"传书堂""密韵楼"。此三家，人称"海上三大家"。这三大家同为吴兴

---

① 柳诒徵：《国立中央大学图书馆小史》，国立中央大学图书馆管理处 1928 年编印，第 27 页。
② 顾志兴：《浙江藏书家藏书楼》，浙江人民出版社 1987 年版，第 242—243 页。

县南浔镇人,又均有一定藏书背景、经济实力。刘承干(1881—1963),秀才出身,以雄厚财力购得大量图书,在吴兴南浔镇小莲庄故居旁,耗资12万元,占地20亩,建造"嘉业堂",于1924年竣工。嘉业堂全盛时期藏书达到57万余卷,号称60万卷,以册数而论有18万余册,为刘承干耗资30多万元购得。其所藏以明清两代刻本、名人稿本和钞校本居多。在抗战时期,他将一些图书秘密售予重庆的中央图书馆、浙江大学图书馆和复旦大学图书馆。至1949年时,嘉业堂尚余图书11万余册。蒋汝藻(1877—1954),字孟蘋,号乐庵。他于光绪二十九年(1903)考中举人,参加过辛亥革命,在官商两界均有活动。蒋氏为吴兴藏书世家,家藏书达数万卷,且多精本。清末民初之际,蒋汝藻又收购宁波范氏、杭州汪氏、泰州刘氏、泾县洪氏、贵阳陈氏等祖传家藏散出之书,使其密韵楼藏书愈丰。后大部分归上海商务印书馆涵芬楼,新中国成立后归北京图书馆。张钧衡(1873—1927),字石铭,号适园主人。张氏世居安徽休宁,康熙时迁至浙江吴兴南浔镇,世代经商,并以盐业致富。1894年,张钧衡开始大量藏书,南北搜求。1907年,他在吴兴南浔镇南栅补船村建造名为"适园"的藏书楼,占地20亩。其子张乃熊,子承父业,仍积极搜书,使"适园"藏书进一步丰富。当时张钧衡与刘承干、蒋汝藻并称为"海上三大家"。[①]

近人宋炎又将四明范氏"天一阁"、南浔刘氏"嘉业堂"、瑞安孙氏"玉海楼"、海宁蒋氏"别下斋",称为"浙江四大藏书家"。"天一阁"与"嘉业堂"前文已述,这里再述"玉海楼"及"别下斋"。瑞安孙氏为世代书香家庭,"玉海楼"为清末瑞安学者孙衣言、孙诒让父子所建。孙衣言(1815—1894),字琴西,为道光庚戌(1850)进士,历任苏、皖、鄂等省布政使及太仆寺卿,为清代著名学者。他在做官时,收入渐丰。时值太平天国战事发生,南方各省世家大族古籍大量散出,如宁波天一阁、绍兴澹生堂、常熟汲古阁、桐乡知不足斋等,藏书多为元、明、清珍本和善本;还有当地一些书院的藏书以及从日本、朝鲜所舶来的图书,孙衣言与其子孙诒让(1848—1908)大力搜求,在十年之内竟得八九万卷。为搜求图书,孙诒让还遍访各地,如温州、宁波、杭州、上海、苏州、南京、北京等处,并通过友人或以公告的方式征求善本。加之亲朋好友馈赠、自己与别人交换抄写等,藏书益丰。1910

---

① 张健:《张钧衡及其"适园"藏书》,《芜湖职业技术学院学报》2003年第4期,第31—33页。

年,孙氏后人曾对藏书进行清点,发现有古籍 28179 册、铅印和石印本新书 2643 册、杂志 1488 册、报纸 11 种、合订本 205 册。"玉海楼"藏书中多浙江地方文献,仅温州地区的乡贤先哲遗著就收藏了 460 多种。还有大量的名家手校本、手抄本、批校本和稿本。1908 年 6 月孙诒让去世后,其次子孙延钊继续保护藏书,曾将一些书捐赠给温州籀园图书馆、瑞安公立图书馆等机构。抗战时期,他精选几千册图书运至温州,自行保管。战后,他将这批图书运至杭州,并出任浙江省图书馆馆长。1947 年 10 月,孙延钊将这批图书捐赠给浙江大学文学院。①

海宁蒋氏世居硖石镇之南蒋村,本为一般农家。清乾隆时蒋云凤始迁居硖石镇,弃农经商,经营典当,渐致富。蒋云凤生四子,均读书业儒,喜藏书画、金石。其长房孙蒋楷(1774—1827),为蒋氏第一位藏书家,好聚金石、书画及宋元版古籍,其书楼名"青来阁"。他死后,大部藏书归于"别下斋"。蒋云凤次子蒋仁基的单传孙子蒋光煦(1813—1860),官至候补训导,喜读李白诗,自十岁起便四处搜求李白诗文集读之,并访求其他书籍,自建"别下斋"以藏之。他先后得陈鳣向山阁、蒋楷青来阁、马瀛吟香仙馆旧藏,聚书四五万卷。俞樾曾云:"曾至其家,图书满室,乔木蔚然,叹为方雅之族","海昌生沐蒋君,自十龄即喜购书,其家藏书甲于浙右,所得多宋元椠本及旧钞本"。蒋光煦曾择其所藏最精者,先后刻成《别下斋丛书》《涉闻梓旧》数十种,印行于世。他并著有《东湖丛记》六卷及《别下斋书画录》七卷。1860 年,太平军攻浙西,蒋光煦避居外地,其宅院、藏书楼及所有藏书化为灰烬。②

总而言之,自南宋以迄清朝,两浙地区普遍保持着一种重视文化的传统,具有浓厚的"尚文""喜学"风气。家学、族学、义塾、书院林立,私家藏书盛行。这极大地推动了文化的传播和儒家思想灌输,提高了整个浙江地区民众的文化水平,也促使科举人才不断涌现。所谓"其间山水之钟毓,与夫历代师儒之传述,家弦户诵,风气开先;拔帜匪难,夺标自易"③,即为此理。这种喜学读书的流风余韵,也延续到晚清民国时期,成为近代浙江教育、科学等人才兴盛不断的一个深刻原因。而教育、科学人才的兴盛,又反过来促进了近代浙江新教育的产生与发展。

---

① 《玉海楼藏书捐赠浙大文院》,《申报》1947 年 10 月 24 日,第 6 版。
② 柳和城、宋路霞、郑宁:《藏书世家》,上海人民出版社 2002 年版,第 173—178 页。
③ 陈夔龙:《梦蕉亭杂记》卷二,北京古籍出版社 1985 年版,第 102 页。

第二章 近代浙江新教育的兴起与发展

近代浙江新教育始于 19 世纪 40 年代外国传教士在宁波兴办女塾。1872 年,清政府选派 120 名幼童到美国留学,其中就有 8 名为浙籍。可以说,教会教育与留学教育是近代浙江新教育的两大开端。19 世纪末 20 世纪初,清政府逐渐将书院改制,废科举、兴学堂,浙江近代初等教育、中等教育、师范教育、实业教育等由此发轫,近代化的省级教育管理制度与省级教育体系也逐步形成。本章主要阐述近代浙江教会教育、留学教育、普通教育的发展情况及省教育行政机构、教育经费的演变,以明晰近代浙江高等教育早期现代化形成的内部背景。

一、教会教育在浙江

(一)早期教会学校的兴办

"浙江初等教育形成学校制度,办理最早的,当推道光二十五年宁波之崇信义塾,课程、教法、设施多模仿美国。"[1]近代浙江新教育肇始于 1844 年外国传教士在宁波所开设的崇信义塾,这完全是因为浙江为近代最早遭受西方列强侵略的中国省份之一。

---

[1] 史美钧:《浙江教育简史》,《浙江政治》1940 年第 9 期,第 35—48 页。

在第一次鸦片战争期间,西方传教士就已随英国侵略军到浙江境内开展活动。如郭士立和雒魏林,即在 1840 年、1841 年进入定海,郭士立还被英国侵略军任命为定海"民政长官"。① 1842 年,美国浸礼会教士田为仁经香港到浙江滨海一带实地调查,曾在舟山居住达两个月之久。1843 年 10 月,美国宣教医师玛高温,也经澳门、香港、福州到达定海,11 月抵达宁波,"为第一个开荒播种在宁波开传道之门"的人。1845 年 6—7 月,英国圣公会传教士四美牧师,也在宁波进行了一次探险活动,考察了宁波及周边地区,搜集这些地区的地理、风俗、物产、居民、外人等情况。②

随着西方传教势力开始向浙江渗透,创办教会学校就成为迟早要发生之事。1844 年,英国基督教循道公会派女传教士爱尔德赛(又译阿尔德赛)女士,由南洋来宁波,自费在城内祝都桥附近创立一所女学校——宁波女塾,用免收学费、供给饮食和津贴家属的办法,招进学生 15 人,七年后增加到 40 人。这不仅是浙江,而且是近代以来外人在华设立的第一个女子学校,"是中土的第一家女学校"③。当时这所学校所设置的课程,有国文、英文、算术、缝纫、刺绣、圣经等。次年,美国北长老会传教士麦卡第、祎理哲,在宁波江北岸槐树路开设了一所男童寄宿学校——崇信义塾,有学生 30 人。这是浙江最早的男子小学堂,也是美国基督教差会在中国设立的最早的教会学校。该校中文、英文并重,并掺用宁波话讲课。

此后,越来越多的外国(基督教差会)选派传教士来浙拓荒。如 1846 年,美国北长老会也在宁波设立一所女校,由柯教士主事,后因爱尔德赛返英,这两所女校于 1857 年合并,归长老会承办,名"崇德女子学校",地址在江北岸桃渡路。1923 年,这所学校又与圣模女校合并,改称"私立甬江女子中学"。1851 年,美国长老会传教士丁韪良在宁波南门外创立走读男塾,试行汉字罗马拼音法。1860 年,美国浸礼会女传教士罗尔梯在宁波城北姚江南岸创办女校,初名"浸会女校",后改名"圣模女校"。1868 年,英国圣公会戈柏、禄赐创

①　赵世培、郑云山:《浙江通史》第 9 卷《清代卷》中,浙江人民出版社 2005 年版,第 107 页。

②　周东华:《民国浙江基督教教育研究——以"身份建构"和"本色之路"为视角》,中国社会科学出版社 2011 年版,第 27—28 页。

③　褚季能:《女学先声——中国妇女教育史话之一》,《东方杂志》1934 年第 7 号,第 23—27 页。

办"贯桥义塾",后几次更名,1905 年,改称"仁爱女子圣经学院"。1869 年,英国圣公会岳斐翟教士创办三个女塾,后改为"仁德女校"。1883 年,一名基督教浸礼会女教士在鄞县城区创办妇女短期学校,1912 年改为"密巴斯圣经学校",1919 年改名为"慕义妇女学校",1927 年再次更名为"鄞县慕义妇女补习学校"。1903 年,美国长老会教士费佩德在杭州创办"中西崇正女塾",后迁上海。[①] 清末浙江基督教学校概况如表 2-1 所示。

表 2-1　清末浙江基督教学校

地区	校名	所属教会	创立年份	1920 年学生人数/人
杭州	安立甘女子寄宿学校	英安立甘		40
	安立甘基督学校	英安立甘	1890	60
	之江学堂	美长老会	1845	160
	弘道学校	美长老会	1867	240
	冯氏女校	英安立甘	1908	42
	广济男医学堂		1881	56
	广济女医学堂		1906	20
	蕙兰中学	美浸礼会	1896	131
	青年会商业夜校	美青年会	1916	136
湖州	浸会高等小学	美浸礼会	1909	40
	女子协和医院希克纪念学校护士培训学校(Hick's Memorial School for Girls Union Hospital Nurse's Training School)			
	海岛中学	美监理会	1908	145
	湖群女学校	美监理会	1905	115
嘉兴	秀州中学	美长老会	1900	263

---

① 赵世培、郑云山:《浙江通史》第 9 卷《清代卷》中,浙江人民出版社 2005 年版,第 109—110 页。

续表

地区	校名	所属教会	创立年份	1920年学生人数/人
金华	作新初等高小中学校	美浸礼会	1901	60
宁波	浸会中学	美浸礼会	1880	122
	基督教教会学校（Christian Mission School）	美基公会		
	裴迪学校	偕我会	1900	170
	米斯巴圣经培训学校（Mizpah Bible Training School）	美浸礼会	1912	20
	崇信中学	美长老会	1850	105
	崇德女子学校	美浸礼会	1846	128
	仁德女学	英安立甘		95
	毓才学校		1912	80
	三一中学校	英安立甘	1876	60
绍兴	圣三一（Trinity）高等小学	英安立甘	1915	60
	越材中学校	美浸礼会	1915	65
仙居	南方学校（Mustered Sud School）	英内地会	1905	40
台州	内地会病院医学校	英内地会	1909	10
	女学校	英安立甘		42
定海	高等小学	美浸礼会	1914	70
	女子高等小学	美浸礼会		
温州	崇真两等学校	英内地会	1865	40
	内地会女学校	英内地会	1875	50
	艺文学校	偕我会	1902	134

说明:本表据李国祁《中国现代化的区域研究:闽浙台地区》一书(台湾"中研院"近代史研究所1984年编印)第136—137页的表格略加调整而成。

总之，从 1844 年到 1877 年，基督新教各差会在中国一共创办了 347 所教会学校，教会学生总数为 5917 人。其中有相当一部分创建在浙江，主要分布在宁波、杭州两个主教区。据统计，在浙男寄宿学校 4 所，男日校 27 所；女寄宿学校 8 所，女日校 15 所，没有一所神学校。总计在浙的各种教会学校 54 所，教会学生 819 人。[①] 这些教会学校对近代浙江新教育的发展具有拓荒作用。他们招收贫困男女童入学，教其识字，发给衣服，提供住宿，并传授一些简单的自然科学、社会科学、卫生、唱歌等方面的知识，这无疑是进步的、值得肯定的；同时他们在女子教育方面属于破天荒，对于推动男女平等及女子进步均有积极作用。但是，传教士创办教会学校的初衷并非发展浙江教育，而是向浙江民众宣教，教育只不过是其达到宣教目的的手段和工具。同时，他们借不平等条约为保护，与西方帝国主义侵华紧密联系在一起，又不向中国政府注册登记，显然侵犯了中国教育主权。因此，他们具有开启浙江教育与灌输宗教知识、奴役中国人民精神的两面性。

（二）1900—1920 年教会教育的大发展

1877 年基督新教在华各差会第一次大会召开以后，浙江教会教育仍继续发展。20 世纪初，清政府废科举、兴学堂，先后颁布《壬寅学制》《癸卯学制》，中国新教育正式启动。对于外国教会在中国所办学校，清政府当时颇感棘手，难以管理，所以在 1906 年 8 月，由学部给各省督抚正式下发了一个有关教会学校的咨文，强调"至外国人在内地设立学堂，奏定章程并无允许之文；除已设各学堂暂听设立，无庸立案外，嗣后如有外国人呈请在内地开设学堂者，亦均无庸立案。所有学生，概不给予奖励"[②]。换言之，就是对外国教会学校采取"不干涉亦不承认"的态度。此后直至 20 世纪 20 年代初期，历届政府基

---

① 周东华：《民国浙江基督教教育研究——以"身份建构"和"本色之路"为视角》，中国社会科学出版社 2011 年版，第 39 页。
② 《学部咨各省督抚为外人设学无庸立案文》，舒新城主编：《中国近代教育史资料》下册，人民教育出版社 1981 年版，第 1065 页。

本上延续了这种放任政策①,从而导致了教会教育在 1901—1920 年前所未有的大发展。

1920 年,教会教育已在中国形成了一股强大的势力。在华基督教组织称:"1900 年以前基督教教育的宗旨主要在于教育信徒儿童,现在它的范围就大多了,已经扩大到全国普通生活之中。美国各差会最强调教育事业,它们拥有全国教会初级小学学生总数的一半以上、高级小学生的 2/3、中学生的 2/3 以上。中国基督教教育会关于中学及高级小学的调查报告中所载的 264 所学校中的 74% 是 1900 年以后创办的,这个情况可以证明近 20 年来教育事业发展的趋势。……据《差会年鉴》(*China Mission Year Book*)记载,1912—1917 年受餐信徒增长了 106%,学生人数则增长了 582%(约五倍)。"②据 1922 年出版的《中国基督教教育事业》一书的统计,1920 年,在华基督教会所办中学 291 所,学生 15213 人;高级小学 962 所,学生 32899 人;初级小学 5637 所,学生 151582 人。三项总计有中小学 6890 所,学生共计 199694 人③。同期,天主教会所办学校的学生数达 136960 人④。教会学校学生占全国学生总数的比例也迅速提高。赵紫宸在 1923 年说:"在已过二十年间,教会学校学生的数目,已增加了百分之三百三十三。全国男生三十五人中,有教会学校学生一人,女生三人中有教会学校学生一人。教会学校学生与非教会学校学生的数目相较,成为二与三十六的比例。"⑤

具体到浙江省,根据《中国基督教教育事业》一书的统计,1920 年,浙江省共有教会学校 355 所,学生总数为 10592 名,其中男生 7518 人,女生 3074 人。⑥具体情况见表 2-2。

---

① 杨思信、郭淑兰:《教育与国权——1920 年代中国收回教育权运动研究》,光明日报出版社 2010 年版,第 56—61 页。

② 中华续行委办会调查特委会编、蔡咏春等译:《1901—1920 中国基督教调查资料(修订)》上卷,中国社会科学出版社 2007 年第 2 版,第 135—136 页。

③ 中国基督教教育调查会编:《中国基督教教育事业》,商务印书馆 1922 年版,第 376—377 页。

④ 陈学恂主编:《中国近代教育史教学参考资料》下册,人民教育出版社 1986 年版,第 388 页。

⑤ 《中国教会的强点与弱点》,赵紫宸:《赵紫宸文集》第三卷,商务印书馆 2007 年版,第 127 页。

⑥ 中国基督教教育调查会编:《中国基督教教育事业》,商务印书馆 1922 年版,第 376 页。

表 2-2　浙江省基督教势力范围中的教会学校

宣教会	初级小学/所	高级小学/所	中学校/所	初级小学男生/人	初级小学女生/人	初级小学学生总数/人	高级小学男生/人	高级小学女生/人	高级小学学生总数/人	中学男生/人	中学女生/人	中学学生总数/人	中学以下教会学生总数/人	教会小学男学生比例/%	教会中学男学生比例/%	初小学生升学率/%
英圣公会	58	7	3	923	417	1340	76	83	159	50	26	76	1575	66	65	12
浸礼会	49	11	7	854	573	1427	209	299	508	219	69	288	2223	56	75	36
伦敦会	1	—	—	—	25	25	—	—	—	—	—	—	25	—	—	—
监理会	10	3	2	270	78	348	56	40	96	60	63	123	567	73	48	28
圣道公会	33	6	2	899	161	1060	77	22	99	185	—	185	1344	84	100	9
北长老会	35	5	2	810	315	1125	113	63	176	52	24	76	1377	71	68	16
南长老会	32	2	2	522	257	779	97	12	109	162	—	162	1050	69	100	14
内地会	43	9	—	666	263	929	81	46	127	—	—	—	1056	70	—	14
华盟会	10	5	—	393	89	482	90	12	102	—	—	—	584	82	—	21
使徒信会	1	1	—	—	22	22	—	8	8	—	—	—	30	—	—	36
基督徒会	7	1	—	187	63	250	26	9	35	—	—	—	285	74	—	14

续表

宣教会	初级小学/所	高级小学/所	中学校/所	初级小学男生/人	初级小学女生/人	初级小学学生总数/人	高级小学男生/人	高级小学女生/人	高级小学学生总数/人	中学男生/人	中学女生/人	中学生总数/人	中学以下教会学生总数/人	教会小学男学生比例/%	教会中学男学生比例/%	初小学生升学率/%
复临安息	4	1	—	55	30	85	5	5	10	—	—	—	95	63		12
男青年会	—	2	1	—	—	—	317	—	317	64	—	64	381	100	100	—

说明:本表据中华续行委办会调查特委会编、蔡咏春等译《1901—1920 年中国基督教调查资料(修订)》上卷(中国社会科学出版社 2007 年第 2 版)第 183 页"浙江省基督教事业范围中之教会学校表"调整制成。

如进一步分析可发现,教会初级小学方面,全国共有 5673 所,浙江有 283 所,占全国总数的 4.99%,数量居粤、闽、鲁、川、苏、直隶、鄂之后,列第八位;教会初级小学学生数量方面,全国共有 150779 人,浙江为 7872 人,占总数的 5.22%,居闽、粤、鲁、川、苏、鄂、直隶之后,同样居第八位。教会高级小学方面,全国共有 965 所,浙江有 53 所,占总数的 5.49%,居苏、鲁、鄂、闽、粤、川、湘之后,居第八位;教会高级小学学生数量方面,全国共有 32829 人,浙江有 1746 人,占总数的 5.32%,在苏、闽、粤、直隶、鄂、川之后,列第七位。教会中学方面,全国共有 291 所,浙江为 19 所,占总数的 6.53%,在鲁、直隶、苏、粤、闽之后,居第六位;教会中学学生数量方面,全国有 15213 人,浙江为 974 人,占总数的 6.4%,居苏、直隶、粤、闽、鲁、川、鄂之后,列第八位。[①] 由上对比不难看出,1920 年,浙江的教会教育在全国总体处于中等偏上的位置,并非最发达。故教会方面称:"据报告,全省 283 所教会初级小学中有 74 所设在 10 万人口以上的城市中,其余 209 所散处于 918 个布道区内……据内地会、监理会、圣道公会联合报

---

① 中华续行委办会调查特委会编、蔡咏春等译:《1901—1920 年中国基督教调查资料(修订)》上卷,中国社会科学出版社 2007 年第 2 版,第 751 页。

告,618 所正式教堂只有 96 所初级小学,即使统计数字不全,也不免使人非议本省教会不重视国民教育事业。"在当时全省小学学生总数中,教会小学学生仅占 3%,比例的确不算高。中学方面的情况是:"本省有教会中学 19 所(其中女校 7 所),只有 12 所中学设有全部中学课程,其中有两所中学为差会合办,一为男校,一为女校,皆设于杭州。全省教会中学学生,男生占 81%。……惟天台地区虽有高级小学 7 所,却未设立中学,本省西南部也存在同样情况。"①

(三)冲击与立案

如果说 1921 年以前的 20 年间,为教会教育在中国发展的"黄金时代",那么从 1922 年开始后的八九年间,则是教会教育在中国的"艰难时代"。其连续受到 1922 年非基督教运动、1924—1927 年国共第一次合作、1925 年五卅运动、1926—1927 年的北伐战争,以及贯穿于整个 20 世纪 20 年代中后期的收回教育权运动等多方面的冲击,教会教育在中国的合法性受到了严峻的挑战。经受新文化运动科学主义洗礼和五四运动民族主义熏陶的国人(尤其是教会学校中的中国师生),已经不能继续忍受教会学校侵犯中国教育主权、宗教与教育相混同、由外国人管理等事实。他们强烈呼吁政府教育主管部门制定有关的法规,并采取行动,取缔、限制并最终收回这些外国教会学校,由中国人管理学校并开设符合中国教育部门所规定的课程。在此起彼伏的教会学校风潮及全国舆论的强大压力下,北洋政府教育部终于打破沉默,于 1925 年 11 月 16 日以第 16 号公告的形式发布《外人捐资设立学校请求认可办法》,开始要求教会学校向中国教育主管部门立案。此后又在 1927 年 11 月 19 日对这个法规进行修正。广东国民政府教育行政委员会也在 1926 年 10 月 18 日正式颁布《私立学校规程》和《私立学校校董会设立规程》两个重要法令,同样要求教会学校向政府立案注册。1927 年 4 月南京国民政府成立后,大学院以及后来的教育部也先后颁布《私立大学及专门学校立案条例》《私立中等学校及小学立案条例》《私立学校条例》《私立学校校董会条例》《私立学校规程》《修订私立学校规程》等多部有关教

---

① 中华续行委办会调查特委会编、蔡咏春等译:《1901—1920 中国基督教调查资料(修订)》上卷,中国社会科学出版社 2007 年第 2 版,第 180—182 页。

会学校的教育法规,对教会学校立案注册的手续、教会学校董事会的组成、校长的国籍、学校课程和课外的宗教活动等,均有严密规定,从而形成了较为成熟的处置教会学校的政策。[1]

20世纪20年代中后期的反教风潮、北伐战争及收回教育权运动,亦严重冲击了浙江的教会学校,罢课退学、学校停办、外国教师离开等均有发生。如"桐富战后,联军节节败北,浙江拱手让人,于是党军长驱直入,势如破竹,各县党部也相继公开,而非教声浪,也随之高唱入云,到处强占教堂学校及西人住宅,并举行非教运动。他处姑且不论,即吾湖一隅而论,亦足以概其余。湖城自民军入境,第一件事,即寻觅教会学校、教堂、医院、住宅等,逼令迁让。大队一到,即任意占住;一面遍贴反对教会标语,在军民联欢大会中,且大施叫骂,甚有捣毁器具、殴打教员等事。此外湖属各镇,如四安、梅溪、南皋、乌镇等处,迫害尤甚,或强占牧师住宅,或捣毁教堂匾额,或有意捣乱,大有非铲除基督教不止之势"[2]。

1926年,浙江教会学校(包括初等、中等、大学各校)总计131所,学生8687人,教职员701人。与1925年相比,学校减少了44所,学生减少了4027人,教职员减少了338人。出现这种情况,"大约由于各地有收回外人自办之举,或由于外人之自行停闭"[3]。到1928年之后,随着局势的稳定,一些教会学校被迫接受政府关于私立学校的立案要求,逐渐向中国教育主管部门立案注册。如1928年5月就有报道指出:"现据中华基督教浙沪浸礼议会呈报,前美国浸礼会华东支差会所办学校如杭州私立蕙兰中学附属小学,绍兴私立越材初级中学,浚德女子初级中学暨附属小学,越德小学,湖州私立进德妇女学校,成德女子小学,立德小学,宁波私立慕义妇女学校,圣模小学,金华私立作新中学及成美小学等,均由中华基督教浙沪浸礼议会接收,其校产概由原设立人处置租赁,推举校董九人,组织校董会。"因中华基督教浙沪浸礼议会"系为中华民国国籍人民所组织之团体",于1928年2月4日在沪正式成立,所以由该会接收原浸礼会下属各教会学校并按照私立学校立案手续请求立案,得到了浙江大学区教育行政

---

① 杨思信、郭淑兰:《教育与国权——1920年代中国收回教育权运动研究》,光明日报出版社2010年版,第244页。

② 汪兆翔:《基督教对于最近时局当有的态度和措施》,《文社》1928年第8册,第1—34页。

③ 潘之庚:《十五年度浙江教育统计概况》,《浙江大学教育周刊》1928年第25期,第1—5页。

部门的承认。[①] 1931 年 8 月,浙江省教育厅又报告说,已有 31 所私立中学立案,其中包含属于教会方面的一些中学。[②] 至 1932 年,浙江教会学校的立案工作大体完成。但关于浙江省已立案的教会中小学的数量,一直未见相关统计资料。表 2-3 只列出 1931 学年浙江省私立中学的立案情况。

表 2-3　1931 学年浙江省私立中学立案一览

校名	校址	教职员/人	学生/人	立案时间
之江附中	杭州闸口	41	34	1931 年 7 月
蕙兰中学	杭州东街路	34	101	1929 年 1 月
弘道女中	杭州学士路	27	34	1931 年 7 月
秀州中学	嘉兴北门	31	85	1930 年 9 月
东吴大学第三附中	吴兴海岛	25	182	1931 年 4 月
湖郡女中	吴兴海岛	11	56	1931 年 7 月
效实中学	宁波西门	41	426	1929 年 7 月
斐迪初中	鄞县江北岸	15	89	1932 年 7 月
甬江女中	宁波江心寺	17	155	1931 年 9 月
定海初中	定海西门	13	78	1928 年 8 月
春晖中学	上虞白马湖	29	379	1928 年 7 月
定海女中	定海北门	10	40	1930 年 6 月
安定初中	杭州葵巷	28	86	1928 年 7 月
崇文初中	杭州皮市巷	25	123	1928 年 6 月
两浙盐务初中	杭州梅东高桥	21	28	1929 年 1 月
清波初中	杭州云居寺	28	20	1930 年 6 月
中山初中	嘉兴精严寺	11	59	1931 年 1 月
穆兴初中	杭州保佑巷	18	42	1930 年 9 月

① 《教会学校之移交》,《浙江大学教育周刊》1928 年第 5 期,第 10 页。
② 《浙江省已立案各私立中等学校一览(二十年七月二十七日调制)》,《浙江教育行政周刊》1931 年第 49 期,"调查",第 1—2 页。

校名	校址	教职员/人	学生/人	立案时间
正则初中	杭州大塔儿巷	15	20	1931 年 8 月
四明中学	宁波北郭里	15	153	1931 年 9 月
惠兴女中	杭州惠兴路	15	73	1930 年 7 月
行素女中	杭州头发巷	25	43	1930 年 9 月
冯氏女中	杭州黄诰儿巷	10	66	1932 年 7 月
明敏女中	杭州板儿巷	17	15	1930 年 11 月
雅川初中	平湖辛街弄	16	92	1928 年 7 月
镜心初中	平湖东门外	11	89	1931 年 5 月
诒谷女中	平湖汤家滨	16	140	1929 年 1 月
南浔初中	吴兴南浔	16	124	1928 年 10 月
三一初中	鄞县李衙桥	21	90	1932 年 7 月
越材初中	绍兴南卫	12	116	1931 年 7 月
承天初中	绍兴	8	112	1930 年 2 月
凌德女中	绍兴	13	70	1931 年 5 月
回浦初中	临海	24	376	1929 年 3 月
东山初中	临海海门	16	185	1929 年 2 月
扶雅初中	黄岩新桥镇	14	89	1932 年 7 月
作新初中	金华	15	273	1928 年 12 月
志澄初中	江山	11	156	1931 年 7 月
瓯海初中	永嘉娇翔巷	36	432	1931 年 4 月
仙都初中	缙云	13	136	1832 年 5 月

说明:本表据邵祖德、张彬编《浙江教育简志》(浙江人民出版社 1988 年版)第 83—85 页有关内容制成。

根据上表所列,截至 1931 学年,浙江共有 39 所私立中学立案。其中属于教会方面的中学有之江附中、蕙兰中学、弘道女中、正则初中、冯氏女中、秀州中学、东吴大学第三附中、湖郡女中、甬江女中、斐迪初中、三一初中、承天初中、越材初中、作新初中等14所,占已立案中学总数的近36%。但同时,还有少量教会中学,如宁波的浙东中学、嘉兴的明道女子初中、金华的成美初中等,仍未能立案。①

"20世纪20年代的事件结束了一个时代,教会学校不再是外国人管理的宣传外国教义的学校了。由于中国人取得教会学校的最高行政职务,同时在教师队伍中,中国人已经成为多数,因此……中国化的进程突然加快了。教育成了学校的主要目的,传播福音只能在政府控制的教学计划所容许的范围内进行……"②经过立案,浙江教会学校大部分变成合法的私立学校,其对社会的正面影响,持续得到发挥。

二、近代浙江留学教育概述

留学教育是教育现代化的推动力量和主要内容之一,它在学习和借鉴西方新知、输入科学学理、引进新教育理论及教育制度、创建与改进我国大学制度与近代化教育体系等方面,均发挥着非常特殊而重要的作用。

近代国人中第一个到外国留学者为广东香山的容闳,他于1847—1854年留美,后入耶鲁大学学习。洋务运动时期,清政府曾于1872—1875年选派120名幼童留美,但因受到顽固派的反对,而于1881年提前撤回。1877—1897年,清廷也先后派出89名学生赴欧学习海军。甲午战后尤其是《辛丑条约》签订以后,深重的民族危机使国人进一步认识到学习外国、培养新型人才的急迫性,留学教育遂成为从官方到民间的共识。1901年以后的十年间,数万名学生以官费、自费两种方式,远渡重洋,赴日本和欧美各国留学。进入民国以后,以"庚款留美"为代表的这股留学热潮持续不止,直至新中国成立之初才有明显停歇。

---

① 周东华:《民国浙江基督教教育研究——以"身份建构"与"本色之路"为视角》,中国社会科学出版社2011年版,第124—125页。

② [美]杰西·格·卢茨著、曾钜生译:《中国教会大学史(1850—1950年)》,浙江教育出版社1987年版,第248页。

浙江近代留学教育,大体可分为五个历史阶段:1869—1895 年为留学萌芽期,只有金雅妹等极少数人留学;1896—1911 年为留日高潮期,此期浙江有超过2000 名学生赴日本留学,同时亦有上百名学生留美、留欧;1912—1929 年为留美高潮期,此期浙江留美学生达 188 人以上,同时留日、留欧者仍有不少;1930—1945 年为留学限制期,由于国民政府提高留学资格,要求公费与自费生均须领有留学证书等限制,以及全面抗战爆发、外汇管制等因素,浙江留学教育有不小的退潮;1946—1949 年为战后留学高潮期,主要以留美为主,留学人数较之抗战时期大幅度提高。以下对前四个阶段浙江留学教育情况作简要概述。

(一)1869—1895 年

近代浙江最早的留学生为金雅妹。金雅妹(1864—1934),鄞县梅墟保桥金家村人,其父原为当地教会的牧师。但在金雅妹幼年时,其父母即去世,她由美国传教士麦嘉缔收养,入宁波教会女校读书。1869 年,金雅妹第一次赴美国留学,一年后返国,其后随麦嘉缔夫妇至日本上学。1881 年,她第二次赴美,攻读医学。1885 年 5 月,她以第一名的成绩从纽约医院附属医科大学毕业,成为中国历史上最早的一名女大学生和自费女留学生。1888 年,金雅妹回国,先后在厦门、成都等地行医。1907 年,她在天津设立医科学校,训练护士。①

继金雅妹之后,浙江较早的留学生为 1872—1875 年清廷官派留美幼童中的 8 名浙江人,具体是:王凤喈(慈溪)、陈乾生(鄞县)、丁崇吉(定海)、王良登(定海)、袁长坤(绍兴)、孙广明(钱塘)、沈德耀(慈溪)、沈德辉(慈溪)。② 这 8 名浙籍学生在 1881 年回国后,多在政府军事、外交、电报等部门供职。如丁崇吉曾考入哈佛大学,回国时仅入大学满一年。他回国后曾在大沽口研究水雷战术,后成为上海一家英文报纸的记者。其后,他又担任海关办事员、代理海关监督等职。沈德耀回国后则从事商业工作。沈德辉、陈乾生回国后不久,就先后在上海、天津逝世。孙广明、袁长坤回国后均服务于电报局,袁长坤还担任交通

---

① 王焕琛编:《留学教育——中国留学教育史料》第 1 册,台北编译馆 1980 年版,第 134 页。
② 王焕琛编:《留学教育——中国留学教育史料》第 1 册,台北编译馆 1980 年版,第 34—46 页。

部电报总局局长[①]。王凤喈、王良登归国后均服务于外交领域,王凤喈曾任中国驻英使馆职员,早逝于伦敦。王良登则参加过甲午战争,后任中国驻纽约总领馆秘书、驻古巴哈瓦那总领事等职。

1877—1886 年,清政府曾选派 81 人赴欧洲各国学习海军技术。这些军事留学生主要来自闽、粤、浙、苏四省。但由于相关资料缺乏,目前尚无法得知其中的浙籍学生情况。

(二)1896—1911 年

此期为浙江近代第一次留学高潮期,先后有 2100 名以上的学生赴日本、欧美各国留学,其中仅留日学生即超过 2000 人。

清末浙江的留日教育运动,可分为四个小阶段:1897—1898 年为首倡期,主要为官费留日;1899—1900 年为停滞期,官费留日停滞,仅有少数几名自费生和少量的北洋军队系统、使馆系统派出的官费生;1901—1905 年为递增期,1901年后留日官费生逐年递增,在 1905 年达到高潮;1906—1911 年为递减期,无论官费生、自费生,在总体上均呈逐年减少趋势。[②] 1897—1911 年浙江留日情况具体见表 2-4。

表 2-4　1897—1911 年浙江留日情况

年份	浙籍留日学生人数/人	全国留日学生人数/人
1897	2	219
1898	15	61
1899	未详	207
1900	未详	未详
1901	41	274
1902	未详	未详

---

① 王焕琛编:《留学教育——中国留学教育史料》第 1 册,台北编译馆 1980 年版,第 110—111 页。
② 吕顺长:《清末浙江与日本》,上海古籍出版社 2001 年版,第 5 页。

年份	浙籍留日学生人数/人	全国留日学生人数/人
1903	154	1058
1904	191	2406
1905	未详	约8000
1906	未详	7283
1907	官费生181	6797
1908	官费生31 自费生179	官费生184 自费生2413
1909	官费生61 自费生177	官费生38 自费生1634
1910	官费生76 自费生82	官费生485 自费生1347
1911	未详	3328

说明:本表据吕顺长《清末浙江与日本》(上海古籍出版社2001年版)第71—72页内容制成。

  光绪三十一年(1905)八月十六日,为培养浙江急需师资,浙江省学务处"考选阖属举贡生监,择其中学已习普通外国文,稍知门径者百人,派往日本学习完全师范"[1]。具体是:"杭属十一名,嘉属九名,湖属九名,宁属九名,绍属十名,台属八名,金属十名,衢属六名,严属七名,温属八名,处属十二名,驻防二名,共计合格生一百名。"[2]这批浙籍生赴日入早稻田大学清国留学生部师范科,分别肄习理化、史地、博物等专业。据有关资料,这批学生中有朱希祖、徐文藻、邹之栋、陈以义、陈宜慈、叶正度、徐冕百、郭念规、陆肇勋、陈滋镐、郁庆云、施绍棠、郑逢壬、黄人望、王振声、夏廷璋、蒋恩寿、吴乃璋、李超群、黄星华、柳景元、马毓

---

① 浙江省档案馆编:《浙江民国史料辑要》上册,浙江省档案馆2002年编印,第43页。
② 《光宣年间浙江兴办新式学堂史料(上)》,《历史档案》2004年第2期,第38—54页。

麒、胡豫、包汝义、黄人望、杨文泂、聂登期、谢钟灵等。他们从 1908 年起陆续归国,在全浙师范学堂(有杨乃康、朱希祖、叶正度、关鹏九、张宗绪、夏廷璋、朱宗吕、张廷霖、邹之栋 9 人)、丽水崇正学堂(后为浙江省立十一中)、江山县官立高等小学堂、青田县立敬业小学、玉华高等小学、毓秀女子高等小学、沙湾小学、吴兴县立女中、湖州中学、湖州苕溪中学、浙江省立一中、浙江省立二中、浙江省立五中、浙江省立四中、浙江省立七中、浙江省立八中、浙江省立十中、私立浙江法政专门学校、浙江省立法政专门学校、杭州高级中学、上海澄衷学堂、北京大学(有朱希祖、马裕藻、黄人望、王桐、张孝曾、胡以鲁 6 人)等校任教,并参与创办多所学校。[①]

清末浙江留日人数占全国留日学生人数的十分之一左右。这一时期的全国留日学生,总数为 2 万余人,浙江留日学生在 2000 人以上。[②] 浙江留日学生回国后,多服务于政治、外交、教育等界,许多人如经亨颐、沈钧儒、沈钧业、韩清泉、马叙伦、蒋维乔、许寿裳、夏丏尊、钱玄同、周树人、刘大白、徐一冰、章鸿钊等,成为浙江近代教育的中坚力量和先行者,为浙江省教育的近代化做出了突出贡献。

辛亥革命前浙江留日学生为各省之冠,首先,最直接的原因是浙江距离日本较近,留学便利。如张之洞所言:"至于游学之国,西洋不如东洋,路近省费可多遣;去华近,易考察;东文近于中文,易通晓;西书甚繁,凡西学不切要者,东人已删节而酌改之;中、东情势风俗相近,易仿行。事半功倍,无过于此。"[③]其次,则是浙江经济文化较为发达,留日费用较留学欧美低廉得多,一般家庭收入可以承担。最后,是当时浙江官员如廖寿丰、林启等人对留学的大力支持,及早期浙江留日学生的带动和鼓吹。

美国决定向中国退还部分庚款后,1909—1911 年,清政府曾招录和遣派了三批庚款留美学生,浙江亦在总人数方面占重要位置。1909 年 6 月,清政府在

---

① 参见宣香颖:《清末浙江留学日本早稻田大学百名师范生之研究》,浙江工商大学 2022 年硕士学位论文,第 28—56 页。另,吕顺长提供了更完整的名单,见其著《清末中日教育文化交流之研究》,商务印书馆 2012 年版,第 241 页。

② 吕顺长:《清末浙江与日本》,上海古籍出版社 2001 年版,第 71—72 页。

③ 张之洞:《劝学篇》,上海书店出版社 2002 年版,第 38 页。

北京设立游美学务处。8月,招考第一批留美学生。在报考的603人中,仅录取梅贻琦等47人。10月,第一批庚款留美学生出洋。1910年7月,举行第二次留美考试,从400余人中录取了赵元任等70人,于8月赴美。1911年7月,举行第三次留美考试,共录取63人。以上三批庚款留美学生共180人,其中浙江籍学生就有34人,占总数的18.89%,仅次于江苏,列各省第二。这34人具体为:王士杰(奉化)、王琎(黄岩)、邢契莘(嵊县)、金涛(绍兴)、邱培涵(吴兴)、徐承宗(慈溪)、陈庆尧(镇海)、谢兆基(吴兴)、罗惠桥(鄞县)、张谟实(鄞县)、徐尚(定海)、沈祖伟(归安)、程闾运(山阴)、钱崇澍(海宁)、陈天骥(海盐)、周象贤(定海)、徐然(定海)、竺可桢(绍兴)、沈溯明(乌程)、施赞元(钱塘)、孙恒(仁和)、柯成懋(平湖)、张宝华(平湖)、朱志蛰(杭县)、周明玉(鄞县)、周抡元(鄞县)、邱崇彦(诸暨)、姜立夫(又名姜蒋佐,平阳)、高大纲(杭县)、陈德芬(嘉善)、许建屏(嘉兴)、虞振镛(慈溪)、赵文锐(嵊县)、顾宗林(上虞)。[①] 这三批留美学生赴美后,多数进入美国名牌大学,以学习理工科专业为主,归国后成绩斐然。

除清廷派遣留美学生之外,同期一些省份也遣派留美学生。1908年7月,浙江省举行了本省首届留学欧美考试,当时报名者为500余人,录取名额为20名。这批留学生每年需银3万两(约合4.5万银圆),从该省地丁银项下开销。[②] 当时录取的20名中,原预定16名男生赴美国耶鲁大学、康奈尔大学(旧称干尼路大学)留学,具体为:蔡光勋(石门)、严鹤龄(余姚)、徐新陆(钱塘)、孙显惠(仁和)、沈慕曾(会稽)、韦以黼(归安)、徐名材(鄞县)、包光镛(鄞县)、葛燮生(钱塘)、张善扬(乌程)、叶树梁(慈溪)、钱宝琮(秀水)、胡衡青(秀水)、章祖纯(乌程)、胡祖同(鄞县)、丁紫芳(山阴)。[③] 但实际这16人并非全部留美,先是孙显惠请求缓派,接着钱宝琮、丁紫芳、徐新陆、胡祖同、叶树梁、包光镛6人改派留英。[④] 1908年9月23日,张善扬、沈慕曾、蔡光勋、徐名材、胡衡青、章祖纯、韦以黼、严鹤龄、葛燮生9人及自费生蒋梦麟一起,从上海吴淞乘船赴美。[⑤] 1910

---

① 汪林茂主编:《浙江辛亥革命史料集》第1卷,浙江古籍出版社2014年版,第384—386页。

② 《浙江巡抚咨明选派游学欧美学生章程办法文》,《学部官报》1908年第67期,第1—5页。

③ 《浙江省考取游学欧美各国官费学生姓名表》,《浙江教育官报》1908年第4期,未标页码。

④ 《浙省留英学生一览表》,《浙江教育官报》1910年第24期,第145页。

⑤ 《浙江欧美留学生第一批赴美》,《申报》1908年9月24日,第19版。

年,浙江省又考选 10 名官费生赴欧美留学,但除施少明外,其余 9 人姓名未详。[①] 这样,算上前三批庚款留美学生,清末浙江留美官费生至少有 53 人。再加上其他机构派出的个别留美学生及自费留美学生,如金雅妹、王正廷、马寅初、蒋梦麟、濮登清、董显光、施兆祥、项骧、章宗元、邱宗尧等[②],估计清末浙江留美学生总数在 63 人以上。

在清末留学大潮中,浙江也有不少人前往欧洲各国留学。1908 年,浙江省曾考选 20 人留学欧美,当时确定其中的留欧名额为 3 名(全部留学比利时),即胡文耀(鄞县)、翁文灏(鄞县)和孙文燿(嘉善)。[③] 加上原定留美的 6 人改派留英,实际此次浙江省考选的 20 人中,共有 9 人留欧(如再加上作为"特补"、已在英国的谢永林,则共计 10 人)。1908 年 10 月 2 日,上述 9 人作为浙江欧美留学生的第二批,正式启程赴欧。[④] 1910 年,驻比利时兼英国游学生监督高逸向浙江省报告,时在英的浙籍留学生总计 14 名:胡祖同、胡仁源(归安)、包光镛、徐新陆、钱宝琮、丁紫芳、叶树梁、谢永林(余姚)8 名,均为浙江省官费;林行规(鄞县)1 名,为学部官费;孙家声(会稽)、徐恩元(归安)2 名,为邮传部官费;陈廷纪(镇海)、严江(仁和)、沈承烈(归安)3 名,为奉天省官费。[⑤] 此后在 1911 年 10 月,浙江省又考选 20 名学生,全部派往欧洲学习实业,但具体姓名及出洋时间均不详。[⑥]

另据其他学者研究,清末浙江县籍明确的共有 35 人留欧,具体是:何育杰(慈溪),1904 年留英;叶启标(慈溪),1908 年留英;俞同奎(德清),1904 年留英;厉汝英(定海),约 1909 年前—1911 年留英;胡世泽(归安),1900 年留俄;沈成烈(归安),1907 年留英;徐思元(归安),1906 年留英;陆世勋(杭县),1911 年留英;夏循埧(杭县),1905 年留法;徐潬(杭县),清末留英;李超士(杭州),1911—

---

① 陈布雷:《陈布雷回忆录》,岳麓书社 2018 年版,第 28 页。

② 王继平等:《晚清人才地理分布研究(1840—1912)》,中国社会科学出版社 2012 年版,第 424—426 页。

③ 《浙江省考取游学欧美各国官费学生姓名表》,《浙江教育官报》1908 年第 3 期,未标页码。

④ 《浙江欧美留学生第二批出发》,《时报》1908 年 10 月 4 日,第 6 版。

⑤ 《浙省留英学生一览表》,《浙江教育官报》1910 年第 24 期,第 145 页。

⑥ 汪林茂:《浙江通史》第 10 卷《清代卷》下,浙江人民出版社 2005 年版,第 260 页。

1919 年留法;汤尔和(杭州),1902—1910 年留德;王敬礼(黄岩),清末留英;孙家声(会稽),1905 年留英;钱泰(嘉善),1906 年后—1914 年留法;黄敬中(嘉兴),清末留法;黄子通(嘉兴),1910 年留英、留加;钱宝琮(嘉兴),1908—1912 年留英;严江(仁和),1907 年留英;蔡元培(山阴),1907 年后两次留德、留法;丁紫芬(山阴),1908 年留英;经利彬(上虞),清末留法;王钟声(上虞),1898—1906 年留德;马浮(绍兴),1904 年留德;谢永森(绍兴),1906—1915 年留英;丁士源(吴兴),1902—1904 年留英;胡仁源(吴兴),1902 年后至 1913 年留英;钱稻荪(吴兴),从幼年时至 1911 年留意;徐恩元(吴兴),1905—1912 年留英;包光镛(鄞县),1908 年留英;胡祖同(鄞县),1908 年留英;林行规(鄞县),1904 年留英;翁文灏(鄞县),1908—1912 年留比;徐新六(余杭),1908—1914 年留英、法;陈廷纪(镇海),1907 年留英。① 另外还有县籍不明者 10 人:顾召棠、胡浚恒、蒋方震、林摄、林阔元、陆文彬、孙鹤皋、王鸿铭、夏元镖、俞大纯。笔者认为,上述 45 人的留欧总数,并不全面,如湖州丝商金焘的四个子女就未计入。这四个人是金绍城、金绍基、金绍堂、金章,于 1902 年由盛宣怀以南洋公学名义派往英国留学。②

总之,清末浙江留美、留欧生人数,总计应超过 100 人。这些留学生中,有不少日后成为教育家、校长和著名学者,如蔡元培、蒋梦麟、竺可桢、姜立夫、钱崇澍、王琎、翁文灏、钱宝琮、胡仁源等,均在浙江教育近代化过程中发挥了重要作用。

(三)1912—1929 年

这一阶段,浙江的留学情况分为下列几种。

1. 庚款留美与自费留美

1912 年,清华学校选派侯德榜等 16 名学生赴美,这 16 人也是清华学校成

---

① 王继平等:《晚清人才地理分布研究(1840—1912)》,中国社会科学出版社 2012 年版,第 432—450 页。

② 章开沅、余子侠主编:《中国人留学史》上册,社会科学文献出版社 2013 年版,第 139 页。

立后的第一届毕业生,此后直到 1929 年为止,该校每年均选派不同数量的学生留美。1912—1929 年,该校总计派出留美学生 1038 人。[①] 统计其中的各省份留美人数,可发现,1909—1929 年,浙江有 157 人留美(其中 1912—1929 年庚款浙籍留美学生为 121 人),在各省份中居江苏(274 人)、广东(185 人)之后,位列第三位。[②] 庚款留美历年浙籍生数量为:1912 年,3 人;1913 年,9 人;1914 年,13 人;1915 年,7 人;1916 年,7 人;1917 年,6 人;1918 年,15 人;1919 年,9 人;1920 年,7 人;1921 年,11 人;1922 年,2 人;1923 年,7 人;1924 年,4 人;1925 年,6 人;1926 年,3 人;1927 年,4 人;1928 年,5 人;1929 年,3 人。[③]

至于这一阶段浙江自费留美学生,根据王焕琛《留学教育》第 3 册所载资料进行统计,1918—1927 年,北洋政府教育部所核准的浙籍自费留美学生共31 人,具体为:陈拯(嘉兴)、虞莘夫(镇海)、俞物恒(新昌)、俞晓舫(诸暨)、柳子贤(嘉善)、李培恩(杭县)、钟道锠(浦江)、袁通(杭县)、陶善钧(嘉兴)、陈祖贻(杭县)、张树源(海盐)、徐祖荣(杭县)、陈琦(浦江)、汤彦颐(绍兴)、寿襄(诸暨)、金煜(金田)、朱国清(金田)、金泉(金田)、金瀚(江山)、王信恩(奉化)、陈东明(鄞县)、孙镕(余杭)、金溥(象山)、侯蔼昌(定海)、潘元耿(不详)、黄祖森(浦江)、邬翰芬(临海)、潘元(孝丰)、骆桢(诸暨)、王大珂(东阳)、吴竹修(崇德)。[④]

2.省费留学欧美及自费留欧

根据浙江大学区教育部门统计,1913 年至 1928 年,浙江省派出的官费留学生总计为 342 名。其中,留欧 31 人、留美 36 人,合计共 67 人。具体见表 2-5。

---

① 王焕琛编:《留学教育》第 3 册,台北编译馆 1980 年版,第 1045—1047 页。

② 清华大学校史研究室编:《清华大学史料选编》第 1 卷,"本校历年毕业生统计表",清华大学出版社 1991 年版,第 50—55 页。

③ 清华大学校史研究室编:《清华大学史料选编》第 1 卷,"本校历年毕业生统计表",清华大学出版社 1991 年版,第 50—55 页。

④ 王焕琛编:《留学教育》第 3 册,台北编译馆 1980 年版,第 1571—1660 页。

表 2-5　1913—1928 年浙江官费留欧美学生

年份	留学国别	姓名(籍贯)	肄业学校	科别	归国年份	学位
1913	瑞士	戴夏			1923	
	德国	毛毅可	柏林工业大学		1923	
	德国	许陈琦			1925	
	法国	赵志游(慈溪)	巴黎中央工艺学校		1923	
1914	德国	王纲	柏林工业大学	工	1923	
1916	瑞士	应时	洛桑大学(旧称罗山大学)	法	1922	博士
1917	美国	何德奎	哈佛大学	商	1925	
	美国	倪章祺	密歇根大学	医	1924	博士
	美国	李熙谋	麻省理工学院	工		
	美国	丁求真	约翰霍普金斯大学	医		
	美国	蒋鸥		医		硕士
1918	英国	柳云			1922	
1919	美国	程干云(宁海)		工		
	美国	程经远(黄岩)	哥伦比亚大学	政治		
1920	美国	赵乃传(杭县)	哥伦比亚大学	教育		
	美国	张绍忠			1927	
	美国	解寿缙			1927	
	美国	杜佐周(东阳)	爱荷华州立大学	教育	1924	
	德国	厉家祥(杭县)	海德堡大学	哲学	在学	
	法国	蔡无忌(绍兴)	塞纳省阿尔夫尔国立兽医学校(旧称绥那省国立兽医学校)	兽医	1925	
1922	美国	姜琦(永嘉)	哥伦比亚大学	教育	1925	
	英国	林士模		工	1923	

续表

年份	留学国别	姓名(籍贯)	肄业学校	科别	归国年份	学位
1923	德国	胡哲揆(慈溪)	柏林大学	医	在学	
	德国	胡赟		医	1927	
	美国	周其镛(宁波)	哥伦比亚大学研究院	文	在学	
	美国	赵任(绍兴)	哈佛大学研究院		在学	
	美国	钟道赞(浦江)	哥伦比亚大学	教育	1927	
	美国	赵乃抟(杭县)	哥伦比亚大学研究院	经济	在学	
	美国	寿景伟(诸暨)	哥伦比亚大学	经济	1927	
1924	德国	梁希			1927	
	德国	俞大维(绍兴)	柏林大学	数学	在学	
	德国	沈谦(嘉兴)	弗赖堡大学	医	1925	博士
	德国	莫庸(安吉)	柏林工科大学	工	1927	
	德国	褚凤仪(嘉兴)	柏林大学	理	1927	
	德国	潘怀素(永嘉)	柏林大学	经济	1926	
	比利时	杨湘鸿(新昌)	国立根特大学 (旧称冈城大学)	工	在学	
	美国	吕端				
	美国	项竞(青田)	科罗拉多大学	工		
	美国	骆志冬(杭县)	科罗拉多大学	工		
	英国	孙邦藩				
1925	德国	吴钦烈(诸暨)	德皇威廉纤维 化学研究院	理	在学	
	德国	丁求真		医	1926	
1926	英国	潘渊(绍兴)	伦敦大学研究院	心理	在学	
	英国	郦堃厚(诸暨)	伦敦大学研究院	化学	在学	
	法国	严济慈			1827	
	法国	蔡伯龄(绍兴)	格来诺布尔-阿尔 卑斯大学	电科	在学	
	美国	骆雯(诸暨)	哥伦比亚大学师范学院	家事	在学	
	美国	卢于道(鄞县)	芝加哥大学研究院	神经学	在学	

年份	留学国别	姓名(籍贯)	肄业学校	科别	归国年份	学位
年代不详者	瑞士	徐东藩			1919	
	美国	詹汝珊	哥伦比亚大学	商	1919	学士
	美国	沈元鼎	哥伦比亚大学	商	1919	硕士
	美国	王华	哥伦比亚大学	商	1919	
	美国	徐守桢		工		
	法国	胡铭经			1920	
	美国	金秉时		造船	1921	学士
	美国	陈大启	密歇根大学	工		硕士
	美国	方於桷	密歇根大学	工		硕士
	美国	陆费执	佛罗里达大学	农		硕士
	美国	李屋身		工		学士
	美国	汤兆丰		医		
	美国	陈竹	哥伦比亚大学	经济		硕士
	德国	江圣钧			1922	博士
	美国	林士模	哥伦比亚大学	工		硕士
	美国	潘铭新	麻省理工学院	工	1922	
	法国	葛敬新			1922	
	德国	陈益善(嘉兴)			1922	
	法国	经利彬	里昂大学		1924	

说明:本表据《民元以来浙江官费留学生一览表》(载《浙江大学教育周刊》1928 年第 5 期第 13—18 页、第 6 期第 8—26 页)制成。

欧战结束后,因法国缺乏劳工,李石曾、吴稚晖、蔡元培等提倡国人赴法勤工俭学,"故留法勤工俭学几为举国公认之唯一要图,自总统至学者莫不竭力提倡,即法人亦特别欢迎"①。至 1921 年,赴法勤工俭学者共计 1700 余人,其中浙

---

① 舒新城编:《近代中国留学史》,上海古籍出版社 2014 年版,第 55 页。

籍学生约 85 人。① 1921 年 10 月,里昂中法大学建立,首批学生 138 人,其中 123 人来自北京、上海、广州三地。1922 年,该校新招收 23 人入学,1923 年招收 3 人入学,1924 年招收 1 人入学,1925 年招收 11 人入学,1926 年招收 14 人入学。② 里昂中法大学分配给各省份的名额中,浙江有 10 名额定官费生(6 名由国内派遣,4 名由留法自费生中选补)。1926 年时,浙江就选派了张性白(永嘉)、方光焘(衢县)、叶桂华(松阳)、曾勉(瑞安)、毛显彰(黄岩)、常书鸿(杭县)6 人,进入该校学习。③

另外,1921 年,西门子电气厂上海分厂也选派了 22 人留德,其中浙江籍 2 人,即朱谦(吴兴)、徐学禹(山阴)。④

自费留欧方面,据统计,1918—1927 年,经北洋政府教育部核准的浙籍自费留欧生约有 54 人,具体为:虞莘夫(镇海)、俞物恒(新昌)、俞晓舫(诸暨)、柳子贤(嘉县,疑为嘉兴之误——笔者)、李培恩(杭县)、钟道锟(浦江)、袁通(杭县)、陶善钧(嘉兴)、陈祖贻(杭县)、张树源(海盐)、徐祖荣(杭县)、陈琦(浦江)、寿裹(诸暨)、张庆飏(绍兴)、金煜(金田)、金瀚(江山)、王信恩(奉化)、陈东明(鄞县)、孙镕(余杭)、金溥(象山)、侯蔼昌(定海)、潘元耿(不详)、黄祖森(浦江)、邬翰芳(临海)、潘元(孝丰)、骆桢(诸暨)、王大珂(东阳)、吴竹修(崇德)、包克明(衢县)、沈拯(桐乡)、俞平伯(德清)、刘椿梓(镇海)、赵之仿(慈溪)、沈谦(嘉兴)、周恩来(绍兴)、胡镜涛(绍兴)、胡镜灏(绍兴)、王雄(汤溪)、谢祖培(杭县)、潘茳(永嘉)、经利川(上虞)、劳振荣(龙游)、于能模(浦江)、姚善湔(杭县)、邵家骅(杭县)、程浩(杭县)、祝绍煌(杭县)、高宗岳(嘉兴)、汤彦颐(绍兴)、邵崑(杭县)、陈庆麟(萧山)、蒋世桢(嘉兴)、汤坚(杭县)、孙以尧(嘉善)。⑤

---

① 中虚:《巴黎通信:留学勤工俭学经过情形》,《申报》1921 年 12 月 26 日,第 6 版。

② 章开沅、余子侠主编:《中国人留学史》上册,社会科学文献出版社 2013 年版,第 267 页。

③ 《派遣里昂中法大学官费生的经过》,《浙江大学教育周刊》第 15 期,1928 年 7 月 4 日,第 33—34 页。

④ 章开沅、余子侠主编:《中国人留学史》上册,社会科学文献出版社 2013 年版,第 249 页。

⑤ 王焕琛编:《留学教育》第 3 册,台北编译馆 1980 年版,第 1571—1659 页。

3. 官费、自费留日

北洋政府时期,浙江留日者仍不少。1912—1915 年,浙江省留日毕业生共计 197 人。1924 年,《日本对华文化事业协定》规定,日本从中国的庚子赔款中拨款若干,扶持对华文化事业,其中一部分用于资助中国留学生,设置庚款补助费生。此项补助生全国总名额共 320 人,浙江省分配到其中的 22 个名额。此后,浙江省留日学生中,每年均有 22 人享受此项资助。

据浙江教育部门统计,1912—1928 年,浙江官费留日生共计 275 人,具体参见表 2-6。

表 2-6　1912—1928 年浙江官费留日学生

年份	留学生情况
1912	李墀身(余姚),留学东京帝大大学院,学习医学;周文达(临海),留学九州帝大,学习医学,1924 年回国
1913	龚宝键(嘉兴),留学九州帝大,学习医学,1926 年回国
1914	杜志诚,留学东京高工,学习工学,1918 年回国;夏禹鼎(奉化),留学九州帝大,学习医学,1924 年回国
1915	于达望,留学九州帝大,学习药学,1918 年回国;汪厥明(金华),留学东京帝大大学院,学习农学,1924 年回国;夏禹明(奉化),留学九州帝大,学习医学;王越,留学早稻田大学,学习政经,1918 年回国
1916	丰惠恩,省派练习生,学习织物,1922 年回国;俞树芬,特派练习生,学习酒精,1917 年回国;何畏(杭县),留学东京帝大,学习文学;高锃(杭县),留学东京帝大,学习农学,1926 年回国;戴夏氏(江山),留学九州帝大,学习医学;陆志鸿(嘉兴),留学东京帝大,学习矿学,1924 年回国

续表

年份	留学生情况
1917	钱家驹,留学明治大学,学习商科,1919年回国;林国珪(镇海),留学东京帝大,学习经济学;葛志元(嘉兴),留学东京帝大,学习农学;吴歧(奉化),留学东京帝大,学习法学;周日省(奉化),留学东京帝大,学习工学;张昌熙(奉化),留学京都帝大,学习工学,1926年回国;虞绍唐(义乌),留学京都帝大,学习工学,1924年回国;江圣达(奉化),留学京都帝大,学习工学;董道蕴(慈溪),留学九州帝大,学习医学,1926年回国
1918	江圣陶(奉化);吴文伟(崇德),留学东京高工,学习工学,1924年回国;郑尊法(镇海),留学东京高工,学习工学,1923年回国;苏朱皋(平阳),留学东京高工,学习工学,1923年回国;严开镐(慈溪),留学东京高工,学习工学,1924年回国;仲光然(桐乡),留学东京高工,学习工学,1924年回国;骆桢(诸暨),留学明治工专,学习矿学,1924年回国;张印通(嘉兴),留学东京高师,学习理学,1924年回国;胡哲齐(慈溪),留学东京帝大,学习理学;王骏声(乐清),留学东京高师,学习文学,1924年回国;冯品兰(义乌),留学东京高师,学习文学,1924年回国;徐增明(诸暨),留学东京高师,学习文学,1925年回国;徐颂薪(诸暨),留学东京高师,学习文学,1925年回国;程祥荣(衢县),留学京都帝大,学习理学,1924年回国;孙瀚(海盐),留学东京高师,学习理学,1924年回国;潘锡九(诸暨),留学东京高师,学习理学,1925年回国;孙遵行(鄞县),留学千叶医专,学习医学,1924年回国;宋师涛(余姚),留学千叶医专,学习医学,1923年回国;陈倬(海盐),留学千叶医专,学习医学,1923年回国;张德周,留学千叶医专,学习医学;朱德和,留学明治高工,学习采矿;陈呆(鄞县),留学明治高工,学习采矿,1924年回国;葛文勋(慈溪),留学明治高工,学习工学,1924年回国;潘梓(安吉),留学明治高工,学习工学,1924年回国;马仲容(德清),留学东京女高师,学习理学,1924年回国;孔涤鑫(萧山),留学庆应大学,学习经济,在学;王宏章(鄞县),留学第三高等,学习理学,1925年回国;王恺(金华),留学松山高等升九州帝大,学习理学,在学;费鸿年(海宁),留学东京帝大,学习理学;朱骥(瑞安),留学九州帝大,学习工学,1927年回国;孙去病(绍兴),留学东京帝大选科,学习医学,1923年回国;韩祖望(萧山),留学京都帝大,学习工学,1927年回国;洪瑞芬(瑞安),留学京都帝大,学习工学,1926年回国;罗宗洛(黄岩),留学北海道帝大,学习农学,1921年回国;郭心崧(平阳),留学京都帝大,学习经济

续表

年份	留学生情况
1919	戴颖(瑞安),留学福冈明治工专校,学习工学,1924年回国;戴仁烺(鄞县),留学福冈明治工专校,学习工学,1924年回国;丁而盛(绍兴),留学福冈明治工专校,学习工学,1924年回国;吴荣堂(上虞),省派练习生,学习农学,1923年回国;俞恩济(鄞县),留学上野音乐学校,1923年回国;刘宗锵(镇海),留学东京高工,学习工学,1924年回国;张方佐(鄞县),留学东京高工,学习工学,1924年回国;汪诚惫(鄞县),留学东京高工,学习工学,1924年回国;沈清钊(杭县),留学东京高工,学习工学,1924年回国;蔡经德(德清),留学东京高工,学习工学,1924年回国;王兆全(新昌),留学东京高工,学习工学,1924年回国;王济仁(乐清),留学东京高工,学习工学,1924年回国;冯东明(乐清),留学东京高工,学习工学,1924年回国;林毓英,留学东京高工,学习工学;邱陵(孝丰),留学东京高师,学习文学,1923年回国;朱兆萃(绍兴),留学东京高师,学习文学,1923年回国;毛咏棠(诸暨),留学东京高师,学习文学,1925年回国;林本(鄞县),留学东京高师,学习文学,1925年回国;顾福漕(象山),留学东京高师,学习文学,1927年回国;杨景桐(嘉兴),留学东京高师,学习文学,1925年回国;沈颂坟(慈溪),留学东京高师,学习文学,1925年回国;方光焘(衢县),留学东京高师,学习文学,1925年回国;章克标(海宁),留学东京高师,学习理学,1926年回国;戴运轨(奉化),留学东京高师,升入京都帝大物理科,学习理学,1928年回国;陈之霖(新昌),留学东京高师,升入京都帝大物理科,学习理学,在学;李宗武(绍兴),留学东京高师,学习史地,1925年回国;夏振铎(桐乡),留学东京高师,升入九州帝大,学习农学,1928年回国;董聿茂(奉化),留学东京高师,升入京都帝大动物学科,学习理学,在学;俞元镐(诸暨),留学京都高师,升入京都帝大理科,学习理学,在学;蔡屏周(瑞安),留学东京高师、京都帝大,学习体育,1924年回国;张镕(平阳),留学千叶医大,学习医学,在学;林国祥(瑞安),留学千叶医专,学习医学,1925年回国;林镜平(瑞安),留学千叶医专,升入千叶医大,学习医学,在学;郭致文(临海),留学千叶医专,学习医学,1926年回国;史久衡(鄞县),省派实习,学习经济,1920年回国;陶善松(余姚),省派实习,学习农学;阮性咸(余姚),省派实习,学习工学,1921年回国;陈基陶(新昌县),省派实习,学习农学;陈杰(余杭),省派实习,学习工学;曾毅(黄岩),省派实习,学习蚕学;魏岩寿(鄞县),留学京都帝大,学习工学,1926年回国;周学普(嵊县),留学京都帝大德文学科,学习文学,在学;范扬(金华),留学京都帝大法律科,学习法学,在学;雷震(长兴),留学京都帝大,学习政治,1927年回国;戴本中(江山),留学东京帝大农业经济科,学习农学,在学;戚友群(余姚),留学东京帝大农业经济科,学习农学;杨大奎(绍兴),留学东京一高,学习理学,1924年回国;朱侠(瑞安),留学京都帝大,学习工业化学,1927年回国;王家俊(开化),留学东京帝大,学习工学,在学;周进三(嵊县),留学第四高等,学习理学,在学;张方庆(鄞县),留学东京帝大,学习医学,在学;杨伟标(诸暨),留学第五高等,学习理学,1927年回国;徐钧溪(黄岩),留学东京高师,学习经济,1926年回国;钱绩溪(嵊县),省派练习,学习纺织,1922年回国;何正荣(义乌),省派练习,学习工学,1923年回国;莫善继(德清),省派练习,学习工学,1923年回国;来壮潮(萧山),省派练习,学习工学,1923年回国

续表

年份	留学生情况
1920	边颂慈(诸暨),留学明治工专,学习工学,1926年回国;夏禹勋(奉化),留学明治工专,学习工学,1925年回国;邬耿谟(奉化),留学东京高师;吴烔(奉化),留学东京高师,学习理学,在学;张明镐(奉化),留学东京高师,学习史地,1927年回国;周天裕(奉化),留学东京高师,学习文学,1927年回国;张绍江(永嘉),留学东京高师,学习理学,1927年回国;魏肇基(诸暨),留学东京高师,学习文学,在学;颜筠(平阳),留学东京高师,学习理学,1924年回国;谢似颜(上虞),留学东京高师,学习体育,1925年回国;赵迫今(奉化),留学东京女子高师,学习理学,1926年回国;王佶(临海),留学千叶医大专门部,学习医学,1927年回国;钱乘时(诸暨),留学东京高工,学习色染;魏福嘉(上虞),留学东京高工,学习应化;薛济明(瑞安),留学东京高工,学习应化,1924年回国;翁斯鉴(定海),留学东京高工,学习机械,1924年回国;郑愈(乐清),留学东京高工,升入九州帝大,学习机械,在学;郑尧杵(绍兴),留学东京高工升入东北帝大,学习理学,在学;林廷通(平湖),留学东京高工,学习电气,1924年回国;苏步青(平阳),留学东京高工,升入东北帝大,学习理学,在学;陈琳(丽水),留学东京高工,学习工学;李云森(奉化),留学京都帝大,学习法学,在学;陈基陶(新昌),省派实习,改入东京帝大,学习农学;朱得安(鄞县),留学京都帝大,学习法学,在学;陈杰(余姚),省派实习,改入东京美术专校,学习图案;项竞(青田),留学一高,学习图案;戴弘(永嘉),留学一高,学习理学,1927年回国;沈光史(绍兴),留学东京帝大,学习农学,在学;董道善(慈溪),留学冈山医大,学习医学,在学;董道甫(慈溪),留学京都帝大,学习经济,在学;陈宏纬(镇海),留学第五高等,学习理学,1926年回国;林莹(瑞安),留学东京帝大,学习医学,在学;徐玉相(海宁),留学东京帝大天文学科,学习理学,在学;诸惟淦(绍兴),省派练习生,学习工学,1925年回国;葛敬应(嘉兴),省派练习生,学习农学,1923年回国;孙慕乔(嵊县),省派练习生,学习工学,1924年回国

年份	留学生情况
1921	王源(义乌),省派练习,学习工学;杨季枕(诸暨),留学明治工专,学习工学,1925 年回国;王强(平阳),留学明治工专升入九州帝大,学习工学,在学;张黄钟(平湖),留学明治工专,学习工学,1926 年回国;程立,留学千叶医专帝大,学习药学;薛祀光(瑞安),留学九州帝大,学习文学,在学;吴乃灿(嘉兴),留学九州帝大,学习工学,在学;林国锋,留学九州帝大,学习工学;裘千昌(奉化),留学九州帝大,学习文学,在学;周敬瑜(嵊县),留学京都帝大,学习经济,在学;黄祖淼(余姚),留学东京高工,学习工学,1927 年回国;顾恒(德清),留学东京高工,学习工学,1927 年回国;方兆镐(瑞安),留学东京高工,学习工学,1926 年回国;徐述舜(诸暨),留学东京高工,学习工学,1928 年回国;蒋天随(不详),留学东京高工,学习工学;何雄杰(乐清),留学东京高工,学习工学,1927 年回国;孙以毅(杭县),留学东京高师,学习文学,1925 年回国;何乃贤(诸暨),留学东京高师,学习文学,在学;徐之圭(江山),留学东京高师,学习文学,1926 年回国;黄树滋(上虞),留学东京高师,学习文学,1926 年回国;陈修仁(永嘉),留学东京高师,学习理学,1927 年回国;何时惠(诸暨),留学东京高师,学习理学,1927 年回国;江圣达(奉化),留学东京高师,学习文学,在学;洪彦璋(瑞安),留学东京高师,学习理学,1927 年回国;周振治(临海),留学千叶医大专门部,学习医学,1927 年回国;董德新(绍兴),留学千叶医大专门部,学习医学,1927 年回国;王爱英(鄞县),留学东京女高师,学习家事,1927 年回国;聂望(慈溪),留学东京女高师,学习家事,1927 年回国;魏炳章(嵊县),省派实习,学习经济学,1924 年回国;蔡绍敦(诸暨),省派练习,学习工学,1924 年回国;毛鉌振(余姚),省派练习,学习药学;沈乃熙(杭县),留学九州帝大,学习工学,1927 年回国;蔡经铭(德清),留学明治工专,学习工学,1926 年回国;叶浩(永嘉),留学京都帝大,学习法学,1927 年回国;王益滔(乐清),留学东京帝大农业经济科,学习农学,在学;周振钧(绍兴),留学九州帝大,学习工学,在学;黄本立(奉化),留学京都帝大,学习农学,在学;毛文鳞(安吉),留学东京帝大语学科,学习文学,在学;谭槐(黄岩),留学东京高师,学习文学,1924 年回国;陈蟠(上虞),留学东京高师,学习图画手工;谢循实(不详),留学东京高师,升入东北帝大,学习理学,在学;鲁钧(绍兴),留学东京高师,升入九州帝大,学习文学,在学;高义(乐清),留学东京高工,升入东京帝大,学习工学,在学;陈瓒(绍兴),留学东京高工,学习工学,1927 年回国;沈慕兰(德清),留学东京女高师,学习图画,1927 年回国;章则泗(绍兴),省派练习,学习工学,1926 年回国;于达准(黄岩),省派练习,学习水产,1927 年回国

续表

年份	留学生情况
1923	方履熙(不详),留学福冈明治工专,学习工学,在学;邱端浩(不详),留学神户高等商业学校,学习商学,1927年回国;沈沛霖(余姚),省派练习,学习工学,在学;朱学锄(萧山),省派练习,学习蚕丝,1927年回国;姚崇岳(瑞安),省派实习,改入九州帝大,学习工学,在学
1924	夏诒彬(平阳),省派练习,学习农学,1927年回国;傅鼎元(东阳),省派练习,学习蚕丝,在学;袁慰宸(不详),留学京都高等工艺学校,学习工学,在学
1925	陈璪(不详),留学东京高工,学习工学,在学;江道(不详),留学北海道帝大水产专门部,学习养殖,在学;沈学诚(不详),留学京都高等工艺校,学习图案学,在学;朱曾洽(不详),留学东京高师理预科,学习理学,在学;张屏难(不详),留学东京高工,学习工学,1927年回国;宓汝卓(不详),留学早稻田大学,学习商学,在学;杨绿湘(新昌),留学东京女高师,学习图画,在学;郑推先(绍兴),留学东京女医专,学习医学,在学;胡佩芬(台州),留学东京女医专,学习医学,在学;李崇敏(海宁),省派实习,学习农学;王少英(鄞县),留学东京女高师,学习家事,在学;高耐玉(杭县),留学东京女医专,学习医学,在学;陈稹(平源),留学奈良女高师,学习理学,在学;叶雅棣(慈溪),留学奈良女高师,学习理学,在学;钱青(崇德),留学奈良女高师,学习理学,在学;蔡淑声(德清),留学日本美术学校,学习图画,在学;范文徵(绍兴),留学日本美术学校,学习图画,在学;杨慕兰(绍兴),留学奈良女高师,学习文学,在学;程国懃(新登),留学奈良女高师,学习文学,在学;周应璜,省派练习,学习农学,在学;孙虞卿(鄞县),留学东京女高师,学习理学,在学;虞书鸿(不详),省派练习,学习工学,在学;葛篆乾(不详),省派练习,学习工学,在学;王荣林(不详),省派练习,学习工学,1927年回国;徐忠国(不详),省派练习,学习蚕丝,在学
1926	姜俊彦(鄞县),省派实习,学习工学,在学;石文(海盐),省派实习,学习工学,1927年回国;徐晋钟(萧山),省派实习,学习蚕丝,在学;王兰芬(平阳),留学东京女医专,学习医学,在学;魏瑞芝(嵊县),留学日本美术学校,学习图画,在学;夏宏武(瑞安),留学日本美术学校,学习图画,在学;王演(瑞安),留学明治大学,学习法学,在学

年份	留学生情况
不详	戴夏(不详),1913 年停费改留学瑞士;许陈琦(不详),1913 年停费改留学德国;毛毅可(不详),1913 年停费改留学德国;王纲(不详),1914 年停费改留学德国;屠宝璩(不详),留学东京高工,1918 年回国;杨鹤(不详),留学大阪高工,1918 年回国;韩桢(不详),留学东京高工,学习工学,1919 年回国;汤贻湘(不详),留学学校及归国时间均不详;陈肇勋(不详),留学东京高工,学习工学,1920 年回国;叶强(不详),留学东京高工,学习工学,在学;缪晃(不详),留学东京高工,学习工学,1920 年回国;盛承彦(不详),留学东方高工,学习工学,1920 年回国;朱章贯(不详),留学千叶医专,学习医学,1920 年回国;刘棨敬(不详),留学千叶医专,学习医学,1920 年回国;郑企因(不详),留学东京女医专,学习医学,1920 年回国;钱云英(不详),留学千叶医专,学习医学,1920 年回国;胡鲲(不详),留学九州帝大,学习医学,1921 年回国;刘祁坤(不详),留学东京高工,学习工学,1922 年回国;傅礼干(不详),留学东京高工,学习工学,1922 年回国;李煜(不详),留学东京高工,学习工学,1922 年回国;高鉄(不详),留学东京高工,学习工学,1922 年回国;吕兴棠(不详),留学东京高工,学习工学,1922 年回国;黄刚(不详),留学东京高工,学习工学,1922 年回国;林同与(不详),留学东京高工,学习工学,1922 年回国;黄曾夒(不详),留学千叶医专,学习医学,1922 年回国;朱国斌(不详),留学千叶医专,学习药学,1922 年回国;章一心(不详),留学千叶医专,学习医学,1922 年回国;殷汝邵(平阳),留学东京帝大,学习经济,1923 年回国;陈建功(绍兴),留学东北帝大,学习理学,1923 年回国;王式(永嘉),留学千叶医专,学习医学,1923 年回国;钱潮(杭县),留学九州帝大,学习医学,1923 年回国;金霖(镇海),留学九州帝大,学习医学,1923 年回国;马甫(永嘉),留学东京高工,学习工学,1923 年回国;劳乃心(余姚),留学北海道帝大,学习工学,1923 年回国;王素常(临海),留学东京音乐学校,学习音乐,1923 年回国;陈乃赓(慈溪),留学京都帝大,学习工学,1924 年回国

说明:本表据《民元以来浙江官费留学生一览表(续)》(载《浙江大学教育周刊》1928 年第 6 期,第 8—26 页)制成。

自费留日方面,据有关资料,1918—1927 年,经北洋政府教育部核准的浙籍自费留日生,共有 15 人,即:郭量(瑞安)、张佑基(嘉善)、顾筠(东阳)、蒋之栋(海宁)、马巽(鄞县)、张铺新(镇海)、林铮(永嘉)、俞承英(绍兴)、张星兰(镇海)、姜俊彦(鄞县)、陆宗堃(奉化)、张处中(绍兴)、张钟泗(绍兴)、陈权(丽水)、袁慰亲(杭县)。[①]

---

① 王焕琛编:《留学教育》第 3 册,台北编译馆 1980 年版,第 1571—1659 页。

(四)1930—1945 年

1.公费留美、留英、留法、留比

这一时期,南京国民政府的留学政策出现了一些明显变化。1930 年,教育部制定《改进留学生遣派办法计划》,提出今后选派留学生,"应注重自然科学及应用科学等,以应国内建设的需要,并储备专科学校及大学理、农、工、医等学院的师资";提高公费留学生资格,"应以国内省立及已立案大学或专校教员,与学术实业行政机关服务人员,继续任职若干年,对专门学术确有相当贡献,并通习该留学国语文,经考试或审查合格为限";公费留学生选派时,"应指定必须专攻的特殊科目"。1933 年,教育部又颁布《国外留学规程》,共有 5 章 46 条。其中关于公费留学生的资格,提高至国内公立或已立案的私立专科以上学校已毕业且成绩优良者;规定公费留学生考试,分初试和复试两次;实行留学证书管理制度,规定公费、自费留学生,在留学前均须向教育部领取留学证书,否则不得以留学名义请领护照、不得呈请奖学金补助、回国呈验毕业证书时不予登记;注重理工科留学生的派遣。①

教育部对庚款留美亦进行直接管理和调控,改变了以往由清华大学自行其是的惯例。1930—1932 年,清华大学停派留美学生 3 年。1933 年 6 月,教育部训令清华大学慎选留美学生,并颁发《廿二年度考选清华留美公费生办法纲要》7 项,规定自该年度起,暂继续选派 3 年,额定 40 名,其中 10 名由该校选派教员、5 名由该校选派研究生,其余 25 名由该校面向社会公开考选。1933 年 8 月至 1936 年 8 月,清华大学共举行四届留美学生考试,录取 93 人。后由于全面抗战爆发、庚款停拨而暂停。1940 年 8 月,清华大学继续举行第五届留美公费生考试,录取 17 人;1944 年 8 月,又举行第六届留美公费生考试,录取 32 人。以上共六届考试,总共录取 142 人。经笔者研究,其中的浙籍生有 29 人。具体是第一届 5 人:顾功叙(嘉善)、寿乐(绍兴)、寿标(绍兴)、刘史璞(鄞县)、魏景超

---

① 《教育部公布国外留学规程》,《中华民国史档案史资料汇编》第 5 辑,第一编,教育(一),江苏古籍出版社 1991 年版,第 381—390 页。

(杭县)。第二届 2 人:宋作楠(金华)、钱学森(杭县)。第三届 12 人:王锡蕺(奉化)、陈振汉(诸暨)、龚祥瑞(宁波)、张宗燧(杭州)、李庆远(鄞县)、方声恒(海宁)、张宗炳(杭县)、张信诚(鄞县)、郭本坚(鄞县)、徐民寿(吴兴)、王宗淦(吴兴)、钱学渠(杭县)。第四届 3 人:武迟(杭州)、孙观汉(绍兴)、徐人寿(吴兴)。①第五届 3 人:励润生(象山)、朱宝复(上虞)、屠守锷(吴兴)。第六届 4 人:何炳棣(金华)、吴中伦(诸暨)、钟开莱(杭县)、沈申浦(吴兴)。② 另据研究,这 142 人中,后来有 34 人当选为"两院"院士,有 3 人获得"两弹一星"功勋奖,还有 1 人获得了诺贝尔奖(杨振宁)。③

此外,1942—1946 年,美国国务院通过国民政府教育部,分四批从中国各大学中,邀请 24 名大学教授,赴美进行为期一年的考察与研究。其中就有 7 名浙籍教授。第一批(1942 年)2 人:金岳霖(诸暨)、张其昀(鄞县)。第二批(1943 年)1 人:陈裕光(宁波)。第三批(1944 年)2 人:陶孟和(绍兴)、严济慈(东阳)。第四批(1946 年)2 人:竺可桢(绍兴)、叶浅予(桐庐)。④

1944 年,国民政府还从各机关挑选优秀人员 1200 人赴美学习。1944 年,美国麻省理工学院等赠送中国一批奖学金。教育部遂在 1944 年 12 月举行英美奖学金研究生实习生考试,录取 209 人于 1945 年暑假赴美。1943 年 12 月,国民政府举行了首届自费留学考试,共录取了 327 人,这批人均在 1944 年秋赴美学习。以上这三批留美学生中,肯定有浙籍生,由于资料缺乏,具体数量及姓名不得而知。

自费留美方面,根据教育部统计处对 1929 年度至 1946 年度高等教育司核发的出国留学证书登记册所编制的数据,1929—1946 年的留美人数总计为 3247 人,其中自然包含了大量的自费生。⑤ 但关于这一时期浙籍自费生的情

---

① 北平清华大学编:《清华同学录》,国立清华大学校长办公处 1937 年编印,第 366—482 页。

② 清华大学校史研究室编:《清华大学史料汇编》第 3 卷,下册,清华大学出版社 1994 年版,第 229—232、251—255 页。

③ 金富军:《清华大学留美公费生考试制度考察》,《清华大学学报(哲学社会科学版)》2015 年第 3 期,第 139—152 页。

④ 孙洋:《太平洋战争时期美国对华文化援助研究》,吉林大学 2012 年博士学位论文,第 118—152 页。

⑤ 陈启天:《近代中国留学史》,天一出版社 1979 年版,第 374 页。

况,目前仍难以摸清。根据有关资料,1938 年 8 月至 1943 年 6 月,教育部所核发留学证书中的浙籍留美学生有 10 人,具体是:葛守明(吴兴)、方显廷、吴自良、章鸿基、徐贤修、朱蕙卿、徐善祥、陆昭华、屠子金、姚淑馨。[①]

公费留英考试方面,1933—1946 年,中英庚款董事会共举行了九届考试,录取留英生 193 人。有人对其中已知的 166 人籍贯进行了研究,发现浙籍共有 30 人,占总数的 18.07%,居各省份第二位。[②] 但笔者考证,这九届留英生中的浙籍生实际为 33 人。第一届无。第二届 6 人:张有龄(吴兴)、柯元恒(黄岩)、邵象华(杭州)、何琴莲(临海)、朱应诜(县籍不明)、俞大絪(绍兴)。第三届 7 人:苏元复(海宁)、王祖舜(江山)、谢明山(鄞县)、柯召(温岭)、章文才(绍兴)、程裕淇(嘉善)、施正信(鄞县)。第四届 7 人:楼邦彦(鄞县)、许宝騄(杭县)、张宗燧(杭县)、翁文波(鄞县)、任美锷(鄞县)、朱壬葆(金华)、俞调梅(吴兴)。第五届 3 人:汤逸人(杭州)、周家仁(嘉善)、陈彬(诸暨)。第六届 2 人:夏震寰(余姚)、王显湘(鄞县)。第七届 2 人:张龙祥(吴兴)、朱承基(海宁)。第八届 2 人:黄昆(嘉兴)、吴中伦(诸暨)。第九届 4 人:王佐良(上虞)、戴传曾(宁波)、汤宗舜(吴兴)、支德瑜(嵊县)。

1942 年,英国文化委员会设置了 10 个名额,资助中国青年留英。同年,英国工业协会资助 31 名中国工科学生赴英工厂实习。1944 年,英国文化委员会和英国工业协会再次赠送 65 名留英研究生名额和 69 名实习生名额。根据有关资料,1938 年 8 月至 1943 年 6 月,教育部所核发留学证书中的浙籍留英生,只有 1 人,即张秉谦(嘉兴)。[③] 再据 1941 年 4 月驻英大使馆的调查,时在英国留学的浙籍生有 28 人,即:夏循元、顾培慕、陈占祥、李鑫、陈勉修、李善道、娄育复、王宗顺、王得胜、胡泳洋、徐庆伯、徐寿伯、王祖荀、陆尧圣、谢世馨、余清杨、竺培风、周家仁、任美锷、夏震寰、俞调梅、陈彬、汤逸民、徐人寿、徐民寿、王策、何秉铨、张毓英。这 28 人中,无一名自费生。[④]

公费留法考试方面,1937 年,中法教育基金会举行第一届留法考试,录取甲

---

① 《教育部关于限制留学暂行办法》,清华大学校史研究室编:《清华大学史料选编》第 3 卷,上册,清华大学出版社 1994 年版,第 222 页;王焕琛编:《留学教育》第 4 册,台北编译馆 1980 年版,第 2021—2033 页。

② 刘晓琴:《中英庚款留学生研究》,《南开学报》2000 年第 5 期,第 72—80 页。

③ 王焕琛编:《留学教育》第 4 册,台北编译馆 1980 年版,第 2021—2033 页。

④ 王焕琛编:《留学教育》第 4 册,台北编译馆 1980 年版,第 2059—2067 页。

种公费生 3 名,吴新谋、钱三强、魏英邦,其中钱三强为浙江绍兴人;乙种公费生 2 名,陈定民、钟盛标,其中陈定民为浙江绍兴人。1938 年举行第二届公费留法生考试,录取熊启渭、沈国祚、樊畿 3 名,其中樊畿为浙江杭州人。[①]

留学比利时庚款补助生方面,据统计,1930—1931 年获得此项补助生资格的浙籍生,有沈瑶英(仙游)、何方理(诸暨)、王光龢、何浩翔(诸暨)、袁屠冰、杨梅伯、马步欧 7 人。[②]

2. 省费留美、留欧、留日

南京国民政府成立以后,浙江省政府议决派遣留学办法,规定派遣留学欧美各国以 20 名为限,日本以 60 名为限;并规定官费生资格,除须在国内外大学毕业外,尚须在本省服务三年以上,方得派遣。1928 年时,浙江曾通过考试录取了留美学生 7 人。1930 年 4 月,浙江省将留日官费生的 60 名学额减为 40 名,将所减之 20 名,改为从留日自费生中选出 45 名进行津贴。这样,津贴生的名额,由原先的 15 名扩充到 60 名。[③]

1930 学年度,浙江共派出 72 名官费生,其中日本 49 人、法国 11 人、美国 7 人、英国 3 人、德国 2 人。[④] 1932 年五六月份,浙江省教育厅又录取 7 人赴欧美留学,具体是:赵才标、何之泰、金善宝、赵廷炳、卢守耕、王国松、王橄。[⑤]

关于里昂中法大学留学方面,浙江省共有官费生定额 10 名。1930 年,该校浙籍学生袁昌浚学成回国,浙江省决定由吴岩霖递补。1931 年,该校浙籍学生方光焘因事归国,其缺额由夏晋熊递补[⑥];该校浙籍官费生徐陛因母丧归国,其缺额由浙籍自费生陈芝秀递补;该校浙籍生曾勉学成归国,其缺额由浙籍自费生陈士文递补。

1929—1932 年,浙江省还派省党部训练部长李超英赴英研究;派何思敬赴德考察;派已留法巴黎大学的浙籍自费生陈寅叔在法调查;派留德柏林大学的

---

① 杨学为、朱仇美、张海鹏主编:《中国考试制度史资料选编》,黄山书社 1992 年版,第 797 页。

② 王焕琛编:《留学教育》第 4 册,台北编译馆 1980 年版,第 1984—1990 页。

③ 孙莆侯:《浙江教育史略》,浙江省教育厅 1931 年版,第 27 页。

④ 《十九年度浙江省官费留学生留学国别及性别统计》,《浙江教育行政周刊》1931 年第 5 期,第 1 页。

⑤ 浙江省教育厅编:《三年来浙江高等教育概况》,浙江省教育厅 1932 年编印,第 26 页。

⑥ 浙江省教育厅编:《三年来浙江高等教育概况》,浙江省教育厅 1932 年编印,第 27 页。

浙籍自费生朱偰在德调查;派浙籍学者蒋复聪赴欧美调查研究图书馆教育;派浙籍的武汉大学地理系讲师韦润珊赴英考察地学。1936年5月,浙江省曾选派省教厅秘书徐泽予(临海),赴美国哥伦比亚大学研究经济,于1940年由浙教厅奉命召回。

据统计,1932年,浙江省尚在欧美留学的省费生共计14人,分别是:留英3人,即潘渊(绍兴)、李超英(永嘉)、韦润珊(东阳);留德3人,即郦堃厚(诸暨)、蒋复聪(海宁)、厉家祥(杭县);留法1人,即蔡柏龄(绍兴);留美7人,即赵廷炳(嘉善)、卢守耕(余姚)、金善宝(诸暨)、王撖(慈溪)、何之泰(龙游)、王国松(永嘉)、赵才标(诸暨)。① 另有浙籍留学里昂中法大学的官费生15人,分别为:张性白、方光焘、叶桂华、曾勉、毛显彰、常书鸿、袁浚昌(上虞)、朱洗(临海)、徐陟、沈炼之(永嘉)、周松(永嘉)、吴岩霖(永康)、陈芝秀(诸暨)、陈士文(仙居)、夏晋熊(鄞县)。

1933—1937年,一些省份曾考选留美学生,但浙江省并未考选。全面抗战时期,浙江省成为战区,更是停止了向国外派出留学生的活动。据浙教厅厅长许绍棣说:"战事发生后,留日学生纷纷返国,请求转赴欧美。曾举办留日返国学生登记,分别救济,此后留外学生颇多辍学,实际已陷停顿状态,二十七年留学生仅有四人,先后期满回国。二十八年度起省经费预算内,不列留学经费。"② 据教育部调查,全面抗战之初因外汇停发而生活困难的中国留学生,纷纷请求教育部救济,当时提出申请的浙籍留学生就有7人,分别是:留法的金景星(鄞县),留德的陆秀珍(萧山),留美的萧功叙(嘉善)、俞徵(上虞)、程本蕃(杭州)、陈骥(慈溪)、潘孝硕(吴兴)。③

留日方面,全面抗战前,浙江省曾派孔雪雄赴日研究农政;1931年,补贴津贴生45名,后又续补贴27人。这27人具体是:王济华、吴向妙、岑仲玚、陈宗蕙、夏蕊华、缪天纲、周长信、马开化、林本、叶仁、汤贻家、蔡颂梅、朱士翘、应应瑞、张锡炜、陈奎聚、袁慰普、马荫森、应增焕、王仁元、李名伟、汪成模、沈鹤书、

---

① 浙江省教育厅编:《三年来浙江高等教育概况》,浙江省教育厅1932年编印,第29—33页。
② 许绍棣:《浙江教育行政史略(四)》,《浙江月刊》(台北)第7期,1984年7月10日,第15—18页。
③ 王焕琛编:《留学教育》第4册,台北编译馆1980年版,第2007—2019页。

金志庄、蒋玄伯、郑国士、孙永成。[①]

此外,1937 年 9 月至 1938 年 6 月,国民政府有关方面曾举办"留日学生训练班",其中浙籍生有 4 名,即吴宏骞、高其遂、张奇荷、章懋。[②]

从 1929 年 10 月至 1932 年 7 月,浙江省留日省费生共 92 名,具体参见表 2-7。至于这一时期浙江省留日自费生的数量及姓名,因资料缺乏,难以列出。

表 2-7　浙江省留日省费生一览(1929 年 10 月至 1932 年 7 月)

种类	留学生情况
官费生	谢循贯(永嘉),留学东京帝大,学习生物学,1932 年回国;朱曾治(海盐),留学横滨高等工业,学习应用化学,1932 年回国;张处中(绍兴),留学东京工大专门部,学习纺织,1931 年回国;杨家本(杭县),留学东京工大专门部,学习电气,1932 年回国;章育武(上虞),留学东京高师,学习英语;王俊杰(乐清),留学东京高师,学习英语;忻去邪(宁波),留学第八高等,学习农业博物,1931 年回国;杨慕兰(绍兴),留学奈良女子高师,学习文学;程国敫(新登),留学奈良女子高师,学习文学,1931 年回国;钱青(崇德),留学奈良女子高师,学习文学,1932 年回国;叶雅棣(慈溪),留学奈良女子高师,学习理学,1932 年回国;陈稹(平湖),留学奈良女子高师,学习理学,1932 年回国;郑推先(绍兴),留学东京女子医专,学习医学,1931 年回国;王兰芬(绍兴),留学东京女子医专,学习医学;高耐玉(杭县),留学东京女子医专,学习医学;魏瑞芝(嵊县),留学日本美术研究科,学习洋画,1931 年回国;王益滔(不详),留学东京帝大大学院,学习农业经济,1931 年回国;董聿茂(不详),留学京都帝大学院生,学习动物学,1930 年回国;吴乃灿(不详),留学九州帝大专攻生,学习应用化学,1930 年回国;高义(不详),留学九州帝大研究生,学习应用化学,1929 年回国;周振钧(不详),留学九州帝大,学习应用化学,1929 年回国;范文徵(绍兴),留学日本美术研究科生,学习图案,1930 年回国;夏宏武(瑞安),留学日本美术研究科,学习洋画,1931 年回国;蔡淑馨(德清),留学川端画学校研究生,学习洋画,1931 年回国;林莹(不详),留学东北帝大,学习医内科,1930 年回国;陈瑾(不详),留学东京高二毕业生,学习机械,1929 年回国;徐晋钟(不详),省派实习生,学习制丝,1929 年回国;葛篆乾(不详),省派练习生,学习制革,1929 年回国;徐忠国(不详),省派练习生,学习蚕丝,1929 年回国;徐玉相(海宁),留学东京帝大大学院研究,学习天文,1932 年回国

---

① 浙江省教育厅编:《三年来浙江高等教育概况》,浙江省教育厅 1932 年编印,第 37—39 页。
② 王焕琛编:《留学教育》第 4 册,台北编译馆 1980 年版,第 1996—2002 页。

续表

种类	留学生情况
津贴费生	张方庆(鄞县),留学东京帝大医学部解剖学教室,学习解剖;屠宝琦(嘉兴),留学传染病研究所,学习细菌;陈慰堂(海宁),留学东京帝大医学部专攻科,学习内科,1930年回国;姜书梅(杭县)、留学东京帝大医学部专攻科,学习内科;汪良寄(吴兴),留学东京帝大药学专攻科,学习卫生化学,1932年回国;吴士绥(浦江),留学东京帝大医学部附属医院,学习外科,1932年回国;沈鸿源(萧山),留学埼玉县蚕业试验场,学习蚕丝,1932年回国;吕继端(缙云),留学埼玉县蚕业试验场,学习蚕丝;沈扬(温岭),留学岩手县蚕业试验场,学习蚕丝,1931年回国;杨开渠(诸暨),留学东京帝大农实科,学习农业;王克巩(绍兴),留学庆应大学,学习经济;刘清洪(定海),留学庆应大学,学习经济;徐伯鋆(上虞),留学千叶医大专门部,学习药学;袁慰亲(杭县),留学东京商大专门部,学习商学,1931年回国;宋崇文(上虞),留学东京铁道教习所,学习业务;冯少白(诸暨),留学东京铁道教习所,学习业务;吴荣秀(临海),留学东京医专,学习医学;张乐熙(绍兴),留学第一高等,学习理学;沈学源(德清),留学第四高等,学习理学;凌令达(崇德),留学帝国女子医专,学习医学;王珊英(宁波),留学东京女子高师,学习家事;王之英(东阳),留学东京高等工艺研究,学习图案,1932年回国;沈性(嘉兴),留学东京帝大农实科,学习农学;蔡康瑸(鄞县),留学东京帝大农实科,学习农学;缪天纲(黄岩),国开园实习,学习蚕种制造;周长信(青田),埼玉县农事试验场实习,学习种艺;马开化(嵊县),东京帝大农学部实习,学习农业合作;林本(青田),农林省学部实习,学习林业;叶仁(松阳),范城县蚕业试验场实习,学习蚕丝;汤贻家(绍兴),留学东京工大,学习机械;沈鹤书(吴兴),留学第八高等,学习理学;蔡颂梅(诸暨),留学东京铁道练习所,学习电气;朱士翘(上虞),留学东京铁道练习所,学习电气;褚应瑞(嘉兴),留学东京铁道练习所,学习业务,1932年回国;张锡炜(镇海),留学东京铁道练习所,学习业务;陈奎聚(镇海),留学东京铁道练习所,学习业务;袁慰普(杭州),留学东京铁道练习所,学习业务;李名伟(镇海),留学东京铁道练习所,学习业务;马荫森(绍兴),留学东京工大预科,学习工学;应增焕(永康),留学东京工大预科,学习工学;汪成模(奉化),留学东京医专,学习医学;吴向妙(浦江),留学帝国女子医专,学习医学;岑仲玥(杭县),留学东京女子医专,学习医学;金志庄(瑞安),留学第七高等,学习理学;陈宗蕙(杭县),留学日本女子体育专门,学习体育;蒋玄怡(富阳),留学东京美术,学习雕刻;夏蕊华(上虞),留学东京女高师,学习家事,1932年回国;郑国士(江山),留学法政大学,学习法律;孙永成(龙游),留学法政大学,学习法律

种类	留学生情况
换补庚款生	鲁钧(绍兴),留学九州帝大,学习法文,1931 年回国;周进三(不详),留学九州帝大,学习农业经济,1930 年回国;李允森(不详),留学京都帝大大学院,学习法律,1930 年回国;董道善(不详),留学冈山医大,学习医内科,1930 年回国;沈学诚(不详),留学京都高工艺校,学习图案,1930 年回国;黄本立(不详),留学九州帝大,学习农业化学,于 1931 年回国;孔禄卿(宁波),留学第三高等,学习理学;王仁元(杭县),留学东京铁道局教习所,学习业务;王济华(平湖),留学帝国女子医专,学习医学
特派研究员	孔雪雄(萧山),留学明治大学,学习经济

说明:本表据《三年来浙江高等教育概况》(浙江省教育厅 1932 年编印)第 43—49 页内容制成。

三、近代浙江普通教育的兴起与发展

(一)清末普通教育的兴起

1898 年 7 月 10 日,清政府曾颁布"兴学"上谕,"即将各省府厅州县现有之大小书院,一律改为兼习中西学之学校。至于学校等级,应以省会之大书院为高等学,郡城之书院为中等学,州县之书院为小学,皆颁给京师大学章程,令其仿照办理"[①]。但因为很快发生戊戌政变,此项命令并未执行。光绪二十七年八月初二(1901 年 9 月 14 日),西太后在刘坤一、张之洞等大臣的支持下,重颁"兴学"诏书,要求"除京师已设大学堂应行切实整顿外,各省所有书院于省城均改设大学堂,各府、厅、直隶州均设中学堂,各州县均设小学堂,并多设蒙养学堂。

---

① 汤志钧、陈祖恩编:《中国近代教育史资料汇编　戊戌时期教育》,上海教育出版社 1993 年版,第 55—56 页。

其教法当以四书五经、纲常大义为主,以历代史鉴及中外政治为辅,务使文行交修,讲求实用"①。这标志着清政府正式开始举办新式学堂。但在浙江,其新式学堂的出现还要早几年,19世纪90年代,就有数所新式学堂成立。如1893年海宁州所设的四城小学堂、萧山的蒙养小学,1894年慈溪观海卫胡氏改办的安定学堂,1896年鄞县应维清创办的愈愚学堂和应松阳创办的蜜山学堂,以及永嘉县学堂等。② 同一时期,清末"浙江三先生"之一的瑞安学者孙诒让,及杭州知府林启(1839—1900),亦积极致力于新式学堂的创办。孙诒让依靠绅商力量,自1896年起,先后创办瑞安学计馆、瑞安算学馆、瑞安方言学堂、永嘉蚕学馆、瑞平化学堂、瑞安普通学堂、女学蒙塾等学校。林启1896年调任杭州知府后,创办了求是书院(1897年创办,浙江大学的前身)、杭州蚕学馆(1898年创办,浙江省最早的蚕业实业学校)、养正书院(1899年创办,后称杭州府中学堂、省立杭州一中)三所新式学校,成为清末浙江新式教育的又一位拓荒者。此外,1897年,绍兴府山阴县士绅、候选知府徐树兰也捐资创办了绍郡中西学堂(后更名为绍兴府中学堂);1898年,宁波知府程稻村又与郡人张美翊、戚炳纬等创办了储才学堂。以上这几所学校,开启了近代浙江普通教育之先河。

1901年9月,清廷兴学谕旨颁布。1902年,清廷又制定《钦定学堂章程》,即《壬寅学制》,但由于内部意见不一,它并没有公布。1904年1月13日,清廷又颁发包括《学务纲要》《各学堂管理通则》《蒙养院章程及家庭教育法章程》《初等小学堂章程》《高等小学堂章程》等文件在内的《癸卯学制》。《癸卯学制》规定,小学分初等小学和高等小学两段:初等小学学习5年,开设课程有修身、读经、国文、算术、历史、地理、格致、体操;高等小学学习4年,开设课程有修身、读经、国文、算术、历史、地理、格致、图画、体操。中学为5年一贯制,主要开设修身、读经讲经、中国文学、外国语、历史、地理、算学、博物、物理化学、法制理财、图画、体操12门课程。

20世纪初期,浙江各府县普遍将旧式书院、私塾改办为中小学堂。如1905年,浙江高等学堂监督陆懋勋以高等学堂内既办有师范完全科与师范传习所以

---

① 《光宣年间浙江兴办新式学堂史料(上)》,《历史档案》2004年第2期,第38—54页。
② 张彬等:《浙江教育发展史》,杭州出版社2008年版,第195页。

造就小学师资,但不能没有实习场所,所以创办高等小学一所,附设于高等学堂内,名为浙江高等小学堂。其后,他又在城内创设初等小学堂 10 所,以为高等小学堂提供生源。1904 年 5 月 2 日,杭州人邵章、陈敬第、孙智敏等创办杭州女塾。浙江巡抚任道镕也将此前林启创办的养正书院改名为杭州府中学堂,又以杭州的崇文、紫阳两书院改设钱塘、仁和两县小学堂,"整旧从新,另立规制"①。杭州府将军常恩则将驻防满营梅青书院改为小学堂,作为八旗子弟学习之所。上虞知县何金魁则将城东经正书院改办为高等小学堂。诸暨县也将原来的毓秀书院改办为蒙养学堂,学额 30 名。1906 年,鄞县城厢南门湖滨镇瀚香家塾改为瀚香小学堂。1907 年,萧山瞿氏义塾改为养正初等小学堂。黄岩毓秀义塾也在 1908 年改为河西小学堂。②

浙江兴学初期,士绅表现踊跃,纷纷捐资助学。如原分部郎中胡焕、中书衔部寺司务胡彬捐资 6 万元,在省城杭州创办了安定学堂。三品衔候选道陶溶宜捐资 1.8 万元,在绍兴府设立了通艺学堂。松阳县已故监生周廷瑞之妻林氏捐出自家田地 130 亩,价值银 1300 多两,由县府创立了松阳初等小学堂。余姚县绅士何恭寿等人则创立了诚意学堂,按照高等小学堂科目进行授课。③ 1911 年 2 月,浙江提学使袁嘉谷在向学部汇报学务时,就特别提到本省士绅助学之举:"浙省教育经费不充,由官款拨给者尤居少数,其各属设立大小各校得以岁有增加者,每由绅民热心捐助,尝有一校经费或一人独任,或数人分认(任),又或一人慨捐巨资分饷数校,以及捐助田亩、房屋之类,亦所在多有。据宣统元年浙省教育统计,乐捐一项多至二十三万二千一百九十一元,其曾经报司请奖之案,截至元年下学期止共一百六十二起,所捐资产共约银四十余万两。"④

经过几年努力,浙江新式教育从无到有,出现较快增长。"仅以普通教育言,除严州一府,地处偏瘠,推行较迟外,各属均尚称发达。师范、实业两项岁有增加,惟专门之学,以财政支绌,一时骤难推广。"除正式学堂外,浙江省当时还

　　① 《光宣年间浙江兴办新式学堂史料(上)》,《历史档案》2004 年第 2 期,第 38—54 页。
　　② 秦玉清:《近代私塾改良研究》,中国政法大学出版社 2016 年版,第 68—69 页。
　　③ 《光绪年间浙江兴办新式学堂史料(上)》,《历史档案》2004 年第 2 期,第 38—54 页。
　　④ 《本署司袁呈学部详报宣统元二两年浙省学务大概情形请示遵文》,《浙江教育官报》1911 年第 60 期,第 323—332 页。

设有简易识字学塾。这种学塾在 1910 年上半年时,全省共设 734 所,学生 23242 人。到年底时,又增设 323 所,学生增加 32059 人。[①] 表 2-8 列出宣统元年(1909)浙江省新式学校简况。

表 2-8　宣统元年(1909)浙江省学务统计

类型		学堂及教育处所/个	职员/人	教员/人	学生/人
专门学堂		4	26	43	666
实业学堂		14	30	74	665
师范	优级	1	22	32	313
	初级	9	27	63	879
	传习所	1	2	4	27
中学堂		23	110	241	2430
小学	高等	116	233	591	6043
	两等	418	527	1647	20022
	初等	1288	1234	3064	42850
蒙养院		1	1	3	18
半日学堂		13	12	22	338
女子学堂		52	70	199	1881
学务公所		1	27		
劝学所		76	936		
教育会		30	2602		
宣讲所		117	171		
教育研究所					
图书馆		1	9		
总计		2165	6039	5983	76114

说明:本表据《浙江省学务统计总表(宣统元年)》(载浙江学务公所编《浙江教育统计》一书,第 2 页)制成。

---

① 《本署司袁呈学部详报宣统元二两年浙省学务大概情形请示遵文》,《浙江教育官报》1911 年第 60 期,第 323—332 页。

宣统元年(1909),浙江将原有各府中学堂改为省立,其经费由省行政经费支给。省立各中学的名称,依杭、嘉、湖、宁、绍、台、金、衢、严、温、处等府的顺序排列。即,第一中学设在杭县,第二中学设在嘉兴,第三中学设在吴兴,第四中学设在鄞县,第五中学设在绍兴,第六中学设在临海,第七中学设在金华,第八中学设在衢县,第九中学设在建德,第十中学设在永嘉,第十一中学设在丽水。当时各中学的学级编制,均分四级,如每级学生数众多,得复分数组,毕业期限四年。学校行政方面,于校长之下,设学监、舍监、会计、庶务等。

(二)民国前期普通教育的发展

1912 年,蔡元培出任教育总长,实行教育民主化改革,小学读经科一律废止,各种教科书亦必须合于中华民国宗旨。中小学的修业年限均有缩短,小学仍分初等、高等二级,修业年限各缩短一年,初等四年、高等三年,男女得同学。初等小学的课程定为修身、国文、算术、手工、图画、唱歌、体操;高等小学则加授本国史地、商业或农业、英语,女子加授缝纫。1922 年,全国推行《壬戌新学制》,小学又缩短一年,定为六年,分初等四年、高等二年;小学课程改革较大,开设有国语、算术、卫生、公民、史地、自然、园艺、工用艺术、形象艺术、体育、音乐等课。

民国前期,浙江在小学教育、中学教育、师范教育、职业教育等方面均继续发展。小学教育方面,当时教育界提出了推行义务教育的主张。1914 年 12 月,北洋政府教育部颁布《整理教育方案》,"确定初等小学四年为义务教育"。1915年,北洋政府又颁发《特定教育纲要》,要求各省分年筹备推行义务教育。1916年,浙江省开始义务教育的筹备工作,计划自本年起至 1925 年止,每个乡镇普设国民学校一所,并具体核定了各县应增的学校数。在这种背景之下,浙江小学教育迅速发展。1912 年,全省有小学 6103 所,学生 262295 人,教职员 18489人;1913 年有小学 6609 所,学生 287902 人,教职员 22995 人;1914 年有小学6905 所,学生 296347 人,教职员 16393 人;1915 年有小学 7429 所,学生 320787人,教职员 22207 人;1916 年有小学 8233 所,学生 329607 人,教职员 25439 人;1917 年有小学 8937 所,学生 393238 人;1918 年有小学 9712 所,学生 409556

人;1919 年有小学 9824 所,学生 419545 人。[1] 在私塾改良方面,浙江也取得一些成绩。早在 1910 年,清朝学部即颁发《改良私塾章程》,共 22 条,要求使"私塾教授渐期合法,并补助地方教育"。1911 年初,浙江提学使袁嘉谷在向学部汇报时,曾提道:"其照章实行改良者,迭据各属先后禀报,亦已共有二千三百余所之多,尚有二十余州县未据禀报。"[2]进入民国后,浙江民政厅教育司司长沈钧儒,于 1912 年 5 月 30 日下令:"凡城镇乡已设有小学校之附近地方,嗣后不准再行添设私塾。"而对于先前设立的私塾,"无论在小学附近或现未立有小学校处所,均仍暂准设立,但须由该知事派员时加视察。至教授各书,当以现今通用之小学校教科书为主,循循善诱,不得如从前之杂乱无章,其有教授管理未能合法者,即指示改正。或因劝戒不悛及不堪师资者,并得勒令停止"[3]。同年 6 月28 日,沈钧儒再次下令取缔私塾:"凡私塾在学校附近一里半以内者,自下学期始一律停闭。其未有小学处所,暂准照旧,嗣后随时增设小学,即将私塾随时取消,庶收逐渐改革之效。"[4]1915 年后,浙江允许各县自行对私塾改良制定办法,化私塾为小学。余姚、安吉、崇德等县均对本县私塾进行了调查,然后出台改良办法,指导各私塾改用国文教科书、添教算术课程。桐庐县还将部分办理较好的私塾改为代用小学。[5]

　　中学方面,民国初年,除原有的 11 所省立中学继续办理外,又有不少县立初中、私立中学成立。其中县立初中最早设者,为永康、东阳二县。永康县立初中成立于 1912 年,东阳县立初中成立于 1913 年。此外,诸暨县将毓秀书院改为县立中学,瑞安县公立中学堂改称县立中学,吴兴县创办县立吴兴中学,黄岩县清献中学堂改称县立清献中学。1915 年,嵊县也重建了县立中学。私立中学则以安定中学为最早,该校成立于光绪二十七年(1901),由杭州富绅胡北祥

---

① 邵祖德等编:《浙江教育简志》,浙江人民出版社 1988 年版,第 74 页。

② 《本署司袁呈学部详报宣统元二两年浙省学务大概情形请示遵文》,《浙江教育官报》1911 年第60 期,第 323—332 页。

③ 《教育司长令县知事于现设小学严加监督附近地方不准再行添设私塾其已设者调查呈报指示改良文》,《浙江公报》1912 年第 108 册,第 8 页。

④ 《浙江教育司通令凡私塾在学校附近一里以内者下学期一律停闭嗣后增设小学即私塾随时取消文》,《浙江公报》1912 年第 137 册,第 6—7 页。

⑤ 秦玉清:《近代私塾改良研究》,中国政法大学出版社 2016 年版,第 171—172 页。

捐资创办,初名安定学堂。民国成立后,该校改称安定中学校,1922 年后改称安定初中。其次是宗文中学,光绪三十年(1904)由义塾改办五年期之中学,之后随着学制演变,该校逐渐改为四年期中学与三年期初中。这一时期创办的私立中学,还有宁波私立效实中学(1912 年创办)、上虞私立春晖中学(1919 年创办)、金华私立作新中学(1917 年创办)、绍兴私立成章女中(1912 年创办)、杭州私立行素女中(1920 年创办)、杭州私立明敏女中(1917 年创办)等。1922 年,教育部公布新学制,改订中等教育段修业年限。浙江省教育厅随即制定省立各校改组办法 17 条,决定凡旧制省立中学及师范学校,各就其所在地将中学、师范两校合并,改为省立第几中学;旧制省立女子师范学校改为省立女中。同年秋天,各省立中校与师范学校合并完成。当时属于完全中学的,只有省立一中、省立四中、省立七中、省立十中及省立女中,其余均为初中程度。[①] 到了 1925 年,没有设立高中的其余中学也普遍设立了高中。[②]

师范教育方面,1913 年,浙江民政厅教育司司长沈钧儒向省议会提议筹设省立师范学校 10 余所。其计划是:除将原有省立两级师范学校中的初级师范部分划出,单独成立第一师范学校外,还需要改造原有的 5 所公立师范学校,即将宁波师范学校改为第二师范,将绍兴师范改为第三师范,金华师范改为第四师范,温州师范改为第五师范,处州师范改为第六师范。省议会认为此议甚妥,议决旧府属各设师范学校一所,将原有设立者均改为省立;未设师范学校者,限1914 年 7 月 1 日前设立。1914 年,杭州两级师范学校改称省立第一师范,宁波师范学校改称省立第四师范,绍兴初级师范学校改称省立第五师范,金华师范学校改称省立第七师范,温州师范学校改称省立第十师范,处州师范学校改称省立第十一师范。浙江官立女子师范学堂,也改为省立女子师范学校。1917年,嘉兴、吴兴、临海、衢县、建德等县的师范讲习所,亦分别改为省立第二、第三、第六、第八、第九师范学校。当时规定,凡省立师范学校学生,均免收学膳费。

职业教育方面,1913 年 8 月,教育部公布《实业学校令》,将实业学校分为甲

---

① 孙荸侯:《浙江教育史略》,浙江省教育厅 1931 年版,第 30—35 页。
② 《改进中学教育》,《浙江教育行政周刊》1932 年第 1 期,第 9—18 页。

(由省设立)、乙(由县或其他组织设立)两种。遵照此项规定,浙江将原有的浙江中等蚕桑学校、浙江中等工业学校、浙江中等农业学校、浙江中等商业学校,分别改为浙江省立甲种蚕业学校、浙江省立甲种工业学校、浙江省立甲种农业学校、浙江省立甲种商业学校。1915年,浙江又在黄岩创办省立甲种水产学校;1917年,在建德创办省立甲种森林学校。私立实业学校方面,1915年,在宁波成立了私立金华福音高级护士职业学校;1917年,在吴兴成立私立进德妇女家事职业学校;1918年,在吴兴成立私立吴兴福音高级护士职业学校,同年在杭州成立了私立女子缝纫学校。[①] 表2-9列出了1927年浙江全省的学校统计。

表2-9　1927年浙江全省学校教育统计

种类			初等教育					中等教育						高等教育		总计
			幼稚园	小学			其他	中学			师范学校	职业学校	其他	专门学校		
				初级	高级	完全		初级	高级	完全				法政	医学	
学校数/个	公	男	28	4699	31	673	5	24		4		18	2	1	1	5486
		女		32	2	62	4	7					3			110
		计	28	4871	33	735	9	31		4		18	5	1	1	5596
	私	男	7	3930	8	340	1	14				4				4304
		女		17		23		5				1				46
		计	7	3947	8	363	1	19				5				4350
	总	男	35	8629	39	1013	6	38		4		22	2	1	1	9790
		女		49	2	85	4	12				1	3			156
		计	35	8678	41	1098	10	50		4		23	5	1	1	9946

---

① 张彬等:《浙江教育发展史》,杭州出版社2008年版,第228—229页。

| 种类 | | 初等教育 | | | | | 中等教育 | | | | | | | 高等教育 | | 总计 |
| | | 幼稚园 | 小学 | | | 其他 | 中学 | | | 师范学校 | 职业学校 | 其他 | 专门学校 | | |
			初级	高级	完全		初级	高级	完全				法政	医学	
学生数/人	公 男	584	176034	2219	63618	540	4041		1813		1379	67	266	178	250739
	公 女	369	27348	200	18383	308	1021		443		132	104	90	9	48407
	公 计	953	203382	2419	82001	848	5062		2256		1511	171	356	187	299146
	私 男	230	152646	511	36684	136	2630				392				193229
	私 女	98	19762	42	6840	9	551				233				27535
	私 计	328	172408	553	43524	145	3181				625				220764
	总 男	814	328680	2730	100302	676	6671		1813		1771	67	266	178	443968
	总 女	467	47110	242	25223	317	1572		443		365	104	90	9	75942
	总 计	1281	375790	2972	125525	993	8243		2256		2136	171	356	187	519910
教员数/人	公 男		7803	173	3230	41	429		199		189	21	30	40	12155
	公 女	45	317	11	708	19	22		32		7	7			1168
	公 计	45	8120	184	3938	60	451		231		196	28	30	40	13323
	私 男		5815	33	1674	8	244				43				7817
	私 女	13	139	1	198		19				14				384
	私 计	13	5954	34	1872	8	263				57				8201
	总 男		13618	206	4904	49	673		199		232	21	30	40	19972
	总 女	58	456	12	906	19	41		32		21	7			1552
	总 计	58	14074	218	5810	68	714		231		253	28	30	40	27524

续表

种类		初等教育					中等教育						高等教育		总计
		幼稚园	小学			其他	中学			师范学校	职业学校	其他	专门学校		
			初级	高级	完全		初级	高级	完全				法政	医学	
职员数/人	公 男	7	3637	46	645	10	256		99		96	5	10	27	4841
	公 女	15	38	3	65	4	16		9		8	3	1	1	163
	公 计	22	3675	52	710	14	272		108		104	8	11	28	5004
	私 男	6	3271	11	383	5	115				22				3813
	私 女		14		19		19				8				60
	私 计	6	3285	11	402	5	134				30				3873
	总 男	13	6908	60	1028	15	371		99		118	5	10	27	8654
	总 女	15	52	3	84	4	35		9		12	3	1	1	223
	总 计	28	6960	63	1112	19	406		108		134	8	11	28	8877

说明:本表据潘之庚《十六年度浙江全省学校教育统计表》(载《浙江教育行政周刊》1929年第10期,第1—10页)制成。

(三)全面抗战前的十年间普通教育的演变

全面抗战前的十年间,浙江小学教育、中学教育、师范教育、实业教育数量均继续增长,并多有变化。

小学教育方面,据1928年度统计,浙江全省小学教师有21101人,其中合格人员,不足半数。为此,浙江从办理小学教员登记、开展暑期讲习会、举办教育成绩展览及师资通信研究等几方面着手,以提高小学教师的水平,促进小学教育质量的提升。1931年,浙教厅订颁《浙江小学教员登记规程》,令饬各县市对小学教员进行登记,登记分定期与临时两种。从1929年度开始,浙教厅或联合浙江大学主办,或要求各县市主办暑期小学教育讲习会、教育服务人员暑期进修讲习会等。此种讲习会的讲习期限,一般为 9—28 天,讲习科目主要为党义、注音符号、各科教学法、复式教堂法、小学行政、测验统计及小学教育实际问题等,意在提高小学教员的教学水平。1931 年度,举办暑期讲习会的就有奉化、绍兴、平湖、临安、嘉善、诸暨、永嘉、遂安、兰溪、慈溪 10 县。① 为谋在职小学教师的辅导进修,提高其程度,浙江又在 1930 年 8 月制定了《浙江省师资进修通信研究部简章》共 10 条,对全省小学教师开展在职通信研究。研究方法是由省教厅指定 24 种质量较好的教育书籍,依内容深浅分为三期,循序渐进。学员平时阅读有关书籍,写出笔记纲要,每两个月送交研究部审核一次;其阅读心得或论文,可用通信方式送交指导教师,或刊登于研究部主办的《进修》杂志上。这个办法公布后,报名者十分踊跃,第一届学员 521 人,第二届学员 148 人,第三届学员 720 人,第四届学员 624 人。② 此外,1930—1931 年,浙江的杭州、海宁、於潜、富阳、嘉兴、海盐、桐乡、慈溪、上虞、绍兴、诸暨、临海、兰溪、东阳、义乌、汤溪、遂昌、桐庐、分水、泰顺、玉环、丽水、宣平 23 个县市,还举办了教育成绩展览会,参加学校及参观人数均众多,起到了成绩展示、相互交流学习的作用。③ 设立中心小学、举办小学会考、开展义务教育也是这一时期浙江小学教育改革的重要内容。1929 年 4 月 16 日,《浙江省各县试办中心小学办法大纲》共 15 条颁布,各县开始试办中心小学,初始时仅一县一所,后渐至一区一所。据 1931 年统计,浙江省各县共有 170 余所中心小学。1931 年,浙江省各县还普遍举办了小学会考,共有 55 个县市之多。1935 年,浙江省开始实施义务教育,各县普遍设立一年期的短期小学或简易小学,并在暑期召集全省中心小学校长在杭州进行集中训练。1935 学年至 1937 学年,浙江小学教育逐年发展。1935 学年度,全省设有小学及初小 12599 所,短期小学 2424 所;1936 学年度,设有小学及初小 12905 所,短期小学 3008 所;1937 学年度,设有小学及初小 11701 所,短期小学 2409 所。④

---

① 《浙江省各县二十年度举办假期进修讲习会统计》,《浙江教育行政周刊》1932 年第 5 期,第 5—23 页。

② 《师资进修通信研究部设立以后》,《浙江教育行政周刊》1932 年第 5 期,第 24—41 页。

③ 《举行小学教育成绩展览会之经过》,《浙江教育行政周刊》1932 年第 5 期,第 43—50 页。

④ 许绍棣:《浙江教育行政史略(六)》,《浙江月刊》(台北)1984 年第 9 期,第 43—50 页,第 5—7 页。

中学教育方面,1927 年浙江大学区成立后,省立中学一律实行男女同学,将省立一中与省立女中合并,仍称省立一中,内设第一部和第二部。两年后,再将省立一中的高中部与省立高级商科中学合并,改称省立高级中学,内分普通、师范及商业三科;而省立一中原有的初中部则得以保留,仍称省立一中。1931 年,鉴于男女同学实施以后,女子入学效果不明显,所以又将省立一中的女子部另行划出,单独设立,并添设高中部,称省立女中。到了 1931 学年度,浙江的省立中学有省立高级中学、省立女子中学及省立第一至第十一中学共 13 所。县立中学方面,则把原来的共立中学改称联立中学,浙江全省县立及联立的中学有杭州市立初中、海宁县立中山初中、嘉兴县立女子初中、嘉善县立初中、吴兴县立女子初中、鄞县县立女中、奉化县立初中、诸暨县立初中、镇海县立初中、新昌县立初中、天台县立初中、黄岩县立初中、海宁县立初中、温岭县立初中、仙居县立初中、旧金属联立八婺女子初中、东阳县立初中、义乌县立初中、永康县立初中、金华县立初中、瑞安县立初中、淳安县立初中、松阳县立初中、旧温属联立初中、旧处属联立初中 25 所。[①] 私立中学方面,在 1931 年度,已立案的有 39 所,未立案的 7 所,正在呈请设立的3 所。[②]

师范教育方面,1923 年省立师范学校归并于省立中学后,浙江师范教育受到重大打击,师范毕业生数量偏少,不能满足义务教育对小学师资的大量需求。1928 年后,浙江开始整顿师范教育。1930 年,浙江设有高中师范科 5所,师范训练班 9 所,师范讲习科 9 所,省立乡村师范学校 1 所,县立师范讲习所 10 所,总计每年师范毕业生不过 1000 人。1931 年,浙江决定设立省立师范学校 4 所,即拟在慈溪锦堂学校设立师范科,在原金华道、临海道及其他地方各设立一所,并决定在省立乡村师范学校内附设师资专修科。同年,浙江省教育厅创立了省立杭州师范学校,并接收慈溪私立吴氏锦堂学校,改为省立锦堂学校,设初级乡村师范科及农科职业。至 1931 学年度,浙江共有省立杭州师范学校、萧山湘湖省立乡村师范学校、杭州省立高级中学师范科、鄞县

---

① 《浙江省二十一年度县市联立中学概况表》,《浙江教育行政周刊》1932 年第 1 期,第 12—14 页。
② 《改进中学教育》,《浙江教育行政周刊》1932 年第 1 期,第 9—18 页。

省立第四中学师范科、金华省立七中师范科、慈溪东山村省立锦堂学校师范科等省立师范学校或师范科 6 所;县立的师范学校、女子师范或师范讲习所,有新登、临安、嘉兴、海盐、桐乡、鄞县(2 所)、慈溪、定海、南田、余姚、嵊县、诸暨、旧台属共立、黄岩、义乌、东阳、武义、永康、江山、桐庐、淳安、遂安、旧温属共立、松阳、泰顺、宣平 27 所;私立的师范学校或师范科,则有杭州私立弘道女中幼稚师范科和杭州私立体育师范学校 2 所,总计 35 所。[①] 1932 学年度,浙江又进一步扩充师范学校,建德省立九中代办浙江省第九学区联立师范讲习所,吴兴省立三中代办浙江省第三学区联立师范讲习所,又创办衢县、汤溪、余杭、缙云 4 所县立师范学校。

职业教育方面,1927 年浙江大学正式成立后,其农学院代办高级农科中学,工学院代办高级工科中学,颇有成绩。后因为经费支绌,浙大提出停办要求。为此,省府进行了专门研究,决定自 1930 学年度开始,由省政府按照新招学生班次,每班(至少 20 人)每年补助 4000 银圆,由省库按月支付。这一时期,浙江的职业中学,还有高级蚕桑科中学及水产科职业学校,以及省立高级中学所设的商科。至 1931 学年度,全省职业学校共有 11 所,分别为:设在杭州市的 3 所,即浙江大学代办工科高中和代办农科高中、省立高级蚕桑科中学;设在慈溪的 1 所,即省立锦堂学校;设在定海的 1 所,即省立水产科职业学校;设在鄞县的 2 所,即县立高级工科中学和初级商科职业学校;设在嘉兴的 1 所,即县立初级商科职业学校;设在乐清的 1 所,即县立女子职业学校;设在海宁的 1 所,即县立初级商科职业学校;设在衢县的 1 所,即县立初级农科职业学校。私立职业学校共有 4 所,即吴兴私立民德初级妇女职业学校、兰溪私立初级商科职业学校、江山私立何家山初级农科职业学校、杭州私立初级女子职业学校。还有私立吴兴南浔初级职业学校、杭州私立国民初级职业学校 2 所,正在呈请设立。[②] 以上公私立职业学校,总计 17 所。

总之,战前浙江普通教育较为发达。据 1936 年度统计,浙江已有各种小学17578 所,学生 1207597 人;中学(包括普通中学、师范学校、职业学校)114 所,

---

① 《浙江省二十年度师资训练机关概况表》,《浙江教育行政周刊》1932 年第 1 期,第 4—6 页。
② 《发展职业教育》,《浙江教育行政周刊》1932 年第 1 期,第 18—27 页。

学生 30845 人。全省平均每 669 人中就有 1 名中学生,平均每 2 县就有 3 所中学。[1]

四、近代浙江教育行政机构的演变及教育经费

(一)省级教育行政机构的变迁

兴学以前,清政府虽在各省设有"学政"一官,但其任务仅在考校生员,不具有管理地方教育的功能,因此可以说在清末以前,"地方没有管理教育的正式机关"[2]。光绪三十年(1904)十月,浙江巡抚奏请成立了浙江学务处,此为近代浙江第一个省级教育管理机关。光绪三十二年(1906)四月,学部奏准裁撤各省学务处,改设各省提学使,专管各省学务。辛亥革命前,先后担任过浙江提学使职者,有 3 人,即支恒荣、李传元、袁嘉谷。而原学务处则改为学务公所,其职能是"参画全省学务,兼备督抚咨询"[3],辅助提学使管理全省教育。

民国成立后,省级官制变更,在省民政厅内设教育司,1914 年省公署改为巡按使署,下分两厅,政务厅内设有教育科;各道又有道尹公署设立,监督行政或专科办理。1917 年,省政务厅教育科改称第三科。同年 11 月,浙江省教育厅正式成立,直隶教育部,厅长由大总统简任,秉承省长,执行全省教育行政事务。厅分三科办事:第一科办理总务,掌卷、缮写、收发、庶务、会计等事属之;第二科办理中等教育、初等教育及社会教育;第三科办理高等教育、留学及职业教育。除科长外,其余仅科员 9 人,视学 5 人,办事员、书记若干人。1927 年 2 月北伐军底定浙江后,国民党中央派员组织政治会议浙江分会,由浙江省政务委员会设教育科,由科长朱兆萃主其事,并设秘书 1 人,计分五股:第一股主管总务,第

---

[1] 邵祖德等编:《浙江教育简志》,浙江人民出版社 1988 年版,第 75、118 页。
[2] 张寅:《大变局中的省域教育领导者:清末提学使司研究》,浙江大学出版社 2019 年版,第 21 页。
[3] 王文利:《略论清末新政对近代西北少数民族教育的影响》,《晋中学院学报》2014 年第 5 期,第 68—71 页。

二股主管高等教育及社会教育,第三股主管中等教育,第四股主管初等教育,第五股主管党化教育,办公地址与其他各科同在省政府内。同年 7 月,浙江省政府成立,设民政、财政、军事、教育、建设、司法等厅,名称上各冠"浙江省政府某某厅"字样。教育厅分四科,第一科办理总务,第二科办理社会教育、职业教育、高等教育,第三科办理中等教育,第四科办理初等教育。另有秘书 2 人,视学 9 人,科员 28 人,事务员、书记若干人。1927 年 8 月,浙江省政府教育厅名义取消,改组为国立第三中山大学,仿照国民政府教育行政委员会所颁之《大学区组织条例》,总理一切学术及行政事宜。内秘书处分财务、事务、文书三部分,每部均设主任、处员多人,视察由处员兼任。1928 年 4 月,国立第三中山大学又称中华民国大学院浙江大学,7 月再称国立浙江大学。1929 年 3 月,普通教育管理处之扩充教育改称社会教育,并划出原办之职业及高等教育归入中等教育组。[①]同年 7 月,浙江大学区制奉令撤销,恢复浙江省教育厅,改设四科,第一科办理国外留学、高等教育、中等教育、职业教育、师范教育、各种学术机关等事务,第二科办理小学教育、幼稚教育、地方教育行政、小学教员检定、私塾管理等事项,第三科办理民众教育、补习教育、国民体育、图书馆及保存文献等事项,第四科办理庶务、会计、出纳、文卷收发及人事等事项。设秘书 3 人,督学 8 人,编审 2 人,专门视察员 3 人,技士 1 人,科员 30 人,书记 22 人,实习员 4 人,见习员 1 人。又设编审委员会,编辑教育行政月刊,并审核有关教育各种刊物。1930 年 8 月,在厅内附设师资通信研究部,调厅中科员、事务员办理。1936 年,增设义务教育视导员 2 人。同年,成立电化教育服务处,主办电影教育、播音教育事宜。

　　1937 年,浙江省实行新会计制度,7 月在省教育厅内成立会计室,会计员 3—5 人,助理员 1—2 人,另派员专司现金、出纳及保管公款,属第四科;同时于督学名额,内指派体育督学 1 人,又添设音乐视察员 1 人。全面抗战爆发后,1937 年 11 月,教育厅随浙江省政府退出杭州,暂驻金华,12 月迁至永康方岩,1939 年迁驻丽水,于方岩设办事处。1942 年因战事紧张,教育厅再迁景宁,于

---

① 　史美钧:《浙江教育简史》,《浙江政治》1940 年第 9 期,第 35—48 页。

云和设办事处,派督学 3 人、科长 2 人、视导员 1 人、科员 3 人、事务员 1 人、书记 3 人驻处办事。[①] 表 2-10 列出近代浙江教育行政部门主政者名录。

表 2-10　近代浙江教育行政部门主政者名录

职名	姓名	籍贯	生卒年	学历	主政时间	备注
浙江提学使	支恒荣	江苏丹徒	1848—1914	光绪三年(1877)进士	1906 年 5 月—1909 年 10 月	宣统元年(1909)九月二十日,支自请开缺获准
	李传元	江苏新阳	1854—?	光绪十五年(1889)进士	1909 年 10 月—1909 年 11 月	以浙江按察使兼署提学使
	袁嘉谷	云南石屏	1872—1937	光绪二十九年(1903)经济特科状元	1909 年 11 月—1911 年 10 月	宣统二年(1910)夏,袁嘉谷曾请假三月省亲,职务由温处道台郭则沄暂代
浙江教育司长	夏曾佑	浙江杭县	1863—1924	光绪十六年(1890)进士	1912 年 2 月	未到任
	沈鸿钧	浙江嘉兴	1875—1963	1905—1908 年留日	1912 年 2 月	即沈钧儒
	章士钊	湖南善化	1881—1973	1905—1911 年留日、留英	1912—?	
	沈钧业	浙江绍兴	1884—1951	1905—1911 年留日	1913 年 1 月—?	

---

① 许绍棣:《浙江教育行政史略(三)》,《浙江月刊》(台北)1984 年第 5 期,第 16—19 页。

职名	姓名	籍贯	生卒年	学历	主政时间	备注
浙江省教育厅厅长	刘以钟	福建闽侯	1889—1918	1905 年留日	1917 年9 月	
	伍崇学	江苏江宁	1881—1955	1902 年后留日	1917 年9 月	
	夏敬观	江西新建	1875—1953	光绪二十年(1894)举人	1919 年12 月—1922 年6 月	
	马叙伦	浙江杭县	1885—1970	1911 年留日	1922 年6 月—1922 年9 月	
	张宗祥	浙江海宁	1882—1965	光绪二十八年(1902)举人	1922 年9 月—?	
	计宗型	浙江嘉兴	1883—1934	1903 年后留日	1924 年12 月	
浙江教育科长	朱兆萃	浙江绍兴	不详	留日	1927 年 3 月	
浙江省教育厅厅长	蒋梦麟	浙江余姚	1886—1964	1908—1917 年留美	1927 年 5 月	
浙江大学校长					1927 年8 月—1929 年7 月	

续表

职名	姓名	籍贯	生卒年	学历	主政时间	备注
浙江省教育厅厅长	陈布雷	浙江慈溪	1890—1948	1911年浙江高等学堂毕业	1929年8月—1930年12月	
	张道藩	贵州盘县	1897—1968	1919年留英、法	1930年12月—1931年12月	
	陈布雷	浙江慈溪	1890—1948	1911年浙江高等学堂毕业	1931年12月—1934年5月	
	叶溯中	浙江永嘉	1902—1964	1925年北京大学毕业	1934年5月—1934年12月	
	许绍棣	浙江临海	1900—1980	留日	1934年12月—1946年7月	
	李超英	浙江永嘉	1897—1982	1932—1936年留英	1946年7月—1948年	

说明:本表据胡不归《四十年来浙江的教育官》一文(载《浙江日报》1945年5月3日、4日),张仲民《不科举之科举——支恒荣与清末浙江优贡拔》(载复旦大学历史系、复旦大学中外现代化进程研究中心编《覆水不收:科举停废百年再思》,上海古籍出版社2020年版,第293—245页)等资料制成。

(二)县级教育行政机构的演变

清末兴学以后,在各府、州、县皆设有学务公所及劝学所。民国肇建后,各县劝学所在 1912 年撤销,由县政府设教育科专门负责教育事宜,设科长 1 人、科员若干人。后又于各乡设学务委员,负责规划、查核及报告事宜,不给月俸,仅支公费。1913 年,统一各县地方官厅组织,各县以第三科掌管县教育行政。1914 年,废科长称主任,县教育行政或设专科主持,或并入县民政科。1916 年,恢复县劝学所设置,设所长 1 人、劝学员若干人,所长由县知事遴选并请省巡按使委任,办理地方教育行政事务。全县划分若干学区,区设学务委员。同年 6 月,教育部颁发《县视学规程》,各县得设视学 1 人,专司视察该县教育。但这一时期,劝学所与县教育科并存,实行双轨制,劝学所为执行机关,县公署教育科为监督机关。1923 年 6 月,各县劝学所改为教育局,由局长、县视学、事务员等组成。教育局设董事会,为咨议机关,董事由教育局聘任,所有教育行政计划须经董事会议决,局长方得执行。又划分学区,区设教育委员,规定学区应与自治区相联系,得将二自治区合并为一学区,或一自治区划分为二学区,但不得割裂二自治区之一部成立一学区,以免紊乱。

　　1927 年 11 月,国立第三中山大学颁布《教育局暂行规程》,规定教育局应冠以"某某县政府教育局"字样,其组织内容亦颇多变更。教育局设局长 1 人,由省直接委任,局长处理教育事务不受地方之牵制,事权统一;设县视学、事务员若干人,设教育委员会为筹议、辅佐教育行政之机关。又设管理教育款产委员会,保管一切教育公款及教育公产之契捐、票据、息折等件。1929 年 4 月,浙江大学修正《教育局规程》,教育局内设三课,第一课掌总务,第二课掌学校教育,第三课掌社会教育。如事务简单,得酌并两课,县视学改称县督学,区教育委员会改称区教育员,小学得设指导员。1930 年 12 月,浙江省教育厅依据《县组织法》议订《浙江省县教育局组织规程》。1931 年 4 月,通令各县遵照改组。当时县教育局局长虽受县政府监督指挥,但亦有独立权能,并明确规定由省教厅直接管辖。1935 年 7 月,浙江省政府为提高县长职权、统一行政起见,裁局设科,教育科人员组织无明确规定。1937 年春,浙江省教育厅曾计划将财政充裕、教育发达之县,裁科复局,但因为全面抗战爆发,此议作罢。[①]

---

　① 许绍棣:《浙江教育行政史略(四)》,《浙江月刊》(台北)1984 年第 7 期,第 15—18 页。

(三)近代浙江教育经费

清末兴学初期,清廷并未指定学务经费来源。1907年底,学部曾商讨分筹学务经费事宜,提议:"嗣后各省推广学务,凡省城所立之师范及高等各项学堂所需经费,应于省城自行筹措;各府所立之中学及师范各学堂所需经费,应由该府所属各厅州县分别认筹;其厅州县所立之小学堂应需一切经费,统由各该地方筹措。"①这无异说,省城学堂经费由省经费筹措,各府立学堂由各府筹措,各县立学堂由各县筹措。其实质是把筹措兴学经费的责任完全推给地方政府,而中央政府不予担责。不仅如此,由于北京设有京师大学堂、分科大学、翰林院等国立性质的教育文化机构,其所需经费也被要求由各省分担。此种经费分摊,在浙江省当时已有18项之多,加上庚子赔款的分摊等,成为浙江省一种十分沉重的负担。如京师大学堂经费,浙江省每年就需解银8000两。宣统二年(1910),浙抚就此向学部和度支部提出:"司库学堂经费提自州县平余,原有定额,专顾本省各学堂经费尚属不敷,历年为各项学费津贴所累,筹垫已至二十余万两之巨,无从归补,兹特查开清折呈请可否将无关本省行政各项经费津贴一律停解停给,抑其中何款可解何款应停,伏候示遵。"学部则咨复:"查京师分科大学原为各行省造就人才之区,主持教育固属本部专责,至筹集教育行政经费,在各行省亦不得不引以为应担义务。"因此,学部要求"前学务处及本部奏筹奏提各款,各行省万无暂时照解之理,当谨遵光绪三十一年十一月初三日本部钦奉上谕咨行之案,永远遵行,免致贻误国家兴学要政,是为至要"②。

在此种背景之下,浙江省兴学经费只能由自己想办法,多方筹措。如1897年,浙江举办求是书院,年经费需银5000两。对此,浙江巡抚廖寿丰提出:"除将东城书院每年膏火银一千余两全数拨用外,于各书院奖赏、存典、生息项下岁提自息洋三千元有奇,及各局裁省减并共洋四千元有奇,合之数不及万,均未动支正项。"③1904年普遍兴学时,所办新式学堂经费最初多来自旧

---

① 《京师:分筹学务经费》,《广益丛报》1907后第160期,未标页码。

② 《咨浙巡抚和度支部前学务处及本部奏筹奏提各款当谨遵光绪三十一年十一月上谕咨行立案永远遵行文(宣统二年六月二十七日)》,《学部官报》1910年第136期,第4—5页。

③ 《光宣年间浙江兴办新式学堂史料(上)》,《历史档案》2004年第2期,第38—54页。

式书院田产、府县学田。但随着学堂数量的急剧增长及学校内部各项开支的加大,书院田产、府县学田已不足应对,只能从其他官费中东挪西用。当时浙抚任道镕就说:"查学堂经费较之书院应增至数倍,原有支款为数无多,现值库储奇绌,正项无可动支。查有各州县丁漕平余项下,经前抚臣廖寿丰奏明,提拨学堂经费钱五万串。旋因学堂未经开办,州县报解寥寥,兹已饬司实力催缴,为常年额支之需。"①1911 年初,浙江提学使也向学部报告,"本省库款奇绌,各地方凡可提充办学之款,亦罗掘几穷,所□列入三年预算之旧有新增教育各费共三十四万六千七百六十余两,将来得以如数照拨,尚可勉力支持。惟二年预算新增之款,除由藩司拨解仅只一万二千余元外,尚欠解十二万二千元,此款设竟归无着,则前此历次详咨应行筹办各事宜,皆恐不能收全完之效果"②。官费愈来愈困难,只能借助于民间"乐捐"和向下级摊派。宣统元年(1909),浙江全省私人捐资兴学就达 232191 元,折合银约 40 万两,在一定程度上弥补了官费拨充的不足。表 2-11 列出 1907—1909 年浙江省学务经费增长情况,以明大概。

表 2-11 1907—1909 年浙江省学务岁入来源

年份	各项学务岁入	数量/两	占总岁入百分比/%
1907	产业租入	91315	11.57
	存款利息	32997	4.18
	官款拨给	107823	13.66
	公款提充	193972	24.58
	学生缴纳	122218	15.49
	派捐	113593	14.39
	乐捐	116864	14.81
	杂入	10409	1.32
	计	789191	100

① 《光宣年间浙江兴办新式学堂史料(上)》,《历史档案》2004 年第 2 期,第 38—54 页。

② 《本署司袁呈学部详报宣统元二两年浙省学务大概情形请示遵文》,《浙江教育官报》1911 年第 60 期,第 323—332 页。

续表

年份	各项学务岁入	数量/两	占总岁入百分比/%
1908	产业租入	106285	10.84
	存款利息	39025	3.98
	官款拨给	189736	19.35
	公款提充	190632	19.45
	学生缴纳	135328	13.80
	派捐	149856	15.29
	乐捐	138422	14.12
	杂入	31074	3.17
	计	980358	100
1909	产业租入	115193	9.83
	存款利息	48266	4.12
	官款拨给	255179	21.77
	公款提充	218873	18.67
	学生缴纳	144350	12.31
	派捐	165311	14.10
	乐捐	162534	13.86
	杂入	62589	5.34
	计	1172295	100

说明:本表据《各省学务岁入统计表》(载学部总务司《光绪三十三年分第一次教育统计图表》卷一,国家图书馆古籍馆编《国家图书馆藏近代统计资料丛刊》28,北京燕山出版社2007年版,第84—86页)制成。

民国成立后,1912年冬,袁世凯政府制定了《国家和地方政费标准》,规定国、地政费分配和中央、地方新的两级财政收入款项划分,从1913年开始实行。当时的地方政费,划分为立法、教育、警察、实业、卫生、救恤、工程、公债偿还、自治职员、征收10个大项。税收方面,将田赋盐税、关税常关、统捐厘金、矿税、契税、牙税、当税、牙捐、当捐、烟税、酒税、茶税、糖税、渔业税列入国税,而将田赋附加税、商税、糖米捐、牲畜税、油捐、酱油捐、船捐、杂货捐、戏捐、车捐、乐户捐、茶馆捐、肉捐、饭馆捐、鱼捐、屠捐、夫行捐、土膏捐、其他杂捐、其他杂税等列为地方税。[①] 1913 年后,浙江省又分别开放了印花税(1913 年 4 月开征)、煤油特税(1923 年 7 月开征)、卷烟税(1922 年开征)、营业税(1927 年开征)等几种新的税种,使财政收入逐年有所增加。[②] 1914 年 7 月,浙江省财政厅正式成立,全省的收支趋归统一。

浙江的省一级教育经费一般包括省立各高等学校、省立各师范学校、省立各实业学校、省立各中学的经费,以及省立图书馆经费、留学经费、省教育厅经费、各项补助费等。1917 年后,省教育厅经费及拨补河海工程专门学校经费由中央支出,其他各项则由省教育费支出。1921 年后,省教育经费逐年增加。

县一级教育经费方面,1912 年以后,为增筹经费、推广教育,浙江省规定,凡各县县税(原来征收的各县地丁年余,每两地丁征四角五分至六七角不等)以四成充作教育经费,称为"教育特捐",具体数目各县不等。此外,各县又在此项之外,征收田赋附税(又称"地丁附捐""抵补金附捐")、学谷捐(每亩征谷 2 斤,由业主和佃户承担各半)、置产捐、营业税附税、屠宰税附税、遗产税(由中央拨补此税 25% 用作县市经费,其中 40% 用作教育支出)、印花税(由中央拨补此税30% 充作县市教育经费)、迷信捐(包括经忏捐、关牒捐、香火捐等名目)、学捐(为土产或货物通过税)等多种税捐,"名目繁多,几近苛纽",均视作县教育经费来源。1935 年,国民政府饬令各县废止名目众多的苛捐杂税,县教育经费总数因此减少,所有因此而减少之数,由省款拨补。从 1937 年度开始,县经费实行统收统支,以前各项教育税捐的名义被取消。[③] 具体情况见表 2-12。

表 2-12　1912—1943 年浙江省教育经费数目

单位:元

年份	省教育经费	地方教育经费
1912	383272	
1913	662800	

① 潘国旗:《民国浙江财政研究》,中国社会科学出版社 2007 年版,第 17—18 页。
② 浙江财务人员养成所编:《浙江财政概要》浙江财务人员养成所 1931 年编印。
③ 许绍棣:《浙江教育行政史略(六)》,《浙江月刊》(台北)1984 年第 9 期,第 5—7 页。

续表

年份	省教育经费	地方教育经费
1914	617111	
1915	814600	
1916	911723	2070678
1917	1009975	2310576
1918	1036623	2371692
1919	1091593	2471133
1920	1166817	2342423
1921	1175333	2403167
1922	1262663	2700468
1923	1323319	2867522
1924	1319008	2883852
1925	1307520	2846783
1926	1446594	2799167
1927	1681258	3281383
1928	1590825	4093003
1929	2236901	2672142
1930	2836268	3027796
1931	2839238	3119545
1932	2273025	3325511
1933	2106436	3319332
1934	2275958	3052877
1935	2520844	3288336
1936	2835337	3699941
1937	3650000	1723328
1938	1775344	1786189
1939	2531194	2326931
1940	4160723	4527636

年份	省教育经费	地方教育经费
1941	6327060	7870389
1942	16896829	13582661
1943	17533050	26176225
1944	24612013	56435802

说明:本表据许绍棣《浙江教育行政史略(六)》一文(载台北《浙江月刊》1984 年第 9 期,第 5—7 页)及邵祖德等编《浙江教育简志》(浙江人民出版社 1988 年版,第 36、40 页)等资料制成。

第三章　浙江高等教育早期现代化的启动

关于中国高等教育早期现代化的起始时间,学术界一直存在着 1840 年、1862 年、1898 年等几种不同的观点。这些观点各存充分理据,笔者在此不作辨析。单从浙江来看,该省高等教育早期现代化的上限,自然应为 1897 年求是书院的创立;其下限,则无疑是 1949 年 5 月杭州的解放。浙江高等教育早期现代化,跨越了清末、民国两个时代,前后总计逾半个世纪,其中又可以细分为五个具体的历史发展阶段。启动时期:从 1897 年 5 月求是书院的创办直至 1911 年底清廷覆灭以前。艰难前行时期:从 1912 年 1 月中华民国成立直至 1927 年 3 月南京国民政府成立前夕。曙光时期:从 1927 年 4 月南京国民政府成立直至 1937 年 7 月全面抗战爆发前夕。苦难辉煌时期:从 1937 年 8 月直至 1946 年 5 月战后高校复员前夕。调整时期:从 1946 年 6 月战后高校复员直至 1949 年 5 月杭州解放前夕。

1897 年至 1911 年,为浙江高等教育早期现代化的启动时期。这一时期,全省高等教育从无到有,先后诞生官立性质的求是书院(后改称浙江高等学堂)、浙江两级师范学堂、浙江官立法政学堂、浙江高等巡警学堂,私立性质的浙江法政学堂、绍兴法政学堂、宁波法政学堂、浙江铁路学堂,及教会立性质的育英书院(后改称之江学堂)、广济医学堂、广济药学堂,共计 11 所学校。除广济医学堂、广济药学堂因办学规模和影响均过小外,其余 9 所学校的办学规模均较大,在该省高等教育史上都有着重要地位和影响。本章即围绕这 9 所学校的创立、在清末的发展演变、师资与教学特点等问题,予以概述。表 3-1 列出 1911 年浙江高等学堂的简况。

表 3-1　宣统三年(1911)浙江高等学堂一览

校名	类别	创办时间	创办者	校址	备注
浙江高等学堂	普通	光绪二十三年四月(1897 年 5 月)	廖寿丰、林启	杭州蒲场巷	初名求是书院;光绪二十七年(1901)十一月改名浙江求是大学堂;二十八年(1902)正月改名为浙江大学堂;光绪二十九年(1903)改为浙江高等学堂
浙江两级师范学堂	师范	光绪三十四年四月(1908 年 5 月)	张曾敭	杭州贡院	内分优级、初级二部,优级部具有高等教育性质
浙江官立法政学堂	法政	光绪三十三年二月(1907 年 3 月)	张曾敭	杭州清泰门内马坡巷	
浙江高等巡警学堂	专门	宣统三年正月(1911 年 2 月)	增韫	不详	由原杭州全省巡警学堂改办
私立浙江法政学堂	法政	宣统二年七月(1910 年 9 月)	陈敬第(即陈叔通)	杭州西大街铜元路	
私立宁波法政学堂	法政	光绪三十二年二月(1906 年 3 月)	俞兆蕃	宁波	由原孝廉堂改办
私立绍兴法政学堂	法政	宣统元年二月(1909 年 3 月)	陶濬宣	绍兴	由东湖通艺中学堂改办
私立浙江铁路学堂	实业	光绪三十二年七月(1906 年 9 月)	汤寿潜、刘锦藻	杭州谢麻子巷	
之江学堂	普通	光绪二十三年(1897)	美国基督教北长老差会	杭州二龙头	光绪二十三年(1897),育英书塾改名为育英书院;宣统三年(1911)改今名
广济医学堂	专门	光绪三十二年(1906)	英国基督教安立甘会	杭州直大方伯巷	附设于广济医院内

续表

校名	类别	创办年月	创办人	校址	备注
广济药学堂	专门	光绪三十二年(1906)	英国基督教安立甘会	杭州直大方伯巷	附设于广济医院内

说明:本表依据杭州市教育委员会编《杭州教育志(一〇二八——一九四九)》(浙江教育出版社 1994 年版)第 160 页所附表格及其他材料补充制成。

一、浙江官立各高等学堂的创办与发展

(一)从求是书院到浙江高等学堂

1.求是书院创立的背景

浙江近代高等教育的兴起,肇始于 1897 年 5 月设立的求是书院。而这一书院的创立,又与甲午战后民族危机的加剧、清末书院改制及创办人林启崇尚实学的思想等不无关系。

甲午战争中国的失败和屈辱的《马关条约》的签订,使国人深感创巨痛深,"唤起吾国四千年之大梦",成为近代国人民族觉醒的新起点。战败后,光绪帝发出《强国诏》,面向朝野征求"自强""求治"之策。康有为等发动"公车上书"运动,主张改良变法,"废科举,兴学校",批判"中学",提倡"西学"。战争的失败,民族危机的加深,惊醒了包括浙江省相关人士在内的一批知识分子,他们开始反思失利教训,思图振兴之策。一股提倡西学、主张改良变法的新风气,开始在沿海各省及京沪的一些中上层官员、开明士绅及学子中形成。仅以浙江省而论,如张元济、汪康年、沈曾植、沈曾桐、孙诒让、黄体芳、黄绍箕、黄绍第、陈虬、章太炎、汤震、宋恕、王国维、罗振玉等知名人士,此时积极从事提倡西学、创立学会、兴办报刊、传播科学知识、宣传改良主张等活动。这些活动既对浙江新学的传播及地方新风气的开辟起到了先导作用,同时,又为更多的新式学堂的诞生培植了土壤。

近代以前,书院是地方的人才中心和文化中心,对地方学术文化的发展及社会教化均起着十分重要的作用。但在进入近代以后,书院由于日益官学化、科举化及教学内容过于偏重经史,空疏不切实用,而屡遭时人批评。甲午战争使人们认识到学习西学的迫切性和必要性,一些有识之士开始回应时代要求,着手改造旧式书院或创办新式书院。旧式书院改造方面,如陕西味经书院、辽宁萃新书院等,即在原有的经史等课程外,添加时务、算学、格致等新课程,并允许学生阅读新出报纸或西学书籍。创设新式书院方面,如湖南时务学堂、陕西崇实书院,以及上海南洋公学、天津中西学堂等,均兼授中西学课程(实则西学课程重于中学课程),并在书院管理、教学、课外活动等方面开始有意识地模仿日本等外国学校的制度。这类新式书院、学堂的教学内容、教法方法,已不同于旧式书院,这为稍后廖寿丰、林启等人创办求是书院提供了一定的启示。

求是书院的实际创办者为杭州知府林启。林启,福建侯官人,家世寒素。光绪丙子科(1876)进士,授翰林院庶吉士,后任陕西督学、顺天乡试同考官、浙江道监察御史等职。因建议西太后停修颐和园,而被贬为衢州知府。丙申(1896)二月,调补杭州知府。林启为人仁爱正直,为官清廉,在任均能勤政务事,体恤民情,尤倡导整顿书院与士风。在京任御史时,他曾应诏建言四端:"简文法以实政""汰冗员以清仕途""崇风尚挽士风""开利源以培民命"。他主张废止以词赋小楷取士,建议乡试考五经、会试考诸史、廷试考时务,揭晓后仍须察其平日品行。如劣迹昭著,仍须除名。可见他一贯注重实务,而不重虚文。在衢州任职时,他积极整顿本地正谊书院,内课生必须在院读书,加给伙食,加厚膏火,充实图书;又立义塾 12 处,"既以裨寒士,又以益童子"[①]。正因为他比较重视实学,故能在杭州知府任上创办蚕学馆、养正书塾、求是书院等三个教育机构,开近代杭州新式教育之先河。

---

① 郑晓沧:《戊戌前后浙江兴学纪要与林启对教育的贡献》,王承绪、赵端瑛编:《郑晓沧教育论著选》,人民教育出版社 1993 年版,第 304—317 页。

2.求是书院初期情况

光绪二十年(1894),福建人廖寿丰出任浙江巡抚。光绪二十二年(1896),林启亦从衢州知府调补杭州知府,因查办杭州普慈寺案,故请廖寿丰利用该寺空闲房屋兴学。光绪二十三年(1897)正月,正式设立求是书院,廖寿丰任命林启为总办,确定章程,延聘师资,招生30名,于当年四月二十日(1897年5月21日)正式开学。

1897年7月16日,廖寿丰在向清廷递呈的奏折中,提出了办理求是书院的诸多设想,涉及办学宗旨、管理人员、初始师资、学生来源、学制与学生学习要求、经费等方面。第一,关于办学宗旨和管理人员。廖寿丰提道:"居今日而图治,以培养人才为第一义。居今日而育材,以讲求实学为第一义……杭州旧有书院六所,酌筹改并,因势倡导,择庠序有志之士奖进而培植之,庶趋向端而成就易……泰西各学,门径甚多,而算学则其进所阶梯,语言文字乃从入之门,循序以进,渐有心得,非博通格致不得谓之学成;摒一切模糊影响之谈而课其实事,庶他日分布传习愈精,而成才亦愈众。……选与司道筹议并饬杭州府知府会商绅董,就普慈寺后现有群屋……专设一院名曰求是书院。"由上,其办学宗旨可简要概括为"讲求实学,培养实用人才"。在书院的管理人员方面,由林启担任总办,并"委监院一人,管理院中一切事务"。此外,还设有文牍、斋务等人员。至于初始的师资,"延一西人为正教习教授各种西学,华教习二人副之,一授西文,一授算学"。第二,关于学生来源。当时社会上并没有新式学堂的学生,只能定为"年二十以内之举贡生监",且"行谊笃实、文理优长,平日究心时务而无嗜好习气者"。第三,关于学制及学习。求是书院的学制为五年。"每日肄业之暇,令泛览经史,国朝掌故及中外报纸,务期明体达用,以孔孟程朱为宗旨;将有得之处撰为日记,按旬汇送查考。每月教习以朔日课西学,总办以望日课中学。年终由巡抚通校各艺,分别等第。勤者奖,惰者罚,不率教者斥,优异者存记。"第四,关于书院的经费来源。据廖寿丰说,"所有常年经费,并教习、翻译、监院及司事人等薪修工资并奖赏伙食费等,每(年)需银五千余两。此外尚有购办仪器图书暨及学生纸笔一切杂用,不在此数"。这笔经费只能多方筹集,"除将东城书院每年膏火银一千余两全数拨用外,于各书院奖赏、存典生息项下岁提息银三千元有奇及各局裁省减并共银四千元有奇,合计尚不及万,均未动支正项"。第五,关于学生的毕业去向。"将来该书院学生学业成就,如有才能超异者,由(抚)臣资送总理衙门考试,以备任使。"①据后来浙籍教育家郑晓沧说,廖寿丰关于求是书院的以上设想,大多数均已实现,"只有译书与择优(尤)送总理衙门考用两端,未能证实,其余全部是照做了的"②。

求是书院以林启为总办,先由陆懋勋任监院。陆懋勋于1898年考中进士后,由陈仲恕(即陈汉第)代理,陆懋勋改任总理。1901年,徐少梅任监学。1901年冬,求是书院更名为求是大学堂,陆懋勋辞去总理一职,由劳乃宣接任,改称监督。③书院初创时,贡生陈汉第任文牍,东文翻译为瞿昂来、张国珍,会计为俞吉斋。④

求是书院初创时期,师资亦较为简单,为一西二中。外国教习是杭州育英书院的美国人王令赓。他在求是书院担任格致、化学、英文三门课程的教习。1898年,因基督教中规定不能兼外职,王令赓因此去职,"改聘甬人胡可庄溶康任理化教课。胡为约翰毕业,学问切实,讲解亦佳,远胜王教士"⑤。中国教习二人为福建人陆康华和湖州人卢保宸,分任英文、算学等科的教授。1899年,陆懋勋从所招第一届学生中,选取许孟廉、戴懋哉、项兰生三人改任助教,月薪16元。1901年7月至11月,学者宋恕任该书院总教习。

求是书院所招第一班学生30人,分别为:邵孝义、戴克敦、赵秉良、项藻、钟枚生、陈棪、罗贤、张桐孙、王若渊、汪熙、钱承铨、罗椿、何庆时(即何燏时)、连文澂、高惟序、汪然、朱忠科、吴林翰、汪增福、周钜基、陆世芬、俞结熙、许以清、王

---

① 《浙江巡抚廖寿丰为遵旨开办求是书院兼课中西实学事奏折(1897年7月16日)》,汪林茂主编:《浙江大学史料·第一卷(1897—1927)》上,浙江大学出版社2022年版,第1—2页。

② 郑晓沧:《戊戌前后浙江兴学纪要与林启对教育的贡献》,王承绪、赵端瑛编:《郑晓沧教育论著选》,人民教育出版社1993年版,第304—317页。

③ 《项兰生自订年谱》,上海市档案馆:《上海档案史料研究》第9辑,上海三联书店2010年版,第190—193页;及上海市档案馆编《上海档案史料研究》第10辑,上海三联书店2011年版,第288—289页。

④ 《项兰生自订年谱》,上海市档案馆编《上海档案史料研究》第9辑,上海三联书店2010年版,第190—193页。

⑤ 《项兰生自订年谱》,上海市档案馆编《上海档案史料研究》第9辑,上海三联书店2010年版,第190—193页。

国芬、陆震、赵文衡、王瑾、魏汝谐、傅玉瑨、顾梓养。[①] 后有四名未到,按规定,以备取前四名的徐树勋、方锡畴、陆世芳、查忠翰补之。光绪二十四年(1898)八月,求是书院又建筑平屋 40 余间,学额增加到 48 人(次年又扩至 60 人),遂成立外院,外院学生岁纳修金 24 元,膳费自给,为内院升补之预备生。

光绪二十三年四月二十日(1897 年 5 月 21 日),第一班正式开课时,由总教习王令赓拟定课程次序,将学生分为三班:习过英文者第一班,习过算学者第二班,一事未习者第三班。具体课程次序见表 3-2。

表 3-2　1897 年浙江求是书院课程设置

时间	课次一			课次二			课次三		
	第一班	第二班	第三班	第一班	第二班	第三班	第一班	第二班	第三班
礼拜一	英文		地理		算学	英文		英文	
礼拜二	地理	地理	英文	算学	英文	算学	英文		
礼拜三	地理	地理		算学	算学		练字	练字	
礼拜四			地理	算学			练字	练字	练字
礼拜五	地理	地理		算学	算学		练字	练字	
礼拜六			地理	算学			练字	练字	练字

说明:关于表中课次,礼拜一、二 3 个课次分别为上午 9 点至 10 点、10 点至 11 点、11 点至 12 点,礼拜三及以后 3 个课次分别为下午 1 点半至 2 点半、2 点半至 3 点半、3 点半至 4 点半。本表据《集成报》光绪丁酉六月初五日(1897 年 7 月 4 日)(见许高渝编《从求是书院到新浙大——记述和回忆》,西泠印社出版社 2017 年版,第 6 页)制成。

除正式课程外,学生还须在课外加强阅读,"每日晚间及休沐之日,不定功课,应自流览经史古文,并中外各种报纸"[②]。"各随性情所近,起趣所向,讲求一切有用之书,将心得着省,撰为日记。至少以一百字为率,其西学心得,亦应随时附记,按旬汇送监院,呈总办查考。"[③]

---

① 《新闻报》光绪二十三年四月二十二日(1897 年 5 月 23 日),见许高渝编:《从求是书院到新浙大——记述和回忆》,西泠印社出版社 2017 年版,第 5 页。

② 《求是书院章程(1897 年 8 月)》,《经世报》第 2 期,学政第三,丁酉七月中。见汪林茂主编:《浙江大学史料·第一卷(1897—1927)》上,浙江大学出版社 2022 年版,第 242—244 页。

③ 《求是书院章程(1897 年 8 月)》,《经世报》第 2 期,学政第三,丁酉七月中。见汪林茂主编:《浙江大学史料·第一卷(1897—1927)》上,浙江大学出版社 2022 年版,第 242—244 页。

求是书院初办时,即选派学生出外留学。光绪二十四年(1898)四月,书院选送四名高才生何燏时、陈榥、陆世芬、钱承铳赴日,此为各省选派留学日本之首创。二十六年(1900)时,又选送内院生 10 人至京师大学堂肄习,2 人至上海约翰书院学习。1901 年,书院又派蒋伯器、蒋百里、王维枕等 18 人留日。1902 年,续送许寿裳、钱家治、周承葵、厉家福、忱启芬、寿昌言、韩永康、施霖、陈其善、李祖舜等学生留日。

3.改为浙江高等学堂

1901 年 11 月,求是书院改称浙江求是大学堂,改总理为监督,由劳乃宣担任。1902 年,去"求是"二字,改称浙江大学堂,扩充学额至 120 人,每年经费为 3 万元。1903 年 2 月,清廷把各省城大学堂降格为高等学堂,"暂依高等学校办法,按普通分门设置,为专门各学预阶"。浙江大学堂因之改为浙江高等学堂,只办大学预科,定期三年毕业。学堂监督为陶葆廉。1905 年,浙江高等学堂的学额增加到 140 名,同时,又增设师范科,修业年限三年,学额 60 名;又在桥东设立师范传习所,修业年限一年,学额 140 名;并在杭州城内设立高等小学、初等小学共 10 所,学额 200 名,以供师范生见习。这一时期浙江高等学堂在校各种学生已达 590 名,年经费 6 万元,学堂监督、副理分别为陆懋勋、项藻馨。光绪三十二年至三十三年(1906—1907),吴震春(即吴雷川)任学堂监督。吴震春为翰林出身,旧学功底深厚,"邃于理学,律己甚严,在任又最久,故学生受其感化亦最深"[1]。王嘉榘任教务长,教员有魏友枋、沈毅、陈棠、范耀文、张宗祥、寿昌田、韩永康、郦寅道、丁文苣、马渭清、孙显惠、包敦善、吴昌言、铃木珪寿、辻安弥、富长行藏、元桥义敦等。[2] 其中铃木珪寿在浙江高等学堂从事博物教学达 5 年,"始终其事,训迪有方",荣获清廷的奖励。[3] 从这批师资的履历来看,除日本教员外,绝大多数中国教员为留日、旧科举、浙江武备学堂、杭州育英书院、上海

① 祝文白:《浙江大学之回顾(1941 年 10 月 10 日)》,汪林茂主编:《浙江大学史料·第一卷(1897—1927)》上,浙江大学出版社 2022 年版,第 49—50 页。

② 《浙江高等学堂丁未年第一学期综计表(1907 年 12 月 15 日)》,汪林茂主编:《浙江大学史料·第一卷(1897—1927)》上,浙江大学出版社 2022 年版,第 87—88 页。

③ 《外务部奏核复浙抚请奖高等学堂日本教员铃木珪寿宝星折(1911 年 9 月)》,汪林茂主编:《浙江大学史料·第一卷(1897—1927)》上,浙江大学出版社 2022 年版,第 429 页。

约翰书院等出身。此时浙江高等学堂教员中,尚无留美出身者。

1908年,浙江高等学堂预科第一班毕业,方设正科。至1914年停办前,该校预科共办三个班,正科四个班。学堂监督改由孙智敏担任,教务长则先后由汤尔和、邵裴子担任。

邵裴子(1884—1968),浙江钱塘人,1899年入求是书院外院学习,1901年入上海南洋公学中院学习,1904年毕业,被选派赴美留学。1905年入美国加州大学教育科学习,两年后转入美国斯坦福大学经济与社会科学系,1909年毕业,获文学学士学位,同年归国,先任浙江高等学堂英文教员,继任该校教务长。他在担任浙江高等学堂教务长期间,同时担任英文、经济学课程的讲授。1912年,29岁的邵裴子出任浙江高等学校(由浙江高等学堂改称而来)校长,当时浙江高等学堂暂时借用浙江两级师范学堂的校舍上课。因向军政府讨还校舍未果,邵裴子愤而于1912年7月辞职,去北京政府财政部任职,同时兼任北京法政大学英文教授和教务长。直到1928年11月才重回杭州,继蒋梦麟之后,接任浙江大学校长一职。[①]

当时,正科生招收省内其他中学的毕业生及本学堂预科生。正科内设第一类(重文史,为预备入大学文法科及一般社会学科)、第二类(重数理化,预备升入大学理工科),而没有第三类(重生物,预备升入大学医学、农学等科)。浙江高等学堂教务长通过留美威斯康星大学的吴乃琛,也聘请到两位美籍教师来校任教:一为担任第一类重要课程的亨培克,威斯康星大学毕业,曾在英国牛津大学从事研究,在浙江高等学堂授外国历史、地理、法学、经济学等;一为担任第二类重要课程的美利加,威斯康星大学毕业,在浙江高等学堂授物理、化学。美利加回国后,由另一位美籍教师克莱纳尔继任。[②]几位美国教师均采用英文直接讲授,英文稍逊的学生听讲颇感困难。除邵裴子外,中国教员尚有赵志游(教法语)、钱均夫(教心理学)、杨敏曾(教中文、国学)等。表3-3为辛亥革命前浙江高等学堂在任教员情况。

---

① 杨达寿等:《浙大的校长们》,中国经济出版社2007年版,第41—44页。
② 郑晓沧:《清末民初本人所受学校教育的回忆(1897—1914)》,王承绪、赵端瑛编:《郑晓沧教育论著选》,人民教育出版社1993年版,第276—301页。

表 3-3　辛亥革命前浙江高等学堂教员情况

教员姓名	籍贯	出身	担任教课	到堂年月
杨敏曾	慈溪	乙卯科举人	人伦道德、经学、国文	光绪三十四年(1908)七月
魏友枋	慈溪	庚子辛丑恩正并科举人	国文	光绪三十三年(1907)正月
陈庆林	江苏吴江	岁贡生	国文、中国地理	宣统二年(1910)正月
邵长光(即邵裴子)	仁和	法政科举人	英文	宣统元年(1909)七月
丁其奎	归安	上海圣约翰大学毕业生	英文	宣统元年(1909)七月
屠开泰	会稽	上海青年会德文科毕业生	德文	宣统二年(1910)正月
赵之佑	慈溪	法国巴黎豆维宜阿大学毕业生	法文	宣统二年(1910)九月
孙润谨	江苏元和	上海高等实业学堂毕业生	法文	光绪三十四(1908)年正月
钱家治	仁和	日本高等师范毕业、内阁中书	心理	宣统二年(1910)七月
胡濬济	慈溪	日本东京高等学校理科毕业生	算学	光绪三十四年(1908)正月
沈毓恩	归安	候选府经历	中史	光绪三十三年(1907)正月
沈慰宸	仁和	日本同文书院毕业	矿物助教	宣统元年(1909)三月
夏铸	上虞	日本东京高等工业学堂毕业生	图画助教	光绪三十四年(1908)十月
陈六如	甘肃秦州	浙江武备学堂毕业生	兵学、体操	宣统元年(1909)七月

续表

教员姓名	籍贯	出身	担任教课	到堂年月
亨培克	美国	英国奥斯佛大学法科毕业	历史、地理、辨学、法文	宣统元年(1909)七月
梅立格	美国	美国威斯康星大学理化毕业	物理、化学、数学、德文	宣统元年(1909)七月
木多厚三	日本	日本高等学校毕业	矿物	宣统二年(1910)七月
嘉江宗二	日本	日本高等学校毕业	图画	光绪三十四年(1908)九月
裘爱培	美国	美国派尔克大学毕业	英文	宣统二年(1910)九月

说明:本表据汪林茂主编《浙江大学史料·第一卷(1897—1927)》上册(浙江大学出版社2022年版)第430页有关内容制成。

　　总之,在辛亥革命以前,求是书院经历过几次更名,最终定名为浙江高等学堂,学生逐渐增多。但就整体办学水平层次而言,正如曾任浙江高等学堂校长的邵裴子所言,"程度略等于美国大学前一二年级之高等学校"①,即高等预科教育层次,一切以教学为中心,学生出路为出国留学、转入京师大学堂或浙江两级师范学堂,另有部分学生直接就业。

　　从求是书院到浙江高等学堂,该校为社会培养了一批人才,毕业学生"如法官、律师、会计师、中西医师,及宗教家、书画家,均有超越之代表"②。即从教育界、军事界而论,著名的毕业生有陈楪、何熵时、许寿裳、徐守桢、邵裴子、蒋梦麟、何炳松、程远帆、赵乃抟、赵廷柄、黄郛、陈布雷、沈尔昌、邵飘萍(即邵振青)、邵力子、邵元冲、夏元瑮、郑晓沧、林智敏、莫存之、朱丙光、黄念耘、江建人、张任天、潘渊、祝文白、蒋百里、蒋尊簋、史久光、周承菼、施承志等。

---

　　① 邵裴子:《求是书院和高等学堂》,许高渝等编著《遗珍逸文:老浙大期刊集萃》,浙江大学出版社2017年版,第165页。

　　② 邵裴子:《求是书院和高等学堂》,许高渝等编著《遗珍逸文:老浙大期刊集萃》,浙江大学出版社2017年版,第168页。

（二）浙江两级师范学堂

高等师范教育是高等教育的重要组成部分,它的主要任务是为中等教育培养、训练师资。在近代中国,1902年8月张百熙进呈的《钦定学堂章程》(即《壬寅学制》)和1904年1月清廷公布的《奏定学堂章程》(即《癸卯学制》)是中国师范教育制度化的开端。《壬寅学制》未实行,可不予置论;就《癸卯学制》来说,《学务纲要》中强调"首先急办师范学堂",要求各省按照初级师范学堂、优级师范学堂、简易师范科、师范传习所各章程办法迅速举办。其中,优级师范学堂在每省设一所,其程度相当于日后的高等师范学校,学制为三年,学生资格为师范简易科毕业、初级师范学堂毕业或在普通中学学习两年以上,或具有一定经学功底、年龄在20岁以上者。在课程设置上,优级师范学堂开设公共科、分类科、加习科(如管理法、教学法)三类课程,其中公共科为必修,加习科则为自愿,分类科则分史地、理化、博物、数学四类,每科学生人数为50名。不收学费,学生免费就读。

在浙江两级师范学堂成立以前,浙江已在浙江高等学堂内附设师范完全科,此为浙江近代高等师范教育之萌芽。1905年,浙江巡抚聂缉椝又选送100名官费生赴日本早稻田大学攻读师范各专业,此事曾轰动一时。但清末浙江高等师范教育的重镇,仍为浙江两级师范学堂。光绪三十二年(1906)学部订颁《优级师范选科简章》后,浙江巡抚张曾敭(字小帆,直隶南皮人,张之洞之侄)因合格师资缺乏,兴学缺乏人才,故奏请设立全浙师范学堂,以培养浙江中小学堂教员。浙江将设于杭州的贡院改为浙江两级师范学堂的校址,各种建筑、修理用银达13万两。学堂分优级、初级两部。优级修业年限为三年,培养中学师资;初级为两年,培养小学师资。另设有体操、图画、手工等专修科。光绪三十三年(1907)冬,向各县招生,"考生及期群集杭州者达万人",即金华一府报名者即达3000人,最后招收优、初两级及体操专修科学生661名。加之该校的附属小学,清末时该校规模为浙江各学堂中最大者。光绪三十四年(1908)春,校舍落成,于农历四月十五日开学,经费每年计5.318万元。

浙江两级师范学堂的监督初为邵章,后为喻长霖、王廷扬、沈钧儒、夏震武、袁嘉谷、孙智敏、徐定超等;教务长则先后为经亨颐、钱家治、张邦华、许寿裳。据郑晓沧回忆,担任各课程教授的主要教员如下。

伦理修身:王葆初等。

群经源流:马叙伦、郑永禧。

国文:徐道政、沈伊默。

日文:夏铸。

英文:范允兹、沈英齐。

论理:钱家治。

数学:胡濬济。

体操:陈景銮、胡麟阁、张希青。

德文:屠开泰。

教育学:中桐确太郎。

心理:许寿裳。

历史:章钦、邱古云、夏廷璋、铃木克。

地理:张宗祥、凌庭辉。

法制经济:徐令誉、陈树基、易宗周。

生物学:杨乃康。

大代数:胡濬济。

微积分:冯祖荀。

物理:朱宗占。

簿记:黄广、周器书、薛楷。

化学:张邦华。

生理:周树人。

植物:叶墨君。

动物:本多厚二郎。

西洋画:李息。

手工、图画、美术史:姜丹书。

中国画:樊熙。

音乐:周承德。①

上述中国教员几乎全为留日出身,无留学欧美出身者。

1912 年,核校改名为浙江两级师范学校,1913 年改名为浙江省第一师范学校,停招优级科,只招完全师范科。

(三)浙江官立法政学堂

1904 年初《癸卯学制》颁布后,浙江迎来创办高等法政学堂、师范学堂、实业学堂的高潮。1906 年,学部为适应预备立宪形势,复通令各省普设法政学堂,培养法政人才。浙江巡抚张曾敭即着手筹办。他将杭州清泰门内马坡巷原军械局改为浙江官立法政学堂的校址,最初设有两个讲堂,至 1910 年扩展成为六个讲堂,其中礼堂、办公室、教员休息室、学生休息室、发讲义室等,应有尽有。

该学堂管理人员主要有:督办先后为张曾敭、信勤、冯世骙、增韫;监督分别为世增、李传元(1909 年曾代理浙江提学使)、宁本瑜、许陈起枢;会办为吴学庄;教务长为许壬(留日出身);庶务长先后为史书、王垚、关维震。另外还有庶务员、会计员、图书员、缮校员、校外编辑员、校外收发员等若干人。

学堂先后设有讲习科、别科,学制为:讲习科一年半,别科三年。1906 年冬季举行首次招生,考试科目为经义、策论,于次年(1907)二月二十九日开学,是为该校第一班讲习科。1907 年,又招一班讲习科和别科;1908 年春,再招第二班别科。总计共招四班讲习科,学生 540 余人;招二班别科,学生共 270 余人。该学堂学生的主要来源为:第一种是县官以下在省候补而未得实缺者,第二种是随父兄在浙做官而侨居的人,第三种是本省人士、年龄在 20 岁以上、国文具有根柢者,如廪生、贡生、附生及学堂生。学生进入该校后,每学期要交学费 12 元、讲义费 4 元,膳宿一概自理。如期终考试列入最优等者,可免缴下学期学费及讲义费。考试名次分最优等、优等、中等、次等四级,官班生入堂肄业,相当于谋一小差事,毕业后能得到较快升迁,故当时投考者不少。别科生则明定以七品小京官任用,并可派充为各级审判厅的推检官。讲习科毕业学生,还可去应法官考试,或充各级审判厅的书记官及其他衙门的科长、科员,以及咨议局的小职员。

① 吕顺长:《清末中日教育文化交流之研究》,商务印书馆 2012 年版,第 245—250 页。

该学堂制定有堂规、讲堂规则等,对于学生的管理比较严格,要求诸生忠君尊上,不得干预国家政治,不得离经叛道、联盟率众、立会演说等。[①] 关于住宿,学生一般借住、租住于附近民舍中。关于师生关系,囿于清末的环境,当时堂内教职员对于住宿校外的学生,基本持漠不关心的态度。有些官僚或纨绔子弟出身的学生,时在校外有嫖赌等事发生。

该学堂课程完全效法日本同类学校,开设有人伦道德、皇朝掌故、大清律例、大清会典、中国文学、世界历史、各国地理、法学通论、比较国法学、国际公法、国际私法、经济学、财政学、刑法、民法、裁判所构成法、民刑诉讼法、比较行政法、政治学、警察学、监狱学、商法、统计学、体操等,共计 20 多门,还有日文等选修课。其中如中国文学、人伦道德等课,实际只在第一班讲习科中开设过。

据 1910 年统计,该校主要教员有 22 人。其中日本教员一名,即大石定吉,法学士,在该学堂教授法学课程,每月薪金颇高,因此在两年之后不再聘用,离校至天津法政学堂任教。中国教员有许壬、阮性存、徐令誉、王垚、边守靖、凌士钧、凌廷辉、余绍宋等[②],均为留日学生出身,亦无留学欧美者。中国教员中,颇受学生敬仰者,为阮性存、许壬、边守靖、余绍宋等教师。阮性存因为做过刑名师爷,后来又留日学习法政,故能理论联系实际,所编讲义,简明易晓,口头讲授,要言不烦,对教学严肃认真,始终不懈。他所讲"大清律例"一课,很有研究,提倡新学不遗余力。许壬为民法学家,继承其留日时老师梅谦次郎的衣钵,其讲课亦有独到之处。边守靖则能言善说,官话流利清爽,动人听闻。余绍宋天资聪颖,国文有较好功底。

1912 年,该学堂更名为浙江公立法政专门学校,校长为许企谦,教务长为余绍宋。[③]

---

① 章鸿烈:《早期的浙江法政学堂》,中国人民政治协商会议浙江省委员会文史资料研究委员会编:《浙江文史资料选辑》第 13 辑,浙江人民出版社 1979 年版,第 76—86 页。

② 章鸿烈:《早期的浙江法政学堂》,中国人民政治协商会议浙江省委员会文史资料研究委员会编:《浙江文史资料选辑》第 13 辑,浙江人民出版社 1979 年版,第 76—86 页;吕顺长:《清末浙江与日本》,上海古籍出版社 2001 年版,第 128—130 页。

③ 章鸿烈:《早期的浙江法政学堂》,中国人民政治协商会议浙江省委员会文史资料研究委员会编《浙江文史资料选辑》第 13 辑,浙江人民出版社 1979 年版,第 76—86 页。

(四)浙江高等巡警学堂

清末时期,浙江还曾创立官立高等巡警学堂,举办警察高等教育。因当时该学堂属清廷民政部和浙江巡警道统管而不属学部及浙江提学使管辖,故其史实在晚清各种教育统计和今人专著中均不载。实际按广义的高等教育概念,该学堂属于高等职业教育范畴,应纳入清末浙江高等教育的讨论范围。

清末新式警察教育的兴起,几与普通新教育的兴起同步。1902 年,清廷与日本人川岛浪速协商订立《警务学堂章程》,开始举办京师警务学堂。此一章程为近代中国首份近代警务学堂章程,标志着近代警察教育的正式兴起。该学堂设有短期初等科、中等科、高等科、研究科,其中初等科修业期限三个月,中等科修业两个月,高等科修业两个月。关于学生资格,初等、中等两科均从驻防士兵中挑选体格健壮、文理初通、志操坚固、人品端正者入学;高等科则从中等科毕业生和现任巡捕长中选取品学兼优者入学。[1] 可以看出,该学堂的高等科、研究科具有高等专科职业教育的性质。1905 年 10 月 8 日,清廷成立巡警部,以徐世昌为尚书。1906 年 11 月,清廷将巡警部改为民政部,由肃亲王善耆任尚书。在京师警务学堂及巡警部的促动下,各省开始举办巡警学堂,开展警察职业教育。到光绪三十四年(1908),各省设立的巡警学堂已有 20 余所。[2] 浙江从 1906 年开始举办巡警学堂,先后诞生两所巡警学堂,一所设于宁波,一所设于杭州。

《时报》在 1906 年 10 月 12 日最早报道说:"浙提吕道生军门,前奉督宪来札,饬办巡警学堂,由标内挑选精壮兵丁入堂肄业,军门随即分饬六营游守遵照办理,昨军门已饬中营张丹亭、恭戎前往沪北抄录巡警章程来甬,以便遵章开办。"[3]宁波巡警学堂的开办,耗资不菲,筹措不易,据《新闻报》的报道:"宁波设立巡警学堂一事,前经总督咨准浙抚,将提标左营校场变价一万五千元,左前城三营旧日军装局基地变价八千元,嗣又续将军装局基地所存破坏房室树

① 管晓立:《清末巡警学堂综述》,曹义孙主编:《中国政法大学教育文选》第 20 辑,中国政法大学出版社 2016 年版,第 20—26 页。

② 《光绪朝东华录》,中华书局 1958 年版,第 6001 页。

③ 《预备设立巡警学堂》,《时报》1906 年 10 月 12 日,第 5 版。

木等件又变价一千元,合共银洋二万四千元,作为开办经费。现已于郡城西偏小校场地方建造西式楼房二十二间,又中式房屋二十间,计估定价洋一万五千元,此外加固围墙、填修操场增建东西厅房及铁围木栅各项工料约估洋三千元,又上年所设预备科教习薪资及派赴留东学生学费计已动用千数百元,至堂中应置图书器具操衣帽及一切另件,应即在其余款内开支备办,总计开办经费二万四千元已勉可敷用,惟核计常年经费所有之款一万七八千元难以敷用,前经吕军门议定将提宁六营营房租价酌留各营房修费外实存二千元尽数提归应用。此外不敷尚多,又经吕军门会商宁道拟将埠宁六营制兵所裁之五成饷银八千四百六十两、兵米一千四百九十六石一并拨充,现经会详浙抚核奏矣。"①该学堂经数月筹备,于 1907 年开学。因经费不敷,最初只有预备科学生数十人,教员数名。②

杭州巡警学堂具体开办时间不详,据推测可能亦于 1906 年底开办,而且最初只设有速成科,学生 40 人左右。《时报》1907 年 3 月的一篇报道,概述了有关情形:"巡警学堂速成科头班官学生已经毕业,兹特招二班入堂肄习,定于本年正月内择日开学,凡在省候补人员,具有后开各项资格愿入该堂肄业者,准即开呈履历报名候考,仍照旧章额定官费生二十四名,自费生十六名。其入学资格:一文理清通,一体格健全,一年在二十以上四十以下,一无烟酒嗜好,一非现肄业他校之生徒,一候补无差使。报名期限以正月十二日为止。"③到 1907 年 5 月,杭州巡警学堂又开设了通学班,招收 100 人。《时报》报道说:"浙省各府县均纷纷向省城巡警总局请拨学生分赴各处办理警察,现巡警总局总办以毕业学生有限,不敷分拨,因推广巡警学堂中附设通学,班额以百人为率,十二个月毕业,不留膳宿,月学费二元,功课每日上午四下钟,业已招考,以期广储巡警人才云。"④

1908 年 11 月,清廷公布了《民政部奏定巡警学堂章程》,共 4 章 22 条,将巡警学堂分为高等巡警学堂和巡警教练所两种,高等巡警学堂可以设立简易科。

---

① 《巡警学堂筹划常年经费》,《新闻报》1907 年 6 月 28 日,第 10 版。
② 《宁波巡警学堂择期开课》,《神州日报》1907 年 9 月 22 日,第 4 版。
③ 《巡警学堂招考》,《时报》1907 年 3 月 1 日,第 5 版。
④ 《巡警学堂附设通学班》,《时报》1907 年 5 月 26 日,第 5 版。

该章程要求"高等巡警学堂各省城须设一处","高等巡警学堂学生以本省举贡生员及曾在中学堂以上毕业者考选",额数"至少须满五十名";高等巡警学堂学制为三年,巡警教练所为一年半;学生毕业后可以充任各省巡警道属官或地方巡警;高等巡警学堂设监督、教务提调、庶务提调各一人,教习按课程教授设置。① 后清廷民政部又对前述章程进行修改,颁布《奏定高等巡警学堂章程》,共12章95条,内容更为详细。其中规定,"本学堂以教养警务人员,并受以巡警必需之学术及其重要之精神教育为宗旨",分正科、专科两项,并设巡警教练所。正科学生三年毕业,专科学生一年半毕业,教练所学警三个月毕业。学堂设总办、监督、提调各一人,教习若干员,监学、庶务、文案、会计、藏储各一人,医官、班长、班副、司事、司书各若干员。学生入学资格改为:"曾在中学堂或与中学堂相等之学堂毕业,或为廪增附各生,并备具左列各项情形:一、年龄在十八岁以上二十二岁以下者;二、身长五尺二寸以上者;三、胸围有身长四分之二以上者;四、体重在七十五斛以上者;五、肺量在二千一百立方生(升)的以上者;六、左右手各能提重三十斛以上者;七、目力于相距二丈二尺之外能辨七分之楷字者;八、资质聪敏,身无暗疾,五官端正,言语清楚者。"②

　　1908年11月,浙江巡抚增韫决定将省城巡警学堂改为高等巡警学堂,"札饬刘定勋观察为高等巡警学堂总办,定额五百名云"③。1909年5月,浙抚向清廷奏报改设情形:"嗣准部咨颁发高等巡警学堂章程,当饬将全省警务学堂改设高等巡警学堂,遴派妥员监督该堂事务,并先后由各府厅州县咨送合格学生来省,本年正月间举行试验取录高等班学生一百名、简易科学生三百名,堂中规则课程悉照章办理,俟毕业后量加录用。"④根据这个奏报可知,浙江高等巡警学堂当时设有高等科、简易科两科,总计学生达400名。至于该学堂教员情况,因资料缺乏,目前尚无法得知。

---

①《民政部奏定各省巡警学堂章程》,赵志飞主编:《中国晚清警事大辑》第一辑,武汉出版社2014年版,第283—285页。

②《民政部奏定高等巡警章程》,《浙江教育官报》1911年第55期,第159—170页。

③《将设巡警高等学堂》,《神州日报》1908年11月27日,第7版。

④《浙抚奏报改办高等巡警学堂》,《申报》1909年5月14日,第4版。

二、浙江各私立高等学堂情况

(一)私立宁波法政学堂

1905 年 9 月,宁波知府俞兆蕃与郡绅童德厚等将同治年间创立的孝廉堂(书院性质)改办为法政专门学堂,任命府学孙树义为代办监督(后为陈星庚、张寿镛、沈祚延、周骏延),该学堂于 1906 年 3 月正式开学。从设立时间上看,该校是中国历史上第一所私立法政学校。

该学堂所招学生以监生、附生、分府候选县丞、师范毕业生为主。修业年限为三年,学生学费全免,只收入学费 2 元,每学期膳费 15 元、讲义费 3 元、杂费 2 元。教员月薪高于校长,至少 100 元,假期停发。

宣统元年(1909),学部奏准颁布《京师法政学堂章程》,规定法政学堂设正科、别科,正科五年毕业,别科三年毕业。宁波法政学堂即按别科对待,肄习三年毕业。该校别科甲班学生有 36 名,至光绪三十四年(1908)十二月期满毕业。[①] 首届毕业生有:王序宾、张恺、周骏声、郎永麟、叶济时、张鹏霄、孙云澄、李宗鉴、洪绍祖、虞锡晋、钱玉麒、徐人骥、余名琮、董良史、孙教成、叶简、王彬麟、林邦翰、张之权、王诚、罗韵珂、竺景崧、蔡瀛、胡学炎、陆费燏、侯锡封、叶文旭、梁绍鳣、朱庆棠、陈庆泰、施祖洛、蒋锡侯、卢肇琮、张康达、郑世炤、谢瑞唐等。[②]

该学堂初期教员,多来自上海等地,有贺绍章、陈彰寿、徐令誉、章述汶、张敬胜、陈士逵、范贤芳、魏炯,以及日本教员平原贞治、平井三郎。所开设课程主要有人伦道德、政治学、大清律、法学通论、理财原论、民法、刑法、宪法、行政法、商法、裁判所构成法、国际公法等。

进入民国后,1912 年该校改名为四明专门学校,除法政外,增设商科、银行科,重视英文与实务,以应社会之需。该校虽于 1914 年春遭到停办,但在影响

---

① 《奏复核浙省宁波法政别科毕业试卷循章请奖折》,《学部官报》1910 年第 113 期,第 7—9 页。

② 《奏复核浙省宁波法政别科毕业试卷循章请奖折》,《学部官报》1910 年第 113 期,第 7—9 页。

当地人的观念、思想、职业选择,培养法政人才方面,仍有不可忽视的作用。①

(二)私立绍兴法政学堂

宣统元年(1909)二月,绍兴通艺中学堂监督陶濬宣将该学堂改为绍兴法政学堂,以应对朝廷开始的预备立宪。绍兴法政学堂遵照《京师法政学堂章程》,先行试办法政讲习科,共招生 53 名,学制一年半,聘请留学日本法政科 2 人为教员,讲授法律政治和经济裁判,同时添课国文。次年,除继续招收法政讲习科第二班外,又招收别科第一班②,别科录取新生 16 人。

宣统二年(1910)五月十四日,浙江巡抚增韫为绍兴通艺中学堂改设私立法政学堂事咨文学部,寻求承认。学部答复:"私立法政学堂本部于四月二十六日议准弛禁,惟限于省会设立,并应照官立本科办理,别科一项暂准附设,不得专设。"③随后,浙江提学使袁嘉谷在六月又请学部变通法政学堂章程,不要指定限于省会开设。十月,学部因此奏请朝廷放宽标准。"嗣据该抚咨称,浙江之宁波法政学堂暨东湖法政学堂均系私立,而在省城之外,惟其设立在新章颁布以前,且曾咨部核准有案,可否准其仍旧设立等情。臣等查东湖法政学堂设于绍兴,其距浙江省垣仅一水之隔,交通便利,稽察甚易。宁波为通商口岸,按照光绪三十四年宪政编查馆奏定逐年筹备清单,省城及商埠地方等处各级审判厅,须于第三年内一律成立,则通商口岸须用司法人材,实与省城同关紧要。自应将私立法政学堂限于省会一节,酌量推广,凡繁盛商埠及交通便利之地,经费充裕,课程完备者,一律准予呈请设立法政学堂,以广造就。"④学部奏请获清廷批准,省会以外设立的私立法政学堂就此得到承认。

1912 年,该学堂改名为私立龙山法政专门学校。三年后,该校奉命停办,其学生转入私立浙江法政专门学校。现确知的中国教员有蒋士杰、沈锡庆(绍兴

---

① 孙善根:《清末宁波法政学堂的创办及其影响》,宁波市鄞州区政协文史资料委员会编:《振衣千仞:文化卷》,宁波出版社 2017 年版,第 731—737 页。

② 《文牍一:本署司袁照会绍兴私立法政学堂监督陶绅该堂第一班讲习科毕业各生名册应另造送并将第二班应造表册一并送司详咨文》,《浙江教育官报》1911 年第 74 期,第 372—374 页。

③ 《文牍一:本署司袁详　抚宪浙江通艺中学改设私立法政学堂核与新章未符可否仍旧准设请咨部核复文》,《浙江教育官报》1910 年第 22 期,第 221—222 页。

④ 《章奏:学部　奏酌量推广私立法政学堂片》,《浙江教育官报》1910 年第 44 期,第 281—282 页。

人,徐锡麟表侄)两人,其余不详。

(三)私立浙江法政学堂

私立浙江法政学堂于宣统二年(1910)八月一日,由邑绅陈敬第(即陈叔通)私人集资创办。该年五月,陈敬第通过浙抚呈请朝廷立案,学部答复:"兹据翰林院编修陈敬第等呈称,就本省创办私立法政学堂,订定公约暨学则七章请准立案。兹据署提学使袁嘉谷详称,该绅等组织私立法政学堂,以谋知识普及,热诚毅力,乡望攸归。所订学则,亦均妥协,转请分别奏咨前来。臣查该绅陈敬第等所拟学则宗旨正大,条理详明,一切悉遵部章办理,实足补官立法政学堂之所不及,使各属闻风兴起,绅民程度必能日进高明,合无仰恳天恩敕部立案,以为法政知识普及之基础。"①浙江提学使向学部奏请该学堂立案的文中说:"兹准该绅等以私立法政学堂既有通艺成案,自可先期拟章筹款,克期兴办,迭经商议并订立公约,一面查照部章拟定学则七章二十一条,所有课程及毕业时期均已详细载入。至校内职员,现拟定为校长一人,教务主任一人,教务员二人,庶务员一人,其办事细则自应另行规定,以资遵守,呈请核示。"学部回复批准了这个奏请,"惟部章法政学堂无校长之称,应仍正名为监督,以免纷歧"②。该学堂设于杭州西大街旧铜元局,内设政治、经济、法律诸科。

该学堂由陈敬第初任监督,后于1912年由阮性存任校长。课程按官立法政学堂规定课程开授,至于任课教员,则由浙江官立法政学堂、浙江高等巡警学堂的教员兼任,前后共有教员40余人,多为留日出身。据有关资料,担任过该学堂的教员和所教课程是:沈钧儒讲授宪法,殷汝熊讲授比较法、殖民政策,许壬讲授民法总则等,凌士钧讲授民法总则、民事诉讼法,陈敬第讲授民法、物权,张嘈讲授民法、债权,金泯澜讲授民法,吴乃璋讲授民法,吴荣鋿讲授民法,胡叙畴讲授民法总则,杜师业讲授民法,姜孚讲授民法,胡以鲁讲授民法、德文,陈选庠讲授民法,邵梦同讲授民法、物权,郑文易讲授民事诉讼法,李素讲授民事诉

---

① 《京外奏牍:浙江巡抚增韫奏私立法政学堂援案开办请立案折》,《学部官报》1910年第131期,第2—3页。

② 《提学司袁详陈绅敬第拟订私立法政学堂公约及学则请奏咨立案文》,《浙江官报》1910年第20期,第197—198页。

讼法,徐令誉讲授商法,洪达讲授商法总则,褚嘉猷讲授国际公法,阮性存讲授刑法,虞廷恺讲授行政法,吴莘讲授行政法,陈允讲授罗马法,周伯雄讲授社会学,周锡经讲授经济学、银行论,许企谦讲授财政学、法学通论,吴忠果商业通论等,沈钧业讲授货币论,居益鋐讲授货币论,周丙祥讲授统计学,李涵真讲授簿记、统计学,张廷霖讲授政治学,钱家治讲授心理学,洪彦远讲授伦理学,罗赓良讲授伦理学、心理学,陈大齐讲授德文,郑型讲授英文、日文,沈慰宸讲授日文,黄骥讲授日文。[①]

1912 年,该学堂搬至杭州太平门头刀茅巷,并更名为私立浙江法政专门学校,于 1918 年停办。

(四)浙江铁路学堂

为修建沪杭甬铁路,"专门造就管理车务人才",光绪三十二年(1906)七月,浙江铁路公司总理汤寿潜、副理刘锦藻,在杭州九曲巷(光绪三十四年,即 1908年,迁杭州谢麻子巷;宣统二年,即 1910 年,又迁丰乐直街)创立浙江铁路学堂。该学堂初期经费来自浙江铁路公司的拨款,共 14400 元,以及学生所缴学费4000 余元。

该学堂由汤寿潜任监督,初办时为中等专业学堂性质,先招营业速成科(亦称传习科)和测绘生,学制一年。营业速成科学生毕业两届,测绘生学生毕业一届。至光绪三十四年(1908),始招收正科生 240 名,分建筑、机械、营业三科,学制三年,规定中学毕业生习建筑、机械,为高等专科性质;高小毕业生习营业,一年半毕业,再实习一年。该年又设机械预科补习班。

该学堂建筑科、机械科的课程,参照高等工业学堂土木科和机械科的课程设置。建筑科开设大代数、弧三角、解析几何、微积分、物理、化学、地质学、测量力学、材料学、石工道路、桥梁铁道及市街铁道、隧道卫生、工学、水利学、原动机、电气工学设计及制图。机械科开设大代数、弧三角、解析几何、微积分、物理、化学、机械运动及力学、材料强弱及构造学工作法、热力、汽力及其原动机、

---

① 《私立浙江法政专门学校纪略》,浙江图书馆藏,1918 年刊,第 13—22 页。转引自吕顺长:《清末中日教育文化交流之研究》,商务印书馆 2012 年版,第 253—254 页。

车辆及其设计、发动机设计及管理、机械设计法、机械重量及价格计算法、特殊机械、电气工学、铁道工学大要、工场建设及卫生、制图及设计。营业科开设算术、估银簿记、铁道会计及统计、运输运转、经济法律、电信、铁道工学大要、商业通论等。另外,各科均设国文、英文或日文。

学堂历任教师有 30 余人,其中日本教员 6 人,如建筑科主教新井则正,机械科主教永濑久七一,营业科主教小林敬忠等。宣统元年(1909)十二月,营业科毕业 70 人。1911 年夏,建筑科修业期满,毕业 47 人。1912 年,机械科修业期满毕业,此后该学堂停办。[①] 毕业生多在沪宁铁路就业。

三、从育英书院到之江学堂

在清末时期,之江学堂为浙江唯一的教会大学,其前身为 1845 年美国传教士麦卡第、祎理哲在宁波江北岸设立的崇信义塾。该义塾招收贫困家庭的儿童入学,免收学费并提供食宿、衣物、药品,相当于小学程度,首届学生只有 30 人,以后学生增长亦非常缓慢。1850 年,该校有 8 位首届学生毕业,其中 1 人留校任教,1 人随传教士学医,4 人去教会开办的印刷厂工作,2 人回家。[②] 1867 年,该校从宁波迁至杭州皮市巷(旋迁至塔儿巷),并改名为育英义塾,取"乐育英才"之义。此时学校分正科、预科,各修业 4 年,大体上相当于中学、小学程度。此时该校学生,约有 34—60 人。该校为典型的教会学校,圣经为必修课,学生必须做礼拜。从 1845 年至 1879 年,95％以上的毕业生"是当教牧人员及教会学校、医院职工"[③]。

1880 年,美国传教士裘德生受北长老会委派,来该校任校长并亲自授课。他对育英义塾原有课程体系进行了改革,注重科学知识传授和理化实验,举办通俗

---

① 杭州市教育委员会编:《杭州教育志(一〇二八——一九四九)》,浙江教育出版社 1994 年版,第 165—167 页。

② 张立程、汪林茂:《之江大学史》,杭州出版社 2015 年版,第 5 页。

③ 张之昌:《之江大学》,中国人民政治协商会议浙江省委员会文史资料研究委员会编:《浙江文史资料选辑》第 29 辑,浙江人民出版社 1985 年版,第 123 页。

科学讲演,将声、光、化、电等西方近代科学知识传授给学生;增聘三位中国教员;对基督徒的子弟实行免费教育;课程一般采用英文课本,也有采用中文课本者。此时学校所授课程有中国经书、圣经、教义问答、算术、代数、几何、历史、地理、生理等,已经形成较为完善的中等教育课程体系。通过这一系列改革,学校的办学水平得到初步提高,社会知名度有所上升。1888 年,该校又改名为华中长老会差会中学。由于校舍不足,该校开始招收走读生,并陆续添置试验仪器设备。

1890 年,该校增设了英文专修科,以适应社会学生毕业后继续深造之需要。1892 年,中国人萧芝禧任教务长,学生增至 50 人,1896 年复增至 65 人。1893 年,美国人王令赓夫妇来校任教,王令赓毕业于美国帕森斯学院,获硕士学位,是化学、数学、英语、教育学方面的专家。自该年起,学校开始开设高等学校的课程,办学水平进一步提高。1897 年,经差会同意,育英义塾改名为育英书院,内分中学部(预科)和书院部(正科)。正科学制 6 年,设英文、化学 2 个专科,开设圣经、中国经书、算术、代数、几何、史地、化学、生理、物理、英文、经济、政治等课程。此时该校正科相当于高等专科程度,已具有高等教育性质。1898 年,该校开始收取学费,正科生每年 24 元,预科生每年 12 元。对于贫寒交不起学费者,学校设有自助部,可以通过在校勤工俭学的方式获得一定的费用,抵交学费。1900 年,萧芝禧辞职,由周懋功①任教务长。1902 年,该校有学生 85 人,学校将正科学制缩短为 5 年,预科学制改为 4 年,并将预科部改为附属中学。此时学校主要教师为美国人裴德生、王令赓。前者担任圣经、代数、生理、物理等课讲授,后者担任化学、历史、算术、英语、政治、经济等课讲授。1904 年,该校曾举办演讲,一些教会教育家如潘慎文、李提摩太、费佩德等莅临发表演说。

1905 年秋,裴德生从美国返回杭州,带来 X 光机、无线电报机、发电机、引擎、显微镜等仪器设备,并聘请美国人马尔济(美国伍斯特学院物理学学士)来校任教,学生也增加到 115 人。书院部每学期有 4—7 名学生毕业,他们主要在医药、教育、商业、税务、洋行、海关、邮政等部门工作。1906 年 11 月,该校董事会决定将该校扩充为教会大学,这需要把校园迁到城外去,在那里可以较低的

---

① 周懋功,字梅阁,浙江杭县人,1886 年从育英义塾毕业,1900 年任育英书院教务长。1904 年,周懋功负责美国圣路易斯世界博览会中国展览。1910 年,他又参与比利时万国博览会中国展览。

价格买到大片土地扩建学校。在考虑了城里及西湖边等几个地点之后,董事会最后选中了钱塘江边的一块地皮。王令赓曾记述发现这块地皮的经过:

> 最后,我们被领向钱塘江,经过六和塔,我们发现了坟地中有一块相对空闲的土地,是个非常美丽的地方。这儿有一块离河面 75 英尺高的悬崖。从钱塘江后退一段距离就是一块平地,高度渐趋升高至 200 英尺。周懋功在闸口王洋泉先生的帮助下做了调查,并在一个月内买下了 250 亩地(相当于 40 英亩)。从那以后,又以每亩 5 墨元的低廉价格购得另外 150 亩地,这块地离城墙约 6 英里。当地一条从外国租界孔增桥到南星桥的铁路就要竣工,南星桥有渡轮。这条铁路将把我们带进离校园 2 英里远的地方(注:后来铁路终点站移至闸口,离校园 1 英里)我们拍了一些照片送给在美国的费佩德先生,用于为学校筹款。①

学校在此共建造了慎思堂(内分三层,为总课堂和办公大楼)、甘卜堂(学生宿舍东斋,内分三层,可容 200 多人)、惠德堂(学生宿舍西斋,与甘卜堂同)、教职员住宅(5 幢,均为西式楼屋,分布于山脊上)等建筑,并遍植花木果树。这次建筑新校舍,"美国友人捐资襄助者,颇为踊跃"②,特别是费佩德等在美国为该校募捐到价值 1.68 万美元的钱物,又从其他渠道筹得 1.7 万美元。美国人甘博夫妇,时正在杭州访问,亦慷慨捐助了 7500 美元。③ 1910 年冬,校舍落成,美国基督教南长老差会也加入进来,计议开设大学,组织联合校董会,选裴德生继续任校长,并聘请美国人司徒华林(司徒雷登之弟)来校任教。这一年,该校正科、预科的课程也增加到 14 门:圣道、经训、国文、英文、历史、地理、算学、博物、理化、心理名辨、法制理财、图画、音乐、体操等。1911 年 2 月,原育英书院 117 名学生迁入新校址上课。因钱塘江经其下,曲折成"之"字形,故学校改名为之江学堂。时由王令赓任校长,裴德生转任学校自助部监督,全校共有中西籍教

---

① [美]队克勋著,刘家峰译:《之江大学》,珠海出版社 1999 年版,第 21 页。
② 《私立之江文理学院一览(民国二十六年度)》,钱翰献主编:《钱塘江文献集成》第 18 册《之江大学专辑》,杭州出版社 2016 年版,第 28 页。
③ 张立程、汪林茂:《之江大学史》,杭州出版社 2015 年版,第 16 页。

职员 12 人,学制 4 年。①

从 1897 年至 1911 年,该校具有高等教育性质的正科办学 15 年,总计毕业生只有 52 人。除未注明籍贯的数人外,其余全为浙籍人。② 之江学堂毕业生如此之少,主要原因是许多学生不能坚持至毕业,往往读一两年正科,就辍学回家帮忙。③

这些毕业生中最有名者乃 1909 年毕业的李培恩。李培恩为浙江杭县人,从育英书院毕业后,他考入东吴大学。大学毕业后,他又赴美国芝加哥大学、纽约大学留学,先后获得文学硕士和工商管理硕士学位。1922 年回国后,李培恩成为之江大学校董会成员,1929 年代理之江大学校长,次年正式担任校长,直至 1949 年。

四、清末浙江高等教育的主要特点

以上略述了清末时期浙江 9 所高等学堂的创办始末及发展简况,由此人们自不难发现清末浙江高等教育的一些特点。

第一,学堂种类繁多,办学水平参差不齐,总体水平不高。清末浙江共诞生 11 所高等学堂,其中既有浙江高等学堂、之江学堂这样的普通综合性学校,也有法政、铁路、医学、警察等专门性学堂。这些学校在分科、课程、管理、师资等方面尚设置简单,总体办学水平处于高等预科、高等专科,甚至职业培训教育的层次。比如,在求是书院初期,"其课程不特不能与今日之大学比,其初期即比一现在之高中,或尚有不逮"④。虽然这是清末高等教育兴起时难以避免的现象,但仍凸现出我国高等教育的起点过低,影响了此后 10 年甚至 20 年内人才培养的质量。

---

① 之江大学上海校友会校史编纂委员会:《之江大学校史稿》,杭州大学校史编写组:《杭大校史通讯》1986 年第 2 期。

② 《私立之江文理学院一览(民国二十六年度)》,钱翰献主编:《钱塘江文献集成》第 18 册《之江大学专辑》,杭州出版社 2016 年版,第 159—162 页。

③ 张立程、汪林茂:《之江大学史》,杭州出版社 2015 年版,第 5 页。

④ 邵裴子:《求是书院和高等学堂》,许高渝等编著:《遗珍逸文:老浙大期刊集萃》,浙江大学出版社 2017 年版,第 166 页。

第二,学堂师生来源多样,数量、质量均有明显不足。这 11 所高等学堂,除浙江高等学堂、浙江两级师范学堂规模较大、学生数量较足外,其他学堂学生数量均偏少。在来源方面,清末浙江各高等学堂在早期"皆招收有出身者,所谓'举贡生监'是也"①。后期也招一些没有出身、文理稍通的青年,如官员商人的侨居子弟;1905 年后,才有新式学堂的中小学生加入。总体上水平不一,学习外语、西学课程尤感困难。师资方面,清末浙江各高等学堂的师资主要有三个来源:一是从外国聘请,特别是从近邻日本聘请者较多,只有教会学堂外籍教员是从美国聘请而来。外籍教员水平高于中国教员,但薪水高,并且需要翻译,代价不菲。二是由留日归国学生担任。浙江为清末留学生派出大省,不少留日学生学成后返浙从事教育事业,在一定程度上缓解了各高等学堂的师荒。但受此时日本大学办学形式、水平的影响,大多数留日生从事教学尚可,科学研究能力则普遍不足。三是从旧式书院、旧式科举人才中选拔。这类旧学人才,有传统学问功底,从事经史、国文一类教学尚可,但其观念、知识结构未能更新,对学生的影响很有限。另外,由于清末浙江留美者本就大大少于留日者,能在 1911 年前归国者更少。笔者爬梳各种资料发现,只有王正廷、胡贻谷、邵裴子三人于辛亥革命前学成归国。王正廷,浙江奉化人,1896 年考入天津北洋西学堂,1901 年在海关任职,1907 年赴美留学,1910 年毕业于耶鲁大学法律系,留耶鲁大学研究院硕士研究生班深造,但因个人健康原因,于 1910 年休学归国。归国后,他从事外交工作。胡贻谷,浙江人,具体县籍不详。1896 年毕业于上海圣约翰书院,留校任图书管理员、秘书。曾在 1898 年翻译《泰西民法志》一书,由广学会出版。1899—1906 年在南洋大学任教,任英文系主任。1908 年获美国伊利诺伊大学文学学士,同年回国后任京师大学堂法律教授。1913 年起在最高法院任大法官。②邵裴子 1909 年从美国学成回国,担任了浙江高等学堂的教员和教务长。留美学生返国者太少,亦在相当程度上造成师资的不足。

第三,各学堂均属于教学型学校,未能开展科学研究与社会服务活动。培

---

① 邵裴子:《求是书院和高等学堂》,许高渝等编著:《遗珍逸文:老浙大期刊集萃》,浙江大学出版社 2017 年版,第 166 页。

② 贝德士辑:《中国基督徒名录》,章开沅、马敏主编:《社会转型与教会大学》,湖北教育出版社 1998 年版,第 477 页。

养人才、科学研究、社会服务,谓之近代大学的三大基本功能。这三大基本功能相互协调、齐头并进,才能从内部造就大学不断提高的办学水平,从外部促进大学社会影响力持续提升,使大学成为某一区域的文化中心、思想中心和人才中心。清末浙江各高等学堂,在制度上无疑是照抄日本,普遍重视教学,对学生的管理也比较严格,但均未开展正规的学术研究与社会服务活动。当时也有个别教师如张宗祥、章宗祥、陈楒等,从事于译书、编写中小学教科书活动,对传播科学知识做出了贡献,但这并不属于高深学术研究。

1901 年 6 月,流亡日本的梁启超在《清议报》第 83 册上发表了名篇《过渡时代论》。他以进化史观为依据,认为中国时处于从数千年以来的停顿时代向今后新文明时代转变的"过渡时代"。这种"过渡时代",在政治、学术、文化、社会各方面均表现出青黄不接、亦新亦旧、新旧杂糅的特征:"语其大者,则人民既愤独夫民贼愚民专制之故,而未能组织新政体以代之,是政治上之过渡时代也;士子既鄙考据词章庸恶陋劣之学,而未能开辟新学界以代之,是学问上之过渡之时代也;社会既厌三纲压抑虚文缛节之俗,而未能研究新道德以代之,是理想风俗上过渡时代也。语其小者,则例案已烧矣,而无新法典;科举议变矣,而无新教育;元凶处刑矣,而无新人才;北京残破矣,而无新都城。……殆无一而非过渡时代也。"[①]从 1900 年至 1920 年的 20 年间,既是近代中国新文化和第一代近代型知识分子的形成期和成长期,也是近代中国新教育的启始期。[②] 这一时期我国的高等教育,总体上尚处于从传统书院向近代化大学开始转化的幼稚期,在观念、思想、制度、课程、教学内容与教学方法诸方面,凸显出中西兼有、新旧杂陈、总体办学水平不足等比较明显的"过渡时代"的特征。由此,我们对清末浙江高等教育所存在的上述不足,也就不难理解了。

---

① 《饮冰室文集·合集之六》,中华书局 1988 年影印版,第 29—30 页。

② 张静:《20 世纪上半期的"过渡时代"观之嬗变》,中国社会科学院近代史研究所编:《中国社会科学院近代史研究所青年学术论坛(2010 年卷)》,社会科学文献出版社 2011 年版,第 280—298 页。

第四章　浙籍留美学生与浙江高等教育 早期现代化的艰难行进

　　民国初年至 1927 年为浙江高等教育早期现代化的第二个阶段。此一时期,受新学制的颁布、政府高等教育政策调整等影响,浙江高等教育的发展进入艰难行进的阶段。一方面,浙江高等学堂、浙江两级师范学校、浙江官立法政学堂、私立浙江法政学堂等重要学校停办,造成此时期浙江没有一所综合性大学和高等师范学校,相关人才培养严重受阻。另一方面,在该时期浙江兴办了三所公立专门学校(即浙江公立工业专门学校、浙江公立农业专门学校、浙江公立医药专门学校),其高等教育的血脉,借此存续,这为 1927 年南京国民政府成立后浙江大学的诞生奠定了相当的基础。同时还须注意到,五四运动前后,部分归国留美学生来浙江一些专门学校执教,在课程、科系、科学研究等方面,均推动了浙江高等教育早期现代化的进一步发展。表 4-1、表 4-2 分别列出了 1912年、1926 年于杭州设立的各高等学校的简况。

表 4-1　1912 年杭州高等学校一览

校名	校址	校长	学生数/人	教职员数/人	专业	创办时间	备注
浙江高等学校	蒲场巷	陈大齐			文、理两科	清光绪二十三年（1897）四月二十日	1914 年停办
浙江两级师范学校(优级部)	贡院	经亨颐	137		补习科 公共科	清光绪三十四年（1908）四月十五日	1913 年停办

续表

校名	校址	校长	学生数/人	教职员数/人	专业	创办年月	备注
浙江公立法政专门学校	马坡巷	许企谦		39	法律、政治、经济科	清光绪三十三年(1907)春	
浙江医学专门学校	板儿巷	韩清泉	60	11	医科	1912年6月	1931年停办
浙江高等专门铁路学校	丰乐桥直街	汤寿潜	80		机械科	清光绪三十四年(1908)四月	1912年停办
私立浙江法政专门学校	太平门刀茅巷	阮性存	500			清宣统二年(1910)七月	1918年停办
之江学堂	二龙头	王令赓	31	12	文、理两科	清光绪二十三年(1897)七月	
广济医学专门学校	直大方伯巷	梅藤更			医科	清光绪三十二年(1906)四月	1927年停办

说明:本表据杭州市教育委员会编纂《杭州教育志(一〇二八——一九四九)》(浙江教育出版社1994年版)第500页内容制成。

表4-2 1926年杭州高等学校一览

校名	校址	校长	学生数/人	教职员数/人	专业	创办时间	备注
浙江公立医药专门学校	板儿巷	丁求真			医、药两科	1912年6月	
浙江公立法政专门学校	马坡巷	凌士钧	399	44	法律、政治、经济科	清光绪三十三年(1907)春	1931年停办
浙江公立工业专门学校	报国寺铜元局	徐守桢	100余		电机工程、化学工程两科	1920年秋由省立甲种工业学校改办	1927年改组为第三中山大学工学院

续表

校名	校址	校长	学生数/人	教职员数/人	专业	创办时间	备注
浙江公立农业专门学校	笕桥	钱天鹤			农学、森林两科	1924年秋由省立甲种农业学校改办	1927年改组为第三中山大学劳农学院
私立广济医学专门学校	直大方伯巷	梅藤更			医科	清光绪三十二年（1906）	1927年停办
之江大学	二龙头	费佩德	247		文、理两科	清光绪二十三年（1897）	

说明：本表据杭州市教育委员会编纂《杭州教育志（一〇二八——一九四九）》（浙江教育出版社1994年版）第501页内容制成。

一、北洋军阀统治时期我国高等教育的变化

民初北洋政府军阀统治时期，虽只有短短的15年，但受政局变迁、教育新潮与社会新文化交替激荡等因素的影响，我国高等教育兴革频繁，总体上变动较大。

首先，是教育宗旨及学制的变化。清末，学部曾制颁"忠君尊孔，尚公尚武尚实"的教育宗旨。实行数年后，在1912年8月被民国教育部新制定的"注重道德教育，以实利教育、军国民教育辅之，更以美感教育完成其道德"所取代。新教育宗旨注重德、智、体、美教育及科学教育，较旧教育宗旨更为全面。学制方面，发生两次重大变革，从清末的《癸卯学制》，一变为1912—1913年制定的"壬子·癸丑学制"；再变为1922年制定的"壬戌学制"。通过这两次改革，中国教育特别是其中最重要的学校制度，实现了从模仿日本到取法美国的重要转向，形成了近代教育史上实施时间最长、影响最大、长期稳定的新学制，大大推进了我国教育现代化的发展。在壬戌学制中，初等教育、中等

教育、高等教育各阶段的学习年限也较前缩短,相互衔接亦更紧凑,比较适合中国国情。

其次,高等教育中各种学校的类型、相互关系等,逐步理清并使之合理化,高等教育体系初具。在清末新教育的草创时期,国人对近代高等教育及其规律的认识尚浅,多以日本为取资对象,各类高等学堂的划分、相互关系及其与中等教育的衔接等,均不尽完善、明晰。比如,依《癸卯学制》规定,如从初等小学堂肄习至通儒院毕业,至少需 25—26 年,显然过长。再如,该学制中,高等教育分为大学堂(大学正科)、高等学堂(大学预科)、分科大学、通儒院几种,又将优级师范学堂、高等实业学堂、实业教员讲习所、进士馆、仕学馆、方言学堂、译书馆等统与大学堂、分科大学、大学预科平行并列,名目繁多,分类不尽合理。又如综合性大学堂设置过少(总计全国只有京师大学堂、山东大学堂、北洋大学堂三所),而法政学堂、实业学堂设置过多等。民初十几年间,教育部鉴于上述弊端,对高等学校从类型上进行了必要的归并与调整,拟实行分区大学、分区高等师范的设置,因此停闭各省举办的高等学堂、法政学堂、实业学堂和优级师范学堂;兴办清华学校(1922 年改名为清华大学,初归外交部统管)、东南大学(由南京高等师范改组而来)、交通大学(由上海工业专门学校、北京工业专门学校、唐山工业专门学校合并组成,初归交通部管理)等几所新的综合性大学。与此同时,还设置了单科大学,以及与综合性大学、单科大学并行的专门学校。中学肄习年限缩短,高中、师范学校和职业学校的毕业生均可升入综合性大学、单科大学、高等师范学校或专门学校。大学内部学科设置方面,取消清末的经学科,实行文、理、法、商、医、农、工等"七科制";取消清末实行的奖励出身制度,五四运动后又实行大学男女同学等。经过数次调整,至 20 世纪 20 年代初中期,我国已初步形成单轨制的高等教育体系,各类高等学校的功能、特点、区别趋于明晰,相互补充,初步形成一个较为完整的系统。

最后,各类高等学校的课程设置趋于丰富,师资中欧美留学归国者日益增多,现代大学科系逐步建立。从清末至五四运动以前,我国综合性大学堂及高等学堂、优级师范学堂的课程设置单一,课程水平低下,学术研究发展缓慢,这反映出我国高等教育尚处于幼稚期。师资方面,彼时主要依赖旧科举人员、部分归国留日生及少量外国教员(其中多数来自日本),其总体水平不高。五四运动前后,以庚款留美学生为代表的归国欧美留学生日益增多,其从事高等教育者颇不乏人。他们的加入,给师资匮乏的各高等学校注入了新鲜血液和活力,形成了高等教育界中影响深远的"欧美派"。欧美留学生均接受了留学国系统化、专业化的高等教育训练,学科知识扎实,富于科学探索的兴趣;同时,受留学国文化、教育等影响,具有强烈的世界视野与科学救国的胸怀。他们以输入新知、再造文明、发展祖国现代科学事业为己任,努力将欧美先进的大学制度、学科体系、课程体系、人才培养方法等输入祖国,许多人成为近代中国大学新学科、新课程的开拓者。

比如,在执教、创建有关学系方面:

1912年,金涛归国后执教于唐山工业专门学校。1916年至1918年,在北京大学数学系任教。

1913年,王仁辅归国后任教于北京大学,对北京大学数学系的创建,多有贡献。

1914年,严家驹归国后担任唐山工业专门学校数学系主任一职。同年,金邦正回国后任安徽省立农业学校校长,1917年任北京农业学校校长,1920年任清华学校校长。

1915年,王琎归国后任教于湖南高师、湖南工业专门学校,讲授化学。

1916年,陈榥回国后执教于广东高等师范,后任中山大学理学院院长。同年,张子高在南京高师任理化部教授,编写出版《科学发达史》一书。

1918年,胡刚复回国后,相继在南京高师、大同大学创建了我国最早的物理实验室,培养了吴有训、严济慈、赵忠尧等一大批著名物理学家。

1920年,姜立夫在南开大学创办数学系。同年,竺可桢在南京高师创办中国第一个地学系。

1921年,秉志在南京高师创办我国第一个生物系。

1922年,饶毓泰、邱宗岳分别创办南开大学物理系、化学系;王琎在东南大学创办化学系。

1923年,杨石先创建南开大学化学系。

1926年,叶企荪、杨光弼、钱崇澍分别创建清华大学物理系、化学系、生物系。同年,金岳霖创办清华大学哲学系。吴宓、朱彬元、陈达分别创办清华大学国文系、经济学系、社会学系。

1927年,郑之蕃创办清华大学算学系,等等。

再如,在开设新课程方面:

1916年,秉志在南京高等师范农业专修科讲授植物病理学课程,所编《植物病理学概要》一书,是国人编写的第一部植物病理学教材。

1918年,竺可桢在武昌高等师范首次开设博物地理、天文气象等课程,成为第一位在高校讲授地理学的教授,并创立了一门新学科——物候学。1920年,他担任南京高师地学系教授,所编写的《地理学通论》《气象学讲义》成为中国现代地理学和气象学的奠基性教材。

1919年,留美归国生陈鹤琴、廖世承在南京高师倡导智力测验和教育测验,他们开设了测验课程,并合著《智力测验法》一书,由商务印书馆于1921年出版,成为中国第一本系统介绍智力测验的著作。

1920年,留美归国生张耀翔在北京高师创建心理学实验室,并于次年在东南大学举办的讲习会上首次讲授教育测验课程。

1921年,留学美国耶鲁大学并在德国柏林大学学习物理的夏元瑮(1912年回国后在北京大学任教,主讲物理、相对论、理论物理等课程),将爱因斯坦《相对论浅释》一书译出,并于1922年由商务印书馆出版,成为我国第一本有关相对论的译书。

1922年,邱宗岳到南开任教,开设定性分析、无机化学等新课程。同年,杨石先应聘为南开大学化学系教授,在南开任教六年,先后编写《无机化学》《有机化学》讲义,其中后一种讲义成为当时清华、北大、南开最早使用的有机化学教材。

1923年,钱崇澍在东南大学任教,讲授植物学、植物生理学和植物分类学等新课程,自己编写了植物生理学讲义,该教材成为中国有关植物生理学的最早文献。

1925年,留美学者赵元任至清华大学国学院担任导师,讲授"方音学""普通语言学""中国音韵学""中国现代方言"等课,开启了中国语言学研究的现代之路,同时还建立了语言实验室。[①]

总之,在北洋政府统治时期,特别是五四运动前后,随着归国欧美留学生纷纷至高校执教并逐渐占据主导地位,在师资、课程、科系、教学方法等方面,我国高等教育出现积极变化,人才培养质量稳中提升,科学研究风气日浓。一些综合性大学如北京大学、清华大学、南开大学、东南大学等,已开始从清末时期单纯的教学型大学向教学科研并重型大学转变。

二、民初浙江高等教育的挫折

清末,浙江曾有 11 所各类高等教育性质的学校产生。但在北洋时期,随着私立宁波法政学堂改办为私立宁波甲种商业学校,浙江高等学堂、浙江两级师范学校、浙江公立法政专门学校、私立浙江法政专门学校、私立龙山法政学校(由原私立绍兴法政学堂改称而来)等几所学校逐渐停办,以及 1918—1926 年筹办省立大学未果,浙江高等教育的发展遭受很大的挫折。

浙江高等学堂、浙江两级师范学校的停办原因相同,即民国初期学制的变动。1912 年初,蔡元培就任教育总长,对清末学制进行调整,于 2 月颁布新的学制系统。新学制明确规定“高等学堂应即废止”[②]。对于浙江高等学堂现有在校学生的处理,教育部亦在 1913 年 6 月表示:“贵省现经续办之高等学校,可暂用国家经费维持,至各班毕业为止。如是,则肄业各生,不致功亏一篑矣。”[③]1913年 2 月,教育部又颁布《高等师范学校规程》。该规程的主要内容是:将清末由各省设置的优级师范学堂,改为国立高等师范学校,并将原来的省立改为国立;内部科系方面,将原来的公共科改称预科,分类科改为本科,加习科改为研究科,并可设专修科;修业年限,预科为一年,本科三年,研究科一年至二年,专修

① 王天骏:《文明梦——记第一批庚款留美生》,清华大学出版社 2012 年版,第 131—282 页;章开沅、余子侠主编:《中国人留学史》上册,社会科学文献出版社 2016 年版,第 296—298 页。
② 《浙江军政府都督公布学制统系议决案(1912 年 2 月 29 日)》,汪林茂主编:《浙江大学史料·第一卷(1897—1927)》上,浙江大学出版社 2022 年版,第 103 页。
③ 《高等学校好消息(1913 年 6 月 8 日)》,汪林茂主编:《浙江大学史料·第一卷(1897—1927)》上,浙江大学出版社 2022 年版,第 104 页。

科二年至三年;等等。但这一重要规程并未对如何实施国立做出具体而详细的规定,各省原有的优级师范学堂究竟何去何从,仍存疑问。为此,新任教育总长范源濂决定采纳"建立高等师范教育区"之建议,将全国划分为若干高等师范教育区,每区设立一所高等师范学校,以满足区内各省培养中等教育师资的需要。1913年6月,该制度正式实施,全国共划分为直隶、东三省、湖北、四川、广东、江苏等六个高等师范区,在各区的中心城市即北京、沈阳、武汉、成都、广州、南京,各设立高等师范学校一所,由教育部直接管理;其余各省原设优级师范学堂,或并入本区高等师范学校,或降格为中等师范学校。1914年、1915年,教育部又再次重申此一制度。[①] 在实施高师分区制的背景下,浙江两级师范学校中的优级部只能停办,而初级部保留,学校改名浙江省立第一师范学校。原优级部学生于1913年送往北京高等师范就读。1914年至1937年,浙江已无实施高等师范教育的学校存在。

　　浙江公立法政专门学校、私立浙江法政专门学校、私立龙山法政学校的消失,则是教育部对法政学校整顿的必然结果。清末出于推行新政、实施预备立宪和地方自治的需要,对法政人才需求巨大,这刺激了各省法政学堂的设立。据1909年统计,当时各省设立的法政学堂就有47所,远远超过其他各类学堂的数量。进入民初以后,法政学校作为通向仕途的一条捷径,继续受到学生的青睐。据1912年统计,全国各专门学校中,法政学校即达64所,其中私立法政学校就有27所。而当时医学、农业、工业、外国语、商业等专门学校,则分别只有5所、5所、10所、5所、5所,于此即可见民初法政学校的畸形增长。[②] 法政学校的过度增长,侵蚀了本应投于其他各类急需专门学校的教育经费,同时又分散了学生对于其他学校的投考和其他专业的肄习,并不利于高等教育的均衡发展。故在1914—1915年,教育部即屡次派员赴各地调查法政学校的实际举办情况,并着手整顿。整顿主要是两方面:一是对师资、学生数量和办学经费不足的,予以停办;二是对别科、预科等停止招生。在这一背景下,民初浙江所存在的三所法政学校(即浙江公立法政专门学校、

---

　　①　崔运武:《中国师范教育史》,山西教育出版社2006年版,第70—71页。
　　②　黄启兵:《民国初年法政学校的兴盛与整顿——一种制度分析的视野》,《中国法学教育研究》2007年第3期,第23—31页。

私立浙江法政专门学校、私立龙山法政学校），均面临生存压力。1914年1月，设于绍兴的私立龙山法政学校校长陈燮枢，以"经费支绌，而专门教员又难于延访"为由，主动呈请将该校结束，所有学生转入设于杭州的私立浙江法政专门学校，得到教育部的批准。① 同年1月，教育部也对私立浙江法政专门学校予以正式认可，称："兹据视学员陆续呈报前来，查有私立法政专门学校，分本科、别科、预科，学生共有五百余人，资格程度尚属相当，教授管理颇为合法，基本金亦尚充裕，按之部颁专门学校令及公立私立专门学校规程，均无不合，应即准予正式认可，相应咨请饬遵可也。"② 该年春，原私立龙山法政专门学校536名学生正式转学至该校学习。1916年，私立浙江法政专门学校向教育部申请续招别科学生，对此，教育部予以否决，认为："至法政毕业人员现在统计，全国不下二万余人，而此项专门以上学校经部准予认可或备案者合计公立私立凡四十余所，每年每校毕业生平均以百人计之，几近四千余人，以之分布国家机关及社会各方面，度无不敷之处。若为深于旧学之人无处求学起见，当俟宪法成立、各项法规正式公布之后，听各地方酌设讲习所择要讲授，造成适于实用之材，较诸空说法理偏重学说，似差胜一筹，此时实无添设别科之必要，该校所请应毋庸议。"③ 1918年，教育部进一步缩减全国法政专门学校的数量，要求将该校并入浙江公立法政专门学校，该校因此停办。浙江公立法政专门学校（1924年改称浙江省立法政专门学校），设有法律科、政治经济科、商科，学制为预科一年、本科三年，校长先后为凌士钧、楼桐孙、余文灿、姜绍模、黄庆中等。该校虽在北洋时期一直坚持办学，未遭停办，但好景不长。1929年夏，南京国民政府以法、医两科"关系人民生命财产，至为重要""须在大学内举办"等为由，下令该校"自本年暑假起，一律不得招生"。④ 该校

① 《浙江行政公署批第三千六百五十五号：原具呈人私立龙山法政学校校长陈燮枢：呈报拟将该校废止请核转报部由》，《浙江公报》1914年第684期，第9页。

② 《浙江行政公署训第一百五十号（中华民国三年一月）：令私立浙江法政专门学校校长阮性存：准教育部咨准予正式认可饬遵由》，《浙江公报》1914年第693期，第12页。

③ 《浙江省长公署训令第八百二十号（中华民国五年十月十七日）：令代理私立浙江法政专门学校校长许壬：准教育部咨该校设立别科所请应无庸议》，《浙江公报》1916年第1654期，第13—14页。

④ 浙江省教育厅编：《三年来浙江高等教育概况》，浙江省教育厅1932年编印，第2—4页。

学生曾推举代表赴省教厅请愿,要求改办为浙江大学法学院,但"未蒙采纳"①。1931 年夏,该校政治、经济两科最后一届学生毕业后停办。

浙江高等学堂、浙江两级师范学校的停办,使浙江顿失重要的教育文化中心。同时,停办这两所重要高校后,亦影响到浙江高层次人才及中等师资的培养。正如 1918 年 5 月 9 日《申报》的一篇报道所指出的:"浙省自光复以来,高等学堂业经停办,所可称为高等教育者,仅有法政与医药两专门学校,然且皆别系而非正宗。近来中小学校,日见增多,莘莘学子,欲求纯粹高深之学问,靡所适从……"该报道还具体列出浙江无最高学府的几大弊端:一是"文化之衰落"。"晚近无大学之设,后生小子,局于浅近,限于小就,不复能极深研几,以求至当。"二是"学生之虚耗"。"中学毕业生欲赴京就学,既苦于川旅之为难,又困于名额之有限,虽有壮怀,徒叹汪洋。"三是"人才之消散"。"浙中……闳硕之儒,俊彦之师,相率他往,不能安于故乡。试举浙中绩学大家,现留在浙者,能有几人。"四是"教育权之旁落"。"吾浙无自办之大学,而外人所设学校,则固有大学在焉。"②应该说,此篇所论并非虚言。1921 年 11 月,浙江省议会议员沈定一亦就浙江无省立大学一事,恳切指出:"浙江有三千多万人,而没有一个大学,是浙江人的遗憾。合浙江三千多万人的力量,而不能办一个大学,是浙江的无能。我们代表三千多万浙江人,而不能替浙江人筹办一个大学,尤其是我们的失职。所以我们在消弭遗憾、否认无能、自防失职的意义上,更不能不主张筹办杭州大学。"③显然,作为一个历史文化悠久、人才辈出、经济亦较他省富庶的省份来说,浙江没有省立大学的设立,这是时人所不能接受的。

有鉴于此,1918 年至 1926 年,浙江一些有识之士即积极筹谋、活动,企图设立一所省立大学。开其端绪者,为浙江当时著名的教育家、省立一师校长经亨颐。早在 1918 年 4 月 13 日,经亨颐即在其日记中自记:"至吉羊巷事务所开校长会议,提议陈请省议会:浙江设立大学,先留养人材,然后培植人材。"④经亨颐

　　① 　洪永权:《浙江省立法政专门学校》,中国人民政治协商会议浙江省委员会文史资料研究委员会编:《浙江文史集粹·教育科技卷》,浙江人民出版社 1996 年版,第 55 页。

　　② 　《浙教育会请设大学》,《申报》1918 年 5 月 9 日,第 6 版。

　　③ 　《筹办杭州大学之议案》,上海《民国日报》1921 年 11 月 11 日,第 7 版。

　　④ 　经亨颐:《经亨颐日记》,浙江古籍出版社 1984 年版,第 56 页。

在争取到省教育会会长李杰等人同意后,以省教育会的名义,向省议会第三年常会提交了筹办浙江大学的议案。1918 年 5 月 9 日,省议会初步通过该案,并在 5 月 10 日函请北京大学代拟经费预算并寄课程表。但在后续工作方面,由于省议会适逢换届选举,原议员为谋求连任,纷纷返乡活动,致使议员出席人数下降,该届议会在 6 月 17 日闭会,关于筹办省立大学之事,只能俟第二届省议会上再议。第二届议会于 1918 年 10 月 20 日成立,其第一年会议即行召开,至 12 月 26 日为止。由于省议会浙东、浙西两派互相内斗,筹办省立大学的提案一再被拖延。1918 年 12 月底,《申报》报道说,浙江省省长已将设立浙江大学之案提交省议会议决,"(一)本省设省立浙江大学,并附设高等专门部;(二)法、医、农、工、商各分科,以现设之法、医两专门,及甲种农、工、商各校为基础,其农、工、商各科仍附设甲种部"①。1919 年 4 月 28 日,省议会第二年常会开幕后,经亨颐仍继续寻求通过。他与李杰等人联络,希望将省费上年盈余的十几万元,移作开办省立大学之用。但部分省议员为一己之私,欲利用此笔款额为议员发放补助费,故反对设立大学。这不免引起旁听群众的愤怒,遂发生风潮,有数名省议员被打伤。1919 年 11 月,省议员陈益轩提出《筹设江浙大学议案》,拟联合江苏省在上海设立江浙大学,因脱离实际而未果。② 1919 年 12 月下旬,省议会再次将该议案列为讨论内容,但在部分议员阻挠下仍未能通过。1920 年春,经亨颐在省议员逼迫下,辞去省立一师校长一职。由经亨颐主要推动的筹办省立大学运动,暂告结束。③

1921 年 10 月 5 日,第三届省议会成立。在 10 月 27 日的会议上,杭州籍议员陈惠民提出设立浙江大学的议案,另一议员郑迈提出《归并浙江省立专门学校及省立师范学校改设两浙大学案》,沈定一亦提交了《筹办杭州大学案》。后各案合并为一案,省议会最后通过《筹办杭州大学大纲》,于 11 月中旬在上海《民国日报》刊出。该筹办大纲提出,限 1922 年 2 月前成立该校董事会,并由董事会聘定校长。1922 年 9 月 22 日,此前在教育部任职的张宗祥,回浙出任省教厅厅长。就任后,即积极筹备杭州大学。12 月 30 日,省议会通过了张宗祥拟订

---

① 《杭州·省长拟设浙江大学》,《申报》1918 年 12 月 25 日,第 7 版。
② 《筹设江浙大学议案》,《申报》1919 年 11 月 13 日,第 7 版。
③ 徐立望:《1914—1927 年浙江大学筹建运动》,《浙江学刊》2016 年第 4 期,第 76—84 页。

的杭州大学董事会名单,蔡元培、陈榥、蒋梦麟、陈大齐、阮性存、马寅初、应时、郑晓沧、何炳松、汤兆丰 10 人当选为董事。1923 年 1 月 29 日下午,杭州大学董事会举行成立大会,上述 10 名董事及委任董事张宗祥、张寿镛出席,会议议决开始杭州大学的选址及董事会办事细则的制定工作。在董事会第一次正式会议召开前,郑晓沧、蔡元培也向董事会提出意见书。郑晓沧建议杭州大学应先办文理科,因文理科为各科之根干。俟文理科办理初具成效时,再办其他科。蔡元培则建议先办自然科学学科,同时设立哲学门或开设若干哲学课,供学生选修。在大学管理方面,蔡元培建议设立校政会议,由其中一人任主席,同时兼任大学校长。大学校长一年一任,不得直接连任。关于校址,杭州大学董事会决定以万松岭敷文书院旧址为校址,此地风景优美,离城不远,交通又极便利。1923 年 3 月,董事会第二次会议讨论杭州大学学制、杭州大学章程等案,决定首先设立四院——自然科学院、社会科学院、文艺院、应用科学院,每院设若干系,每系设若干门。此后,该大学章程以《杭州大学意旨书》为题,在《北京大学日刊》、上海《时事新报》等报刊上刊出。

至此,经过数年的努力,浙江省立大学的筹备终于有所进展,但很快又为经费问题所阻滞。该大学筹建费初步估算约需 100 万元,而 1923 年全省岁出教育费总共才只有 146 万元。为此,省教厅向省府提出地丁加捐方案,省财政厅估算,随地丁征税每两征银三角,全年可收入 74 万元;再带征教育费,每两带征一角五分,计可增加 36 万余元。1923 年 5 月初,省议会第二次临时会议开会时,各派议员争论不休,并经常组织团体退会或上演武斗,致使杭州大学筹办经费问题一直无法解决。直至次年 1 月 5 日,仍无结果。此后在1924 年至 1926 年间,虽不断有人提出经费筹集办法,但均无结果,致省立大学的筹办终未成功。

三、公立专门学校的创建与发展

山重水复疑无路,柳暗花明又一村。停办浙江高等学堂、浙江两级师范学堂优级部,以及筹办省立大学未果,无疑使浙江高等教育的前途蒙上浓厚的阴影;但此一时期浙江诞生的工专、农专、医专等三所专门学校,又保存了浙江高等教育的若干火种,使其不至于荡然无存。1927年南京国民政府成立后,即以工专、农专两校为基础,创建了第三中山大学(旋改称国立浙江大学)。

(一)浙江公立工业专门学校

浙江公立工业专门学校(简称工专),其前身为民国初年成立的浙江省立甲种工业学校。而浙江省立甲种工业学校,又渊源于清末成立的浙江中等工业学堂。

宣统二年(1910)夏,浙江提学使袁嘉谷省亲,由温处道郭则沄(福建闽侯人)代理提学使。郭则沄欲在杭州创办一所全省未有的工业学堂,因此奏准浙江巡抚增韫同意,以原废置之铜元局全部房屋、机械等物,拨为浙江中等工业学堂基本金,另拨现银1.5万两,并聘许炳堃为监督,进行筹备。许炳堃(1878—1965),浙江德清人,于光绪二十九年(1903)留日,入东京高等工业学校机织科学习。光绪三十四年(1908)9月回国,授工科举人。光绪三十五年(1909年)参加殿试,考取一等,任内阁中书。同年夏,应增韫之邀,出任浙江中等工业学堂监督。该校于宣统三年(1911)2月27日开学,当时招收机械科、染织科学生共两班,总计50人,另招艺徒100人。每科设正、副主任,以专任教员兼任之。至7月,又在校内附设浙江公立工业教员养成所,以造就工业学堂专门师资,招生以一期为限,所有膳宿、服装及学杂等费,均由官费负担。养成所招生名额60人,分染色、机织、金工三班,每科各20人。报名资格以旧制中学毕业或具有同等学力者为合格。训练所负责人亦为许炳堃。

1911年10月以后,浙江光复,受战事影响,该校经费来源断绝,曾闭校数月。至1912年3月15日始重新开学,改称为浙江省立中等工业学校。除原有各班复课外,另将工业教员讲习所改为讲习科,与染织科合为一班。9月,新招一年级新生100人,分机械、染织二科,当时学生入学资格为高小毕业生。1913年9月续招新生,并正式实行预科制,另租水香阁以为分校。1913年12月25日,讲习科学生毕业。1914年7月,本科第一班毕业,同年秋,分染织科为机织、染色二科。1915年7月,本科第二班毕业。因部章规定须四年毕业,故第二班延长一年,至 1916 年 7 月,与第三班同时毕业。同年,学校名称改为浙江省立甲种工业学校。1917 年,山西、广西等省选派学生来校肄习。1917 年夏,本科第四班毕业,本年预科生增为四班,每班 40 人。1918 年夏,本科第五班毕业后,学校增设应用化学科,并以刀茅巷原私立浙江法政专门学校校址作为分校。1918 年,学校复添设电机科,其机织、染色二科仍并为染织一科,还选派资深教员数人赴外国练习。次年,复派毕业生之服务本校年久者赴日,考求工业技术。

著名画家常书鸿于 1918 年投考该校电机科,进校第二学期转入染织科,1923 年毕业,因成绩优秀而留校,担任染织科纹工场管理和预科的美术教员。后于 1927 年 6 月自费赴法国留学,入里昂美术专科学校学习西洋画。1936 年回国,任国立北平艺专教授、西画系主任。

至 1919 年,浙江省立甲种工业学校已开办 9 年,"现时在校生徒综计七百余人,历次毕业者,几(凡)一千五百人",这些数字都未计入中途被各工厂请去的艺徒数百人。[①]

五四运动前后,"实业救国""工业救国"之声高唱入云,学生亦认为学习实科将来较有出路,因此志愿学习工科之学生日益增多。而此时浙江高校只有法政、医专,中学毕业生欲肄习工科,须去上海、南京、北京、天津或东渡日本,各方面因此均感添办工专之需要。浙江省议会部分议员,遂以省立甲种工业学校开办以来,成绩较好,校誉颇佳,建议将此校升格为公立工专;原有甲种工业学校可由工专附设,新招甲种学生,改称甲种讲习班,艺徒改为乙种实习生。并拟具办法及预算,经省议会通过后咨请政府执行。1920 年秋,该校正式升格为浙江公立工业专门学校,校址为杭州报国寺,其隔壁为铜元局。仍附设甲种工科及乙种工科。改设工专之初,该校设有电气机械科、应用化学科,学制四年(预科一年,本科三年)。首次招生时,投考学生大部分来自浙江各地中学,有些考生已经去天津、北京,得知工专招生消息后即南返投考。结果两科共录取 100 人,另备取 10 人,全为男生,其中即有日后浙大电机系的著名教授王国松。从 1921

---

① 朱苍许:《省立甲种工业学校之沿革(1910—1919)》,许高渝等编著:《遗珍逸文:老浙大期刊集萃》,浙江大学出版社 2017 年版,第 172 页。

年起,将预科分为两种:以入学考试数学成绩 40 分作为界限,凡在 40 分以上者,进入一年制的预科;凡在 40 分以下者,进入二年制预科。[①] 1922 年,许炳堃赴欧美考察,并物色教师,校务由教务主任金培元代理。1923 年秋,许炳堃因病辞职,校长由徐崇简继任,直至 1927 年 3 月,浙江省务委员会委派李熙谋为校长,于 5 月 1 日就职。[②]

浙江工专的课程设置与国内其他工专学校相仿,主要仿照美国工学院的制度。预科主要课程有:国文、英文、高等代数、解析几何、微分、物理、化学、投影画等。电机科本科主要课程有:德文、微分、物理、制图、机构制造法、应用力学、材料力学、机构学、电磁学、热力学、锅炉和蒸汽机、蒸汽涡轮、内燃机、水力学及水力机、机械设计、交流理论、电力机械、电报、电话、无线电、电灯照明、电力输送、电气铁道、电机设计、发电厂设计等课。应化科本科课程主要有:德文、积分、物理、制图、材料及力学、水力学、机构学、有机化学、矿物、物理化学、化工原理、工业化学、电工学、电气化学、化工机械、发动机、冶金、应用化学、工艺设计、燃料及工业炉、分析等课。课程所用课本主要采用英文课本,虽然有不合理性,使英文基础较差的学生感到学习困难,但促进了学生的勤学。

在师资方面,工专开办初期,教师只有十几人,后逐步增多。1920 年 12 月,该校曾调查师资状况,具体情况见表 4-3。

表 4-3　1920 年浙江公立工业专门学校任职教员

姓名	字	原籍通讯处	现在住址
许炳堃	缄甫		杭州金洞桥皋汤里五号
金培元	鹤侪	吴兴西门木桥弄口	杭州头发巷田家园七号
陆守忠	郁斋	余姚东横河震新	本校
陶泰基	平叔	无锡北门外江阴巷一六三	杭州外横河桥萧家街一号

①　王国松:《浙江公立工业专门学校校史纪要》,中国人民政治协商会议浙江省委员会文史资料研究委员会编:《浙江文史资料选辑》第 10 辑,浙江人民出版社 1978 年版,第 1—8 页。
②　《工学院沿革和早期概况(1910—1933)》,许高渝等编著:《遗珍逸文:老浙大期刊集萃》,浙江大学出版社 2017 年版,第 184 页。

续表

姓名	字	原籍通讯处	现在住址
施霖	雨若	杭州马所巷三三号	杭州马所港三三号
严眆	观涛	湖州骥村	本校
吴钦烈	敬直	诸暨枫桥升泰转娄曹	本校
叶熙春	如松	丽水县城内太平坊庄宅转	杭州上城保安桥 五圣堂新一号
莫善诚	存之	德清赵家弄	本校
陆鸿燿	帙群	常熟梅里北街	万安桥北河下新六号
汤贻湘	拥伯	绍兴东浦	本校
赵治	君艾	诸暨枫桥赵家	杭州金洞桥皋飏里
戎昌骥	菽畦	宁波慈溪观海卫	杭州湖滨路添四号爱朴庐
陈维遵	震之	萧山东门内下街	杭州兴忠巷三十六号
朱苍许	慧生	平湖仓前街	杭州小营巷十号
戴道骝	中甫	德清城内射圃前	杭州葵巷十八号
陆树勋	叔余	吴兴马军巷升平弄口	本校
冯汝觫	飏云	嘉兴	杭州金洞桥八号
张云瑞	闰材	嵊县城中白莲堂街	本校
蔡德强	禹泽	诸暨城外同升堂转	本校
关鹏南	振然	杭州皇诰儿巷四九	本校
柴锡荣	云蓉	杭州铁佛寺桥	本校
张元培	植甫	嘉善城内百岁坊	本校
何公亮	叔平	诸暨城内枫桥镇恒兴号转泉畈	
吴乃琢	汉章	杭州枝头巷	本校
沈慰贞	念慈	杭州柴木巷	本校
孙祖炜	友声	丰乐桥九十二号	本校

续表

姓名	字	原籍通讯处	现在住址
骆锡璇		诸暨县枫桥骆	本校
王干	仲芳		
吴纬	仲相	本城上羊市街水仙弄 对门二百二十五号	
王述祖	少渔	本城上马市街一百四十五号	
项大澂	季澂		
沈沛霖	泽怀	余姚北城全元庄转沈湾	
唐祖勋	安国	本城湖墅大关大浒弄	
傅鼎元	铭九	东阳巍镇邮转西庠厦	
孙稽鹤	家武	绍兴孙端乡小桥镇陈松茂收转	
姜俊彦	延恩	鄞县石碶	西湖湖滨路添四号爱朴庐
郑文彬		本城上小粉墙二十九号	兰溪县山醉楼
许德辉	馨生	德清溪东	万安桥北河下新六号
陆永年	缵何	杭州城内小粉墙十五号	
林璧	景韩	杭州城内小营巷十号	
龚俊	为时	德清下舍镇	德清城内赵家弄
章奎	季同	吴兴获巷	苏州娄门小新桥巷
傅焕	炳然	绍兴县城	杭州小螺蛳山五号
马上程	子奇	东阳南马镇转	本校
许湛儒	麟孙	彩霞岭十七号	本校
陈世觉	悟皆	嵊县三界吴同泰号转陈村	本校
吴宗溍	逸民	吴兴东门白墙湾	本城太平门刀茅巷口
程宗裕	光甫	杭城瑞檀巷蔡家弄一号	本城太平门刀茅巷口
程宗植	培甫	杭城瑞檀巷蔡家弄一号	本城太平门刀茅巷口
吴友遽	孔怀	杭城大塔儿巷十五号	本城太平门刀茅巷口

续表

姓名	字	原籍通讯处	现在住址
孙念时	厪甫	德清务前街	本校
虞鸿书	幼甫	德清戚家弄	本校
邵诵熙	朗斋	余姚南城升源水果号转	本校
凌庭华	谱华		
陈宝钦	世珍	余姚浒山文成号直街	本校
许荪缪	公武	德清城内务前街	本校
蔡宝书	蕊孙	德清城内张仙弄	本校
蔡绍桢	国生	兰溪三坊牌楼里	本校
王存济	作舟	姚元寺巷四十五号	本校
康平	雪庄	杭县临平镇	本校
王祖章	文蔚	新昌童锦和彦记转南山村	本校
倪维熊	惟雄	嘉善西塘西街	本校
陶秉珍		萧山城内里横河	本校
陈尔炽	炳生	常山西门内张内记酒栈转	本校
郁锦生	鲁宾	杭州西湖茅家埠十二号	本校
方秉寅	少和	杭州祖庙巷第三号	本校
吴与言	子耕	杭州祖庙巷五十号	本校
范骏泰	君武	杭州门富二桥六号	本校
许福埏	季玉	乍浦西门内	本校
阮性咸	季侯	江苏兴化县	马所巷三十三号
诸章达	天自	余姚朗霞乡万余丰花行	本校
章钜	铁民	德清务前街	本校
江世德	伯皋	兰溪黑虎巷	本校

说明:本表据《现任教职员录(民国九年十二月调查)》《浙江公立工业专门学校一览》,1921 年版)制成。

另据王国松回忆,1920 秋该校改称工专的初期,大部分教师为留日出身,只有两位教师为留美出身,即电机科主任严观涛(籍贯、履历均不明,且表 4-3 中未体现)、应化科主任吴钦烈。从 1921 年起,该校师资状况持续改善,先后来校任教者如下。

徐守桢,字崇简,安徽人(一说浙江人),生卒年不详,原浙江高等学堂毕业,1914 年由浙江省派赴留美,插班入理海大学(旧称里海大学)冶金系科三年级,1916 年夏毕业,11 月欲赴德留学,但因欧战停止,至 1921 年 4 月时尚未留德。曾在汉冶萍公司任职,颇得许炳堃的欣赏。1922 年来校,讲授英文、力学等课。1923 年担任校长,直至 1926 年 11 月辞职。

陈建功(1893—1971),浙江绍兴人,浙江两级师范学堂毕业,1913 年考取浙江省费留日,1914 年入东京高等工业学校,1918 年毕业,于 1919 年返浙,在浙江甲种工业学校染织科担任染织课讲授工作。1920 年,在学校同意下,陈建功第二次考取省费留日名额,入日本东北帝国大学肄习数学。1921 年,他在日本《东北数学杂志》第 20 卷发表《关于无穷乘积的几个定理》一文,这是陈建功的首篇数学论文,也是中国留学生中继胡明复后在国外发表数学研究论文的第二人,引起了人们的关注。1923 年秋,陈建功从日本东北帝国大学毕业,先至浙江公立专门工业学校任职一年,后于 1924 年转任武昌高师数学教授,在该校任教时,曾培养出曾炯之、王福春等具有数学特长的学生。1926 年秋,陈建功再赴日本,入日本东北帝国大学攻读博士。[①] 陈建功此后的任教情况,本书将在下章介绍。

杨耀德(1898—1986),江苏松江人,1917 年从上海工业专门学校毕业后留美,1921 年获美国俄亥俄州州立大学电机工程硕士学位。1922 年回国,任浙江工专电机工程科教授。1927 年后长期在浙江大学任教,直至新中国成立后。

王崇植(1897—1958),江苏常熟人,1917 年考入上海工业专门学校电机科。1921 年考取清华学校,同年留学美国麻省理工学院,学习电机工程。1924 年回国,任教于浙江工专。1926 年离开该校,投身于无线电事业。

钱昌祚(1901—1988),字莘觉,江苏常熟人,1917 年从浦东中学高中毕业后,考入清华学校。1919 年,由清华学校保送留学美国,入麻省理工学院机械系

---

① 骆祖英:《一代宗师——钝叟陈建功》,科学出版社 2007 年版,第 6—20 页。

就读。1922 年毕业后,继入航空工程研究班,成为被称为"美国航空之父"的著名教授冯·卡门的得意门生。1924 年获硕士学位,同年回国后在浙江工专任教。后担任清华大学教授。

恽震(1901—1994),江苏常州人,1913 年入复旦公学,1917 年考入大同大学,同年考取南洋公学电机系。1921 年夏毕业于上海交大电机系,不久赴美留学,入威斯康星大学攻读硕士,1922 年获电机硕士学位。1923 年夏回国,任教于浙江工专电机工程科。1924 年去河南郑州办厂。

除以上著名教师外,据王国松回忆:"王琎曾来校任化工科主任一年,电机科教师如鲍国宝、褚凤章不仅教课好,而且能为学生找实习机会和出路,均为学生所敬仰。部分功课还请上海、南京学校教师如徐名材、徐佩璜、杨杏佛等来校兼课。"①

学生方面,据 1920 年 12 月调查,浙江工专在校学生有 767 人,已毕业各种学生 1705 人。② 从 1920 年至 1927 年,浙江工专有 7 年办学历史,其电机工程科为国内较早设立者,化学工程科为国内最早设立者。工专毕业学生共四届,计电机科 60 人,化工科 24 人,共计 84 人。③

(二)浙江公立农业专门学校

浙江公立农业专门学校,其前身为浙江省立甲种农业学校。而浙江省立甲种农业学校,是由清末浙江农业教员讲习所和民初的公立浙江中等农业学校发展演变而来的。

宣统二年(1910)夏,浙江巡抚增韫奏请设立农业教员讲习所,所址最初在省垣马坡巷,后迁横河桥南岸。先聘陆家鼎为所长,后相继由任寿鹏、金兆棪、姚汉章担任所长。初次招生 100 名,学员免收学膳费。讲习所还在附近土桥地方租地 20 余亩,辟为农场。次年,由省咨议局议决,讲习所改为浙江中等农业

① 王国松:《浙江公立工业专门学校校史纪要》,中国人民政治协商会议浙江省委员会文史资料研究委员会编:《浙江文史资料选辑》第 10 辑,浙江人民出版社 1978 年版,第 1—8 页。
② 《浙江公立工业专门学校历届毕业生人数一览表(民国九年十二月调查)》,《浙江公立工业专门学校一览》1921 年版。
③ 王国松:《浙江公立工业专门学校校史纪要》,中国人民政治协商会议浙江省委员会文史资料研究委员会编:《浙江文史资料选辑》第 10 辑,浙江人民出版社 1978 年版,第 1—8 页。

学堂,开办费 3 万元,拟在杭州笕桥建设新校址。1912 年,将农讲所改为公立浙江中等农业学校。1912 年夏,姚汉章辞职,教育司长沈钧儒改委叶芸代理,是年冬,毕业学生 88 人。[①]

1913 年 1 月,公立浙江中等农业学校改称浙江省立甲种农业学校,以吴崃为校长,校址设于笕桥,于 4 月 21 日迁入。该校设农学科一班,学制三年。1913 年春,招收农学科新生 100 名。7 月,吴崃去职,委陈嵘继任,并于秋天添设森林科本科一班。1915 年,部令规定甲种农业学校修业年限为四年(预科一年,本科三年),于是该校特设研究科一班,将原有之农学、森林两科学生延期一年毕业。是年 7 月,陈嵘去职,黄勋继之。1916 年夏,黄勋去职,周清继任。1918 年由省议会议决,该校添设兽医科,该科办至 1922 年 7 月停办。时周清辞职,陆海望继任。至 1923 年 1 月,陆亦辞职,由高维魏继任。1924 年 1 月,高维魏亦辞职,由孙信代理,旋委许璇为校长。

1924 年秋,省议会议决,将该校改组为浙江公立农业专门学校,并将设于建德之省立甲种森林学校并入。该校共设农学、森林两科,招收旧制中学毕业生一班,为一年期预科;招收初级中学毕业生一班,为二年期预科;本科修业期限,定为三年。原甲种农校之农学科、森林科及甲种林校之森林科、农林科各班,均办至现有学生毕业为止,不再招生。

1924 年 11 月,许璇辞职,由杨清孚、李崇敏相继代理。1925 年 1 月,高维魏为校长。为应社会之需要,该校附设高中农科,修业年限为五年。12 月高又辞职,由钱天鹤继任。至 1927 年 5 月,钱辞职,谭熙鸿接任。1927 年 8 月,国立第三中山大学成立,改组农专为该大学劳农学院,谭熙鸿为院长。[②]

毕业学生数量方面,在 1927 年 8 月并入国立第三中山大学以前,该校尚无本科毕业生。在省立甲种农校时期,据有关资料,1916 年至 1921 年间,该校毕业学生总共 188 人。[③]

---

① 《浙江省立甲种农业学校沿革(1910—1922)》,许高渝等编著:《遗珍逸文:老浙大期刊集萃》,浙江大学出版社 2017 年版,第 169 页。

② 《农学院沿革和早期概况(1910—1933)》,许高渝等编著:《遗珍逸文:老浙大期刊集萃》,浙江大学出版社 2017 年版,第 187—188 页。

③ 《浙江省立甲种农业学校沿革(1910—1922)》,许高渝等编著:《遗珍逸文:老浙大期刊集萃》,浙江大学出版社 2017 年版,第 169 页。

师资方面,据1923年统计,该校共有教职员40人左右,主要教师以留日出身者居多,暂无留学欧美出身者。具体见表4-4。

表4-4　1923年浙江农业学校任教职员一览

姓名	字	籍贯	履历	担任职务及所授课程	就职时间
高维魏	孟徽	杭县	日本东北帝国大学农科毕业,农学士	校长,农业经济、农业细菌危害、畜产	1923年1月
沈竞	素生	江苏	日本盛冈高等农林学校农科毕业	教务主任,农产制造、土壤、肥料、农艺、化学、农村教育	1922年8月
陈敬衡	雄飞	黄岩	北京农商部高等实业学堂化学专科毕业,历任广西省立农林学堂、浙江省立农业教员讲习所、浙江省立第六中学校化学主任教员	训育部主任兼化学教授	1923年3月
柴秉方	京华	宁海	上海龙门师范毕业,历充台州初级师范学校监督,本省实业科员	训育部主任	1921年8月
童玉民	玉民	余姚	日本鹿儿岛高等农林学校农科毕业,曾任江西公立农业专门学校农科主任、江苏省立第三农业学校园艺系主任	农科主任,果树、花卉、植物、昆虫、作物、气象、土地改良、水产大意	1918年1月
杨靖甫		四川	日本鹿儿岛高等农林学校林科毕业,曾任奉天省立农业学校林科主任	林科主任,森林数学、造林、狩猎、林学通论、林学大意	1918年1月

续表

姓名	字	籍贯	履历	担任职务及所授课程	就职时间
李崇敏	虚谷	海宁	日本驹场农科大学兽医实科毕业	兽医科主任,细菌外手疫论、兽医学大意、蹄铁	1919 年 8 月
陶善松	稷人	余姚	日本大阪府立农业学校毕业,日本农商部园艺试验场研究员	农场主任,作物、蔬菜、农业通论、农场实习	1917 年 1 月
张福仁	静甫	安吉	日本鹿儿岛高等农林学校林科毕业,曾任江西农业专门学校林科主任	林场主任,森林经理、森林法规、造林、森林管理、林产制造实习	1922 年 7 月
刘刚	自强	永嘉	日本东京兽医畜产学校毕业	兽医院主任,外科、卫生酪、农产科蹄病、警察外科各论、病理解剖、马学解剖、眼科日语	1920 年 8 月
全荣衮	蓉庵	绍兴	北京农工商部高等实业学堂机器专科毕业,曾任第五中学校学监及教员	国文、地理、历史	1916 年 8 月
林达	醒凡	永嘉	日本明治大学高等科毕业	英文、日文、动物	1913 年 8 月
林熊祥	渭访	海门	国立北京农业专门学校林科利用系毕业	林政、森林昆虫、森林保护、森林植物	1923 年 3 月
吴云程		义乌	浙江体育专门学校毕业,曾任体育专门学校体操主任教员	体操	1922 年 9 月

姓名	字	籍贯	履历	担任职务及所授课程	就职时间
俞定	松笠	诸暨	浙江高等学堂毕业，曾充浙江省立第十一中学校教员，第九师范学校教员，兼学级主任，现任浙江省教育厅秘书	国文、英文	1923 年 3 月
孙信	虹旐	杭县	北京大学工科毕业	英文、地质、矿物、测量	1916 年 8 月
孙从周	雅臣	奉化	浙江高等学校正科毕业	数学、物理	1913 年 1 月
张保寅	月舟	杭县	浙江蚕学馆毕业，曾任江南、湖北省立蚕桑学堂、浙江官立农业教员讲习所教员，本省农事试验场蚕桑科主任	养蚕、农业法规	1913 年 1 月
汤显	鹏超	绍兴	绍兴拳术研究所所长	国技	1920 年 4 月
喻哲文	哲文	黄岩	北京大学工科毕业，曾任广西工业学校土木主任教员	土木、数学、器画	1918 年 1 月
卢铠	菊栽	东阳	国立北京大学文科哲学系毕业	国文	1922 年 9 月
罗枢	中密	杭县	浙江陆军兽医养成所毕业，浙江陆军兽医医院兽医	内科诊断、药物	1920 年 3 月
郑昌球	舜琴	黄岩	浙江省立医药专门学校毕业	校医兼生理	1922 年 9 月

续表

姓名	字	籍贯	履历	担任职务及所授课程	就职时间
范宗岱	焕文	杭县	曾充浙江高等学堂会计及省立第五师范学校庶务会计	庶务员	1923年3月
金英	衡甫	绍兴	绍兴敬敷高小毕业，办理本乡地方自治十年	会计员	1923年3月
于本琪	美东	安徽	前广西融县承审员，兼第一科科长	文牍员	1923年1月
戚有则	康平	湖北	上海科学会函授部农工商科毕业	书记	1919年1月
吴江	君让	龙游	本校第六届农科毕业	教务员	1922年9月
沈维金	达泉	杭县	本校第二届兽医科毕业	图书处管理	1923年3月
周颂	士亨	奉化	本校第四届农科毕业，曾任杭北林木公司技术员	图书处管理	1922年10月
周铨元	士衡	诸暨	本校第一届农科毕业	农场管理员	1920年9月
周应璜	友望	嵊县	本校第二届农科毕业，曾任河南开封大昌制蛋厂技师	农产制造室管理员	1920年8月
俞荃芬	绥霖	富阳	本校第二届林科毕业	林场管理员	1920年9月
胡桂芳	子联	永康	本校第一届兽医科毕业	兽医院管理员	1921年1月
孙坝	伯友	东阳	本校第三届农平毕业，曾任南京高等师范学校农科绘图员	教务员	1921年1月

姓名	字	籍贯	履历	担任职务及所授课程	就职时间
费光	季宣	崇德	曾充海宁长区第六国民学校校长	庶务员	1923 年 1 月
叶筠	少卿	杭县	曾充本省农事试验场庶务	农场管理员	1913 年 1 月
葛承武	露仙	黄岩	业儒	书记	1919 年 9 月
裘孝椿	梦森	嵊县	本校第三届林科毕业	演习林场管理员	1921 年 8 月
蒋文祥	愤强	诸暨	本校第四届农科毕业	农场管理员	1920 年 9 月

说明:本表据浙江省立农业学校编《浙江省农业学校十周年纪念刊》制成,见汪林茂主编《浙江大学史料·第一卷(1897—1927)》上(浙江大学出版社 2022 年版)第 437—439 页。

(三)浙江公立医药专门学校

浙江公立医药专门学校为我国第一所医学高等学府,由浙江留日归国学者韩清泉创办。

韩清泉(1884—1921),字士泓,浙江慈溪人,1902 年 8 月由浙江大学堂资送赴日留学。初进弘文学院普通科,与周树人、厉绥之同学。1904 年,入金泽医学校学习医学。学成归国后,任浙江高等学堂校医。1911 年,韩清泉与汤尔和、钱泽人、厉绥之等留日归国学者商议,创设一所自办医院。他们在羊市街租一所四开间前后的西式楼房,开设浙江病院,此为中国人在杭州所办第一家西式医院。该医院由汤尔和主持内科,韩清泉主持外科并兼院长,还有其他一些医师坐诊。韩清泉等人将在外兼职所得收入节省下来,投入该医院。数月以后,由于治疗成绩显著,服务态度优良,收费低廉,为广大劳动群众和患者所欢迎,并得到阮性存、邵章、孙智敏、经亨颐、顾松庆、王芗泉等浙江名人的赞助。辛亥革命后,浙江督军署军医课对该院赞助尤多,乃将医院迁至原盐运使署旧址。迁入该址后,韩将原有房屋修葺,并对确因贫穷交不起费用者,实行免费,但这造成医院的亏损。杭州警察处因警察无处治病,遂以该院替警察免费治病为条件,年拨施医费 3000 元,以资补助。①

1912 年夏,韩清泉、钱泽人等以浙江病院渐趋稳固,社会信誉日渐提高,乃纠集同志,积极倡议筹办医学学校,以造就医学人才。此倡议得到时任省教育司司长沈钧儒的大力支持,乃由省政府拨款 8000 元,于 1912 年 6 月 1 日成立,初名浙江医学专门学校,次年改称浙江公立医学专门学校,由韩清泉任校长,并由省教育司报请北京教育部核准立案。校址初设于杭州板儿巷民房,第一期招生 60 人,以旧制中学毕业为资格,学制四年。1913 年,以全国尚无药科之设置,韩清泉遂聘留日出身的李绳其为该校药科主任,当年招收医科、药科各一班,学制为医科四年(其中实习一年)、药科三年。同年,学校易名为浙江公立医药专门学校,风声所播,各省遂继起创办医校。据该校毕业生、后任浙江卫生处处长的孙序棠说:"浙江公立医药专门学校的创立,是我国医药教育史上的创举,她给当时全国医学界以很大的振奋,影响所及,各省向往。北京、江苏、江西、福建、山东等省,有的派员来校参观访问,有的函询学校设施概况,以资借鉴。他们先后仿效浙江医药专门学校的规范设施,成立各省医学专门学校。首为北京医学专门学校,继则江苏、江西、福建、山东等省亦次第成立医专,但大都无药科之设置。而江苏、江西、福建等省的医专,没有办了几期就停办了,始终存在并日益获得发展的,仅浙江医药专门学校与北京医学专门学校二所而已。"②

1913 年秋,因原有校舍不敷,遂迁至法院路张姓大厦,并筹款在浙江病院修建新屋,辟为高年级实习教室和基础课的细菌、医化、化学实验教室。韩清泉身兼病院院长和医校校长两职,医校各科教师也兼病院各科主任医师,教、学、用相结合。该院各兼任人员,为使该院积累资金,均自愿不支另薪,仅支少数交通费。两三年间,即用积累资金建设七开间洋房一座。楼下除走廊外,隔为 12 间,作为门诊部,楼上作为高级病房。另新购 X 光机、显微镜等设备数十架。当时学校教师尚感不足,因此聘日本人高桥德卫为外科教授兼

---

① 张振夏、程浩、姚善湔:《浙江医药专门学校简史》,马玉田、舒乙主编:《文史资料存稿选编》24《教育》,中国文史出版社 2002 年版,第 297 页。

② 孙序棠:《浙江医药专门学校的创建经过》,马玉田、舒乙主编:《文史资料存稿选编》24《教育》,中国文史出版社 2002 年版,第 292 页。

病院外科主任医师,伊藤斌夫为产妇科教授兼病院产妇科主任医师,横山铁太郎为细菌实习室助教。后高桥德卫返国,由铃木俊治继任外科教授兼主任医师。数年后,该校校友留学外国陆续返回,遂将外籍教授解聘。1915 年,教育部举行全国专门以上学校成绩展览会,浙江公立医药专门学校送陈医、药二科成绩品(如各部门医药模型等件)展出,教育部认为办学优秀,列为特等,特颁"绩学宏仁"匾额以资奖励。这一成绩在全国同类院校中列第一名。1917 年,韩清泉以历年劳瘁,体力不支,辞去校长一职,省教厅遂派内科教授钱崇润继任。

该校首届学生 60 人,因为没有校舍,租用民房上课。建校 9 年后,才有自己的校舍,建校 24 年后,才有学生宿舍。学生都是自己解决吃、住问题。全校就是在这样艰难的情况下,克服困难,勤奋好学,共赴时艰。由于办学成绩突出,教育质量上乘,得到了社会公众、舆论的一致赞扬。1920 年,经韩清泉、盛在珩(省议会议员)、钱崇润(第二任校长)等人的努力,省议会拨款 7 万元建筑新校舍。1921 年 7 月,该校在刀茅巷购地 30 余亩,建立新校舍。新校舍落成,学校搬入,学生因此得以安心上课。学校还在浙江病院新修建房屋,作为高年级临床实习教室和基础课的细菌、医化以及化学实验的教室。1921 年 12 月,钱崇润辞职,由盛在珩代理校长。同年,创校有功的韩清泉,不幸病逝。1922 年,盛在珩辞职,由李定任校长。同年,该校设立诊察所于蔡市桥直街,为附属医院的先声。1924 年,该校建立阶梯教室及解剖实习教室,同时受浙江警务处委托,办理卫生警察训练班,由余继敏教授主持教务。1925 年,校长李定赴德考察,省教厅派吴粹代理校长。1925 年 6 月,该校接收了因五卅运动而转学的原教会学校——私立广济医学专门学校——的数十名学生,为这批学生办理"六·六特班"。其中,对于原广济医专的医、药、护三科学生,由浙江医药专门学校增设特别班,继续学习至毕业;对于原广济医专的产科学生,特设浙江省立产科学校,使其进入学习。当时四科学生共 51 人,内有医科毕业生 2 人。至 1929 年夏,特班学生均已先后毕业。[1] 1926 年 2 月,该校分校迁至花市路,该校诊所迁至

---

[1] 张振夏、程浩、姚善湔:《浙江医药专门学校简史》,马玉田、舒乙主编《文史资料存稿选编》24《教育》,中国文史出版社 2002 年版,第 307 页。

岳王路。同年 3 月,省教厅改派丁求真为校长,8 月添设预科。1927 年 11 月,该校改称浙江省立医药专门学校,改委朱其辉为校长。

该校作为一所实施高等医学教育的学校,其有关制度与教学方法主要模仿日本的医学学校。而日本的医学教育又是模仿自德国。因此,该校在教学中重视德文、日文的教学,以提高学生德文、日文水平,预备阅读原版书籍或留学德日。主讲教授所用的诊断、处方和主要术语,皆用德文、拉丁文。而日本教授上课时,则用日语翻译,重要处仍用德文,写于黑板上,便于记忆。学校图书馆书籍,以日文版居多,也有德文、英文的医学书籍。建校初期,学校没有固定课堂,没有医学书籍、课本教材,只能采取教师口授、学生笔记的教学方法。如遇到医药学专门名词不易一时领会的,就由教师摘写于黑板,使学生经常注意,便于记忆。至于解剖挂图,当时书店尚未有出版者,是由学校根据需要聘请绘图员随时绘制应用。在尸体解剖方面,因当时尸体不易获得,由学校商请省会警察所帮助,将判决死刑的无人领葬的罪犯尸体,拨归医校教学解剖之用;或将浙江病院的住院病人死后无家属来领葬的,报请司法部门批准,拨为医校尸体解剖,以供研究之用。医专在一切教学设施方面,也都是坚持勤俭办学,以不花钱、少花钱为原则。

师资方面,该校最初只有十几名教师,没有办学经验,就连续派人赴日本、德国考察,向日、德的医学教育学习。该校学生中留学者较多,第一期毕业生中留德者就有胡哲揆,留美者有倪章祺、蒋鸥。1921 年至 1925 年,为医专留德最盛时期,以后留美、留日者也比较多,先后达数十人。留德者有:医科方面如程浩、姚善渭、胡赟、吴麟孙、谢祖培、陈宗棠、祝绍煌等,药科如张辅忠、黄鸣驹、黄鸣龙、连瑞琦、罗霞天、王雪莹等。留美者有:程恭颐、姚永政(1930 年毕业于美国约翰霍普金斯大学公共卫生学院,获硕士学位)、张祖芬、陈过、李容、徐陬、徐子平、钟道钟等。留日者有:裘谔臣、孙去病、陈璞、宋梵仙、张缵休、刘崇燕、孙序棠、蒋汇源、黄震陆、汪良济、叶润石、郑药、吴士绶、赵授新、方肖杰、陈一德、周邦基、樊际春、王琴、方祝康、韩宗琦、楼彦衡、朱烨、唐叔培、蒋寿鹤、裘启宇、徐承荫、何云辉、蒋彦民、钱祖彝等。[①] 1923 年,该校药科教员情况见表 4-5。

① 张振夏、程浩、姚善渭:《浙江医药专门学校简史》,马玉田、舒乙主编:《文史资料存稿选编》24《教育》,中国文史出版社 2002 年版,第 300 页。

表 4-5　1923 年浙江公立医药专门学校药科教员一览

姓名	籍贯	出身学校	教授科目	到校时间	离校时间	备注
李绳其	山东潍县	日本金泽医学专门学校药学科	卫生化学制剂学	1912 年 8 月	1923 年	时任五洲药房制药厂长
华鸿	江苏无锡	日本千叶医学专门学校药学科	裁判化学药品鉴定	1913 年 8 月	1923 年 4 月	
周军声	山东安丘	日本长崎医学专门学校药学科	分析化学工业药品化学	1914 年 8 月		
赵熵黄	江苏武进	日本东京帝国大学药学科	药用植物学生药学	1915 年 8 月		
王程之	浙江慈溪	日本东京药学专门学校	化学	1914 年 8 月		
于达望	浙江黄岩	日本东京帝国大学药学科	制药化学	1919 年 8 月		
赵世晋	江苏江宁	日本仙台医学专门学校药学科	卫生化学制剂学	1922 年 8 月		
张修敏	江苏江宁	日本千叶医学专门学校药学科	裁判化学药品鉴定	1923 年 8 月		
黄耀熙	浙江象山	日本东京高等工业学校	矿物工业制图工业	1913 年 8 月		
汪鸿桢	浙江吴兴	日本东京高等工业学校	工厂建筑学	1919 年	1922 年 7 月	
吴宗浚	浙江吴兴	日本东京高等工业学校	机械学	1914 年	年 1923 年 4 月	病故
杨自汧	湖北钟祥	日本仙台医学专门学校	微生物学			

续表

姓名	籍贯	出身学校	教授科目	到校时间	离校时间	备注
施霖	浙江杭县	日本大阪高等工业学校	药工学		1921 年 6 月	
陆郁哉	浙江	日本东京高等工业学校	机械学	1923 年		
秦文中	山东安丘	青岛礼贤书院	德文			
王麓孙	湖南	德国	德文			
应时	浙江吴兴	瑞士洛桑大学	拉丁文			
江内民	浙江宁波		国文	1913 年		

说明:本表据《浙江公立医药专门学校药学科沿革》(《同德医药学》1923 年第 6 期,第 82—85 页)一文内容制成。

毕业学生方面,从 1913 年至 1923 年,仅药科就招生 11 班,毕业 8 班,总计药科毕业 77 人。至 1923 年,除已故 4 人、不知行踪者 10 人外,有 6 人在欧洲及日本留学;在各制药厂、制药房者为 16 人;在各医院任药司者 24 人;在各军队担任司药 7 人;在各学校及试验场者为 10 人。[①] 如果再加上医科,则该校同期毕业生总计不下 350 人。这些毕业生,多在军队医院、社会医院、制药厂等处就业,为发展我国早期的西医、西药事业做出了重大贡献。如医专医科第一期毕业生倪章祺,留美归国后,先在上海雷氏德医学研究院,从事驴皮胶化学成分、氟对于生理之作用的研究等。后任北京协和医院生理系教授多年,著有论文《驴皮胶之化学成分及其对于钙与氧代谢之影响》和《氟对于生物之毒作用》。另一毕业生姚永政研究寄生虫学,曾往西南云贵及边区地带,调查对于危害民族健康和生命的瘴气,首先证实其为恶性疟疾。留德的医科第一期毕业生吴哲揆,归国后任东南医学院和上海铁道学院教授多年;第六期医科毕业生谢祖培,担任清华教授 40 年以上,二人均学有专长,以培育青年而著闻。陈宗棠则任杭

---

① 《浙江公立医药专门学校药学科沿革》,《同德医药学》1923 年第 6 期,第 82—85 页。

州传染病院院长及浙江省卫生试验所所长,擅长细菌学,著有《传染病学》。留日的如医科第十四期毕业生吴士绥,在日本帝大青山外科获得博士学位,以擅长外科而出名。其他如蒋鸥(曾任湘雅医学院、岭南大学教授,浙江医学院院长)、胡哲揆(东南医学院、上海铁道医学院教授)、汤肇虞(南洋医专、浙江医专、英大医学院、江湾第二军医大学教授)、胡定安(江苏医学院院长)、邵象伊(江苏医学院教授、院长,山西医学院院长)、程浩(浙江医专教授、校长)、姚善渭(浙江医专教授,英大医学院院长,浙江省立医学院教务主任)、谢筠寿(上海助产学校校长)、蒋寿鹤(浙江高级医事职业学校校长,英大医学院教务主任,徐州医学院院长)、黄鸣驹(浙江医专、浙江省立医学院教授)等人,也为国内医学界知名人物。药科第一期毕业生张辅忠,留德回国后任职于上海五洲药厂,设计全套制造甘油及肥皂,以化工学改造方法,获得成功,在抗战期间创制新药多种。在欧战期间,浙江医专毕业校友张振夏、俞体仁等,还在校长韩清泉推荐下,赴法担任华工医院医师,为参战华工实施医疗做出贡献。毕业生徐承荫擅长微生物学,从日本归国后,历任浙江省卫生试验所所长、福建医学院教授多年,著有《福州市细菌性痢疾的病原学问题》以及《福民痢疾杆菌第 4 型的生物学性状及其变异的研究》等论文。[①] 1926 年 6 月,由医专学生集资创办杭州民生药厂,由医专药科毕业学生周师洛主持,开始自制针剂,后采用国药提炼新药,制成多种新药,并制造药用食盐、硫酸镁、碳酸钠等原料药品,还创办玻璃厂、机械厂,制造医药器械和制药机械。药科毕业生吴海平创办上海天平药厂,制造药品和医药用具。沈成权在 1921 年任上海五洲固本皂药厂皂部主任,后任上海培福药厂药师、厂长。张天放、张坚忍在上海创办海普药厂,以针剂出名。黄鸣驹在战时任陆军制剂研究所所长。连瑞琦战时任陆军卫生用具制造厂厂长。周梦白、吴冠民在上海主持上海中法药厂。郑雄为培福药厂创办人,以制片剂为主。张剑青、邹剑雄主持中英药厂多年。1926 年至 1927 年北伐战争期间,据不完全统计,前后参加北伐战争的浙江医专同学将近 300 人。其中,该校前任教授孙洞环任黄埔军校卫生处处长;陈方之为国民革命军总司令部军医处处长。在北伐

---

① 孙序棠:《浙江医药专门学校的创建经过》,马玉田、舒乙主编:《文史资料存稿》24《教育》,中国文史出版社 2002 年版,第 290—295 页。

战争中,浙江医专校友尽了救死扶伤的崇高职责,是一支不可缺少的战斗力量。此外,1923年,浙江省立一师部分学生发生中毒,医专师生全力参与救护工作,确定中毒物,并救活20%的中毒者。[①]

四、教会大学的变化

北洋时期,浙江有两所教会创办的高等教育性质的学校,一为私立广济医学专门学校,一为私立之江大学。

(一)私立广济医学专门学校

私立广济医学专门学校由清末广济医学堂演变而来,而广济医学堂则是由1869年英国基督新教组织安立甘会,在杭州城内直大方伯巷所设立的广济医院发展而来的。

广济医院的主持者,初为英人麦多,后为英人高德。建院初期,每日住院者约有20人。1881年,英人梅藤更夫妇来此,就诊者日益增加。医院为培养更多医生,在1885年招收了第一届医科学生。这届学生于1889年毕业,其中有张葆卿(浙江杭县人,毕业后曾任浙江两级师范学堂、浙江高等学堂、浙江铁路学堂校医,浙江省立一中、浙江私立安定中学校医)、王嘉祥(浙江慈溪人)、缪仲培(浙江鄞县人)、徐维恭(浙江鄞县人)、陈子陶(浙江余姚人)、吴筱谷(浙江慈溪人)、杨振新(县籍不详)、张集成(浙江鄞县人)、吕增荣(浙江嵊县人)、刘铭三(浙江慈溪人)、夏荣锷(浙江镇海人)、刘铭之(浙江慈溪人)。当时医院与学校分为两部,学校部分缓慢发展。梅藤更用该院历来积累的资金,建立了生理、化学、病理三个实验室,以吸引中国学生投考。1890年,该校招收第二届医科学生。1891年,第一任教务长英人葛崇德到杭。1892年,该医院又成立病院、妇女疗养院、花柳皮肤科病院、产科病院、麻风院等。1895

---

① 张振夏、程浩、姚善湔:《浙江医药专门学校简史》,马玉田、舒乙主编:《文史资料存稿选编》24《教育》,中国文史出版社2002年版,第308—311页。

年,该校第二届医科生毕业,其中有刘铭新(浙江慈溪人,后任教于本校)、缪松茂(浙江鄞县人)、谢瑞庆(浙江上虞人)等。1898年,该校招收第三届医科学生。第三届医科学生于1902年毕业,其中有陈延龄(浙江鄞县人,曾任教于本校)、包金龄(浙江上虞人)、陈家恩(浙江鄞县人)等。1899年,该院建立西湖肺痨病院。1904年,该医院成立广济产科学堂,后改为广济产科专门学校,以梅藤更之妻为主任。当年产科专门学校招收了第一届学生。1906年,第四届医科学生毕业,毕业生中有楼会翔(浙江诸暨人)、钟更生(浙江绍兴人,曾任教于本校)、林洞省(福建侯官人)、谢佩民(浙江萧山人,曾任北大校医)、沈广声(江苏溧阳人)、孙元章(山东栖霞人)、高其德(浙江吴兴人)。1906年,广济医校独立设置,更名为广济医学堂。1907年,第五届医科学生和第一届产科学生均毕业,第五届医科毕业生中,有杨怀德(浙江诸暨人)、陈立础(浙江天台人)等。1909年,药科第一届学生毕业。1910年,产科第二届毕业。1911年,医科第六届学生毕业,其中有杨畴(浙江平阳人)、朱啸兰(浙江海宁人)、崔贤增(浙江鄞县人)、李荣廷(浙江吴兴人)、张寿山(浙江平湖人)、孙介谦(浙江绍兴人)、朱佑春(浙江杭县人)、丁茂水(浙江天台人)、王树基(浙江杭县人)、张友求(浙江天台人)、汤俊卿(浙江海宁)、张春淮(浙江天台人)、郑振声(浙江富阳人,曾任浙江五师校医)、陈凤翔(浙江慈溪人)、姚培章(浙江杭县人,曾任本校教师)、丁聘之(浙江杭县人)、邵璜甫(浙江杭县人)、陈孟威(浙江杭县人)、舒璞夫(直隶京兆人)、金志大(浙江临海人)、颜君寿(广东惠州人)、马宾光(浙江鄞县人)等多人。

1912年,该校更名为广济医学专门学校,梅藤更自兼校长。同年,该校医科第七届学生毕业,其中有:张星一(浙江嵊县人)、沈卓(浙江杭县人)、瞿缦云(浙江萧山人)、阮其煜(浙江杭县人)、唐尧清(浙江武义人)、章文美(浙江诸暨人)、蒋元甫(浙江诸暨人)、吴师炎(浙江绍兴人)、金衍奎(直隶大兴人)、沈嗣忠(浙江鄞县人)、赵汉江(浙江诸暨人)、吕守白(浙江绍兴人)、薛嘉贞(浙江嵊县人)、杨子羽(浙江诸暨人)、程则扬(浙江金华人)、董鼎松(浙江绍兴人)、叶炳楠(浙江慈溪人)、严寿衡(浙江杭县人)、虞心炎(浙江慈溪人)、杨槐堂(浙江诸暨人)、潘佩生(浙江宣平人)等。1913年,该校产科第三届学生毕业。1915年,该校药科第二届学生毕业。[①] 1918 年,该校医科第八届学生毕业。其中有:陈闻达(浙江海盐人)、宓锡磐(浙江慈溪人)、杨佚(浙江诸暨人)、黄凌萃(浙江遂安人)、陈康(浙江鄞县人)、方新(浙江金华人)、陈荣恩(浙江天台人)、马民焕(浙江绍兴人)、李佩德(浙江杭县人)、寿人(浙江诸暨人)、罗世鹤(浙江鄞县人)、吴宣(浙江松阳人)、沈昌照(江苏松江人)、孙承谋(浙江富阳人)、蔡寿昌(浙江兰溪人)、傅维德(浙江湖州人)、张在勤(浙江嵊县人)、詹唯一(浙江鄞县人)、裘惜民(浙江嵊县人)、裘轸寰(浙江嵊县人)、沈永年(浙江慈溪人)、许祖培(浙江杭县人)、奚作诰(浙江天台人)、秦炳渭(浙江嘉善人)、陈省几(浙江天台人)、张祝裕(浙江富阳人)、俞乃恒(浙江杭县人)、陈秉桢(浙江富阳人)、孙云章(浙江杭县人)、张鹤卿(浙江镇海人)、刘彝生(贵州贵阳人)、林天澍(浙江慈溪人)、樊仁寿(浙江吴兴人)、章庆璜(浙江富阳人)、吴维衡(浙江绍兴人)、杨其圭(浙江宁海人)、俞学章(浙江嵊县人)、李昌果(江苏江宁人)、钱大荫(浙江绍兴人)、裘祖烈(浙江嵊县人)、陈家驹(广西贵县人)、蔡侠(浙江吴兴人)、张忠骥(江苏松江人)、杨张镕(浙江杭县人)、吴大同(浙江杭县人)、陈贤珩(浙江鄞县人)、金丕恭(浙江天台人)、李殿绮(奉天开原人)。[②]

该校师资较强,多为外国医学院毕业或本校毕业。1922 年时,该校英籍教师有华德生(解剖实验)、苏达立(解剖实验)、华德生之妻(英文)。中国籍教师有梅雪亭(化学实验)、刘铭新(化学)、范友来(物理)、朱伯龙(胎生学)、阮其煜(内科与病理)、吴宣(动物学)、陈见良(植物学)、陈西美(察体诊断)、杨佚(解剖学)、孙承谋(生理学)、陈省几(卫生学)、陈见良(英文)、孙祥阶(道学)、林秀元(道学)、吴哲甫(国文)等。[③] 1924 年 9 月时,该校主要教师情况如下。

校长梅藤更,外科临床教授,英国爱丁堡皇家大学内外科会员。

教务主任苏达立,动植物学实习教授及内科临床教授,英国皇家大学外科会员及皇家大学特许内科医士。

---

① 《浙江私立广济医学各科专门学校五十周年大事记》,《广济医刊》1931 年第 7 期,第 1—3 页。

② 《浙江私立广济医学专门学校同学录(民国八年二月调查)》,《广济医报》1919 年第 2 期,第 55—77 页。

③ 《浙江私立广济医学专门学校一千九百二十二年教职员表》,《广济医报》1921 年第 6 期,第 75—76 页。

外科教授施仁杰,英国皇家大学外科会员、皇家大学地理学会员、皇家大学卫生会员。

产科学教授、产科外科临床教授陈西美,美国哥伦比亚大学医学博士,曾任南京金陵大学医科外科教授。

制药学教授赫度,医学士及外科卒业士。

化学教授刘铭新,兼任陆军卫生材料厂厂长,广济医学士。

校医钟更生,广济医学士。

胎生学与病理学教授朱伯龙,浙江陆军二师军医,广济医学士。

精神病学教授吴宣,广济医学士。

外科临床教授张星一,广济医学士。

妇科教授黄凌萃,广济医学士。

动物学及生理学教授傅维德,广济医学士,齐鲁大学病理专科及北京协和医校 X 光科修业。

尿道学及花柳科教授张信培,广济医学士,美国宾夕法尼亚大学医学博士及眼科花柳科硕士。

药理学教授张寿山,广济医学士。

解剖学及细菌学教授金丕拱,广济医学士。

眼科及外科教授陈志庄,广济医学士。

外科学及毒药学教授沈嗣宝,广济医学士。

张菊屿,广济医学士。

内科及儿科教授汤兆丰,美国密歇根大学文学士、医学博士,曾任湘雅医校内科教授。

实地解剖教授、外科临床教授沙近德,医学士,外科卒业士,英国皇家大学外科会员、皇家大学特许内科医士。

调剂学教授葛耐德,药学士。

化学实习教授沙近德夫人,文学士,曾任英国东伦敦大学化学教授。

化学实习教授梅雪亭,爱丁堡大学修业士。

狄克逊,英文教授。

物理教授范齐欧,之江大学学士。

植物学教授陈鉴良,之江大学学士。[①]

1925 年 6 月 1 日,杭州各界为响应上海五卅运动,举行反英示威大游行。当游行队伍经过广济医院、私立广济医学专门学校门口时,群众高喊反英口号。这激起了广济医专学生的爱国热情,他们纷纷集会声援,投入反英斗争。但该校校长梅藤更以开除学生相威胁,全校学生愤而在 6 月 6 日集会,决定全体退学。后在政府和社会各界帮助下,转入浙江公立医药专科学校肄习,完成学业。北伐胜利后,政府派洪式闾、程浩、姚梦涛、童志沂、黄鸣龙、黄鸣驹等人接收了广济医院和广济医学专门学校,并由民政厅厅长马叙伦介绍,委洪式闾为广济医院院长。这些措施,给英人梅藤更和广济医学专门学校以严重打击,该校从此一蹶不振,停止了招生。[②]

(二)私立之江大学

北洋时期为之江大学的重要发展期。这一时期,经过著名校长司徒华林等人的努力,之江大学逐步发展为以文、理两科见长的教会大学。

1911 年 2 月,育英书院改为之江学堂,正科(大学)学制为四年,预科(中学)学制也为四年。1912 年 12 月 10 日,孙中山先生曾来该校讲演。同年,在校学生有 113 名,其中只有 31 名为正科生,其余 82 名为预科生。当时的华籍教员,有中学部主任兼自然科学教师方桐生、物理教师徐鲁山、算术教师周梅杨、化学教师李升堂等。该校极其注重英语教学,历史、地理、逻辑、国文、经济等课程,皆选用英文教科书。而天文、生物、化学、生理、心理、几何、三角、体育、圣经等课程,则仍采用中文教科书。1913 年,校董会同意毕业生同学会推选三人参加校董会,第一次当选校董会的校友代表为沈兰田、陈柏园。1914 年,之江学堂中学部改为附属中学,学校名称也从"杭州长老会学院"(Hangchow Presbyterian College),中文名称为育英书院,改为"杭州基督教学院"(Hangchow Christian

---

① 《浙江私立广济医学专门学校教员录》,《广济医刊》1924 年第 9 期,第 16—19 页。
② 孙序棠:《浙江医药专门学校的创建经过》,马玉田、舒乙主编:《文史资料存稿选编》24《教育》,中国文史出版社 2002 年版,第 290—295 页。

College)，中文名称为之江大学①，学生增加到 140 人。② 该校围绕学生将来四种可能的前途，制定了富有针对性的课程体系。

第一类课程，系预备学生将来从事教会中之事业者，例如成为牧师及青年会之干事等。故注重国文、英文、社会学及哲学各课程。

第二类课程，系预备学生将来从事教学工作，与第一类相仿，唯以教育学替换哲学课。

第三类课程，系预备学生将来进入医学校或工业专门学校者，此类课程以 36 学量（每学期每星期有 9 小时之成绩即为 1 学量）为满期（或三学年），注重英文及理化等课程。如果单系预备入工业专门学校，则更偏重高等算学课。

第四类课程，系预备学生将来担任编辑、翻译或留学外国者，注重国文、英文两课，与第一、第二类相仿，但尤偏重在国文、英文两课。③

1915 年，周梅阁辞去教务长一职，改由丁恺丰继任。同年，校董会核准学校组织大纲，设立课程、经济、建筑三个常设委员会。同时，学校清寒学生的工读自助名额发展为 50 名。参加工读的学生，除担任校内的清洁卫生、文书缮写、司钟、司灯、绿化环境外，还管理图书室、理化实验室，并帮助教师批改作业、织毛巾等。④

1916 年，校长裘德生辞职，校董会推荐司徒华林代理校长。1917 年，司徒华林担任代理校长（见表 4-6），其在任校长六年多，先后实施过两次校务改革，成绩颇著。司徒华林在之江大学的同事队克勋曾评价他："当 1916 年秋天司徒华林成为代理校长时，他面临的学校内部发展的任务并不轻松，但他在六年行政任职期间取得了很大成绩。他建立了很强的教职员队伍，赢得了中国团体和校友的支持，改进了课程，培养了教会。"⑤

---

① ［美］队克勋著，刘家峰译：《之江大学》，珠海出版社 1999 年版，第 41 页。

② 《杭州之江大学校章程》，上海美华书馆 1917 年排印，第 17 页。

③ 《杭州之江大学校章程》，上海美华书馆 1917 年排印，第 18—19 页。

④ 张文昌：《之江大学》，中国人民政治协商会议浙江省委员会文史资料研究委员会编：《浙江文史资料选辑》第 29 辑，浙江人民出版社 1985 年版，第 124 页。

⑤ ［美］队克勋著，刘家峰译：《之江大学》，珠海出版社 1999 年版，第 37 页。

表 4-6　1917 年之江大学职教员一览

姓名	字	职务	出身
司徒华林		代理校长	神学士、硕士
丁凯丰	康舟	校务主任	本校毕业生
王令赓		副校长兼会计及代道学专任教员	硕士、神学博士
李升堂	兰阶	算学专任教员(职员会中文书记)	山西齐鲁大学校毕业生
马尔济		生物学专任教员(职员会英文书记)	学士、硕士
陆家琨	茉生	国文科专任教员	清朝廪贡生
韦尔逊		自助部及工程科主任	工程学士
潘绍翼	复初	国文经训教员	清朝增生
经怡和		代经济及外国历史专任教员	
朱克勤	东湖	国文教员	清朝廪贡生
周经世	韵楼	国文教员	清朝廪贡生
金熙龙	澄甫	国文教员	清朝廪贡生
周宜	亦琛	英文、算学教员	本校毕业生
徐定澜	文岸	英文、算学教员	本校毕业生
周永濂	廉水	生物、化学教员	本校毕业生
丁树恩	沛敷	历史、国文教员	公立法政学校毕业生
白乐德		代化学专任教员	学士
葛保罗		代物理、英文专任教员	学士
孙祖燕	懷亭	自助部管理员	清朝附生
王锦林	庭槐	学监兼庶务	本校毕业生
何斌耀	晋三	学监兼庶务	
衡劳白		已请定未就职	学士
胡烈尔		已请定未就职	神学士、硕士
施高德		已请定未就职	神学士、硕士

说明:本表据《杭州之江大学校章程》(上海美华书馆 1917 年排印)第 10—12 页内容制成。

第一次改革为 1917 年至 1920 年。在此期间,司徒华林对校务进行了一系列改革。其一,改革学制,将学制改为三年,并开设一系列自然科学与社会科学课程,如制图学、教育学、社会学、哲学、心理学及物理学等。其二,提高学费及教职员薪水。之江大学学生每年所缴的学费、食宿费,原总计为 80 银圆。自1918 年暑假起,调整为 90 银圆。华籍教职员月薪从 20 银圆到 60 银圆不等,美籍教员则更高,但大多数由教会支付。其三,加强校园建设,继续整修校园道路、建造教师住宅,以及木桥、校园教堂、蓄水池等。1919 年,校长司徒华林赴美招聘教师、募集捐款,并在 1920 年 11 月 26 日向美国哥伦比亚特区申请立案成功,"这在之大历史上是向前迈进的重要一步"①。之江大学获准施行新学制,分文、理两科,对毕业生授予学士学位。其四,加强与校友的联系。司徒华林向1916 年成立的校友会做宣传,成立地区组织,并请求校友捐献以推动发展计划。校友会听从其建议,在中国不同口岸城市建立多个分会,甚至在日本东京也成立了分会。为扩大校友与学校的联系,学校在 1918 年创办了《之江潮声》,此本杂志成为此后一系列大学年刊的开端。

第二次改革为 1920 年底至 1922 年底。之江大学在美国立案成功后,司徒华林继续进行改革。其一,推行新学制。他将之江大学内部学科设置分为文、理两科,共有天文、生物、化学、中文、英文、教育、地理、历史、教学、现代欧洲语、哲学、生理学、心理学、宗教、社会学等 15 个学系。其二,实行学分制。学生须修满规定的学分才能毕业。其三,实行积点制,此为中国高校首创。之江大学规定,学生凡各科成绩在 70—79 分者获得 1 个积点,在 80—89 分者获得 2 个积点,在 90 分以上者获得 3 个积点。如成绩不合格,不仅拿不到学分,还要倒扣 1个积点。学生在校期间,不仅要达到规定的学分,还要达到规定的积点总数,否则不准毕业。积点制的实行,使学校的教学质量有了质的提高,教师普遍认真教学,学生普遍认真学习。其四,建立了教授委员会,对校内各项事务进行民主讨论。司徒华林倡导组织校友会、发动学生参加各种体育活动和社团活动,丰富课外生活。

1921 年至 1922 年,巴顿调查团曾提议华东基督教教育机构应模仿伦敦大学,将包括华东多所教会大学在内的各大学合并为一所华东大学,但对此各方争议较大。1922 年 2 月,之江大学校董会通过将之江大学办成一所综合性完全

---

① ［美］队克勋著,刘家峰译:《之江大学》,珠海出版社 1999 年版,第 43 页。

大学的决议。1922年6月17日,之江大学举行了首届学生毕业典礼,校长司徒华林在会上介绍,在第一个十年(1912—1922)中,之江大学共毕业学生68人。其中11人任牧师,32人任教师,13人经商或在政府任职,7人在基督教青年会任干事或从事基督教其他工作,3人为工程师,1人为医生,1人从事文学。[①] 这一年,司徒华林辞去校长职务,校董会推举费佩德继任。1923年,之江大学采取课外活动学分制度,鼓励学生积极参加课外锻炼,以活跃身心。1923年,校长费佩德赴美筹款,其间由王令赓代理校长,吴维德任教务主任。1926年5月15日,费佩德正式就任第四任校长。

1920年至1925年,之江大学学生人数从68人增长到148人,其中加入基督教者便有116人,占学生总数的78%。到1926年时,之江大学毕业生共有218人,其中有48人担任牧师,94人担任教师。这94名教师中,又有81人是在教会学校中任教师。无论是信教人数还是毕业后为教会服务的人数,之江大学均比当时一般教会大学为多。[②] 北伐战争期间,之江大学师生曾积极支援北伐,组织过临时红会队,救护伤病员。美国领事馆鉴于各地反教暴力事件时有发生,因此命令该校美籍教职员和眷属撤往上海租界,之江大学附中停办。

五、留美学生与北洋时期浙江高等教育的发展

清末时期,浙江留美者本就不多,归国后从事高等教育事业的更属凤毛麟角。据有关资料,现知仅有邵裴子一人(任教于浙江高等学堂)。

北洋时期,赴美留学的浙江学子日渐增多,同时还有一批浙江留美学生学成归国,在多个部门工作。笔者依据《新教育》第5卷第1期(1922年8月出版)所载《杭州大学筹备进行》一文,贝德士辑《中国基督徒名录》[③]及其他资料,整理出北洋时期浙籍留美学生归国者名单如下。

---

① [美]队克勋著,刘家峰译:《之江大学》,珠海出版社1999年版,第41页。
② 张立程、汪林茂:《之江大学史》,杭州出版社2015年版,第31页。
③ 章开沅、马敏主编:《社会转型与教会大学》,湖北教育出版社1998年版,第369—486页。

吴钦烈，浙江诸暨人，浙江高等学堂毕业，后与郑晓沧一同于 1912 年考入清华高等科，1914 年留美入麻省理工学院化学工程科学习，得学士学位。后入美国芝加哥大学研究院学习，获硕士学位。1920 年回国，任浙江工专化学工程科教授兼主任。1925 年赴德深造，再未返校任教。

严鹤龄，浙江余姚人，1896—1903 年在圣约翰书院学习，1903 年毕业后留校任教，1908 年赴美留学，于 1909—1911 年先后获哥伦比亚大学文学硕士、哲学博士学位。1911 年回国，在外交部任职，1926 年任清华大学校长。

何炳松，浙江金华人，1912 年毕业于浙江高等学堂，同年考取浙江省官费留学名额，赴美国威斯康星大学、普林斯顿大学攻读历史、经济学等，分别获学士、硕士学位。1917 年回国，曾短暂担任浙江视学，旋去北京大学任历史学教授，并在北京高师任英语部主任兼代史地部主任。1922—1923 年任浙江省立一师校长、省立一中校长，1925 年任武昌高等师范校长，1926 年到商务印书馆工作。

竺可桢，浙江绍兴人，1910 年赴美，入伊利诺伊大学、哈佛大学，1915 年获硕士学位，1918 年获博士学位。同年回国后，先在武昌高等师范任教一年，1919 年在南京高等师范、东南大学任教。

陈鹤琴，浙江上虞人，1911 年入清华学校高等科，1914 年留美，1917 年毕业于约翰霍普金斯大学，获文学硕士学位。1918 年，在哥伦比亚大学获教育硕士学位，同年 8 月返国，在南京高等师范任儿童教育学、心理学教授。

徐守桢，安徽人（一说浙江人），具体县籍不详，原浙江高等学堂毕业，1914 年由浙江省派赴留美，插班入理海大学冶金系科三年级，至 1916 年夏毕业，11 月欲赴德留学，但因欧战停止，至 1921 年 4 月时尚未留德。曾在汉冶萍公司任职，颇得许炳堃的欣赏。1922 年开始在浙江工专讲授英文、力学等课，1923 年担任校长，直至 1926 年 11 月辞职。

马寅初，浙江嵊县人，1906 年赴美留学，1910 年获耶鲁大学经济学硕士学位，1914 年获哥伦比亚大学经济学博士学位。1915 年回国，先在政府财政部工作，1916 年任北京大学经济系教授兼主任。1921 年在上海商科大学任教务主任，1923 年至 1925 年，在交通大学北京学校教授银行货币等课程。

汤兆丰，浙江人，具体县籍不详，先后留日、留美，获美国密歇根大学医学博士学位，归国后在湘雅医学专门学校任教。

郑晓沧,浙江海宁人,1912年毕业于浙江高等学堂,1914年赴美,先后在美国威斯康星大学、哥伦比亚大学攻读教育学,获学士和硕士学位,1918年回国,先后任教于南京高等师范、东南大学,1925年至1927年担任浙江省立女中校长。

郑文彬,浙江人,具体县籍不详,美国纽约考尔群脱大学化学硕士,归国后任浙江工专教授。

蒋梦麟,浙江余姚人,1904年入南洋公学,1908年自费赴美留学。1909年春入加州大学农学院,1909年秋转加利福尼亚大学社会科学学院教育学系,主修教育。1912年毕业,获文学学士学位,旋入哥伦比亚大学研究院。1917年获哲学博士学位。1917年7月31日归国,先在商务印书馆任编辑。1918年赴北京大学,担任教育学教授。1919年6月,代理北京大学校长一职。

王琎,浙江黄岩人,1909年赴美留学,1915年于从美国理海大学化学系毕业,获学士学位。同年回国,先至湖南工业专门学校担任化学教师,1918年后在南京高等师范理化部任化学教授。王国松在其回忆中曾说,王琎曾在20世纪20年代来浙江工专,担任化工科主任一年,但关于此段史实在各书中均不载,笔者存疑。

李熙谋,浙江嘉善人,毕业于上海工业专门学校电机专业,考取浙江官费留美,1918年获麻省理工学院电机硕士学位,后获哈佛大学哲学博士学位,1923年归国,任教于交通大学上海分校。1927年初被任命为浙江工专校长。

朱经农,祖籍江苏宝山,生于浙江浦江,1904年留学日本,1910年任湖南实业学堂英文教员。1916年留美,到华盛顿大学旁听。先后获美国哥伦比亚大学学士、硕士学位,1921年回国,任教于北京大学,任教育学教授,并在北京女子高师兼课。1923年在商务印书馆编中小学教材,1924年兼任沪江大学国文系主任。1925年参与创办光华大学,后任教务长,1926年任《教育大辞书》主编。

赵迺传,浙江杭州人,民国初年入浙江高等学堂,与陈布雷同学。1915年入北京高师,毕业后担任北京高师附中部主任。1920年,由北京高师保送留美,入哥伦比亚大学师范学院学习,获硕士学位。1923年归国,执教于北京师大,并在北京女高师兼课。1926年任中华文化教育基金会秘书。

舒鸿,浙江慈溪人,生于上海,1910年至1916年在上海明强中学、青年会中学、圣约翰附中学习。1917年考入上海圣约翰大学,次年赴法任华工队青年会干事。1919 年留学美国,在麻省斯普林菲尔德学院,即春田学院,攻读体育专业获学士学位。1923 年至 1925 年在克拉克大学攻读卫生学获硕士学位。1925 年回国,1925 年至 1929 年任之江大学、大夏大学、东南大学体育教授,并任同济大学、交通大学等校篮球队指导。①

赵紫宸,浙江德清人,1913 年毕业于东吴大学,1914 年赴美留学,入田纳西州范德堡大学(又名范德比尔特大学),于 1916 年、1917 年相继获得社会学硕士和神学士学位。1917 年回国,任东吴大学社会学、宗教学、哲学教授。1926 年应司徒雷登之邀,赴燕京大学讲授基督教哲学。

陈裕光,浙江宁波人,生于南京,1915 年从金陵大学毕业,1918 年在金陵大学获硕士学位。同年留美,1922 年获哥伦比亚大学博士学位。1922 年回国,任北京师范大学理化系主任、教授。1927 年任金陵大学校长。

郑盛祖新,为郑章成夫人,浙江宁波人,上海贝满女校毕业,赴美留学,回国时间不详,归国后任上海贝满女校校长。

傅若愚,浙江人,具体县籍不详,1915 年从沪江大学毕业,赴美留学,先后入密苏里大学、芝加哥大学,获学士、硕士学位,其间曾与晏阳初赴欧洲,从事华工教育,主编《华工周报》。回国时间约在 1921 年,归国后在中华全国基督教协会从事平民教育工作。

谢扶雅,浙江绍兴人,1911 年赴日本留学,1916 年回国,从事中华基督教青年会工作。1925 年留学美国芝加哥大学、哈佛大学。1927 年回国,任岭南大学哲学教授。

谢颂羔,浙江宁波人,1917 年毕业于东吴大学,后留美。1921 年获美国阿伯恩神学院神学士,1922 年获波士顿大学硕士。1922 年回国,先后任教于金陵神学院、苏州法律高等学校、沪江大学。

谢颂三,浙江杭州人,1914 年考入东吴大学附中,后从东吴大学法学院毕业留美,获阿伯恩神学院神学士,并入美国西储大学进修社会学。1918 年回国,任东吴大学宗教学、法学教授。

---

① 舒昌荣:《舒鸿教授生平大事记》,宁波市江北区政协教文卫体和文史资料委员会、江北区庄桥街道办事处、江北区教育局(体育局)合编:《奥运篮球第一哨——舒鸿教授纪念文集》,西泠印社出版社 2008 年版,第 48—50 页。

徐宝谦,浙江人,具体县籍不详,1910 年至 1915 年就读于北京税务学校,1915 年至 1920 年任北京青年会学生干事。1920 年赴美,就读于纽约协和神学院,1921 年至 1922 年入师范学院,1922 年至 1924 年在哥伦比亚大学攻读博士学位。回国时间约在 1924 年底或 1925 年初,归国后在燕京大学教授宗教、哲学。

李培恩,浙江杭县人,1909 年毕业于育英书院,1911 年至 1917 年任职于邮局,1917 年至 1920 年任职于商务印书馆,同时在上海东吴法学院学习。1921 年获芝加哥大学商业行政管理硕士学位,1922 年获纽约大学工商管理硕士学位。1922 年回国,在商务印书馆工作。1929 年出任之江大学校长。

刘廷芳,浙江永嘉人,就读于上海圣约翰大学,1914 年至 1920 年获美国哥伦比亚大学学士、硕士、博士学位,1914 年获佐治亚大学学士学位,1918 年耶鲁大学神学院神学士学位。1920 年回国,任教于北京高师教授、教务长,后任燕京神学院院长。

缪秋笙,浙江鄞县人,1916 年毕业于沪江大学,1919 年赴美国留学,1921 年获芝加哥大学硕士学位,1923 年获哲学博士学位,同年归国后,任沪江大学教育学教授。1925 年任中华基督教教育协会干事。

董显光,浙江奉化人,1909 年留美,先入美国密苏里大学,继入哥伦比亚大学普利策新闻学院,获博士学位。1913 年回国,在北京、上海从事新闻工作。1923 年至 1931 年主编天津《庸报》。

邬志坚,浙江奉化人,1913 年获沪江大学文学学士学位,1916 年至 1919 年在美国罗切斯特神学院就读,获神学士学位。1919 年获芝加哥大学硕士学位。1919 年归国,任牧师。1922 年任中华全国基督教协进会干事。

吴经熊,浙江鄞县人,1915 年就读于沪江大学,次年转学东吴大学法科,1920 年毕业,同年留学美国密苏里大学法学院,1921 年获博士学位。后到德国柏林大学、美国哈佛大学研修。1924 年回国,任东吴大学法科教授。

吴维德,浙江人,具体县籍不详,1912 年从之江大学毕业,1914 年至 1916 年在美国伍斯特学院学习,获学士学位。1916 年至 1920 年就读于普林斯顿大学,获文学硕士和神学士学位。1921 年回国,1922 年至 1928 年任之江大学教务长。

　　吴贻芳,浙江人,具体县籍不详,1919 年从金陵女子学院毕业,1919 年至 1922 年在北京高师教授英语。1922 年留美,在密歇根大学获生物硕士、博士学位。1928 年回国,任金陵女子大学校长。

　　杨永清,浙江人,具体县籍不详,1910 年毕业于东吴大学,并曾入清华学校学习。1914 年留美,入威斯康星大学、华盛顿大学,获文学硕士和法学学士学位。1916 年起任顾维钧的私人秘书。

　　叶运隆,浙江人,具体县籍不详,1911 年毕业于之江学堂,1916 年获美国伍斯特学院理学学士学位,1919 年获普林斯顿大学神学士学位。归国后在杭州任牧师。

　　金宝善,浙江绍兴人,1911 年赴日本千叶医科大学学习,后入东京帝国大学传染病研究所,1918 年获医学博士学位。1920 年起在北京医学专门学校任教授,后赴美进修,1927 年在美国约翰霍普金斯大学公共卫生学院获硕士学位。1927 年回国,任杭州卫生局局长。

　　周由廑,浙江人,具体县籍不详,1901 年中秀才,1904 年至 1916 年在美国弗吉尼亚留学,归国后任湖州学堂校长。1921 年获复旦大学学士,1923 年任沪江大学英文系主任。

　　朱博泉,浙江杭州人,1919 年沪江大学毕业,曾入美国纽约大学、哥伦比亚大学学习银行学和工商管理。1921 年回国,供职于浙江实业银行。

　　陆志韦,浙江吴兴人,1913 年毕业于东吴大学,后留学美国芝加哥大学生物学部心理系,获哲学博士学位。1920 年回国,任教于南京高师、东南大学、燕京大学。

　　鲍明钤,浙江余姚人,1910 年考入清华学堂,1914 年至 1918 年在耶鲁大学文科经济系学习,获学士学位。1918 年至 1919 年在哥伦比亚大学学习,获硕士学位。1919 年至 1920 年在耶鲁大学神学院学习,获神学士学位。1920 年至 1921 年在约翰霍普金斯大学取得政治学博士学位。1922 年回国,任南开大学政治学教授。1923 年至 1926 年任北京师大英文系主任。

　　沈克非,浙江嵊县人,1915 年毕业于之江大学附中,1916 年考取清华学校留美预备班。1924 年毕业于美国俄亥俄州克利夫兰西储大学医学院,获博士学位。1925 年回国,任北京协和医院住院医师。

沈嗣良,浙江宁波人,1919 年毕业于圣约翰大学,1921 年留学美国春田学院专攻体育。1923 年回国,任圣约翰大学副校长、教务主任。

曹云祥,浙江嘉兴人,圣约翰大学毕业,后赴美留学,获哈佛大学商业管理硕士学位。1921 年回国,任北洋政府外交部参事。1924 年至 1928 年任清华大学校长。

王正黼,浙江宁波人,1910 年毕业于北洋大学矿冶系,1912 年获美国哥伦比亚大学硕士学位。1917 年任辽宁本溪湖煤铁公司总工程师兼制铁部长。1921 年任东北矿务局总办。

应尚德,浙江奉化人,毕业于上海中西书院,后赴美留学,入伍斯特学院、哥伦比亚大学,获理学学士、硕士学位。1913 年回国,1913 年至 1919 年任金陵大学生物学教授。1922 年至 1926 年任南开大学教授。1922 年南开大学成立生物学系,他出任系主任。

陈达,浙江余杭人,1910 年入杭州府中学堂,1912 年至 1916 年在北京清华学校留美预备班学习。在清华衣不求华,食不求丰,刻苦学习,常在课余帮助教务处抄写、翻译,挣钱弥补日常生活。1916 年至 1923 年公费保送赴美国留学深造,1918 年 6 月,获美国波特兰市里德学院学士学位,转入纽约哥伦比亚大学,次年获硕士学位,再继续入哥伦比亚大学研究院。1923 年暑期获哥伦比亚大学哲学博士学位。同年回国,长期执教于清华学校。

沈宗瀚,浙江余姚人,1913 年入杭州省立甲种农校学习,1918 年毕业于北京农专。1923 年赴美国佐治亚农业大学学习,主修棉作学。1924 年转入康奈尔大学研究院,主修作物育种。1927 年获博士学位,同年回国,任教于金陵大学农学院。

以上共计 46 人,可能尚有个别遗漏者。这 46 人中,服务全国高等教育界者,共 34 人。如专就曾服务于浙江高等教育界来说,则只有吴钦烈、徐崇简、郑文彬、王琎、舒鸿、吴维德、李培恩。其中,吴钦烈、徐崇简、郑文彬均在浙江工专执教或任职达 2 年以上,为工专办学教学质量的提高与人才培养做出了贡献。

而此时期王琎在浙江工专、舒鸿在之江大学,均只服务 1 年。他们对浙江高等教育的贡献,主要在南京国民政府成立以后。

吴维德、李培恩均为之江大学毕业生,对母校感情深厚。吴维德从 1922 年起担任之江大学教务长共 6 年,其间维持之江大学教务,多有贡献;李培恩则在 1928 年 7 月始出任之江大学副校长,1931 年 7 月被正式任命为之江大学校长,其对之江大学的贡献颇大,但主要是在 20 世纪 30 年代以后。

另外需要说明的是,此份名单中的郑晓沧、蒋梦麟,此时虽不在浙江省工作,但在 1922 年 12 月均当选为杭州大学筹备董事。担任董事后,郑晓沧曾建议杭州大学先办文、理两科,以立大学之基础;并提出杭州大学的办学目标应为:"宜养成有雅量有同情有操守,思虑缜密而又富于求知求是精神之事业家与科学家,期于本省文化教育政治实业之前途,多所裨补。"[①]这一建议体现出郑晓沧的卓识。蒋梦麟时任教于北京大学,他于 1923 年随其他董事来杭州参加董事会会议。他接受浙江省最高立法机关的委托,与同在北大任教的另一位杭州大学董事陈大齐一起,草定《杭州大学章程》共 17 章计 93 条,并起草一份计划书。蒋梦麟还将《杭州大学意旨书》及章程刊登于《北京大学日刊》,广为传播。[②]虽然杭州大学因经费问题未解决而终未成立,但郑晓沧、蒋梦麟对于家乡大学筹备的热心参与,仍是不能否定的。

---

① 杨达寿等:《浙大的校长们》,中国经济出版社 2007 年版,第 133—134 页。
② 杨达寿等:《浙大的校长们》,中国经济出版社 2007 年版,第 82—83 页。

第五章 浙籍留美学生与浙江高等教育早期现代化的曙光

　　1927 年南京国民政府成立至 1937 年全面抗战爆发,为浙江高等教育早期现代化的第三个阶段。此一时期,南京国民政府从形式上初步统一全国,接管政权,开始在高等教育领域实施一系列改革、调整和整顿措施。其主要措施为推行党化教育(又称三民主义教育)方针,实施大学院制和大学区制,限制滥设大学,整顿私立院校,整理院系结构,注重实科人才培养,提高教学效能,保障和增加教育经费等诸项。经过改革和整顿,我国高等教育在整体上已有明显进步。

　　以南京国民政府成立后其高等教育政策的调整为契机,本期浙江高等教育亦获得突破性发展。虽然浙江省立法政专门学校于 1929 年永久停闭,浙江省立医药专门学校亦一度经历停办风波,但 1927 年 8 月 1 日国立浙江大学(初名第三中山大学)的正式设立,一举结束了民国以来浙江没有综合性大学的不正常局面。浙大设立之初只有工、农两个学院,在蒋梦麟、邵裴子、程天放、竺可桢等几任校长及郑晓沧、张绍忠、蔡邦华、周厚复、王国松、苏步青、陈建功、钱宝琮、李熙谋、李寿恒、佘坤珊、吴馥初、贝时璋、蔡邦华等骨干教师共同努力下,该校于 1928 年秋季增设了文理学院,并努力增聘良师,增设学系,充实设备,扩大办学规模,提高教学效率。至 1937 年 7 月前,浙大已度过建校初期难以避免的不稳定阶段,初步聚集起一批具有留学经历、水平较高的核心教师,办学水平逐步提升,在国立大学中渐有声名。这就为全面抗战时期浙江大学的全面崛起奠定了良好的基础。

　　除浙大以外,本期浙江尚有之江文理学院、浙江省立医药专科学校、杭州艺术专科学校等三所高校。虽然办学规模均不大,但均办出了自己的特色。限于资料,本章只论述浙江大学、之江文理学院在战前的发展情况。

一、全面抗战前的十年间全国高等教育的改革与整顿

1927 年南京国民政府建立后,蔡元培出任大学院院长。他借鉴法国有关高等教育管理制度,在粤、苏、浙三省及北平市试行大学区制。但此一改革因脱离当时国情而未获成功,在受到各方反对后,南京国民政府于 1928 年冬取消了此制,恢复了教育部的设置。从 1929 年至 1937 年全面抗战发生前,教育部针对全国高等教育一些固有的弊端,实行了一系列改革、调整与整顿。主要涉及以下六大方面。

(一)高等教育学制改革

北洋政府统治时期,我国高等教育政策相对宽松。如 1912 年颁布的《大学令》规定,只要设有二科,即可称为大学。1917 年 9 月 27 日公布的《修正大学令》,将大学的设立条件进一步放宽,"设二科以上者,得称为大学;其但设一科者,称为某科大学"[①]。1924 年 2 月 3 日,北洋政府公布的《国立大学条例》,亦规定"国立大学得设数科或单设一科"[②]。应该说,上述比较宽松的规定,对我国高等教育之影响,是利弊共存的。它一方面促进了国内大学数量的增长,另一方面也不可避免地造成了 20 世纪 20 年代公私立大学的滥设。

为纠正大学滥设现象,1929 年后,国民政府和教育部均陆续制定、出台一批法令,提高大学设立的门槛。如 1929 年 7 月 26 日,国民政府公布《大学组织法》《专科学校组织法》;1929 年 8 月 14 日又颁布《大学规程》;1930 年 3 月 4 日,公布《各大学自十九年度起不得再招预科生》;1931 年 3 月 26 日,颁布《专科学校规程》;1933 年 10 月 19 日,颁布《私立学校规程》;等等。以上这些法规,对高

---

①　《中华民国史档案资料汇编》第 3 辑《教育》,江苏古籍出版社 1994 年版,第 168 页。
②　《中华民国史档案资料汇编》第 3 辑《教育》,江苏古籍出版社 1994 年版,第 174 页。

校设置从源头上进行了规范。主要内容如下。

第一,大学分文、理、法、教育、农、工、商、医各学院,具备三学院以上者才能称为大学。大学必须包含理学院或农、工、医各学院之一。如果只有两个学院或一个学院,只能称为独立学院;独立学院,得分两科。

第二,大学修业年限,医学院五年(后改为六年),其余均为四年。

第三,专科学校之设立,限于教授应用科学,养成技术人才。专科学校分为四类:(甲)工业;(乙)农业;(丙)商业;(丁)不属于甲、乙、丙三类之医学、药学、艺术、音乐、体育、市政、图书馆学等类。农、工、商等类所包含各部门得适应地方需要,分别成为独立之专科学校。

第四,国立专科学校由教育部视全国各地情形而设立。省立、市立、私立专科学校之设立、变更、停办,亦须经教育部批准。专科学校修业年限为二年或三年(医学专科学校后改为五年)。①

第五,提高私立大学设立门槛。设置私立大学或学院要获得国家的承认须经过三个程序,即学校开办前校董会要向教育部呈请立案;校董会立案后,学校才能呈请开办,呈报时必须准备全套资料;开办一年后,学校才能申请立案,由教育部派员视察合格后准予立案。

第六,取消大学预科,规定高校各科最低开办费和经常费。

总之,以上法令的实质,就是"旨在取消单科大学和预科生招生制度,在一定程度上有助于限制大学滥设"②。

(二)公私立专科以上学校裁并与院系整理

北洋时期,中国大学畸形发展,学科不均衡、失调,分布也不合理。据 1918 年统计,全国专科以上学校共 77 所,其中法政学校多达 35 所。全体在校生 17950 人中,修习法政专业的高达 9222 人,占一半以上,其中尚未包括 1206 名

---

① 黄建中:《十年来的中国高等教育》,中国文化建设协会编:《抗战前十年之中国》,龙田出版社 1980 年版,第 504—505 页。

② 陈玉玲:《国民政府初期对高等教育的整顿:1927—1937》,中国社会科学出版社 2018 年版,第 59 页。

大学预科生的专业选择。[①] 1921 年,中国有公私立大学 13 所;至 1926 年,发展到 51 所,5 年间增长近 3 倍。其中,公立大学由 5 所增加到 37 所,私立大学由 8 所增加到 14 所。而专门学校因大量升格(1922 年至 1926 年共有 22 所专门学校升为大学),从 1920 年的 76 所减至 1925 年的 58 所。

1929 年至 1935 年间,教育部通过降格、取缔、裁并等办法,对大学数量进行了整顿和总体调控。其中,重点是整顿私立高校。先后停闭了上海的群治、东亚、新民三学院及南洋医学院,北平的郁文等三大学,南京的文化学院,广州的广州法学院。对其余高校则严订立案程序,非经派员详细调查,认为适宜,概不准立案;或发展无望者,撤销其立案或令其分年结束。[②] 对于公立高校,主要是裁撤了一些省立法政专门学校和医药学校。

北洋时期全国各大学所设科系,重复设置不少,文、法科过多,实科少于文科。有鉴于此,教育部大力裁并、调整。1933 年 7 月,教育部通令各大学整理院系,裁并重复或超过需要之院系(主要是文法各科),裁并一些师资与设备均缺乏、发展无望的院系(涉及实科)。东北大学、齐鲁大学、北平师大、北平大学、复旦大学的若干系科或学院,均受到裁并、撤销或警告。据 1935 年初步统计,全国院系整理结果,共裁撤、合并或停招 33 个学系,其中京、沪两市占半数。专科学校方面,其科系设置亦与大学类似。教育部对专科学校中的文、法科学校进行限制,全国原有公私立法政专门学校或改办实科,或完全停办。对于办理不善的文、法科大学或独立学院,则责令办理结束,共涉及 8 校。

在裁并、撤销文法科大学的同时,教育部还从扩大实科类招生、缩小文科类招生入手,进一步调整文、实两类的招生比率。1933 年 2 月,教育部公布《二十二年度各大学及独立学院招生办法》,具体规定了招收新生的文、实两类学生之比率,即各大学文、法、商、教育各系所招新生及转学生之平均数,不得超过理、农、工、医等学院各学系所招新生及转学生之平均数;各独立学院文、法、商、教

---

① 《教育部公布全国大学概况》,《中华民国史档案资料汇编》第 3 辑《教育》,江苏古籍出版社 1994 年版,第 176—190 页。

② 黄建中:《十年来的中国高等教育》,中国文化建设协会编:《抗战前十年之中国》,龙田出版社 1980 年版,第 511—516 页。

育各科与理、农、工、医各科之招生比率与大学同。[①] 1934 年度的办法,基本与上年相同,"惟专办文、法、商、教育之独立学院,每一学系或专修科所招新生及转学生之数额,不得超过五十名"。1935 年度、1936 年度的办法,乃根据统计结果,即文科类学院和学科各系所招学生不得超过 30 名,规定较前两年度有异。自从这些限制办法出台后,全国大学文、实两类招生的趋势变化明显,文科类新生百分比逐年减低(从 1931 年度的 69.3%降至 1935 年度的 48.8%);而实科类新生百分比逐年增加(从 1931 年度的 30.7%增至 1935 年度的 51.2%)。据1937 年统计,历来招收新生最多的法科,已由第一位降到第四位;文科已降至第三位;教育科降至第四位;商科降至第七位。反之,工科则跃居第一,理科升至第二,医科升至第六,农科亦略有增加。[②]

(三)对大学教员兼课的限制

南京国民政府成立初期,高校教师兼课过多为普遍现象,其中尤以北平、上海两地区为最。以北平大学为例,1928 年该校共有教员 566 人,其中兼外校职务者为 296 人,超过了专任教员人数;至 1930 年,共有教员 658 人,专任者仅294 人,兼校外职务者为 347 人。北京大学、北平师范大学情况与此类似。中国学院的情况则更为严重,1928 年,该校专任教师仅 15 人,而兼任外校职务教师达 92 人。当时高校大多数教员均身兼多职,如鲁迅曾兼北大、北师大、女师大、世界语专门学校、中国大学等数校教职;俞平伯亦兼职多校;"身兼三主任、五教授"者,亦大有人在。[③] 1933 年,教育部曾派员视察上海六大学教师兼职情况。除沪江大学决不允许教师兼职外,其余五大学均存在兼职现象:大同大学专任教员 22 人,兼任教员 13 人;复旦大学专任教员仅 17 人,兼任者高达 79 人;光华大学教员共 60 人,专兼任各占半数;大夏大学教员共 76 人,其中兼任教员超过

---

① 《第二次中国教育年鉴》第 5 编,高等教育,商务印书馆 1948 年版,总第 530 页。

② 黄建中:《十年来的中国高等教育》,中国文化建设协会编:《抗战前十年之中国》,龙田出版社1980 年版,第 522—523 页。

③ 陈玉玲:《国民政府初期对高等教育的整顿:1927—1937》,中国社会科学出版社 2018 年版,第52—53 页。

专任教员。①

1929 年 6 月 17 日,教育部专门发出训令,开始限制大学教员的兼课。其训令指出:"现时各校教授,每因兼课太多,请假缺课,甚至以一人兼两校或同校两院以上之教授,平时授课已虞不及,更何有研究之可言？其影响教学效能,妨碍学校进步,盖无有甚于此者,亟应严加整顿,以绝弊端。即自十八年度上学期起,凡国立大学教授,不得兼任他校或同校其他学院功课,倘有特别情形,不得不兼任时,每周至多以六小时为限。其在各机关服务人员,担任学校功课,每周以四小时为限,并不得聘为教授。"②1933 年至 1935 年,教育部继续颁布一系列整顿兼课的训令,训令对象涉及清华大学、武汉大学、中央大学、中山大学、北平师大、北平大学、复旦大学等多个高校,要求各校增加专任教员比例,限制教员兼职。

1934 年至 1935 年,大学教员兼职过多的情况已有好转。③ 全国大学教员总数,1931 年度专任者有 4133 人,占总数的 58.60%；兼校外职务者有 2920人,占总数的 41.40%。到 1934 年度,专任教员为 5127 人,占总数的 71.16%；兼任教员为 2078 人,占总数的 28.84%。④

(四)大学课程标准厘定及大学研究所的设立

为规范大学各科系课程设置,提高教学效能,20 世纪 30 年代,教育部组织力量研究大学各系科课程设置与设备标准问题。从 1933 年秋起,教育部医学教育委员会起草大学医学科课程标准与设备标准,先后召开大会四次,审查会多次,博采各方意见。于 1935 年 5 月始将有关草案呈送教育部,并将《课程标准名目》改为《暂行课目表》,而《设备标准》则维持不变。1935 年 6 月 14 日,教育部率先公布《大学医科暂行课目表》,命令从 1935 学年度开始试行。教育部

---

① 《教部发表视察上海六大学报告》,《申报》1933 年 12 月 25 日,第 12 版。

② 教育部编:《教育法令汇编》第 1 辑,商务印书馆 1936 年版,第 146—147 页。

③ 《全国高教近四年度专兼任教员之增减》,《申报》1936 年 11 月 4 日,第 14 版;《全国高教专任教员较增》,《申报》1936 年 10 月 29 日,第 8 版。

④ 黄建中:《十年来的中国高等教育》,中国文化建设协会编《抗战前十年之中国》,龙田出版社1980 年版,第 524—525 页。

还组织专人编制了医学院及医专教材大纲,令发各医校研究参考。至于其他各科系课程标准的编制,则迟至全面抗战前夕,仍未完毕。

为养成高深学术人才、完成最高阶段之学制,此一时期,教育部亦重视大学研究所之设立。1934 年,教育部公布《大学研究院暂行组织规程》,其要点为大学得设各研究所,招收本科毕业生开展研究。大学可设立文、理、法、教育、农、工、商、医各研究所,具备三研究所以上者,得设研究院。大学各研究所依本科所设各系,设立若干研究部。大学研究所研究生,其研究期限暂定为二年,期满考核成绩及格,给予有关证书。设置研究院、研究所的大学,必须具备三条件:其一,除大学本科经费外,有确定充足之经费;其二,图书、仪器、建筑之设备较为充足,足堪开展研究之用;其三,师资优越。根据此项规定,1934 年度,共有11 所公、私大学,设置了 24 所研究所(其中无浙江大学)。从 1936 年开始,教育部计划每年成立大学研究所 4—6 所,预计六年之内将成立约 30 所研究所。

此外,为配合大学研究所的设立及研究生教育的开展,教育部于 1935 年 4月颁布《学位授予法》,规定自 1935 年 7 月 1 日起施行。学位分学士、硕士、博士三级。[①]

(五)国外留学资格的提高及实科名额之增加

在 1933 年前,我国学生出国留学的门槛较低,仅需具有高级中学及以上学校毕业之资格即可。为规范留学、促进留学教育的健康发展,1933 年 4 月 19日,教育部颁布《国外留学规程》,其中对自费生留学资格及留学生所习学科,均予以重点限制。该规程规定,自费生须在国内专科以上学校毕业后始得出国;高级职业学校毕业生,须曾在国内任技术职务二年以上始可出国。

在留学生所习学科方面,教育部也加强了实科留学生的派遣。据教育部历年来发给留学证书案卷之统计,从 1929 学年至 1935 学年,我国派往国外留学生共计 5000 余人,具体是:1929 年度,公费生 89 人,自费生 1568 人;1930 年度,公费生 81 人,自费生 948 人;1931 年度,公费生 39 人,自费生 411 人;1932

---

① 黄建中:《十年来的中国高等教育》,中国文化建设协会编:《抗战前十年之中国》,龙田出版社1980 年版,第 516—519 页。

年度,公费生 37 人,自费生 539 人;1933 年度,公费生 101 人,自费生 520 人;1934 年度,公费生 141 人,自费生 718 人;1935 年度,公费生 104 人,自费生 929 人。以国别言,这几年间,赴欧留学者 1873 人,占总数的 30％强;留美方面,共 1390 人,占 22％强;其他各国共计 2962 人,占 48％。以留学生所习学科而论,1929 学年至 1935 学年间,留学生学习实类者有所增加,学习文类者有所减少。具体是:实类学生从 1929 年度的 548 人(占当年度留学生总数的 33％),增加至 1935 年度的 491 人(占当年度留学生总数的 48％);文类学生从 1929 年度的 971 人(占当年度留学生总数的 59％),降到 1935 年度的 530 人(占当年度留学生总数的 52％)。①

(六)保障和增加高等教育经费

北洋军阀统治时期,军费开支巨大,教育经费常被挤占或挪用,经费短缺成为普遍现象。南京国民政府成立后,一开始的数年,教育经费拨付亦不甚稳定,时有拖欠现象。如 1928 年,北平教育界曾兴起教育经费独立运动,就是这一问题的反映。20 世纪 30 年代初,南京国民政府所面临的国内外形势依然紧张,军费开支居高不下,教育经费不时拖欠,导致学潮发生。中山大学、北平师大经费都出现过寅吃卯粮的情况,中央大学也发起过教育经费独立运动。

浙江大学亦在 20 世纪 30 年代初发生过较严重的经费拖欠问题。浙大 1930 年度全年的经费为 76.9 万元,经常费每月需 6.5 万元,原由浙江财政厅按月在征收国税项下划出。但 1931 年 1 月国民政府裁撤厘金后,这一款项的拨付成为问题。浙财政厅向省府呈文中称:"国立浙江大学及所属各院、场,为中央直辖之教育机关,其经费向就本省代征国税项下划拨。自裁厘以后,不独国税已无代征之款,即省税方面,损失附加等项,收入亦大幅减少。现在省库艰窘,达于极点,且营业税完全为省地方税,现在尚未开征,将来开征之后,收入税款,以之抵补裁厘损失,相去悬殊。在省府言,方请求补助之不遑,安有余力可

---

①　黄建中:《十年来的中国高等教育》,中国文化建设协会编:《抗战前十年之中国》,龙田出版社 1980 年版,第 526—527 页。

以负担。所有国立浙江大学及所属各院、场经费,应仍请中央另行指拨,以免无着。"①到 1931 年 2 月,浙财政厅尚欠浙大经费三个月,合计历年欠费,已达 26 万余元。邵裴子校长曾亲赴南京,请求教育部、财政部解决浙大经费问题;该校教职员代表、各学院院长、副院长、秘书长、各主任等,纷纷电呈教育部长及蒋介石,历陈经费危机情形。1931 年 4 月,教育部与财政部协商解决浙大经费困难问题,决定"自三月份起,按月由部拨发三万元,不足之数,由省方筹拨"②。同时又决定,浙大每月 6.5 万元的经费,由"国、省各半负担",实际浙江省承担 3.5 万元。到该年 6 月,浙财厅已向浙大拨出 2 万元救急;从 7 月起,由中央承担的浙大经费均能按月如数汇到,但浙江省所承担经费却往往不能如数划拨。因经费短缺,设备不足,聘任优良师资受限,学生不满而发生风潮,校长邵裴子于 1931 年 11 月 6 日向教育部呈请辞职,③由程天放继任校长。1932 年 11 月,新任校长程天放赴南京与财政部长宋子文交涉该校经费问题,宋子文允诺每月加发 1.5 万元,合计中央承担 4.5 万元。1933 年 3 月,浙江省府决定从该年 1 月起,每月暂拨浙大 1 万元,以济急需。④ 此后浙大经费的拨付,始趋于稳定。

面对各校经费困难、学潮迭起的局面,南京国民政府不得不引起重视,亟图解决。1932 年 7 月,行政院发布《整顿教育令》,表示政府"议定以最大之决心厉行整顿,对于经费决予宽筹,务期不致拖欠,并于可能范围内,逐渐求独立保障之实现"⑤。1932 年至 1935 年,高校教育岁入经费分别为 3418 万元、3454 万元、3575 万元、3644 万元;高校岁出经费分别为 3320 万元、3357 万元、3519 万元、3712 万元,总体呈现逐步增长状态。⑥ 从 1928 年至 1936 年,全国大

---

① 《本大学经费问题》,张淑锵主编:《浙江大学史料·第二卷(1927—1949)》上,浙江大学出版社 2022 年版,第 534 页。

② 《本大学经费问题》,张淑锵主编:《浙江大学史料·第二卷(1927—1949)》上,浙江大学出版社 2022 年版,第 535 页。

③ 《邵校长向教育部辞职工学院李院长亦引咎辞职工学院教授挽留校长院长》,张淑锵主编:《浙江大学史料·第二卷(1927—1949)》上,浙江大学出版社 2022 年版,第 141—143 页。

④ 《本大学经费问题》,张淑锵主编:《浙江大学史料·第二卷(1927—1949)》上,浙江大学出版社 2022 年版,第 538—539 页。

⑤ 《整顿教育令》,《国民政府公报》洛字第 39 号,1932 年 11 月 2 日,第 8 页。

⑥ 金以林:《南京国民政府发展大学教育述论》,中国社会科学院近代史研究所编:《中国社会科学院近代史研究所青年学术论坛(1999 年卷)》,社会科学文献出版社 2000 年版,第 328 页。

学生增加了 66.4％,学校数增加了 46％,教师数增加了 45％,但高校经费却增加了 112％。[1]

从 1932 年至 1937 年,南京国民政府对高等教育经费的投入比较稳定,这保证了高等教育的稳步发展。教育部长王世杰在 1936 年曾说:"尤有一事,吾人极引为快慰,即四年以来,中央直辖各校之经费,从未短欠,此实为民国以来空前之纪录。高等教育之整理工作,倘稍有成就,此为主要原因。"[2]

总之,全面抗战前的十年间,教育部对全国高等教育实施了多项改革与整顿。通过这些改革与整顿,有效克服了北洋时期我国高等教育中所存在的诸多不合理性,确立了我国高等教育发展的一些重要原则、基本方向与基本制度,保证了此时期全国高等教育向正规化、稳定化方向发展,也为此后高等教育的进一步现代化奠定了坚实基础。正唯如此,论者多称此时期为中国近代高教体制的基本定型期,是颇有道理的。

二、国立浙江大学的创建与全面抗战前的发展

(一)浙江大学的创建

北伐军底定浙江后,刚刚建立的南京国民政府对浙江教育也力行整顿,其中一项计划就是建立浙江大学研究院。这一计划,初由蔡元培动议,由浙江省务委员会教育科郑奠拟定有关简章及筹备计划。[3]

1927 年 5 月 25 日,浙江省务委员会第 13 次会议,议奉中央执行委员会政治会议浙江分会之决议,通过《浙江大学研究院筹备计划案》。决定创建浙江大

---

[1]　金以林:《南京国民政府发展大学教育述论》,中国社会科学院近代史研究所编:《中国社会科学院近代史研究所青年学术论坛(1999 年卷)》,社会科学文献出版社 2000 年版,第 329 页。

[2]　王世杰:《训政时期约法与最近教育工作》(1936 年 10 月 10 日),黄季陆主编:《革命文献》第 54 辑,中国国民党党史史料编纂委员会 1971 年编印,第 374—375 页。

[3]　《郑奠教授讲本校成立之前一年 1948 年 4 月 12 日》,张淑锓主编:《浙江大学史料·第二卷(1927—1949)》上,浙江大学出版社 2022 年版,第 32 页。

学研究院,开办费 15 万元,由省财政厅分三个月拨付,经常费定为每月 5 万元。并聘张人杰、李石曾、蔡元培、马叙伦、邵元冲、蒋梦麟、胡适、陈世璋、邵裴子等为浙江大学研究院筹备委员。5 月 30 日,浙江省省务委员会第 15 次会议又议决,尽快设立浙江大学研究院筹备委员会及筹备处,以浙江省教育厅厅长、秘书、科长等专任筹备。同时决定,将杭州旧高等学堂及陆军小学堂地址拨充浙江大学及浙江大学研究院作为校舍。6 月 1 日,浙江省省务委员会第 16 次会议再次决定,加聘研究院筹备委员为第三中山大学筹备员,又拨罗苑及文澜阁旧址归浙江大学研究院应用。

嗣因研究院规模宏大,需费浩繁,遂由筹备委员会等议研究院暂缓设立,提议先筹办大学。同时,在浙江提议下,国民党中央决定变更大学管理制度,浙江、江苏先试行大学区制,浙江设立大学,定名第三中山大学。1927 年 6 月 27 日,国民党中央执行委员会政治会议第 109 次会议议决,任命浙江省教育厅厅长蒋梦麟为第三中山大学校长。1927 年 7 月 15 日,国民政府通过这一任命,并将浙江省教育厅并入第三中山大学,蒋梦麟于 7 月 25 日宣誓就职。

1927 年 7 月 29 日,筹备委员会决定自 8 月 1 日起,将浙江公立工业专门学校改组为国立第三中山大学工学院,浙江公立农业专门学校改组为第三中山大学劳农学院。不过,此时在管理上,两学院稍有不同:工学院受校长直接领导,办理本科;而劳农学院暂归浙江大学区扩充教育处社会教育主任管理。[①] 在 8 月初举行的省府会议上,又确定第三中山大学办理浙江大学区教育行政事宜、权限等事,并决定在第三中山大学前应加上"国立"二字,以符体制。

1927 年 8 月 7 日,《申报》刊登了《综理浙江大学区之第三中山大学已成立内部组织情形大学条例公布》。报道指出,第三中山大学已于 8 月 1 日成立。其内部组织,计分研究学院、劳农学院、劳工学院、大学本科、行政处五大部。行政处设秘书处(秘书长刘大白)、普通教育管理处(处长邵裴子)、扩充教育处(处长郑奠)三处。秘书处设会计股、事务股、文书股、注册股、扩充股、介绍股六股。普通教育管理处设中等教育部(主任施伯侯)、初等教育部(主任俞子夷)两部。

---

① 《关于成立第三中山大学的议案》,张淑铿主编:《浙江大学史料·第二卷(1927—1949)》上,浙江大学出版社 2022 年版,第 7 页。

而扩充教育处因经费与人才关系,暂行从缓。劳农学院(院长谭熙鸿)、劳工学院(院长李熙谋)系就农专、工专改组,研究学院及大学本科系新设立,正在筹备中。①

1927年8月27日,浙江大学区正式任命李熙谋为工学院院长,谭熙鸿为劳农学院院长。1928年2月6日,浙江省政府同意国立第三中山大学改为国立浙江大学。此后,关于要不要加"国立"二字,蒋梦麟与省府之间曾有争议。1928年5月25日,大学院发出训令,指示浙江大学得加"国立"二字。

1928年5月14日,浙江大学向大学院呈报了浙江大学区教育改进计划。在大学教育方面,这个计划指出:

> 浙江大学区除就原有省立工业专门学校改组工学院外,尚无大学各科之设置。浙江大学筹备委员会前曾通过大纲,拟设文理、社会科学、艺术、医药、农学、工学等六个学院,以文理包文、哲、自然、教育,以社会包法、商。兹拟于十七年度先办文理学院,以立高等学术之始基。该学院拟并包社会科学(商法等应用部分除外)并附设医药学院预修科,程度准大学本科前二年。文理本科以高中或大学预科毕业生升学。大学专办本科,不设预科。文理学院四年毕业。医药学院应俟两年以后预修期满,接续开办,连预修共计六年毕业。艺术院业经大学院在杭开办。原拟设立之各学院,尚余农学及社会科学中之法、商两科。农学院将来拟与劳农学院合成一个系统。法、商两科将来拟各别分设单科,统俟经费稍充,再行筹设。②

1928年秋,浙江大学文理学院成立,聘邵裴子为院长。关于文理学院的具体科系设置,早在1928年3月31日,浙江大学即提出过一个计划,拟设国文、外国文、哲学、历史学与政治学、经济学、教育学、心理学、人类学与社会学、图

---

① 《综理浙江大学区之第三中山大学已成立内部组织情形大学条例公布》,张淑锵主编:《浙江大学史料·第二卷(1927—1949)》上,浙江大学出版社2022年版,第9—10页。

② 《浙江大学区今后教育改进计划》,张淑锵主编:《浙江大学史料·第二卷(1927—1949)》上,浙江大学出版社2022年版,第15页。

画、体育、军事、数学、物理、化学、地质学、生物学等各学门。其中主科 11 门,副科 13 门,普通科 4 门,缓设 4 门。第一年应设 9 门,第二年应增设 10 门。^① 可以看出,此计划过于宏伟,缺乏实现条件。浙大校长蒋梦麟因此在 1928 年 5 月提出改进意见,主张文理学院以国文、英文、数学、物理、化学、历史政治、经济、教育 8 门为主科,而以地质、生理、心理哲学、人类学与社会学、图画、体育 7 门为别科,"学生修习之主要科目,暂限于此所谓主科者 8 门;而辅助科目,则主、副各科,皆可以供选择"^②。1929 年 1 月,浙大决定文理学院在第一年设立中文、外文、哲学、数学、物理、化学、心理、史学与政治学、体育、军事等 10 个学门,第二年设立地质、生物、经济、图画等 4 个学门,第三年设立人类学与社会学、教育学等 2 个学门。^③ 因经费、师资等缺乏,实际上述计划大部分均落空。

1928 年 10 月,南京国民政府废止大学院,恢复教育部,以蒋梦麟为部长,其仍兼浙江大学校长。1928 年 11 月 24 日,因蒋梦麟就任部长后,校务繁忙,故聘文理学院院长邵裴子兼任该校副校长。^④ 1929 年 1 月,改劳农学院为大学本科之农学院,"至是本大学三学院完全成立,而蔚为中国最高学府之一矣"^⑤。1929年 7 月 31 日,大学区制结束,浙江大学区所有职权移交浙江省教育厅。1930 年 7 月,蒋梦麟以教育部事务繁忙,对于浙大校务无暇兼顾,遂辞去校长一职,国民政府任命副校长邵裴子继任。此后,1931 年 11 月 6 日,因浙大经费长期拖欠,校中困难,发生学生风潮,邵裴子遂于当晚向教育部辞职。^⑥ 国民政府于 1932年 3 月 18 日任命程天放接任,程天放于 4 月 21 日就职。1933 年 3 月中旬,程天放辞职,辞职原因为行政院改组湖北省政府,调其任湖北教育厅厅长。^⑦ 程天

---

① 《筹设文理学院计划》,张淑锃主编:《浙江大学史料·第二卷(1927—1949)》上,浙江大学出版社 2022 年版,第 50—54 页。

② 《浙江大学校长蒋梦麟来呈为筹设文理学院拟具简章呈请鉴核由》,张淑锃主编:《浙江大学史料·第二卷(1927—1949)》上,浙江大学出版社 2022 年版,第 55 页。

③ 《学门》,张淑锃主编:《浙江大学史料·第二卷(1927—1949)》上,浙江大学出版社 2022 年版,第 58—59 页。

④ 《本大学增设副校长》,张淑锃主编:《浙江大学史料·第二卷(1927—1949)》上,浙江大学出版社 2022 年版,第 24 页。

⑤ 《沿革概要》,张淑锃主编:《浙江大学史料·第二卷(1927—1949)》上,浙江大学出版社 2022 年版,第 29 页。

⑥ 《浙大起风潮邵校长愤然辞职》,上海《民国日报》1931 年 11 月 6 日,第 8 版。

⑦ 《程天放辞鄂教厅长》,《中央日报》(南京)1933 年 2 月 10 日,第 6 版。

放辞职后,由心理哲学家、复旦大学原教务主任郭任远继任浙大校长,他于1933年3月16日正式接事。郭任远在任时,成立军事管理处,加强学生军事训练与管制,任意开除不服管理的学生,同时任人唯亲,激起校中师生的反抗,其不得不于1935年12月21日辞职。[①] 1936年4月,国民政府任命著名气象学家、中央研究院气象研究所所长竺可桢担任浙大校长,浙大从此进入辉煌发展时期。

(二)全面抗战前浙江大学的发展

1.全面抗战前浙江大学的学系设置

建校初期,浙大学系设置比较简单。此后,添设文理学院,并在工学院、农学院增设新系。1929—1936年,浙大所设学系如下。

文理学院设有外文系英文组、史学与政治系、教育系、经济系、心理系、数学系、物理系、化学系、生物系9个学系。其中,史学与政治系于1928学年设立,1935学年停办;经济系、心理系均于1928学年设立,1931学年停办;外文系自1929学年设立,生物系自1931学年设立,两系自设立后一直开办。其余教育、数学、物理、化学4系,自1928学年设立后,一直开办。

工学院设有电机工程系、化学工程系、土木工程系、机械工程系、测量系5个学系。其中机械工程系于1931学年设立,此后一直开办;测量系于1932学年设立,1934学年停办;电机工程、化学工程、土木工程3系,均自1927学年设立,一直开办。工学院复承浙江省教育厅之委托,代办高级工业职业学校一所,计分土木、染织、机械、电机4科。

农学院设有农艺系、森林系、园艺系、蚕桑系、农业社会系、病虫害系、农业经济、农业植物、农业动物9个学系。其中农艺系自1927学年设立后一直开办;森林系于1927学年设立,1936学年停办,其后未恢复;园艺系、蚕桑系自1927学年设立,曾在1935学年停办一年,其后恢复;农业社会系自1927学年设立,1936学年停办,其后未恢复;农业植物、农业动物两系,系1933学年设立,

---

① 《浙大校长郭任远辞职离校》,《时报》1935年12月23日,第5版。

1937 学年停办;病虫害、农业经济两系,系 1936 学年设立。[①] 1936 年 4 月竺可桢担任校长后,将原有的农业植物系、农业动物系、农业社会系和下设的作物、园艺、森林、农业化学、植物病理、昆虫、蚕桑、畜牧、合作和农政 10 组,改为农艺、园艺、蚕桑、病虫害和农经 5 个学系,与全国各大学农学院系科设置统一。[②] 浙大农学院亦受浙教厅委托,代办高级农业职业学校一所,计有森林、农艺二科。

2.教职员情况

浙大成立之初的几年,学校教职员更迭频繁,其变化难以细述。以下为浙大 1934—1935 年教职员的有关统计。

(1)教职员总数

据 1934 年 5 月统计,该校大学部共有教员 140 人,其中教授 2 人、副教授 65 人、讲师 27 人、助教 44 人、助理 2 人。以教员性别论,则男 135 人,女 5 人。职员共有 119 人(内有教员 6 人兼职)。以职员性别论,则男 109 人,女 10 人。[③]

再据 1935 年 12 月统计,大学部共有教授 3 人,副教授 72 人,讲师 21 人,助教 69 人,助理 2 人,其他教员 2 人,军训主任和军官 5 人,总计共 174 人。职员则有 90 人。[④]

根据以上统计数字可知,此一时期,浙大教员约在 140 人至 170 人,教授、副教授约占半数。

(2)教职员籍贯

据 1934 年 5 月统计,包括高工、高农在内,教员中浙籍共 123 人,苏籍 81 人,闽籍 12 人,赣籍 12 人,皖籍 14 人,粤籍 10 人,未详 13 人,其他各省份较少。

---

① 《国立浙江大学历年学生人数统计表》,张淑锵主编:《浙江大学史料·第二卷(1927—1949)》下,浙江大学出版社 2022 年版,第 373—374 页。

② 陈锡臣、季道藩:《竺可桢与浙江大学农学院》,浙江大学校友总会、电教新闻中心编:《竺可桢诞辰百周年纪念文集》,浙江大学出版社 1990 年版,第 343—344 页。

③ 《注册课发表本大学教职员各项统计》,张淑锵主编:《浙江大学史料·第二卷(1927—1949)》上,浙江大学出版社 2022 年版,第 244 页。

④ 《本大学全校教职员统计表》,张淑锵主编:《浙江大学史料·第二卷(1927—1949)》上,浙江大学出版社 2022 年版,第 252 页。

另有美籍、德籍各 1 人。①

又据 1934 年 12 月 1 日统计,大学教员 159 人中,浙籍共 53 人,苏籍 55 人,闽籍 7 人,湘籍 6 人,皖籍 7 人,赣籍 4 人,粤籍 4 人,其他各省份较少。德籍 1 人。②

根据以上统计可知,此一时期,浙大教员主要来自南方各省份,其中浙、苏两省占 60% 以上。

(3)教员学历

据 1934 年度统计资料,浙大教授中,具有留日经历者 2 人(苏步青、陈建功)。副教授中,留日 3 人,国内大学毕业 1 人,留英 6 人,留美 43 人,留德 1 人,留法 6 人,外国教员 1 人,其他 3 人,未详 1 人。讲师中,国内大学毕业者 16 人,留美 1 人,留法 2 人,留日 10 人,外籍教员 1 人,其他 1 人,未详 2 人。助教中,国内毕业 37 人,其他 6 人,未详 1 人。助理 2 人,其学历为其他和未详。③

据上项统计,此一时期,浙大教授、副教授中,具有留学经历者约 61 人,占教授、副教授总数 67 人的 91%,所占比例甚高。讲师中,具有留学经历者约 13 人,占讲师总数 27 人的 48%,接近半数。

(4)1934 年 9 月各系教员的分布

外国语文学系:系主任熊正瑾,全系共有副教授 6 人(熊正瑾、陈逵、何汇莲、张继英、冯建维、俞素青),讲师 1 人(施友忠),兼任讲师 1 人(陆步青)。另有外籍德文副教授 1 人(米协尔)、助教 2 人。

教育学系:系主任郑晓沧,全系共有副教授 6 人(郑晓沧、黄翼、沈有乾、庄泽宣、俞子夷、胡寄南)。另有助教 2 人。

数学系:系主任苏步青,全系共有教授 2 人(苏步青、陈建功),副教授 3 人(朱叔麟、曾炯、钱宝琮),讲师 1 人(毛信桂)。另有助教 3 人。

物理学系:系主任张绍忠,全系共有副教授 4 人(张绍忠、束星北、何增禄、郑衍芬),讲师 1 人(朱福炘)。另有助教 7 人。

---

① 《注册课发表本大学教职员各项统计》,张淑锵主编:《浙江大学史料·第二卷(1927—1949)》上,浙江大学出版社 2022 年版,第 245 页。

② 《注册课发表教职员学历、籍贯统计(二十三年度)》,张淑锵主编:《浙江大学史料·第二卷(1927—1949)》上,浙江大学出版社 2022 年版,第 250 页。

③ 《注册课发表教职员学历、籍贯统计(二十三年度)》,张淑锵主编:《浙江大学史料·第二卷(1927—1949)》上,浙江大学出版社 2022 年版,第 250 页。

生物学系:系主任由校长郭任远兼任,全系共有副教授 4 人(贝时璋、许骧、范赉、陈炳相),讲师 1 人(蒋天鹤),兼任讲师 1 人(董聿茂)。另有助教 4 人。

化学系:系主任周厚复,全系共有副教授 2 人(周厚复、储润科)。另有助教 5 人。

电机工程学系:系主任胡汝鼎,全系共有副教授 7 人(胡汝鼎、杨耀德、沈秉鲁、王国松、毛启爽、朱缵祖、沈嗣芳)。另有助教 3 人。

化学工程学系:系主任李寿恒,全系共有副教授 4 人(李寿恒、潘承圻、吴锦铨、陈承弼)。另有助教 4 人。

土木工程学系:系主任吴钟伟,全系共有副教授 7 人(吴钟伟、张谟实、徐南骎、黄中、余勇、周镇伦、刘崇汉),讲师 1 人(陈钟和)。另有助教 2 人。

机械工程学系:系主任陈大燮,全系共有副教授 4 人(陈大燮、殷文友、沈三多、钮因梁),讲师 2 人(阮性咸、朱亮臣)。另有助教 5 人。

农学院各系教员:土壤学副教授兼农业植物系主任刘和;园艺副教授兼园艺组指导程世抚;森林副教授兼森林组指导程复新;农艺化学副教授兼农化组指导黄瑞纶;植物病理副教授兼植物组指导陆大京;昆虫学副教授兼农业动物系主任及昆虫组指导周明牂;蚕桑学副教授兼蚕业组指导顾蓥;畜牧副教授兼畜牧组指导汪国兴;农业社会学副教授兼农业社会系主任王世颖;园艺学副教授钟俊麟、农业经济副教授彭师勤、冯紫岗;植物病理副教授陈鸿逵;昆虫学副教授柳支英;蚕桑学副教授夏觉民;麦作兼任副教授莫定森;合作兼任副教授陈仲明;农业社会系讲师徐曰琨;蚕桑学讲师张自方;园艺学讲师沙凤护;森林学讲师朱大猷;作物学讲师兼农场副主任颜纶泽;园艺学讲师兼园艺实验场管理章文才;日文兼任讲师戎菽畦。另有助教 7 人。

此外,尚有大学公共科目教员 9 人,即政治学副教授费巩;史学副教授鲁潼平;国文副教授徐蔚南;哲学、法文副教授毛起;家事经济兼任副教授何静安;经济学兼任副教授谢颂芳;国文讲师邵祖平;史学讲师苏毓棻;党义兼任讲师朱叔青。①

---

① 《二十三年度教员题名》,张淑锲主编:《浙江大学史料·第二卷(1927—1949)》上,浙江大学出版社 2022 年版,第 254—256 页。

3.学生人数

1927—1937 年浙大在校学生人数情况,具体为:1927 年本科 174 人(其中工学院 106 人,农学院 68 人);1928 年本科 245 人(其中工学院 144 人,农学院 61 人,文理学院 40 人);1929 年本科 333 人(其中工学院 213 人,农学院 60 人,文理学院 60 人);1930 年本科 431 人(其中工学院 240 人,农学院 88 人,文理学院 103 人);1931 年本科 511 人(其中工学院 273 人,农学院 100 人,文理学院 138 人)。[1] 1932 年本科 590 人(其中工学院 290 人,农学院 138 人,文理学院 162 人)。[2] 1933 年本科 709 人(其中工学院 324 人,农学院 177 人,文理学院 208 人)。[3] 1934 年本科 680 人;1935 年本科 614 人;1936 年本科 549 人。1937 年本科 481 人。[4]

1927—1937 年浙大历届毕业人数情况,具体为:1927 年 29 人,1928 年 23 人,1929 年 20 人,1930 年 12 人,1931 年 20 人,1932 年 28 人,1933 年 24 人,1934 年 75 人,1935 年 71 人,1936 年 79 人,1937 年 114 人。总计这一期间共毕业 495 人。[5]

由上述统计不难看出,在全面抗战前,整体上浙大办学规模不大,招生人数从最初的只有几十人,逐步增长到每年近 200 人。十年间毕业学生,亦总计只有 500 人左右。

4.科学研究

教育部曾两次统计了全国专科以上学校教员专题研究情况。第一次统计

---

[1] 《国立浙江大学历年学生人数比较表》,张淑锵主编:《浙江大学史料·第二卷(1927—1949)》上,浙江大学出版社 2022 年版,第 295—296 页。

[2] 《国立浙江大学二十一年度第一学期各项统计图表》,张淑锵主编:《浙江大学史料·第二卷(1927—1949)》上,浙江大学出版社 2022 年版,第 309 页。

[3] 《国立浙江大学二十二年度上学期学生人数统计》,张淑锵主编:《浙江大学史料·第二卷(1927—1949)》上,浙江大学出版社 2022 年版,第 314 页。

[4] 《国立浙江大学历年学生人数统计表》,张淑锵主编:《浙江大学史料·第二卷(1927—1949)》下,浙江大学出版社 2022 年版,第 374 页。

[5] 《国立浙江大学历届毕业人数统计表》,张淑锵主编:《浙江大学史料·第二卷(1927—1949)》下,浙江大学出版社 2022 年版,第 375—376 页。

在 1935 年,根据各校所填报的 1934 年度的数据,统计如下:全国专科以上学校参加研究人员(包括主任、合作、助理)共有 891 人,其专题分实类(包括理科、工程、农林、医药)、文类(包括文艺、法政、教育、商类)两大类。合计实类已研究完竣者 374 个专题,未完竣者 229 个专题;文类已研究完竣者 128 个专题,未完竣者 176 个专题。总计两类已完竣者 502 个专题,未完竣者 405 个专题。第二次统计在 1937 年,根据各校所填报的"二十三年八月一日起截至二十五年十二月底止"的数据进行统计,全国专科以上学校(包括大学、独立学院、专科学校三类)研究人员(包括主任、合作、助理)共计 1066 人,合计已完成研究专题 597 个(其中实类 451 个,文类 146 个),未完成研究专题 518 个(其中实类 294 个,文类 224 个)。单以大学(包括国立大学、省立大学、私立大学三类)论,则有研究人员 648 人,已完成研究专题 283 个,未完成专题 410 个。[1] 其具体情况见表 5-1。

表 5-1　1937 年全国各大学教员研究专题统计

大学名称	研究员数量/人	总计		甲类(实类)专题		乙类(文类)专题	
		已完竣/个	未完竣/个	已完竣/个	未完竣/个	已完竣/个	未完竣/个
国立中央大学	79	28	48	24	42	4	6
国立清华大学	60	30	26	20	13	10	13
国立北平大学	57	32	51	24	30	8	21
国立浙江大学	57	16	26	11	24	5	2
国立北京大学	53	25	27	16	8	9	19
国立武汉大学	42	6	41	3	17	3	24
国立中山大学	38	16	11	12	10	4	1
国立四川大学	27	11	20	2	2	9	18
国立北平师范大学	18	1	8	—	—	1	8
国立暨南大学	17	9	16	—	3	9	13
国立交通大学	11	6	9	2	5	4	4
国立山东大学	7	3	4	3	4	—	—

---

[1]　教育部编:《全国专科以上学校教员研究专题概览》下册,商务印书馆 1937 年版,第 450—453 页。

大学名称	研究员数量/人	总计		甲类(实类)专题		乙类(文类)专题	
		已完竣/个	未完竣/个	已完竣/个	未完竣/个	已完竣/个	未完竣/个
国立同济大学	6	4	2	4	2	—	—
省立东北大学	17	4	14	—	2	4	12
省立安徽大学	16	10	2	3	—	7	2
省立重庆大学	13	8	6	7	6	1	—
省立广东勷勤大学	6	8	—	5	—	—	3
省立河南大学	5	—	6	—	2	—	4
私立燕京大学	72	12	33	5	10	7	23
私立大夏大学	34	4	5	2	4	2	1
私立辅仁大学	21	4	10	3	4	1	6
私立中法大学	17	2	6	2	4	—	2
私立岭南大学	17	18	2	16	2	2	—
私立华中大学	13	3	7	3	7	—	—
私立厦门大学	13	8	1	1	—	7	1
私立东吴大学	10	6	8	2	4	4	4
私立金陵大学	8	3	8	3	8	—	—
私立齐鲁大学	5	10		10		—	
私立广州大学	5	2	3	—	—	2	3
私立震旦大学	4	2	1	1	—	1	1

说明:本表据教育部编《全国专科以上学校教员研究专题概览》下册(商务印书馆1937年版)第452—453页的表格"全国各大学教员研究专题统计表"调整、改造而成。

根据表5-1,国立浙江大学从事研究人员共计57人,其人数列国立中央大学、国立清华大学之后,与国立北平大学并列为全国国立大学第三位。研究专题方面,浙大共有42个专题,其总数在国立各大学中排名第六位,次于国立北平大学、国立中央大学、国立清华大学、国立北京大学、国立武汉大学。如果把所有国立、省立、私立大学全部计算,则浙大研究专题数居第七位(私立燕京大学以45个专题研究,超越浙大而居第六位)。这一排名,基本反映了1935年8

月至 1936 年 12 月间浙大在全国大学中的研究位次。

浙大当时 42 个研究专题如下。

甲类专题方面,这里须重点提及化学系主任周厚复副教授,其一人即有《从二甲苯胺综合胺基苯醛及胺基苯酮》《从硝基一碳烷综合硝基醛及硝基酮》《从糖精综合 primary amines 及 amino acids》等六个专题,研究能力和研究成果最为突出。根据 1935 年在浙大化学系就读的孙观汉回忆,周厚复"那时刚从欧洲回国,英气勃勃,正在研究发展一种他的新学说,就是把物理化学和无机化学中的电子学说扩充到复杂的有机化学里面去。在那一年中,他利用自己发展的新学说,把各种一无相连的有机作用,头头是道地穿连成一系统,每科演绎……他的有机化学的理论综合,现在回想起来,觉得和近代化学家鲍林(L. Pouling)教授(诺贝尔奖得主)的原子链学说的综合,有同样的气魄"[1]。

甲类专题还有:农业动物系主任周明牂,有《我国经济植物害虫名录》《蔬菜害虫猿叶虫之研究》《油桐尺蠖之研究》等三个专题;病虫害系副教授柳支英,有《三化螟第一化幼虫之研究》《水稻害虫稻蝗之研究》两个专题;农学院助教朱壬葆,有研究专题一项;农学院助教沈云春,有《鸡胎之呼吸运动》《鸟类气囊之生理》两个专题。农学院讲师蒋天鹤、沙凤护、程世抚、黄瑞纶、程复新、刘和等有《杭县土壤调查》和《有机肥料之活化作用》两个专题;蚕桑系主任蔡堡,有《各种体素之培养》《中国土壤中 Clostridium 之研究》两个专题;生理学副教授贝时璋、萧辅,有《中美棉杂交试验》一个专题。其他农学院教师,如黄瑞纶有《用比色法测定土壤中之钾量》《测定肥料中氮磷钾三素之简便方法》两个专题,陆大京有《稻菌核病》一个专题,冯紫兰有《兰溪农村调查》。工学院教员黄中有《钢筋混凝土架之设计》一个专题,张馨山有《差分方程式在连架上之应用》一个专题,外籍教员米协尔亦有一个专题。

乙类专题方面,文理学院教员杜绍文有《国防文学之建设及其前途》一个专题;庄泽宣有《民族性与教育》及《浙江教育辅导制》两个专题;郑晓沧有《学制改造声中对于教育本质之探讨》一个专题;沈有乾有《均数与中数取样误差之实验

---

① 孙观汉:《命运的作弄——周厚复教授的遭遇》,《国立浙江大学》上,台北浙江大学校友会 1985 年印行,第 281 页。

的比较》一个专题。公共科目教员中,副教授费巩有《各省省县政府公务员职务分配及经费支配问题》一个专题,毛起有《春秋总论初稿》一个专题。[①]

5.骨干教师队伍

世界上创办任何事业,其必备条件,一是经费,二是人才。对于大学来说,高水平的教师不可或缺,尤其是教学、科研、行政中某一项或多项能力突出,学问扎实,办事负责,能得学生信仰的教授,更是大学的灵魂。1936年出任浙大校长的竺可桢,有着武昌高师、南京高师、南开大学、东南大学、中央大学任教的经历,其对大学教授重要性的认识,即高人一筹。他认为:"一个学校实施教育的要素,最重要的不外乎教授的人选、图书仪器等设备和校舍建筑。这三者之中,教授人选的充实最为重要。……教授是大学的灵魂,一个大学学风的优劣,全视教授人选为转移。假如大学里有许多教授,以研究学问为毕生事业,以教育后进为无上职责,自然会养成良好的学风,不断培育出博学敦行的学者。……有了博学的教授,不但是学校的佳誉,也是国家的光荣。……不过要荟萃一群好的教授,不是短时期内所能办到的,而必须有相当的岁月,尤其学校有安定的环境。因为教授在校有相当的年份,方能渐渐实现其研究计划,发挥其教育效能,而且对学校的感情日增,甚至终身不愿离开的程度,这对学术、教学能有较大的贡献。"[②]

从1927年8月浙大建校,至1936年4月,浙大校长四度更迭,连带师资的变动亦较大,造成许璇、顾毓琇、袁敦礼、徐英超、薛绍清、曾炯之、陈大燮、邵祖平、孟宪承、庄泽宣、俞子夷、张子高、顾功叙、徐佩璜、金善宝、梁希等一部分教师离开浙大;但亦有郑晓沧等部分教师坚持留校。这一部分留校教师,加上1935年、1936年新聘教师,共同构成了浙大教师的主干,为1936年4月竺可桢出任浙大校长后该校的崛起奠定了基本人才的基础。这一期间浙大逐渐聚拢起36名骨干教师,具体参见表5-2。

---

① 参见教育部编:《全国专科以上学校教员研究专题概览》上、下册,商务印书馆1937年版。

② 《大学教育之主要方针》,《竺可桢全集》第2卷,上海科技教育出版社2004年版,第334—335页。

表 5-2　1936 年 4 月前浙大骨干教师

姓名	籍贯	留学学历	来校时间	职务	备注
杨耀德	江苏松江	上海工业专门学校毕业,留学美国俄亥俄州州立大学电机工程专业,获硕士学位	1927 年 8 月	电机系副教授	前浙江工专教师
毛启爽	江苏宝应	上海交通大学毕业,留学美国哈佛大学电机工程研究院	1933 年 8 月	电机系副教授	1938 年离校
王国松	浙江温州	浙江公立工业专门学校毕业,留学美国康奈尔大学,获硕士、博士学位	1933 年 8 月	电机工程系主任	前浙江工专教师
李寿恒	江苏宜兴	金陵大学毕业,留学美国密歇根大学、伊利诺伊大学,获博士学位	1927 年 8 月	化学工程系主任,后兼工学院院长	前浙江工专教师
李熙谋	浙江嘉善	上海工业专门学校毕业,留学美国麻省理工学院、哈佛大学,获硕士、博士学位	1927 年 8 月	工学院院长	前浙江工专校长,1932 年 11 月辞职离校,1940 年重回浙大任教,1943 年离校,任交通大学教务长
吴钟伟	江苏武进	上海工业专门学校毕业,留学美国康奈尔大学,获硕士学位	1927 年 8 月	土木工程系主任,后曾兼代工学院院长	1935 年离校,抗战时期重回浙大任教

续表

姓名	籍贯	留学学历	来校时间	职务	备注
蔡邦华	江苏溧阳	江苏江阴南菁中学毕业,留学日本鹿儿岛高等农林学校、日本帝国大学农学部,后赴德进修	1932 年 10 月		1933 年 6 月离校,1938 年重回浙大任教
卢守耕	浙江慈溪	北京农业专门学校毕业,留学美国康奈尔大学研究院,获硕士、博士学位	1927 年 8 月	农学院讲师、农场副主任,1936 年秋任农学院院长、农艺系主任	前浙江农专教员,1930 年离校赴美留学,1936 年秋重回浙大任教
蔡堡	浙江余杭	北京大学毕业,留学美国耶鲁大学、哥伦比亚大学	1934 年 9 月	生物系副教授兼代主任,1936 年曾任文理学院院长	1937 年 7 月出任浙江省蚕桑研究所所长,1939 任中国蚕桑研究所所长期间均在浙大生物系兼职
吴耕民	浙江慈溪	北京农业专门学校毕业,留学日本兴津园艺场,1929 年至 1930 年曾赴英、德、法考察	1927 年 8 月	园艺系主任	1933 年夏离校赴山东大学农学院执教,1939 年重回浙大执教
陈鸿逵	广东新会	金陵大学毕业,留学美国爱荷华大学,获博士学位	1935 年 1 月	农业植物系副教授	

续表

姓名	籍贯	留学学历	来校时间	职务	备注
孙逢吉	浙江杭州	南京高师毕业,留学美国明尼苏达大学,获硕士学位	1927 年 8 月	农艺系助教	1933 年离校赴美留学,1936 年 9 月重返浙大任教
周厚复	江苏江都	厦门大学、东南大学毕业,留学法国巴黎大学,获博士学位,并赴德国柏林大学从事研究	1933 年	化学系主任	1942 年秋离开浙大,任四川大学理学院院长
潘承圻	江苏吴江	留学美国麻省理工学院、梅恩大学,获硕士学位	1927 年 8 月	化学工程系副教授	前浙江工专教师
郑晓沧	浙江海宁	浙江高等学堂毕业,留学美国威斯康星大学、哥伦比亚大学,获学士和硕士学位	1929 年 8 月	教育系主任、文理学院代理院长,1936 年任教务长	
张绍忠	浙江嘉兴	南京高师毕业,留学美国芝加哥大学、哈佛大学	1928 年秋	物理系主任、文理学院副院长	1935 年 7 月离校,1936 年 8 月重回浙大任教
束星北	江苏江都	留学美国堪萨斯州拜克大学、英国爱丁堡大学、德国柏林大学,获硕士、博士学位	1932 年 10 月	物理系主任	1935 年夏离校,1936 年 8 月重回浙大执教
何增禄	浙江诸暨	东南大学毕业,留学美国加州理工学院、罗切斯特大学,获硕士学位	1933 年	后任物理系主任	1935 年 7 月离校,1936 年 8 月重回浙大执教

姓名	籍贯	留学学历	来校时间	职务	备注
王淦昌	江苏常熟	清华大学毕业,留学德国柏林大学、哥廷根大学,获博士学位	1936 年 8 月	物理系主任	
朱福炘	江苏常州	南京高等师范、东南大学毕业,抗战胜利后入美国加利福尼亚大学、麻省理工学院研修	1928 年秋	物理系讲师	1935 年 7 月离校,1936 年下半年重回浙大任教
费巩	江苏苏州	复旦大学毕业,留学英国牛津大学,获硕士学位	1933 年秋	公共科目副教授	1945 年在重庆遇害
顾谷宜	江苏无锡	南洋大学毕业,留学苏联莫斯科中山大学、苏联国家研究院	1935 年秋	初任经济学副教授,1936 年任史地系教授	
舒鸿	浙江宁波	留学美国春田学院、克拉克大学,获学士、硕士学位	1934 年	体育处主任	
苏步青	浙江东阳	中学毕业,留学日本东京帝国大学,获博士学位	1931 年春	数学系主任	
陈建功	浙江绍兴	浙江官立两级师范学堂毕业,留学东京高等工业学校、东北帝国大学研究院,获博士学位	1929 年底	数学系主任	

续表

姓名	籍贯	留学学历	来校时间	职务	备注
佘坤珊	江苏南京	新学书院肄业,1920年自费留学美国马萨诸塞州菲利普斯学院、缅因州私立鲍登学院,1927年毕业,获学士学位	1928年秋	任外文系主任、副教授	1933年8月离校,1939年8月重回浙大任教
陈逵	湖南攸县	留学美国威斯康星大学研究院	1934年9月	外文系副教授	
梁庆椿	广东中山	东南大学毕业,留学美国哈佛大学,获博士学位	1934年	农业社会系副教授兼系主任	1942年离开浙大
周明牂	江苏泰县	金陵大学毕业,留学美国康奈尔大学,获硕士、博士学位	1933年	植物病虫害系主任	1939年离校
黄翼	福建思明	清华大学毕业,留学美国斯坦福大学、耶鲁大学心理系,获博士学位	1930年8月	教育系副教授	1944年10月在遵义去世
朱叔麟	浙江嘉兴	留学日本物理专门学校格致科,1909年毕业回国后授举人	1927年8月	训育主任、数学系副教授	原浙江工专教员,1942年因病退休,1945年去世
钱宝琮	浙江嘉兴	苏州铁路学堂毕业,留学英国伯明翰大学,获学士学位	1928年夏	曾任首任数学系主任	

续表

姓名	籍贯	留学学历	来校时间	职务	备注
储润科	江苏宜兴	南京高师毕业,留学法国南锡大学,获博士学位	1934 年 8 月	化学系副教授	
贝时璋	浙江镇海	毕业于上海同济医工专门学校,留学德国图宾根大学,获博士学位	1930 年 8 月	生物系主任	
谈家桢	浙江宁波	毕业于东吴大学、燕京大学,留学美国加州理工学院,获博士学位	1937 年夏	生物系教授	
朱壬葆	浙江金华	浙江大学、中央大学毕业,留学英国爱丁堡大学、伦敦国立医学研究所,获博士学位	1932 年	初任助教	

说明:本表据张淑铿主编《浙江大学史料·第二卷(1927—1949)》上、下(浙江大学出版社 2022 年版)、李杭春编《竺可桢国立浙江大学年谱(1936—1949)》(浙江大学出版社 2017 年版)、许高渝编《从求是书院到新浙大——记述和回忆》(西泠印社出版社 2017 年版)、《求是精神的光辉:杨竹亭文集》(浙江大学上海校友会 2016 年版)、杨竹亭编著《求是先哲群英传》(浙江大学出版社 1996 年版)、杨竹亭主编《师恩难忘——顾谷宜教授诞生 101 年纪念文集》(浙江大学上海校友会 2005 年编印)等著作内容编成。

　　上表所列共 36 人,除朱壬葆、孙逢吉外,几乎全部为教授、副教授,且全部具有留学经历。1935 年春夏,为反对校长郭任远的治校政策及任人唯亲,有几十名教师辞职离校,如物理系的张绍忠、束星北、何增禄、郦堃厚、郑衍芬、朱福炘、吴健雄,外文系的张继英、冯建伟,电机工程系的胡汝鼎,土木工程系的吴钟伟,张谟实,机械工程系的陈大燮,公共科目教师徐蔚南、鲁潼平等。1936 年 4 月竺可桢担任校长后,又将张绍忠、束星北、何增禄等一些辞职教师请回浙大,并加聘胡刚复、梅光迪、张其昀、王琎、周承佑、吴福桢、朱庭祜、王庸、王焕镳、祝文白、李絜非等名师来校任教。行政方面则请倪尚达为总务长,沈思屿为事务长,诸葛麒为校长秘书,浙大骨干教师队伍进一步发展壮大。

三、私立之江文理学院的发展

(一)立案风波

之江大学的立案过程较为曲折。早在 1917 年 5 月,出席校董会的学生代表即提出了向中国政府立案的要求。1918 年,校董会在年会上同意之江大学在目前章程和政策基础上向政府申请立案。但由于校董会内部意见分歧,立案一事便长期搁置起来。[①] 一直到 1927 年南京国民政府成立后,立案一事重又被提起。1927 年 6 月 29 日,浙江省教育厅厅长蒋梦麟在会见费佩德等人时指出,所有教育机构均应置于中国政府管理之下,宗教课必须改为选修课。1927 年 8 月 25 日,费佩德向校董会提出辞职。此后,虽然校董会打算遵从中国法令,但美国差会为保持学校的基督教性质而始终不肯在设立宗教课一事上让步。1928 年 6 月 21 日,监事会执行委员会决议,在直到差会经费和向政府立案问题得以解决之前,一致同意关闭学校。1928 年 7 月 10 日,校董会宣布:"为尊重中国教育法令起见,决定将本大学暂行终止。"[②]1929 年 5 月底,校董会开会,决定该年秋季开学,任命朱经农为校长(此前任教育部司长),李培恩为副校长(此前任沪江大学商科主任),黄式金为教务长(此前任嘉兴秀州中学校长),并实行按自愿原则修习宗教课程。[③] 1930 年 9 月,以邝富钧为首的该校校董会向教育部申请立案。[④] 当时教育部批复:"该校校董会准予设立,并准立案。至学院立案,须俟本部派员视察后再予核办。"此后,教育部指派浙江省教育厅厅长陈布雷(由陆殿

---

① 张立程、汪林茂:《之江大学史》,杭州出版社 2015 年版,第 32—33 页。
② 《之江大学暂时停办》,《申报》1928 年 7 月 10 日,第 11 版。
③ 《之江大学今秋恢复》,《申报》1929 年 6 月 27 日,第 11 版。
④ 《之江文理学院立案已准》,上海《民国日报》1930 年 9 月 22 日第 6 版。

扬代表)会同浙大教授孟宪承、张苾谋前往视察,认为该校现状"核于《私立学校规程》勉能符合,可准立案"。教育部则要求该校将所拟计划妥速实施,俟全部计划实现后,再呈请立案。1931年春,朱经农任教育部次长,辞去之江大学校长一职,校董会正式聘李培恩为校长。1931年夏,教育部促令私立各学院须在十九年度内将立案手续办理完毕,之江文理学院遵令将近期该校改进情形呈浙教厅转部鉴核。浙教厅派浙大工学院院长李熙谋、文理学院院长郑晓沧及浙教厅第一科科长熊文敏再次前往视察,认为该校现状与《私立学校规程》第22条、23条"大致尚无不合",应准立案。经浙教厅转呈后,教育部发出第1180号训令:

> 案据该厅呈报派员视察私立之江文理学院现办情形,核与私立学校规程第二十三条尚无不合,应即准予立案。惟以该院理科仪器,殊属缺乏;经济状况,亦欠充裕;仍须责成该院校董会于最近一年内充实设备,并筹足大学规程第十条规定之经费数目,以固基础。[①]

这样,到1931年7月,私立之江文理学院在教育部正式立案。[②] 表5-3列出1928年时之江大学的教职员名单。

表5-3　1928年之江大学教职员题名

姓名	字	职务	出身
朱经农		校长	硕士
费佩德		副校长	
吴维德		教务主任	本校毕业生
王令赓		注册兼会计主任	硕士、神学博士
王福泉		图书管理主任兼体育指导委员	之江大学文学士
夏夫人(外籍)		校长秘书	
褚圣麟	玉书	教务主任秘书	之江大学文学士

---

① 《私立之江文理学院沿革及立案经过》,《浙江教育行政周刊》1932年第3期,第5页。

② 《之江文理学院立案》,《申报》1931年7月26日,第12版。

续表

姓名	字	职务	出身
赵晖青	焕臣	会计主任秘书	
张国维		工程助理员	
马尔济		天文学系主任、生物学系主任	学士、硕士
朱元鼎		生物学系教员	东吴大学理学士
钟泰	钟山	国文学系主任、历史学系教员	前南京法政大学教授
臧承宣	益芗	国文学系教员	光绪丁酉科拔贡,壬寅科副贡
邵祖平	潭秋	国文学系教员	南昌高等学堂卒业, 前北京南方大学国文教授
顾杏乡		经济学系主任,教育学、 政治学、社会学教员	
江鸿起	秋翔	教育学系主任	南京金陵大学文学士
林和民		教育学、政治学、社会学教员	
毕范宇		教育学、哲学、宗教学教员	
队克勋		教育学系教员、哲学系主任	
惠理生女士		教育学系教员	
巴克满		历史学系主任	
郭礼赅		历史学系教员	
伊闻四		算学系主任、物理学系主任	
杨树泽	雨人	算学系教员	国立山西大学工学士
队克勋		哲学系主任	
葛福兴		物理学系教员	之江大学理学士
罗天利		政治学系主任	

说明:本表据《之江大学学程略解》("职教员题名",之江大学1928年版)第1—2页内容制成。

（二）战前发展

1929 年秋季之江大学复校时,有大学新生 294 人,教员 39 人。大学分为文、理、商、建筑四科,当时仅招生了一年级新生及预科各一班。附设高中亦分为文、理、商、建筑四组,招收一年级、二年级各一班。这一年添建了东、西两处学生膳厅。

1930 学年度,之江大学共有学生 313 人,教职员 44 人。1931 年春,蒋介石、宋美龄曾来校视察。1931 年 5 月,学校开始建筑图书馆,但校长朱经农辞职,由李培恩接任。1931 年 7 月,之江大学在教育部正式立案,校名改为"之江文理学院"。9 月,附属中学亦由浙教厅转呈教育部正式备案。学校正式立案,消除了一段时期以来师生对该校前途的担忧,使学校各项工作迅速走上正轨。"很快,校园气氛由不安定走向平静,大家对未来充满信心。"①立案时,学校分文、理两科,下设国文、英文、政治、经济、教育、哲学、化学、生物、物理、土木工程各系。并遵照部章,废止了大学预科。表 5-4 列出 1930 学年私立之江文理学院教职员的履历。

表 5-4　1930 学年私立之江文理学院教职员履历

姓名	别号	籍贯	履历	职务或所担任课程
李培恩		浙江杭州	美国芝加哥大学商学硕士、纽约大学工商管理硕士,沪江大学商科主任	校长、文科主任、经济系主任
黄式金	识今	江苏江阴	美国南加利福尼亚大学教育硕士、嘉兴私立秀州中学校长	教务主任、教育系主任
王令庚		美国	美国潘逊大学硕士、神学博士	事务主任
胡继瑗	鲁声	浙江富阳	美国华盛顿大学学士、乔治敦大学硕士,大夏大学商科专利教授	教务副主任,经济

---

① ［美］队克勋著,刘家峰译:《之江大学》,珠海出版社 1999 年版,第 68 页。

续表

姓名	别号	籍贯	履历	职务或所担任课程
何惟聪	亚谋	江苏仪征	之江大学文学士,基督教全国青年会干事	同学会干事 伦理①
陈周璟		浙江杭县	英国爱丁堡第根医院实习,广济医院产科主任兼教务	女生指导
徐篆	毓圃	江苏吴县	美国密歇根大学土木工程学士,也安大学土木工程师,华北水利委员会正工程师兼工务课长	建筑部主任, 土木工程系、数学系主任
周克昌	凤五	江苏江宁	励实中学教员,上海普益社干事	事务副主任
陆道南		浙江杭县	广济医院医科毕业	校医
陈峻德	大为	浙江余姚	之江大学毕业	会计助理
程伯群		江苏宿迁	之江大学文学士	注册助理
胡糙	才甫	浙江建德	之江大学文学士,四明高级中学国学教员图书馆主任	中文秘书
夏曼丽		美国	美国梅来兰美术学校肄业	英文秘书
鲍益清		江苏常熟	国立东南大学图书馆管理员	图书馆管理员
程亨嘉		江苏吴县	嘉兴秀州中学及上海青年会学校肄业	事务员
史颂平		江苏宜兴		事务员
郑晓清		浙江德清		事务员
何鸣岐		浙江嘉兴	嘉兴商科职业学校毕业	事务员
朱叔青		浙江金华	北京大学毕业,留学日本法政大学经济科	党义
伊闻四		加拿大	加拿大士兰德大学硕士	物理系主任

① 据队克勋说,何惟聪此时"任校长秘书室主任和第一秘书",见队克勋著,刘家峰译:《之江大学》,珠海出版社1999年版,第66页。

续表

姓名	别号	籍贯	履历	职务或所担任课程
李浩然	孟超	湖南	中央直辖滇军干部学校第一期毕业	军训
沈贤修	亚孟	浙江嵊县	之江大学毕业,金陵神学院毕业	伦理
邵祖平	潭秋	江西南昌	江西高等学堂毕业	国文
祝观如		浙江杭县	前清举人	国文
徐文台		浙江温岭		党义
徐俊良		江苏宝山		军训
夏克勤		美国	美国华盛顿大学学士,哥伦比亚大学硕士	化学系主任
马尔济		美国	美国吴士德大学学士,哥伦比亚大学硕士,曾任教职廿余年	理科主任、生物系主任
陈文		江苏溧阳	菲律宾马尼拉大学商学士	商业
陈绍琳		浙江杭县	日本东京高等工业学校毕业	数学
华克尔		美国		英文
郭礼赅		美国	美国大卫逊大学学士、硕士及神学士	哲学系主任
惠理生		美国	美国康威斯学院学士	外文系代理主任
葛兴		山东	之江大学理学士,美国无线电协会会员,曾任上海明华电器公司无线电工程师,广州无线电大电台技正	物理系代理主任
队克勋		美国	美国汉美顿大学学士,芝加哥大学硕士	外文系主任
诸培恩		江苏吴县	之江大学文学士	体育

续表

姓名	别号	籍贯	履历	职务或所担任课程
钟泰	钟山	江苏江宁	江南格致书院、日本东京私立日本大学肄业,南京高师、江苏法政大学教授,广东省政府秘书、代理秘书长,博罗县县长	国文系主任
顾敦铼	雍如	江苏吴县	之江大学文学士,燕京大学政治学硕士,曾在北京大学研究所国学门、燕京大学"哈佛燕京学社"国学研究所研究	国文、历史、政治
罗天利		加拿大	美国密歇根大学硕士,芝加哥大学研究,曾任教职六年	政治系主任、历史系主任
冯纯琳		福建福州	加拿大都朗士大学学士,美国西利古大学硕士、博士,曾任华南大学理化部主任、厦门大学教育教授、上海伯特利中学校长	教育
谢哲邦			美国芝加哥大学教育学士、社会学硕士,曾任广东广益中学校长、宁波四明中学教员	社会学

说明:本表据《私立之江大学一览》(1930 年印行)第 19—23 页内容制成。

立案后至全面抗战前,之江文理学院在各方面发展较快。具体情况如下。

其一,建筑、设备方面。1931 年 5 月,学校开始兴建图书馆;同年秋天,又启动学校科学馆的建设。这两处建筑分别于 1932 年 7 月、8 月落成,改善了学校教学、科研条件。1933 年秋,著名报业巨子史量才捐建该校体育办公室一座,于 1934 年 6 月完成。1934 年春,该校又动工兴建教职员住宅五幢,于 8 月完成。同年,教育部核准补助该校土木工程材料试验所仪器费 8000 元。1935 年秋,该校土木工程系兴建材料试验所一座,费用由教职员工及毕业同学捐赠。1936 年春,史量才家属捐赠经济学馆(又名同怀堂)一座,于 1936 年 6 月落成。该年度教育部再次补助土木工程系水力实验仪器补助费 6814 元。学校在该年还增建靶场一所,以为学生军训实习射击服务,并制订建设河工水利实验室及疗养院的计划。1936—1937 学年度,教育部继续补助该校土木工程系讲座及设备费8000 元。学校在该年也动工建造女生膳厅、乒乓室、疗养院。

其二,学系设置方面。全面抗战前,之江文理学院在学系设置上的一大特色是实行主副系制。所谓主副系制,即学生除修习一门学系(主系)外,还可以另外选择修习一门学系(副系),略相当于今日大学的辅修专业。学生修习主系所需学分,各系不同,如土木工程系最高为 97 学分,化学系为 56 学分,教育系为 27 学分,其他各系约在 36—42 学分(每门课程的学分在 2—3 学分)。如学生富有学力,在完成主系学分的同时,可选择修习副系。副系学分要求较低,一般为 14—16 学分,如教育系副系的学分要求为 15,化学系副系为 13,经济系副系最低,学分要求仅为 6。实行此制的好处显而易见,它为学生将来的就业大大拓宽了道路。之江文理学院主副系制始于 1932 年秋季,当时校董会决定试行主辅系制度,下年度改设数理系为主系。1933 年秋,学校增设了历史副系,并改哲学系、生物系为副系。1934 年秋,校董会又决定自下年度起,将数理系改为副系。至 1936 学年,学校的主系为国文、英文、政治、经济、教育、化学、土木工程,副系为历史、哲学、生物、数理。[①]

其三,师生情况。1929—1936 各学年,该校教职员、在校学生、毕业学生情况,参见表 5-5。1936 年秋教职员情况,则参见表 5-6。

表 5-5　1929—1936 各学年之江文理学院教职员、学生情况

学年	教职工/人	在校学生/人	毕业学生/人
1929 学年	39	294	1
1930 学年	44	313	0
1931 学年	60	461	0
1932 学年	70	597	33
1933 学年	72	572	39
1934 学年	68	534	48

① 之江文理学院编:《私立之江文理学院一览》,"教务",之江文理学院 1937 年编印,第 1—98 页。

续表

学年	教职工/人	在校学生/人	毕业学生/人
1935 学年	73	621	70
1936 学年	76	534	80

说明:本表教职员、在校学生数据,系据《私立之江文理学院一览》(1937 年编印),"校史",第 7—9 页;毕业学生数据,系据同书,"历届毕业同学",第 15—34 页。

表 5-6　1936 年秋之江文理学院教职员情况

姓名	别号	职务或教科	籍贯	通讯处	到校时间
李培恩		院长、代理事务主任	浙江杭州	本院	1929 年秋
何惟聪		秘书	江苏仪征	江苏仪征北门	1929 年秋
徐著新		秘书室助理	浙江奉化	杭州湖墅双荡弄六十号	1936 年秋
王允中		文书员	浙江杭县	杭州市六和塔四十一号	1931 年秋
范定九		教务长、代政治系主任、代理历史系主任	湖南湘阴	本院	1934 年秋
陈世振		注册	浙江宁海	余姚浒山中华基督教会	1934 年秋
余迪非		事务员、训育员	福建龙溪	北平府右街二十六号	1935 年秋
程亨嘉		注册助理	江苏吴县	嘉兴南门河东街纸行桥埌	1929 年秋
朱德然		文牍员	浙江萧山	萧山朱家坛	1935 年秋
明思德		校事务主任	美国	本院	1932 年秋
殷太素		庶务	江苏江阴	本院	1935 年春
张乃彪		会计员	上海	闸口大新里二弄五号	1933 年秋

续表

姓名	别号	职务或教科	籍贯	通讯处	到校时间
钱芬雅		会计员	浙江诸暨	杭州闸口大新里一弄八号	1933 年秋
陈秋农		斋务	江苏江阴	上海汤恩路十号	1930 年秋
朱溥如		事务员	浙江萧山	萧山东门外示农亭天生堂药号转朱家坛	1935 年秋
黄式金	识今	辅导委员会主席、教育系主任,教育	江苏江阴	本院	1929 年秋
曾杰华	豪甫	训育主任党义	浙江临海	黄岩北门郑有利号转	1931 年秋
俞素青		代理女生部主任,英文	浙江杭县	杭州艮山门外俞宅	1936 年秋
张文昌		中学主任兼中学教务主任,教育	浙江嘉兴	本院或嘉兴韭溪桥堍	1932 年秋
胡憶	才甫	训育主任国文	浙江建德	建德郑天元号	1930 年春
钟竞雄		书记	浙江德清	新市镇太平桥十九号	1935 年秋
潘甫澄		管理员	浙江吴兴	洛舍镇牲泰号转社桥	1930 年秋
孙叔然		助理员	浙江杭县	杭州王马巷二十号	1932 年春
陶善缜		助理员	浙江嘉兴	嘉兴南大街六十六号	1936 年秋
张景贤		助理员	浙江嘉善	嘉善城内大街一百七十号	1936 年秋
徐安珍		助理员	浙江杭县	杭州三桥址直街一号	1936 年秋
翟培庆		校医军事看护	安徽泾县	湖墅新民社	1933 年春
叶正义		护士	浙江杭县	本院	1935 年秋
潘倪慧贞		护士	浙江武康	本院	931 年秋

续表

姓名	别号	职务或教科	籍贯	通讯处	到校时间
王箴	铭彝	化学系主任 化学	江苏江阴	本院	1933年春
王荫	顽石	军训	湖南衡阳	湖南衡阳隆兴市转	1936年春
王子惠		国文助教	广东揭阳	广东汕头揭阳棉湖信茂号	1936年春
任铭善		国文助教	江苏如皋	江苏如皋双甸	1930年秋
李玉书	继群	国文助教	江苏仪征	苏州十全街三十九号	1935年秋
李培囷	文甫	教育	福建古田	福建古田十七都岭尾村	1936年秋
何章钦		历史	浙江诸暨	本院	1934年秋
何凤山		工程画助教	浙江嘉兴	本院	1930年秋
吴元海		物理助教	浙江嘉善	本院	1933年春
胡继瑗	鲁声	经济系主任	浙江富阳	浙江富阳胡长泰米号	1930年春秋
徐昂	益修	国文	江苏南通	江苏南通城内寺街十六号	1934年秋
徐篆	毓圃	土木系主任、代理数理系主任,工程	江苏吴县	江苏苏州石子街十八号	1929年秋
陈华庚		英文	江苏吴县	杭州龙游路十八号	1936年秋
张楫	霁采	化学助教	浙江德清	浙江德清新市大南栅	1934年秋
张馨山		工程	浙江吴兴	杭州市孝女路未央村十一号	1932年秋
黄中	君理	工程	四川成都	杭州市孝女路未央村十号	1936年秋
队克勋		英文系主任 英文	美国	本院	1930年秋
惠理生		英文	美国	本院	1926年秋

续表

姓名	别号	职务或教科	籍贯	通讯处	到校时间
傅德润	克明	经济	湖北鄂城	上海法界巨籁达路大德村八号	1936 年秋
杨子成		工程	浙江义乌	苏州阊门上街五号	1936 年秋
廖慰慈		工程	福建闽侯	福州吉庇巷四十八号	1934 年秋
郑奎联		军训	浙江宣平	浙江宣平县后坊	1934 年秋
刘章	平侯	政治	福建南日岛	福建南日岛云利村	1936 年秋
熊大同		体育	江西清江	江西樟树镇女子职业学校转	1936 年秋
蔡鼎	实君	经济	浙江德清	杭州西大街凤起桥河下二六号	1935 年秋
蔡昭宣		生物助教	福建龙溪	福建福州仓前球场后一善楼	1936 年秋
钱宪伦		化学助教	江苏无锡	杭州菩提寺路蕙宜村二号	1935 年秋
缪仲彦		化学	江苏江阴	苏州葑门张友弄十五号	1935 年秋
钟泰	钟山	国文系主任	江苏江宁	本院	1926 年秋
韩布葛		工程	德国	本院	1933 年春
严寿松		数学	浙江绍兴	浙江绍兴东街天益堂	1921 年秋
顾敦鍒		政治	江苏吴县	江苏苏州木渎心正堂	1936 年秋
顾世楫	雍如	工程	江苏吴县	苏州颜家巷四十二号	1936 年秋
顾琢人	济之	哲学宗教	浙江上虞	湖墅黑桥二一号转	1936 年秋
马尔济		代理生物系主任	美国	本院	1905 年

说明:本表据《之江文理学院通讯录》,见郑翰献主编《钱塘江文献集成》第 18 册《之江大学专集》(杭州出版社 2016 年版),第 396—399 页。原表中遗漏马尔济,本表系笔者根据其他资料添加。

其四,科学研究。根据教育部 1934 年的统计,之江文理学院共有 10 名研究人员,涉及 12 个研究专题,其中已完成 8 个专题,未完成 4 个专题。^① 其中有夏承焘《两宋社会志》、钟泰《〈春秋大义〉〈朱子学〉荀注订补、〈管子〉补注》等。这一时期,该校比较有名的久任教师有李培恩、钟钟山、范定九、胡继瑗、顾敦鍒、夏承焘等。校长李培恩此时出版有《商业事务常识》《三民主义英文读本》《双解实用英汉字典》等书。钟泰,字钟山,南京人,别号待庵,从 1930 年 2 月至 1937 年 10 月在之江文理学院任教,担任国文系主任,国学造诣较深。1929 年,他即出版有《中国哲学史》一书;1935 年,又在商务印书馆出版《荀注订补》一书;1936 年,继续在中华书局出版《国学概论》一书。范定九,籍贯、生卒年均不详,美国芝加哥大学博士,中国第一代社会学家。他于 1934 年秋至之江文理学院,担任教务长和经济系主任。1932 年,范定九出版《暴日寇沪志》一书,1934 年又翻译出版《宣教事业平议》一书。胡继瑗(1897—1971),浙江富阳人,之江大学毕业,1923 年留学美国乔治华盛顿大学,获经济学硕士学位,1926 年回国,先在清华大学工作。1928 年因父丧返浙,其后一直在之江文理学院任教,担任教务长及经济系主任。1927 年,他就在《东方杂志》第 24 卷第 3 期上发表《航运公会之研究及远东与北美间各公会之现状》一文,颇引人注目。1934 年,他出版《海洋运输原理》一书,1940 年又出版《水险学原理》。两书均为国内同类书籍中最早,被大学经济系选为指定参考教材。顾敦鍒,江苏吴县人,从事政治学与词曲学研究。1931 年出版《中国议会史》一书,1935 年翻译出版《政治学大纲》一书。夏承焘(1900—1986),浙江温州人,温州师范毕业,曾在西北大学、严州中学执教。1930 年 9 月经友人介绍,至之江文理学院任讲师,在该校担任"词选""唐宋诗选""文心雕龙""文学史""普通文选"等课程讲授,还担任之江诗社指导教师。1933 年,他在《词学季刊》创刊号上发表《张子野年谱》,后又在该刊连续发表《贺方回年谱》《晏同叔年谱》等数种词人年谱,在学界引起反响。此外,此时之江文理学院也办有数种学术期刊,经常刊登教师学术研究成果。如《之江学报》(综合性学术刊物)、《之江经济期刊》(经济学研究刊物)、《之江中国文学会刊》(文学研究刊物)、《之江期刊》(之江学生自治会刊物),"于学

---

① 教育部编:《全国专科以上学校教员研究专题概览》下册,商务印书馆 1937 年版,第 454 页。

术贡献,颇受读者之赞美"①。

四、浙籍留美学生与全面抗战前浙江大学的发展

根据表 5-2 所列浙大骨干教员的统计,1936 年 4 月前浙大重要教师共 36 人,其中浙籍 17 人,分别是:郑晓沧、李熙谋、王国松、蔡堡、吴耕民、卢守耕、张绍忠、何增禄、苏步青、陈建功、朱叔麟、钱宝琮、贝时璋、谈家桢、朱壬保、舒鸿、孙逢吉。其中苏步青、陈建功、朱叔麟、吴耕民 4 人系留日出身,钱宝琮为留英出身,贝时璋为留德出身,其余 11 人则为留美出身。此外,浙大第一、第二任校长蒋梦麟与邵裴子,同样为留美出身的浙籍学者。

以上留美学者共计 13 人,其中谈家桢系在 1937 年秋入职浙大,朱壬保、舒鸿、孙逢吉在这一时期均为助教或讲师,可述事迹不多。以下主要介绍蒋梦麟、邵裴子、张绍忠、郑晓沧、王国松、何增禄、蔡堡、卢守耕、李熙谋等 9 人对浙大的主要贡献。

(一)蒋梦麟

蒋梦麟(1886—1964),原名蒋梦熊,字兆贤,别号孟邻,浙江余姚人,1897 年入绍兴中西学堂。翌年,蔡元培担任该所学堂的监督,曾为蒋梦麟授课,二人就此结下师生友谊。1926 年"三一八惨案"后离京返杭。1927 年 5 月 6 日,浙江省政府成立,蒋梦麟任省府委员并兼教育厅厅长。1927 年 7 月 15 日,第三中山大学成立,蒋梦麟任校长,1928 年 10 月 3 日又任教育部长。1930 年 7 月,他辞去浙江大学校长一职。因在教育部长任内停办劳动大学、中央大学校长易人两事上得罪了国民党元老,被迫于 1930 年 10 月辞去教育部长职,重回北大。此后一直担任北大校长,直到抗战胜利后,体现出具有较强的行政管理和人际协调能力。

---

① 《之江文理学院院务报告》,郑翰献主编:《钱塘江文献集成》第 18 册《之江大学专集》,杭州出版社 2016 年版,第 8 页。

论及蒋梦麟对浙大的贡献,因其实际出任浙大校长仅一年余(1928 年 10 月出任教育部长后,实际已无暇兼顾浙大校务),其贡献远不如邵裴子、竺可桢突出。蒋梦麟对浙大的影响,主要有这样几个方面:一是确定校址。建校之初,蒋梦麟"仍以求是书院旧址蒲场巷和高等学堂及陆军小学旧址为大学校址,以西湖罗苑为浙江大学研究院院舍,以杭州凤凰山和萧山湘湖农场为劳动学院学生实习场地,教学、实习活动及师生活动等井然有序"①。二是他明确提出尽快筹设文理学院,使浙大在 1928 年秋扩充为三学院。1928 年 5 月,蒋梦麟主持制定《筹设文理学院计划》,并呈大学院批准。他委邵裴子为筹设负责人,后又委其为文理学院院长、副校长,为浙大的初期发展奠定了基础。三是制定章则,如《教授会议规则》《聘任教员规则》《任用职员规则》《图书室借书规则》《秘书处办事细则》《学生通守规则》《文理学院试验规则》《文理学院院务会议规则》《学生请假规则》《学生会客规则》《教室规则》《参观规则》《宿舍规则》等,使教学、生活井然有序。四是遴选师资,如刘大白、邵裴子、俞子夷、李寿恒、李熙谋、谭熙鸿、卢守耕、朱叔麟、张绍忠等,均为其任校长时留任或罗致。五是其民主、开明的治校思想,对浙大有一定影响。蒋梦麟为杜威的学生及信徒,接受了杜威的个性自由与民主教育思想,反对专制的"牧民教育"和德、日的军国主义教育,提倡自由主义的平民教育。他对新文化运动时期蔡元培领导北大的治校思想亦比较服膺,曾言"著者大半光阴,在北京大学度过,在职之年,但知谨守蔡校长余绪,把学术自由的风气,维持不堕",同样主张"教授治学,学生求学,职员治事,校长治校"。尽管这一治校思想在其任浙大校长时,因时间短暂而未充分显现,但仍对浙大有潜移默化的影响。

(二)邵裴子

邵裴子(1884—1968),原名光墉、培之、长光,浙江杭州人,清末以官费入美国斯坦福大学攻读经济学,获硕士学位。1909 年归国后,曾任浙江高等学堂校长、浙江大学文理学院院长、浙大副校长、第二任浙大校长(1930 年 7 月至 1931 年 11 月)。他与蒋梦麟一起,很好贯彻了蔡元培"民主办学,教授治校"的精神,

---

① 杨达寿等:《浙大的校长们》,中国经济出版社 2007 年版,第 84 页。

并主张"学者办学,舆论公开"。邵裴子就任校长后,曾在校内一次演讲中说:"宽大的范围内,予学生以思想及行为之自由,但仍受校规、道德与健康条件之严格约束,以养成其独立而有规律之生活习惯,为将来担当完全的国民责任之准备。"①他主张学校要能培养出一批"士流",他认为"士"有崇高的品质,有"自治、自尊、自重"的态度,如古人所言"无恒产而有恒心者惟士为能"。由此,他认为在教学管理上,对学生中行为不规者,不能简单地使用"记过""开除"等严厉措施,应予以告诫、警诫,只有情节严重而屡教不改者才可以开除。他又特别强调师生人格上的平等,主张学生与教职员的关系,不应只限于上课与事务接洽,而要在人格上互相启发、观摩。

邵裴子筹备、办理文理学院尽心尽力,贡献颇大。他将蒲场巷原浙江高等学堂留下来的几幢旧屋修缮,当作院址。开办时,文理学院包括中文、史学与政治、经济、教育、数学、物理、化学共八个学系。为办好文理学院,他礼贤下士,多方努力,先后聘请刘大白、张绍忠、陈建功、苏步青、钱宝琮、纪育沣、陈之琳、王守兢、郑晓沧、孟宪承、黄翼、沈有乾、沈乃正、唐庆增、章嵌、叶浩吾、贝时璋、郭任远、徐英超、袁敦礼、佘坤珊、徐恩培、钟敬文、朱福炘、顾功叙、俞子夷等一批有名教师,并使浙大理学院成为国内有名的理科人才培养基地。在诚聘国内名师的同时,他也多方聘请外籍教员。从1929年起,就有美籍、日籍教师来校任教,对学校的发展也起了积极作用。对于师资质量,他也十分看重。建校初期,浙大文理学院史学与政治学系、中国语文学系等,均曾停办或改学系为门,主要是因为师资质量问题。他曾说:"文科各部门,特别是中国语文学方面,可以胜任教授者极少,与其降格以求,不如宁缺毋滥。"②为不降低学生水平,他呈准教育部,将史学与政治学系、经济系两系学生,安排到北大和中央大学借读。对于确有水平而欲离校的教师,他均恳切挽留。这方面的例子甚多,如他挽留过苏步青。1931年春,苏步青从日本学成归国,接受校长聘书,成为浙大副教授。当时由于政府拖欠工资,以至于苏步青无法过年,无奈之下他准备动身回日本。

---

① 《建校以来历任校长简介(二)》,浙江大学校友总会编:《浙大校友1995(下)》,浙江大学出版社1996年版,第187页。

② 《建校以来历任校长简介(二)》,浙江大学校友总会编:《浙大校友1995(下)》,浙江大学出版社1996年版,第187页。

此时还在南京为办学经费四处奔走的邵裴子，得知此消息后，即赶回杭州，恳请苏步青留下，并一再声称他是学校的宝贝，学校需要他、国家需要他。同时又从自己的工资中取出 300 大洋，助苏步青渡过了难关。苏步青被邵裴子感动，因此留校未走。① 再如英文副教授、外文系主任佘坤珊从国外回来，邵裴子即聘 24 岁的佘坤珊为外文系主任。佘坤珊在校担任英文、法文课程的讲授，时文理两科学生仅 40 余人。他对大学一年级英文要求甚高，不仅要求学生读哈代原著，而且要学英文诗歌、散文，大一新生颇难接受。邵裴子就同佘坤珊商量，将大学新生按英文程度分为 A、B、C 三班，C 班英文比较浅，进度比较慢，由邵裴子亲自担任该班英文讲授。这种办法，颇获学生满意。② 邵裴子对学生德、智、体的全面发展亦坚决贯彻。有一位经济系学生，擅长网球运动，原可代表学校参加比赛，然而其学习成绩并未达标。经邵裴子与体育教师袁敦礼商议，取消了这名学生参加比赛的资格。邵裴子虽然有志于教育事业，但在其任职期间，浙大经费经常短缺，有时数月发不出工资，最后不得不于 1931 年 11 月 6 日呈请辞职，专任文理学院院长。直到 1935 年"驱郭风潮"中，邵裴子对郭任远不满，遂辞职离校，赋闲在家。1936 年 4 月竺可桢任校长后，曾托郑晓沧接洽邵裴子，"请其为国文系主任"，但邵"推辞不就"。③ 1939 年 6 月，浙大再次聘邵裴子为浙东分校主任，邵裴子同样拒绝。④

(三)张绍忠

张绍忠(1896—1947)，浙江嘉兴人，1915 年入南京高师理化科，与吴有训同班，1919 年毕业后留校任助教一年。1920 年应浙江官费留学考试，以公费赴美留学，入芝加哥大学物理系。毕业后考入哈佛大学研究院物理研究所，研究高压物理，获硕士学位，于 1927 年回国。因当时浙大尚未有物理系，遂经胡刚复介绍，与朱福炘一起到厦门大学创设物理系并任系主任。次年秋，浙大文理学

① 杨达寿等：《浙大的校长们》，中国经济出版社 2007 年版，第 46 页。
② 钱永红：《佘坤珊与浙江大学》，《求是儿女怀念文集》编辑组编：《寄情求是魂：求是儿女怀念文集》，浙江大学出版社 2015 年版，第 75 页。
③ 《竺可桢全集》第 6 卷，上海科技教育出版社 2005 年版，第 72 页。
④ 《竺可桢全集》第 7 卷，上海科技教育出版社 2005 年版，第 102 页。

院成立,张绍忠在邵裴子邀请下来浙大,先后担任物理系主任、文理学院副院长。浙大物理系初创时,学校给予不少经费,张绍忠遂向国外著名仪器公司采购设备,并同朱福炘负责实验课的仪器采购。张绍忠也先后聘请束星北、何增禄、郦堃厚、郑衍芬、吴健雄等教师来系任教,为该系打下了良好的师资基础。郭任远任校长后,加强对学生的军事管理,实行任人唯亲的治校政策,又挪用中华文化教育基金会分配给浙大物理系用于购买仪器设备的费用,引起张绍忠等物理系教师的不满。他即在1935年春假时通知郭任远另聘高明,以免影响学生学业。在他带动下,物理系全系教师均愿随其一同离校。学年结束后,张绍忠与朱福炘一同去南开大学任教,何增禄去山东大学任教,郑衍芬去大同大学,束星北去暨南大学,吴健雄则去中央研究院物理研究所。1936年竺可桢任浙大校长后,又重新请回张绍忠等辞职教师,继续聘张绍忠担任系主任。张绍忠即与朱福炘一起,在这年秋天重回浙大,协助校长恢复物理系正常教学秩序。[①]

(四)郑晓沧

郑晓沧(1892—1979),名宗海,浙江海宁人,毕业于浙江优级师范学堂、清华留美预备学校,1914年公费赴美留学,入威斯康星大学、哥伦比亚大学,1918年获教育硕士学位。回国后在南京高师教育科任教,主讲教育概论、教育原理、中学教育。1922年担任浙江教育会会长。1925年至1927年任浙江省立女中校长,同时兼任英语教学。1927年4月至5月,任浙江省教育厅科长,5月至7月转任江苏省教育厅科长。1927年8月至1929年8月,任第四中山大学(中央大学前身)教育学院院长。1929年8月,任浙江大学文理学院教育系主任、副教授,直至1952年院系调整为止。他在浙大教育系长期任教,主讲过"教育概论""教育原理""中等教育""教育社会学""普通教育学""教育社会学""外国教育史"等多种课程,并著有《教育概论》《教育原理》《英美教育书报指南》《初级中学之职能》等著作。还翻译过《密勒氏人生教育》《杜威教育哲学》《予之教育信条》《儿童与教材》《人生教育》《设计组织小学课程论》《教育之科学的研究》《修学效

---

①　《抗战时期浙大教务长——物理学家张绍忠教授》,杨竹亭编著:《求是先哲群英传》,浙江大学出版社1996年版,第65—69页。

能增进法》《东方白》《小妇人》等著作或小说。1935 年 12 月浙大发生学潮时,蔡堡向郭任远推荐郑晓沧担任了浙江大学教务长。[①] 1935 年 12 月 21 日郭任远辞职离校后,教育部于 28 日电告浙大,成立以教务长郑晓沧为首的临时校务委员会以主持校务,直至 1936 年 4 月 25 日竺可桢校长到任时为止。论者谓:"在那段艰难时期,他维护了浙江大学,挽救了校难,是有功的。1936 年竺校长到任后,一段时期仍有赖晓沧先生的辅助。"[②]郑晓沧非常欢迎竺可桢到浙大任校长,在 1936 年 3 月 9 日就给竺可桢寄去一份《浙江大学概况》,详述浙大成立之历史、郭任远任内各项工作的详细情况以及自己对办大学教育的看法。特别是对于郭任远办学之缺失,提出自己的看法,"这对竺可桢接任校长后应如何治校的大政方针的决定起了很大作用"[③]。竺可桢长校之初,除胡刚复外,依赖最多者就是郑晓沧。郑晓沧也忠心耿耿,竭尽辅佐之职。竺可桢先后任命郑晓沧为浙大教务长、师范学院院长、浙东分校主任、浙大研究院院长等职,均是对郑晓沧的信任及肯定。

除辅佐竺可桢长校外,郑晓沧对浙大最主要的贡献就是创建、领导教育系。1929 年 9 月,浙大教育系正式成立,他担任系主任。上任后,他着重在两方面努力:一是注重文理基础课,重视教育实践,以便办出本系特色;二是延聘名师,组建强大的师资阵容。如孟宪承、庄泽宣、沈有乾、俞子夷、黄翼等,均先后受邀来系。黄翼还与郑晓沧在 1931 年创办了教育系附设的培育院,以开展儿童心理发展方面的研究。

郑晓沧善于团结同事,为人谦和。贝时璋曾回忆,其于 1930 年 5 月初来浙大时,郑晓沧即来看望贝时璋,建议生物系办公地点,介绍学校情况与校风,并鼓励和支持贝时璋开好有关课程。为此,郑晓沧答应教育系学生今后须听生物学各种课程。1930 年秋,生物系正式成立,当时学生数量极少,仅有本系学生一人、心理系学生一人。"由于晓沧先生对生物学的重视和支持,教育系原二、三

---

① 蔡堡:《我的回忆》,中国人民政治协商会议浙江省委员会文史资料研究委员会编:《浙江文史资料选辑》第 45 辑《浙江近代学校和教育家》,浙江人民出版社 1991 年版,第 430 页。

② 陈鸿逵:《怀念郑晓沧教授》,《郑晓沧先生诞辰百年纪念集》编委会编:《春风化雨——郑晓沧先生诞辰百年纪念集》,杭州大学出版社 1992 年版,第 10 页。

③ 杨达寿等:《浙大的校长们》,中国经济出版社 2007 年版,第 135 页。

年级同学和新招进的一年级同学多数都听普通生物学这门课,再有化学系少数同学也选了此课,这样,普通生物学听讲的约有二十余人。我回国后初进浙大第一次授课,在教室内不是那么冷冷清清,这首先要感谢郑晓沧先生对生物学系的支持和帮助。"[1]

(五)王国松

王国松(1903—1983),字劲夫,浙江温州人。1925年从浙江工专电机科毕业留校,1930年6月考取浙江公费留美名额,进入康奈尔大学研究院学习,为该校有史以来第一个浙大学生。留学期间除修习电机工程外,王国松还在导师建议下,加强了数学、电磁基本理论等方面的学习。1931年,他取得硕士学位,1933年又以博士论文《平行导线的集肤效应》获哲学博士学位,1933年8月回国,在浙大电机工程系任教。1936年4月竺可桢长校后,5月,他任命王国松为电机工程系主任。王国松将全部心血都放在电机工程系的建设上。

王国松从工专起即在电机系任教,他曾开设多门课程,如"直流电机""算子运算法""电工数学""交流电路""高压电力运输""电工原理""输变电工程""无线电工程""电厂设备"等。特别是"电工数学",是当时国内大学还未开设的一门新课,美国一些大学当时也并未开设此课。他自编讲义,精心讲授,用应用数学模式来对许多电气现象进行论证和解释,获得良好的教学效果,深受学生的称赞。[2] 学生回忆,"电工数学这一课不但弥补了数学方面的不足,还教会学生怎样把抽象的数学应用于具体的学科,使之有了数学模拟这个概念"[3]。他教学认真,治学严谨,非常重视学生的习题作业和考试作答的过程。他认为,如果只是计算结果数字正确,但在计算过程中向前或向后错点了一个小数点,所得分数将大打折扣。因为,这如果是在工程设计中,错一个小数点,按此数据建造的

---

①　贝时璋:《回忆郑晓沧先生对我的帮助和支持》,《郑晓沧先生诞辰百年纪念集》编委会编:《春风化雨——郑晓沧先生诞辰百年纪念集》,杭州大学出版社1992年版,第2—4页。

②　王筱雯:《先父王国松教授生平事略》,中国人民政治协商会议浙江省委员会文史资料研究委员会编:《浙江文史资料选辑》第45辑《浙江近代学校和教育家》,浙江人民出版社1991年版,第445—448页。

③　钱汝泰:《王国松》,胡建雄主编:《浙大逸事》,辽海出版社1998年版,第67页。

工程必将报废,将给国家带来莫大的损失。[①]

(六)何增禄

何增禄(1898—1979),浙江诸暨人,1919 年入南京高师理化部,学习三年后辍学,担任南开大学助教。1927 年回东南大学,继续学业,1929 年 8 月毕业。在任清华大学助教一年后,他于 1930 年秋自费赴美留学。到美国后他经济拮据,幸得友人资助,入加州理工学院物理实验室研究高真空技术,继又入罗切斯特大学任助教并研究光学。1933 年 8 月,在加州理工学院获硕士学位。留学期间,曾在美国《科学仪器评论》《物理》等杂志上发表数篇高水平论文。1933 年 10 月回国,被张绍忠邀请至浙大物理系任教。1935 年夏后,至山东大学物理系任教一年。1936 年 8 月重返浙大物理系执教,来浙大时邀请山东大学年轻的物理教师王淦昌同来。何增禄此后一直在浙大执教,直至 1955 年调至清华大学组建光学系。

何增禄是我国近代著名的高真空专家和光学专家,他在浙大物理系任教多年,培养学生多人。他提出,物理离不开实验,而要建设实验室,必先购买车床,以便自行制作教具和仪器,也可以训练师生的动手能力。为开设各项物理实验课,他制作了高真空系统,建起了吹玻璃和研磨透镜的设备,并亲自动手,辅导青年和学生掌握实验技术。

(七)蔡堡

蔡堡(1897—1986),字作屏,浙江余杭人,1917 年考入北京大学理科预科,1923 年毕业于北京大学地质系,同年以清华半费赴美国耶鲁大学、哥伦比亚大学留学,专攻动物学,获硕士学位。1926 年秋回国,任教复旦大学,讲授生物学,次年,在中央大学任生物学讲座,后兼任该校理学院院长、生物系主任、医预科主任等职。他在中大创办《理科学报》(英文),并将他在复旦大学执教时的学生童第周夫妇带到中大任助教。1933 年夏,蔡堡再度赴美,任耶鲁大学名誉研究

---

① 张直中:《缅怀恩师王国松》,《求是儿女怀念文集》编辑组编:《寄情求是魂:求是儿女怀念文集》,浙江大学出版社 2015 年版,第 84 页。

员,专攻细菌学。1934年秋返国后,在浙大生物系执教,担任系主任。1936年4月竺可桢担任校长后,仍由蔡堡任生物系主任,他和生物系几位教授如贝时璋、谈家桢、许骧、范肖岩一起,"把浙大生物系办成全国著名的系科之一",受到国内外的关注。①

(八)卢守耕

卢守耕(1896—1989),字亦秋,浙江余姚人,1918年毕业于北京农业大学农学系,先后在浙江省立甲种森林学校等单位工作。1925年至1930年,在浙江农专、浙江大学农学院任教,担任讲师,讲授稻作学并兼农场副主任。1930年考取浙江省公费留美,入康奈尔大学研究植物育种、农艺学和植物生理学,1933年获得博士学位。同年回国后,任中央农业试验所技正。1936年夏,应竺可桢之邀,来浙大农学院执教,在吴福桢之后,任农学院院长兼农艺系主任。他在浙大主讲稻作学、作物育种等课程,教学内容新颖,条理清晰,循序渐进,在田间实习时,亲自示范,一丝不苟。他在浙大先后任教14年,育人颇多。

(九)李熙谋

李熙谋(1896—1975),字振吾,浙江嘉善人。上海工业专门学校毕业,后考取浙江官费留美,1918年在麻省理工学院获工程硕士,1922年获哈佛大学哲学博士。同年回国后先在上海交通大学任教,1927年初任浙江工专校长。浙江大学成立后,他于1927年8月正式担任首任工学院院长,对该院初期的发展贡献颇多。1931年11月邵裴子辞去校长后,不久李熙谋亦辞职离校。1939年底,他重返浙大,再次担任工学院院长三年。1943年秋,应交通大学校长吴保丰的邀请,转赴重庆,任交通大学教务长。

---

① 《回忆蔡堡先生》,贵州省遵义地区地方志编纂委员会编:《浙江大学在遵义》,浙江大学出版社1990年版,第502—504页。

第六章　浙籍留美学生与浙江高等教育
早期现代化的苦难辉煌

从 1937 年 7 月全面抗战的爆发至 1946 年 6 月浙大等高校的复员,为浙江高等教育早期现代化的第四个阶段。

全面抗战时期,中华民族遭遇了巨大的劫难、考验和困难。此一时期的高等教育亦同样经历战争的特殊洗礼,伴随苦难、困窘而艰难发展、复兴。为保存民族文化和复兴力量,以支持全国抗战和各项战时建设,教育部在高等教育领域出台一系列的应对与改革措施,如组织高校西迁,调整高等教育布局,创立师范学院制度、发展高等师范教育,推行战区学生贷金与公费制度,统一课程标准与订定大学共同必修科目,审查专科以上学校教员及实行部聘教授制,实施导师制与训导制,等等。这些措施绝大多数取得了不错的效果。教育界学人克服经费拮据、图书设备不足、研究条件简陋、物价上涨、生活困窘等诸多困难,以坚定的抗战意志和顽强不屈、坚持到底的抗战精神,从事教书育人、科学研究与社会服务诸种事业,书写了中国近现代高等教育史上可歌可泣的壮丽诗篇。在当时高教学人的努力下,全面抗战时期高等教育并未因战争而出现大幅度的萎缩、下滑,反而在规模、质量、布局等方面,较全面抗战前均有所发展或提升。

此一时期的浙江高等教育,既有苦难,亦有辉煌。从苦难一面来看,由于全面抗战初期浙江即成为战区,杭州被敌轰炸和占领,浙江各高校面临生存危机,浙江大学、浙江省立医药专科学校、杭州艺术专科学校均不得不迁徙,易地办学。其中,只有浙江医专留居省内办学;浙大数次在省外播迁,最终在黔北遵湄地区办学七年,幸得保存独立建制。其间,浙大陈大慈(讲师)、王禹昌(医务组主任)、章俊之(讲师)、姜炳兴(讲师)、齐学启(曾任浙大教授)、张荫麟(教授)、黄翼(教授)、梅光迪(教授)、章用(副教授)9 名教员死亡。1938 年 7 月底 8 月初,在泰和,竺可桢校长的夫人张侠魂、幼子竺衡,因感染疟疾而去世。学生中,也有 3 人因各种原因死亡。在宜山,浙大驻地曾遭受 18 架敌机的轰炸,所投炸弹达 118 枚,由于该校师生转移迅速,幸无伤亡,但十几名学生却因感染疟疾而病亡。在遵湄,学生意外死亡者亦不乏例。浙大图书资料丰富、仪器设备较为齐全,在几次搬迁过程亦保护得力,没有损失。但是,在 1944 年"六六"工程师节的下午,却因浙大对外开放,内燃发电机工作过久、排气管温度过高而引起竹编土墙起火,[①]化工、电机、土木三系诸多仪器精良设备被烧毁,化工系损失价值达 596 万元,电机系损失价值为 233 万元,土木系损失价值最少,也有 9.6 万元。[②] 此外,杭州艺专亦迁出省外,且与北平艺专合组为国立艺专,先后迁至昆明、重庆艰难办学。

从辉煌一面来看,在具有民主办学思想与人格魅力的竺可桢校长主持下,浙大弘扬"求是"学风,在战时困难条件下,积极开拓进取,教学、科研、社会服务各项事业均有较大发展,办学实力稳步提升。从全面抗战初期的 3 个学院、16 个学系、130 多名教师、400 多名学生,发展至 1946 年的 6 个学院、25 个学系、4 个研究所、1 个分校、2 个先修班、1 所附中、309 名教师(其中教授、副教授、讲师 201 人,助教 108 人)、2100 多名学生。内迁贵州时期,浙大不仅毕业了近 2000 多名本科生、44 名研究生,[③]拥有苏步青、吴耕民、王琎、胡刚复等 4 名部聘教授(数量在全国各大学中仅次于西南联大、中央大学),培养出 60 名日后的中国科学院学部委员,而且在科学研究上取得了一系列成绩。可以说,浙大在全面抗战期间迅速崛起,其办学水平已整体进入全国一流高校行列。曾在战时访问该校的英国科学家李约瑟,称浙大为"东方剑桥",实当之无愧。

浙大之外,全面抗战时期浙江亦曾诞生两所新的综合性大学:一所是 1939 年 5 月正式成立的省立英士大学(后改为国立),另一所是 1942 年 1 月 15 日开

---

　　① 吕醒民:《野火烧不尽春风吹又生——记浙大实验工场》,贵州省遵义地方志编纂委员会编:《浙江大学在遵义》,浙江大学出版社 1990 年版,第 196 页。
　　② 《竺可桢全集》第 9 卷,上海科技教育出版社 2006 年版,第 144 页。
　　③ 《研究院各部学生名册(1946 年)》,张淑锴主编:《浙江大学史料・第二卷(1927—1949)》下,浙江大学出版社 2022 年版,第 584—587 页。

始筹组的国立东南联大（后该校于 1943 年底并入英士大学）。这两所学校的创立、变迁，同样是全面抗战时期浙江高等教育的一部分。

一、全面抗战时期全国高等教育的应对与改革

(一)高校西迁

全面抗战时期的高校西迁，最早可追溯到九一八事变后东北大学的入关。当时，该校从沈阳迁至北平，1937 年初又迁移至河南开封。在全面抗战发生的前四天迁至陕西西安。[①] 七七事变发生后，平津一带的大学事实上不能上课，随即沪宁、江浙一带大学也面临同样的问题。教育部即指示平津和沪宁等地的一些重要高校开始内迁。1937 年 8 月 27 日，教育部颁布《总动员时督导工作办法纲领》，其中要求各校依据情况尽量"就地维持课务"。可以说，当时教育部并未有高校全面内迁的打算和计划。"八一三"淞沪抗战发生后，淞沪、宁、杭一带的高校首当其冲，教育部于 8 月 19 日发出《战区内学校处置办法》，提出："于战事发生或迫近时，量予迁移。其方式得以各校为单位，或混合各校各年级学生统筹支配暂时归并，或暂时附设于他校。……暂时停闭。"对于学校档案及设备，要求"预为移藏"[②]。这一指令可谓非常及时。自此而后，战区内和靠近战区的大多数高校均行动起来，向比较安全的中部或西部省份转移。9 月 29 日，教育部发出《战事发生前后教育部对各级学校之措置总说明》，明确提出平津一带高校分别迁至长沙、西安，组成两个临时大学。而上海地区由于高校众多，处置方法则有多种：部分移至租界内办学，或与他校合并办学。同济大学迁金华，复旦、大夏两大学迁内地，在江西或贵州设立校区。其他高校可移至比较安全的

---

① 《东北大学已全部迁陕》，《中央日报》1937 年 7 月 3 日，第 2 张第 4 版。
② 《教育部检发战区内学校处置办法的密令》，《中华民国史档案资料汇编》第 5 辑，第二编，教育（一），江苏古籍出版社 1991 年版，第 2—4 页。

县区或农村办学。[①] 1938 年,国民政府成立了全国战时教育协会,具体负责全国高校的迁建工作。

在上述两个文件的指导下,全国战区高校的大规模内迁正式开始。当时众多高校均迁往较为安全的后方,但具体方向和目的地并不一致,大致可归为三类:一是向西部直接迁移;二是就近避往外国租界(主要是上海的外国租界);三是向省内比较偏远的山区转移。[②] 平津一带的大学,如北平大学、北京师范大学、北洋工学院退往陕西西安,组成西北临时大学;河北省立女子师范学院、山西私立工农专科学校、河南焦作工学院亦退往陕西。其余学校退往湖南湖北,如民国学院留居湘西;北京大学、清华大学、南开大学三校迁至长沙,组成长沙临时大学。北平艺专、朝阳学院、交通大学北平铁道管理学院、交通大学唐山工程学院则撤往西南。而山东大学、山东省立医学专科学校、山东省立医药专科学校、齐鲁大学,则迁至四川万县、成都等地。

上海一带大部分高校当时迁至租界,仅复旦大学、大夏大学、同济大学、国立吴淞专科学校四校及交通大学上海分校、两江女子体育专科学校之一部,迁至贵阳、重庆等地。光华大学则一部分留在上海租界,一部分在成都设立分校。江浙一带高校也进行大迁移,中央大学迁至重庆;金陵大学迁至成都,与华西协和大学共同办学;安徽大学迁至武汉,后于 1939 年停办,并入武汉大学。

在向西南西北地区的迁徙过程中,各高校师生曾遇到重重困难,颠沛流离,备尝艰苦。有的一迁再迁,甚至达到五次或更多。如浙江大学在抗战时期曾五度迁校,一迁浙江西天目山,二迁浙江建德,三迁江西泰和、吉安,四迁广西宜山,五迁贵州遵义、湄潭。总计路程达 2600 余公里,足迹遍布浙、赣、湘、桂、闽、粤、黔七省。北京大学、清华大学、南开大学则是抗战时期迁徙距离最长的高校。1937 年 11 月,三校先由北京、天津迁至长沙,组成长沙临时大学,在岳麓山下办学。但次年 2 月被迫向昆明迁移,4 月正式在昆明开学。当时由部分师生组成的湘黔滇旅行团,费时 68 日,步行里程达 3500 华里,从长沙抵达昆明。由

---

① 《战事发生前后教育部对各级学校处置之总说明》,《中华民国史档案资料汇编》第 5 辑,第二编,教育(一),江苏古籍出版社 1991 年版,第 4—10 页。

② 余子侠、冉春:《中国近代西部教育开发史——以抗日战争时期为重心》,人民教育出版社 2008 年版,第 208—209 页。

著名教育家林砺儒担任院长的广东省立文理学院,则是抗战时期迁徙次数最多的大学,曾经八迁:一迁广西梧州,再迁藤县,三迁柳州融县,四复迁至粤北乳源,五迁连县,六迁曲江,七迁回至连县,八迁至罗定。[1] 迁校最迅速的是中央大学。当该校校长罗家伦在 1937 年 7 月 17 日参加完庐山谈话会返回后,即通知学校总务处将所有图书仪器设备打包。8 月下旬,罗家伦在全校教授会上提出该校迁移重庆办学的方案,获得通过。9 月 23 日,教育部批准了中央大学的迁移计划,中央大学立即利用当时还算正常的长江航运将学校迁移完成。11 月 22 日,中央大学在重庆沙坪坝新校区开学。[2] 国立同济大学也曾经六迁:一迁上海市区,二迁浙江金华,三迁江西赣州,四迁广西八步,五迁云南昆明,六迁四川南溪县李庄。[3]

至 1941 年初,受高校大规模西迁的影响,我国高等教育有了很大的发展,参见表 6-1。

表 6-1　1941 年专门以上学校分布

分布地区	高校名称
重庆区	中央大学、重庆大学、复旦大学、中华大学、江苏医学院、四川省立教育学院、国立女子师范学院、上海医学院、西南联合大学(叙永部分)、交通大学分校、金陵大学(理学院)、艺术专科学校、中央工业专科职业学校、美术专科学校、国术体育专科学校、重庆商船专科学校、戏剧专科学校、山东省立医学专科学校、私立武昌文华图书馆学专科学校、武昌艺术专科学校、中国乡村建设育才院专修科、湖北农专、国立音乐院
成都区	四川大学(成都部分)、金陵大学、华西协和大学、齐鲁大学、东北大学、光华大学(成都部分)、朝阳学院、中央大学医学院、金陵女子文理学院、西康农艺专科学校、牙医专科学校、铭贤农工专科学校
乐山区	武汉大学、四川大学(峨眉部分)、同济大学、中央技艺专科学校、江苏蚕桑专科学校
昆明区	西南联合大学、云南大学、华中大学、中法大学理学院

① 陈立夫:《战时教育行政回忆》,台湾商务印书馆 1973 年版,第 17 页。
② 《中央大学在渝开课》,《中央日报》1937 年 11 月 23 日,第 1 版。
③ 陈平原:《抗战烽火中的中国大学》,北京大学出版社 2015 年版,第 42 页。

续表

分布地区	高校名称
贵阳区	浙江大学、大夏大学、湘雅医学院、贵阳医学院、交通大学唐山工程学院、中正医学院
桂林区	广西大学、江苏教育学院、广西省立医学院、无锡国学专修学校
辰溪区	湖南大学、民国学院、国立商业专科学校
长汀区	厦门大学、福建协和学院、福建省立医学院、福建学院、华南女子文理学院、苏皖联立临时政治学院、南华学院
坪石区	中山大学、广东文理学院
城固区	西北大学、西北工学院、西北医学院、西北师范学院
龙泉区	浙江大学龙泉分校、英士大学、浙江医药专科学校
枣宜区	广东省立勷勤商学院、广东国民大学、广州大学
泰和区	中正大学、江西工业专科学校、江西医学专科学校、江西兽医专科学校
镇平区	河南大学、河南水利工程专科学校
兰州区	西北技艺专科学校、甘肃学院
蓝田区	国立师范学院
武功区	西北农学院、山西大学、陕西医学专科学校、陕西临时政治学院
香港区	岭南大学、国民大学(分教处)、广州大学(分教处)、广州光华医学院
上海区	交通大学、暨南大学、上海商学院、上海医学院、东吴大学、大同大学、震旦大学、沪江大学、复旦大学、大夏大学、光华大学、南通学院、之江文理学院、诚明文学院、上海法学院、上海法政学院、同德医学院、东南医学院、上海女子医学院、中法大学药学专修科、国立音乐专科学校、上海美术专科学校、东亚体育专科学校、新华艺术专科学校、立信会计专科学校、苏州美术专科学校

　　说明:本表据《第二届全国专科以上学校学业竞试要点》(教育部训令第1852号,1941年5月13日),《教育部公报》第13卷第9、10期合刊,1941年6月30日。

(二)高等教育布局的调整

　　全面抗战时期,在经历迁徙和调整后,中国高等教育的布局亦有重大变动,总体上趋于合理。经过甲午战后40余年的发展,至全面抗战发生前,我国已有专科以上高校共 108 所。但在具体布局上，各地区、各省份并不均衡。时人沈灌群曾评述："数十年新教育所致力者，均集中于沿海交通便利、文化水准已有相当高厚之省区，如北部之沈阳北平天津，如中部之上海南京杭州，如南部之厦门广州昆明。腹心地带，高等教育之可称数者，仅武汉长沙重庆成都诸地而已。"①据教育部 1939 年初的统计，战前 108 所高校分布如下：东部的京（南京）、沪、江、浙、赣，共有 45 所高校；南部的粤、桂、闽、滇，共有 13 所高校；西部的陕、甘、新，共有 3 所高校；北部的平、津、冀、晋、鲁，共有 30 所高校；中部的川、鄂、豫、湘，共有 17 所高校。"各区之中，上海占二十五校，北平十四校，广州七校，南京六校。"②由此不难看出，战前我国高校主要分布于平津及东南沿海地区，而广阔的西南西北地区，高校数量十分少。贵州、西康、青海、宁夏、绥远等省竟无一所，滇、陕、甘、新等省也各只有一所，且规模均较小。应该说，战前我国高校布局的此一状况，是历史形成的，它既凸显出近代中国高等教育往往与国家或区域的政治中心、经济中心紧密相关这一规律，③同时也多少反映出此前历届中央政府对高等教育布局问题有所忽视或无能为力。

为配合大后方建设，以支持长期战争的需要，从 1938 年开始，教育部也逐渐考虑高等教育的合理布局问题。如 1938 年 4 月，国民党临时全国代表大会通过《战时各级教育实施方案纲要》，强调"对于各级学校教育，力求目标明显，并谋各地平均发展"④。教育部当时制定的《战时各级教育实施方案》，认为以往各级学校之设置甚不合理，高等教育方面，"有一、二市区内集合设有若干大学者，有若干省区竟无一高等教育者"。有鉴于此，该方案提出"各种专科学校以由省市设立为原则，大学及独立学院以由国家设立为原则"⑤。1940 年 5 月，教育部进一步公布《专科以上学校分布原则》，强调国立大学的设置，"数目不宜过

---

① 沈灌群：《论我国西北高等教育之建设》，《高等教育季刊》1942 年第 2 期。
② 教育部编：《十年来之教育概述》，教育部 1939 年编印，第 5 页。
③ 教育部编：《十年来之教育概述》，教育部 1939 年编印，第 5 页。
④ 《国民党临时全代大会通过之战时各级教育实施方案纲要》，《中华民国史档案资料汇编》第 5 辑，第二编，教育（一），江苏古籍出版社 1997 年版，第 14 页。
⑤ 《教育部订定之战时各级教育实施方案》，《国民党临时全代大会通过之战时各级教育实施方案纲要》，《中华民国史档案资料汇编》第 5 辑，第二编，教育（一），江苏古籍出版社 1997 年版，第 27 页。

多,并应就全国区域予以适宜之分布";师范学院,应以"分区独立设置为原则,每一师范学院区设师范学院一所";农、工、商、医等性质的独立学院设置,"以就各省需要分区设置为原则。其在各区内尚无此项国立学院或省立学院者,应即予以增设"。① 另外值得注意的是,1941 年 3 月 24 日至 4 月 2 日召开的国民党五届八中全会,通过《三年建设计划大纲》,其中规定"高等教育应视人力财力所许可,及各种事业发展之需要,由中央统筹酌量扩充,尤宜奖励各省设置专科学校"②。

在高校内迁和上述政策影响下,全面抗战时期,我国后方地区的高等教育因之有了显著发展。1939 年初,四川已有 23 所高校,广西 8 所,云南、贵州、湖南各 5 所,陕西 6 所,浙江、福建、广东、江西、河南、湖北等省"各保存一二校",江苏、安徽、山东、河北、山西等省之专科以上学校,"则一无所存"。③ 到 1941 年底,全国专科以上学校总计 129 所,其中处于西南地区的,总计 40 所(其中四川 30 所、云南 4 所、贵州 5 所、西康 1 所)。如果加上该年正在筹备中的 5 所专科以上学校,总计西南地区高校已达到 45 所之多。西北地区共计 9 所(陕西 6 所、甘肃 2 所、新疆 1 所)。如果再加上该年正在筹备中的 3 所专科以上学校及新成立的国立西北师范学院兰州分院,西北地区专科以上学校也有 13 所左右。④

(三)创立师范学院制度,发展高等师范教育

1938 年 7 月,教育部正式颁布《师范学院规程》。当时,共设立西北联大师范学院(1939 年 9 月 1 日独立为西北师范学院)、中央大学师范学院、浙江大学师范学院、西南联大师范学院、国立师范学院、中山大学师范学院等 6 所师范学

---

① 《中华民国史档案资料汇编》第 5 辑,第二编,教育(一),江苏古籍出版社 1997 年版,第 711—712 页。

② 《教育部关于四川省立重庆大学浙江省立英士大学山西省立山西大学改为国立东南联大并入英士大学并恢复北洋工学院的有关文书》(1942 年 12 月至 1943 年 5 月),中国第二历史档案馆藏教育部档案,档号:五—2216,第 11 页。

③ 教育部编:《十年来之教育概述》,教育部 1939 年编印,第 5 页。

④ 《全国专科以上学校内迁及其分布统计表》,《中华民国史档案资料汇编》第 5 辑,第二编,教育(一),江苏古籍出版社 1997 年版,第 745—749 页。

院。在以后的几年中,又陆续增设了国立女子师范学院、四川大学师范学院、贵阳师范学院、桂林师范学院 4 所,并划定了各自的地方中等教育辅导区。此一制度的显明特点是分区设置,有利于促进中学师资分布相对合理化。[①]

全面抗战时期增设的这 10 所师范学院的简要情况如下。

国立西南联合大学师范学院。1938 年 8 月在昆明成立,院长黄钰生,教师主要由西南联大各系教师兼职,亦有部分教师为专职。主要教师有查良钊、黄子坚、陈雪屏、朱自清、罗常培、闻一多、浦江清、叶公超、柳无忌、刘崇鋐、蔡维藩、雷海宗、钱穆、江泽涵、杨武之、姜立夫、杨石先、许桢阳、邱椿、陈雪屏、陈友松、孟宪承、罗廷光、田培林、倪中方、张清常、萧涤非等。该院教师齐整,办学实力较强。该院初设教育、史地、国文、英语、数学、理化六系,1939 年增设了公训系,并办有两个专修科。社会服务和地方教育服务,主要是组织假期学生旅行团、参与或主持每年滇省中学教师暑期讲习讨论会,以及与滇教厅合作,在 1939 年、1944 年分别办理两期云南省中等学校在职教师晋修班等。1941 年,该院还增设了师范专修科和初级部。并办有中小学和幼稚园。[②]

国立西北师范学院。1938 年 8 月在陕西城固成立的西北联合大学师范学院,以原北平师大大部分科系为基础。1939 年 8 月,西北联大一分为五,在原西北联大师范学院的基础上,成立独立的西北师范学院。1941 年,该校在兰州设立分院。1944 年 10 月,该校全部迁往兰州。西北师院成立之时,有不少原北平师大教师受聘于西北大学,所以西北师院师资力量总体上比全面抗战前北平师大有所削弱。初设八系(教育、体育、国文、英文、史地、数学、理化、家政)及劳作专修科,次年增设公训系、博物系。后又增设初级部、国文专修科、史地专修科、理化专修科、体育专修科。全面抗战时期该院院长一直由李蒸担任,未更换。著名教授有黎锦熙、李硕勋、袁敦礼、齐国樑、张贻侗、郝耀东、金澍荣、胡国钰、孔宪武等。

国立中央大学师范学院。1938 年 8 月,以原中央大学教育学院为基础而成立,校址在重庆。初设八系(国文、英文、史地、教育、体育、数学、理化、博物)及

---

① 金澍荣:《现行师范学院制度与中等学校师资的调节》,《东方杂志》1943 年第 3 期,第 42—45 页。

② 西南联合大学北京校友会、校史编辑委员会编:《国立西南联合大学校史资料》,北京大学出版社、云南人民出版社 1986 年版,第 119—127 页。

艺术、童子军两个专修科。后增设初级部。首任院长为许本震,后为孙本文、艾伟。著名教授有许本震、艾伟、常道直、缪凤林、周鸿经、张江树、段续川、吕斯百、袁宗泽、徐养秋、萧孝嵘等。社会服务方面,该院参与渝市中学暑讲会、中等教育辅导、开展初中教师在职进修、办理附中附小、办理成人补习教育、抗战宣传等。

中山大学师范学院。成立于 1938 年秋,以原中山大学教育系和教育研究所为基础而成立。战时,随中山大学先后迁往云南澄江、广东坪石。初设八系(教育、公训、国文、英文、史地、数学、理化、生物),后增设初级部、数学专修科。首任院长崔载阳,后为范锜(代)、齐泮林、陆侃如(代)。著名教授有崔载阳、陆侃如、齐泮林、毛礼锐、朱谦之、钟敬文、岑麒祥、陶元珍、罗季林等。

国立浙江大学师范学院。成立于 1938 年 8 月,初在广西宜山,后迁遵义,在浙江大学龙泉分校亦有该校师范学院学生。浙大师范学院是以原浙江大学教育系为基础而成立的,师资主要依赖当时浙大文、理学院的现有师资兼职,不另聘。浙大师范学院初设六系(中文、英文、史地、教育、数学、理化),各系一年级学生在浙大龙泉分校就读,二、三、四年级始到贵州遵义就读。首任院长为郑晓沧,1939 年 2 月以后为王琎。著名教授有竺可桢、张其昀、叶良辅、谭其骧、缪钺、张荫麟、顾谷宜、苏步青、陈建功、胡刚复、陈剑修、张绍忠、周厚复、梅光迪、王焕镳、郭斌龢、舒鸿、李相勖、陈立、黄翼等。

国立师范学院。于 1938 年 11 月正式成立,院址设在湖南省安化县蓝田镇。初设七系(国文、英文、史地、教育、公训、数学、理化),次年增设体育童子军专修科、大学先修班。1940 年增设附中附小、民众教育馆、民众学校。1941 年增设国语专修科、数学专修科。1942 年增设音乐专修科、体育师资训练班。1943 年增设中心学校及国民学校教员进修班。该院院长一直由廖世承担任,抗战胜利后才辞职。著名教授有钱基博、皮名举、高觉敷、阮真、蒋礼鸿、谢扶雅、李剑农、陶愚川、金兆均、马宗霍、朱有瀛、张尧年、骆鸿凯等。该院在社会服务方面的贡献:一是办理民众教育馆、民众学校,开展成人补习教育。二是参与湖南、湖北等省中学暑讲会。三是举办初级部,招收在职中小学教员进修。四是办理小学教员通讯教育(函授教育)。五是辅导湖南湖北两省中等教育。六是学生也成立了宣传队、工作队、戏剧队、歌咏队、慰问队,开展多种形式的地方教育服务与社会服务活动。

国立女子师范学院。于 1940 年 4 月 9 日正式成立,院址在四川省江津县白沙镇,为全面抗战时期唯一一所新设的女子师范学院。初设七系(教育、国文、英文、史地、理化、音乐、家政)及体育专修科。后陆续增设数学系、国语专修科、初级部、附中附小、附属师范学校。全面抗战时期,该院院长一直由谢循初担任,未更换。著名教授有黄敬思、曹刍、鲁世英、李儒勉、台静农、程乃颐、胡小石、谢澄平、沈思屿、管公度、余文豪、萧文灿、余世鹏、陈佩兰等。社会服务方面,该院曾连续两年参与 1941 年度、1942 年度湖北省暑期中学教员讲习会。又在白沙、江津、合江、永川一带开展中学教学辅导,为 77 名中学教员讲授各科教学法。并办理附中、附小、附属师范学校,招收当地中小学生入学。另开展初中在职教师进修。学生社会服务活动更为丰富,主要有办理民众补习学校、妇女补习班,组织学生歌咏队戏剧队进行演出,实行壁报张贴、学生家庭访问、抗属慰问、伤兵照看及代写书信、街头抗日宣传等。

国立四川大学师范学院。于 1941 年 8 月成立,院址初在峨眉,1943 年随川大其他学院一起迁回成都。初设七系(教育、国文、英文、史地、公训、理化、数学)及史地、理化、数学三个专修科,后增设附中、附小。院长为黄建中。师资除教育系为新聘外,其他各系师资系利用川大文、理学院现有师资兼职。著名教授有黄建中、汪奠基、张敷荣、朱心佛、金尤史、周厚复、普施泽、叶石荪、袁伯樵、马师儒、常道直、薛鸿志、汪德亮、谢文炳、蒙文通、缪钺、闻在宥、周谦冲、李思纯、魏时珍、张洪沅等。社会服务方面,主要参与川渝等省市的中学暑讲会、办理峨眉与成都附近一带成人补习学校、全省中小学在职教员通讯教育(函授)及学生歌咏戏剧表演、抗属慰问、兵役宣传、壁报张贴等。

国立贵阳师范学院。成立于 1941 年 10 月 24 日,以原迁黔大夏大学教育学院教育系为基础而成立,院址初在贵阳,1944 年黔南战事发生后曾迁贵州赤水。初设四系(教育、国文、英文、数学)及体育童子军、史地、理化三个专修科。后增设初级部、大学先修班,并将史地专修科、理化专修科改为史地系、理化系。该院首任院长为王克仁,1943 年 7 月王辞职后,由齐泮林担任院长。著名教授有王克仁、夏元瑮、杨宪益、熊铭青、马宗荣、王裕凯、谢六逸、曹未风、陈遂、黄国华、胡士煊、陈铭新、蒋湘青、袁公为、王驾吾、谭戒甫等。社会服务方面,办有成人补习夜校、暑期服务团,并几次参与黔省中学暑讲会等。

国立桂林师范学院。1941 年 10 月,广西省重建了省立广西师范专科学校。1942 年 4 月 1 日,该校改名为省立桂林师范学院,由曾作忠任院长。1943 年 8 月 1 日,奉部令改为国立,仍由曾作忠任院长。1944 年 7 月,该校因战事曾迁至广西三江(今融水县)。国立桂林师范学院初设五系(教育、国文、英文、史地、理化)及中文、史地、数理化三个专修科。该院师资主要来源于 1942 年 2 月停办的原江苏省立教育学院的师资,著名教授主要有林砺儒、张映南、林仲达、谭丕模、陈竺同、谢厚藩、张世禄、陈翰笙、史国雅、穆木天、杨荣国、欧阳予倩、吴世昌、黄国芳、林焕平、宋云彬、汪士楷、曹伯韩、王西彦、石兆棠等人。社会服务方面,该校曾参与 1943 年、1944 年两年的广西中学暑讲会,并在桂林一带开展培训国民中学教员、宣传抗战、举办成人教育、演出戏剧等服务活动。

1942 年 8 月 17 日,教育部又公布《修正师范学院规程》(后于 1946 年 12 月 9 日再次进行修正)。综合来看,战时师范学院制度的主要内容是:师范学院以遵照中华民国教育宗旨、养成中等学校之健全师资为目的。师范学院单独设立,或可在大学中设置之,可分男女两部,并可筹设国立女子师范学院。师范学院应协助所划区内的教育行政机关,研究辅导该区内之中等教育。师范学院修业五年,期满考试及格,并经教育部复核无异者,由院校授予学士学位,并由教育部给予中等学校某某科教员资格证明书。师范学院可设第二部,招收大学其他学院相同学系毕业生,授以一年之专业训练,期满考试及格,经教育部复核无异者,由院校授予学士学位,并由教育部给予中等学校某某科教员资格证明书;师范学院可设职业师资科,招收专科学校毕业生,授以一年之专业训练,期满考试及格,经教育部复核无异者,由院校授予毕业证书;师范学院可附设专修科,招收高级中学或同等学校毕业生,予以三年之学科及专业训练,期满考试及格,经教育部复核无异者,由院校授予毕业证书;师范学院可附设高级中学教员进修班、初级中学教员进修班、小学教员进修班,分别招收具有两年以上高中或初中教学、三年以上小学教学之经验的高级中学、初级中学、小学各教员,授以一年之专业训练,期满考试及格,经教育部复核无异者,由院校分别给予高级中学、初级中学、初等教育之某某科教员进修证明书。师范学院可附设师范研究所,招收师范学院毕业、具有研究兴趣,或大学其他院系毕业、有两年以上教学经验之中等学校教员,研究期限两年,期满经硕士学位考试及格者,授予教育硕士学位。师范学院分国文、外国语、史地、公民训育、算学、理化、博物、教育各系,及体育、音乐、绘画、劳作、家政、社会教育各专修科。师范学院采用导师制,各教员除教课外,须兼任学生导师,负责辅导学生品格修养、学术研究及专业训练。师范学院一律免收学膳费,学生无故退学或开除学籍者,追缴其在校期间之全部学膳费及补助费。师范学院毕业生应服务期年限,各系毕业生均为五年,在规定服务期内,不得从事教育以外之职业,违者追缴全部膳食费及补助费,但有特殊情形,经教育部核准者,可暂缓其服务年限。[①]

这个规定中有关于师范学院办理在职中小学教员进修班及招收第二部的规定,但其执行情况不佳。据当时西北师范学院的陈侠说:"事实上初级部毕业,只能任初中教师(其实训练初中教师是否可以降低标准,也是一个值得讨论的问题);第二部根本无人投考。"[②]

师范学院的设立,被视为全面抗战时期我国高等教育领域的一项制度创新。它的最大意义就是在学制系统上将高等师范教育单列,使其成为高校独立类型,这对于保障中等学校师资的充足培养与供应,具有极其重要的作用。其另一重要意义,即在于从此中等学校师资的培养、训练和进修有了专门的机关。《师范学院规程》第四条规定:"师范学院应协助所划区内教育行政机关,研究辅导该区内之中等教育。"第五条规定:"师范学院应于所划区内教育行政机关,通盘考查该区内中等教育师资之需要,为有计划之招生。"该规程第十二、十三、十四诸条规定:师范学院可以设立师范研究所、高中教员进修班、初中教员进修班,分别招收在职中学教师进行专业训练,并"给以教员进修证明书,作为教员检定合格之文凭"。以上规定,从招生、辅导、进修、研究等方面,对师范学院的任务、职能做了具体规定。各师范学院可以依据这些规定,联合所在地教育行政部门,举行中等教育辅导、教育问题讨论、教员暑期讲习会等事宜,以推动在

---

① 《修正师范学院规程》,李友芝等主编:《中国近现代师范教育史资料》第2册,出版机构不详,1983年版,第545—547页。

② 陈侠:《师范学院的修业年限问题》,《东方杂志》1943年第18期,第32—62页。

职中等学校教员的训练与进修。[①]

(四)推行战区学生贷金与公费制度

战区学生大多背井离乡至后方求学,其经济来源大多断绝,生活十分困难。为此,教育部特于 1938 年 2 月 5 日颁布《战区学生贷金暂行办法》十条,规定:"公立中等以上学校学生,籍隶战区经济来源断绝,经确切证明必须救济者,得向所在学校申请贷金,毕业后再将服务所得缴还学校,其偿还期不能超过战事终了三年以后。""如已受公费待遇或受有他项贷金或津贴者,不得再申请贷金。"贷金分全额、半额两种,全额每月八元或十元,半额每月四元或五元。以所在地生活费用及学生之实际需要定之。[②] 1938 年 10 月 29 日,教育部又颁布《公立专科以上学校战区学生贷金补充办法》,规定各校在办理战区学生贷金时,要对本校学生和借读学生一律同等待遇,将部分贷金发给借读学生,数额由教育部全数供给。非战区学生冒领贷金,应予以惩处。如获得贷金学生后来获得资助,其贷金应予以停止发放。学生在暑期、寒假及集训时,贷金应停止发放。[③] 1941 年 7 月,教育部又对贷金办法进行微调,制定了《国立中等以上学校贷金暂行规则》《省立专科以上学校战区学生贷金暂行规则》《私立专科以上学校战区学生贷金暂行规则》三个文件。依据这些文件,凡家在战区、经济来源断绝或家庭确实有困难的学生,都可领取贷金,每学期以六个月计算,全额发给。而毕业后的偿还期限,可以延缓至长达 20 年之久。学业与操行成绩两项均优异的学生,还可以减免。由于 1940 年后物价飞涨,所以上述文件还规定:以每人每月食米两市斗一市升的市价另加燃料、油盐、蔬菜、厨工工资等费用为计算标准。全贷者月给全数,半贷者月给半额。同时对自费生亦补助膳食贷金。另外还对部分学生发放零用贷金、特别贷金(用以购买服装、书籍等)。享受贷金的学生,平时每周必须为学校服务三小时。[④]

---

① 黄式金:《师范学院设立后之在职中学教师进修问题》,《中华基督教教育季刊》1939 年第 2 期,第 9—14 页。

② 《教育部订定战区学生贷金暂行办法》,《教育杂志》1938 年第 2 期,第 94—104 页。

③ 顾毓秀:《战时教育的回忆》,出版机构不详,1948 年版,第 49 页。

④ 申晓云:《动荡转型中的民国教育》,河南人民出版社 1994 年版,第 248—249 页。

应该说明的是,学生贷金制度的具体执行在各校、各个时期是不同的。比如,在武汉大学,据 1938 年进入该校电机系借读的江西学生欧阳一回忆:"我们到乐山的那天已是 11 月 27 日,渡过岷江后就直奔文庙办理入学手续。学校不但不收战区学生的任何费用,而且为解决战区学生的生活问题,设置有贷金制度,发给学生的贷金有甲、乙、丙三等级,甲级每人每月六元(除吃饭外,每月每人还可有一元零花钱),乙级每人每月五元,丙级每人每月四元。"[①]而当 1941 年王滋源考入武汉大学时,该校的贷金却被分成四种:"战区甲,战区乙,非战区甲,非战区乙。一般来自沦陷区的学生都可领到前两种贷金,前者除了吃饭,还可以领一点生活补贴。后者只管吃饭。"[②]由于物价不断上涨,浙江大学的学生贷金也适时调整。1941 年 4 月 17 日,竺可桢在其日记中记录下调整方法:"决定贷金以米价为标准,以去年米价十元一斗贷金十六元为标准,米贵一元一斗,则贷金加一元二角。如米价十五,则贷金廿二元,米价廿元一斗,则贷金廿八,以此类推。"[③]

1943 年 8 月,行政院公布《非常时期国立中等以上学校及省私立专科以上学校规定公费生办法》,共 19 条。[④] 其主要内容是将战区学生实行的贷金制改为公费制。

教育部最初设立贷金制,原期望学生毕业后将此款归还国家,但"后来因责偿不易办到,并且法币贬值,即令能偿还,亦几乎等于不还,所以将贷金改为公费"。全面抗战初期,由于审查严格,所以享受贷金的学生的比例并不高。据顾毓琇回忆,1938 年度教育部拨发的专科以上学校贷金,"计国立各校贷金人数为四二七三人,由本部发给贷金数一八九六四一元。省立各校贷金数六一七人,由本部发给贷金数一八一九二元。私立学校贷金人数四八一人,由本部发给贷金数二一五零六元"。1939 年 1—7 月,"国立学校贷金人数六一八三,贷金数一七二五零四,省立学校一零一九,贷金数二三一六八,私

---

① 欧阳一:《乐山杂忆》,《武大校友通讯》2005 年第 1 辑。

② 王滋源:《回忆赵师梅的故事令人感动》,《珞珈》(台北)1992 年第 110 期,转引自张在军:《苦难与辉煌——抗战时期的武汉大学(1937—1946)》,新锐文创 2012 年版,第 149—150 页。

③ 《竺可桢全集》第 8 卷,上海科技教育出版社 2006 年版,第 60 页。

④ 沙千里编:《战时重要法令汇编》,重庆中心印书局 1944 年版,第 487 页。

立学校贷金人数八九五,贷金数三九五七三元"①。抗战后期,公费生名额不断扩大(包括大学先修班学生、国立中学学生、非战区的学生也可享受),所以此项费用不断增长,"几乎超出全体教育文化经费的二分之一"。据陈立夫言:"战时由中学以至大专学校毕业全赖国家贷金或公费以完成学业者,共达十二万八千余人之多。"②

应该注意的是,除政府对中等以上学生实行贷金制和公费制外,当时还有各种奖学金和各省份的优惠制度作为补充。

毋庸置疑,贷金制度和公费制度的推行,是战时全国高等教育的一项有力创举,它在保证绝大部分学生(特别是贫困学生)入学受教与基本生活、培养国家后备人才方面,发挥了极其突出的作用。

(五)统一课程标准与大学共同必修科目的制定

如上章所论,1935 年,教育部曾颁行过一个《大学医科暂行科目表》。至于其他各科课目与课程标准,在全面抗战前教育部并无统一规定,实际由各大学自定。这种自行决定的方式,一方面给予了高校办学自由和教学自由,促进了学术的发展;另一方面,无须讳言,也导致了大学课程的"野蛮生长"。"中国大学课程,向由各校自定。各校每骛于高深,有将研究院应习之专门科目,列入大学课程之内者,遂使四年时间,既无法专精,复不能建立普通之基础。同时各校之间,亦失却最低之标准。同为大学毕业生,因毕业学校不同,其所习学科与所有程度,往往差异甚大。"③如吴俊升所言:"抗战发生以后,教育部为准备改进全国专科以上学校的课程,曾调查各学系课程的科目,仅就一个经济学系说,全国各校就共有三百二十四种之多的不同科目。由此大家就会感觉到我们的经济学系究竟是要达到一个什么目标? 恐怕集全国经济学者也不能为之解答,所以课程没有规定,科目不能统一,就不知要发生多少流弊。"④陈立夫也指责大学"课程五花八门,毫无标准,有关中国历史的部门最缺乏",学政治或经济的,不

---

① 顾毓秀:《战时教育的回忆》,出版机构不详,1948 年版,第 49 页。
② 陈立夫:《战时教育行政回忆》,台湾商务印书馆 1973 年版,第 58 页。
③ 教育部资料研究室编:《一九三七年以来之中国教育》,教育部资料研究室 1947 年编印,第 4 页。
④ 吴俊升:《高等教育之改进》,《训练月刊》1940 年第 5 期,第 19—27 页。

读中国政治或经济制度史;读农的不读中国农业史;国文更是最不注重的一门功课了。[①]

从 1938 年起,教育部根据历年搜集之资料,加以分析统计,订颁大学各学院分系共同必修课目表,通令施行。这项工作先从文、理、法三学院的课程开始,先完成《文理法三学院各学系课程整理办法草案》。其整理原则有三项:其一,规定统一标准;其二,注意基本训练;其三,注重精要科目。其整理要项则有九款。[②] 1938 年 9 月,教育部召开第一次课程会议,会后于同月公布了文、理、法院共同必修科目表,要求从 1938 年秋进校的新生一律开始施行。1938 年 11 月 1 日,教育部又公布了农学院共同必修科目表、工学院共同必修科目表和商学院共同必修科目表。至于师范学院共同必修科目表,早在 1938 年 7 月颁行的《师范学院规程》中,已有《修订师范学院共同必修科目表》,故不必重复;大学医学院及医科暂行科目表,原在 1935 年 6 月即已试行。至 1941 年 7 月,医学院共同必修科目表经教育部医学委员会重订,而从 1942 年度起执行。1944 年 8 月,教育部召集第二次大学课程会议,对前颁文、理、法、师范四学院分院共同必修科目表进行修订,正式将"三民主义"与"伦理学"两科,纳入各院共同必修科目,从本年秋季起执行。至于农、工、商、医四学院科目表的修订,至抗战胜利时为止,未能完成。[③]

从 1939 年秋起,关于专科学校的课程与共同必修科目表也开始实行。教育部按照以下原则进行整理:其一,五年制专科共同必修课为公民、三民主义、伦理学、国文、外国文、数学、中国史地、体育等科目,总学分为 200 学分。其二,三年制及二年制专科共同必修课目,相比五年制减少了公民、数学和中国史地,总学分三年制为 100—120 学分,二年制为 80—90 学分。其三,其他专门科目,各校拟定时,不必将高深理论科学定为必修,俾与大学课程有异。

正如教育部后来所称,全面抗战时期大学课程标准的厘定,体现出两个较

---

① 陈立夫:《战时教育行政回忆》,台湾商务印书馆 1973 年版,第 20 页。

② 《第二次中国教育年鉴》,第五编,高等教育,第一章"概述",商务印书馆 1948 年版,第 495—499 页。

③ 朱庆葆、陈进金、孙若怡等:《中华民国专题史》第十卷《教育的变革与发展》,南京大学出版社 2015 年版,第 235—236 页。

明显的趋势:"一为偏重文化陶冶,二为合于中国自己需要之课程比战前为多。"①按陈立夫的说法,整理大学课程,制定各学院共同科目表,乃是"使中国的大学像一座中国的大学"②。为配合大学课程与科目的改革,教育部亦在战时开展了统一大学各科用书的工作。

全面抗战时期大学课程标准的厘定及共同科目表的制定,历来评价不一。以今人的眼光视之,总体上是功大于过的。它较好地促进了中国大学课程的规范化,保证了人才培养的质量。

(六)审查专科以上学校教员及实行部聘教授制

对于大学教员的资格,1927 年 7 月国民政府公布有《大学教员资格审查条例》,将大学教员分为教授、副教授、讲师、助教四级。除规定其任用资格外,并规定组织大学评议会为审查教员资格的机关,凡审查合格的教员,由中央教育行政机关发给证书。但事实上,此后教育部并未成立审查机关,大学教员的资格审查当然也未进行,其聘任由各校自定。③

全面抗战时期,教育部正式开展对专科以上学校教员的资格审查。1940 年8—9 月,教育部颁布《大学及独立学院教员资格审查暂行规程》及《大学及独立学院教员资格审查暂行规程施行细则》,明定大学及独立学院教员,分教授、副教授、讲师、助教四等,由教育部审查资格。专科学校的教员,亦比照此办法办理。大学和独立学院教员须具备的资格如下。

　　第三条　助教须具左列资格之一:

　　一、国内外大学毕业得有学士学位而成绩优良者;

　　二、专科学校或同等学校毕业曾在学术机关研究或服务二年以上著有成绩者。

---

①　教育部资料研究室编:《一九三七年以来之中国教育》,教育部资料研究室 1947 年编印,第 4 页。

②　陈立夫:《战时教育行政回忆》,台湾商务印书馆 1973 年版,第 20 页。

③　教育部资料研究室编:《一九三七年以来之中国教育》,教育部资料研究室 1947 年编印,第 4 页。

第四条　讲师须具左列资格之一：

一、在国内外大学或研究院所研究得有硕士或博士学位或同等学力证书，而成绩优良者；

二、任助教四年以上著有成绩并有专门著作者；

三、曾任高级中学或其他同等学校教员五年以上对于所授学科确有研究并有专门著作者；

四、对于国学有特殊研究并有专门著作者。

第五条　副教授须具左列资格之一：

一、在国内外大学或研究院所研究得有博士学位或同等学力证书，成绩优良并有有价值之著作者；

二、任讲师三年以上著有成绩并有专门著作者；

三、具有讲师第一款资格，继续研究或执行专门职业四年以上，对于所习学科有特殊成绩，在学术上有相当贡献者。

第六条　教授须具有左列资格之一：

一、任副教授三年以上著有成绩并有重要之著作者；

二、具有副教授第一款资格，继续研究或执行专门职业四年以上，有创作或发明在学术上有重要贡献者。[1]

但这一审查规程的第七条也规定："凡在学术上有特殊贡献而其资格不合于本规程第五条或第六条之规定者，经教育部学术审议委员会出席委员四分之三以上之可决，得任教授或副教授。"这就给少数在学术上确有突出贡献者保留了破格晋升的机会。

从 1940 年至 1943 年 7 月，全国各校送审教员达 4000 人以上，由教育部所设立的"学术审议委员会"进行审查，审查合格者 2503 人。[2] 另据《一九三七年以来之中国教育》所提供的数字，自 1940 年办理以来，截至 1946 年底，经审查

---

① 《大学及独立学院教员资格审查暂行规程》，教育部编：《教育法令汇编》第 6 辑，正中书局 1941 年版，第 138 页。

② 中国国民党中央执行委员会宣传部编：《抗战六年来之教育》，中国国民党中央执行委员会宣传部 1943 年编印，第 7—8 页。

合格者,计有教授 2429 人,副教授 1043 人,讲师 1785 人,助教 1911 人,共 7168 人。尚有四分之一的教员,还在审查中。[①] 相较而言,《第二次中国教育年鉴》所载数字更为翔实:从 1940 年 9 月至 1948 年 4 月,教育部学术审议委员会前后共审查专科以上学校教员达 29 批,合格者共计 8685 人,计教授 2658 人,副教授 1260 人,讲师 2068 人,助教 2699 人。[②]

待遇方面,1940 年 8 月,教育部颁布《大学及独立学院教员聘任待遇暂行规程》,对高校教师的工资待遇做出统一规定,其基本原则就是将其薪俸与其各职称相对应。具体见表 6-2。

表 6-2　大学及独立学院专任教员薪俸暂定

单位:元

职称	第一级	第二级	第三级	第四级	第五级	第六级	第七级	第八级	第九级
助教	160	140	120	110	100	90	80		
讲师	260	240	220	200	180	160	140		
副教授	360	340	320	300	280	260	240		
教授	600	560	520	480	440	400	370	340	320

说明:本表据宋恩荣、章咸主编《中华民国教育法规选编》(江苏教育出版社 1990 年版)第 691 页内容制成。

1942 年冬,教育部又推出"专上教员久任奖金"制度,这主要针对专上教师中服务年限长久、成绩卓著者。教育部用于该项奖金的款项达 200 万元,其分发标准是:其一,凡在专上学校任教的教员服务满 20 年者,每人年给奖金 3000 元;其二,凡在专上学校任教的教员服务满 10 年以上者,每人年给奖金 1500 元。在 1943 年春节前,此项奖金以行政院长蒋介石的名义,发放至获得者手中。此后,1944 年、1945 年均照此评选、发放。[③] 久任奖金之外,教育部还设立有针对专上教员的"服务奖状"和休假进修制度。服务奖状共分三个等级,分别称"一等或智字服务奖状""二等或仁字服务奖状""三等或勇字服务奖状"。此

---

① 教育部资料研究室编:《一九三七年以来之中国教育》,教育部资料研究室 1947 年编印,第 3 页。

② 《第二次中国教育年鉴》,第六编,学术文化,第五章"学术之审议与奖励",商务印书馆 1948 年版,第 873 页。

③ 《第二次中国教育年鉴》,第六编,学术文化,第五章"学术之审议与奖励",商务印书馆 1948 年版,第 518 页。

项制度从 1940 年至 1947 年,共有 281 名专科以上教员获得奖状。

休假进修制度始于 1940 年 5 月颁布的《国立专科以上学校教授休假进修办法》。该办法规定,连续在校满 7 年以上成绩卓著的教授,可以给予离校考察或研究半年以及一年之机会,其经费由教育部承担。这一制度在浙大的执行情况是:1940 年,浙江大学化学系教授周厚复等 10 人;1941 年,浙江大学电机系教授李寿恒等 19 人;1942 年,浙江大学教育系教授黄翼等 20 人;1943 年,浙江大学史地系教授郑晓沧、费巩、苏步青等 30 人;1944 年,浙江大学教授吴钟伟、陈鸿逵等 27 人先后获得休假进修的机会。总计享受这一待遇的浙大教授有 106 人。1945 年后,该制度由于经费不足而停止。[①]

战时教育部对专科以上教员的各种奖励与待遇中,其影响最大者,无疑是"部聘教授"制度。这一称号自 1942 年起开始设立,"由国立专科以上学校各科教授就共本科中选举后,教育部聘定之"。部聘教授须具备的条件是:第一,在国立大学或独立学院任教授 10 年以上者。第二,教学确有成绩,声誉卓著者。第三,对于所任学科有专门著作且具有特殊贡献者。部聘教授任期五年,期满后经教育部提出学术审议委员会通过得续。[②] 部聘教授的评选程序十分严格:先由国内大学、独立学院和已备案的全国性学术团体向教育部学术审议委员会提交初步名单,再由教育部学术审议委员会将各候选人分科制成名单,发交公私立各院校教务长(主任)、各学院院长及各系科主任进行审评,要求各就本人之相关学科,于名单中荐举二人并注明荐举意见,供教育部学术审议委员会参考。1942 年 8 月,第一批部聘教授正式产生。第一批原有名额 30 人,实聘 28 人(其他二人因处于沦陷区,当时未公布。一位是秉志,另一位待考),具体为:杨树达、黎锦熙、吴宓、陈寅恪、萧一山、汤用彤、孟宪承、苏步青、吴有训、饶毓泰、曾昭抡、王琎、张景钺、艾伟、胡焕庸、李四光、周鲠生、胡元义、杨端六、孙本文、吴耕民、梁希、茅以升、庄前鼎、余谦六、何杰、洪式闾、蔡翘。1941 年 12 月 16 日,浙江大学将该校所选名单寄送教育部,共有苏步青、杨耀德、佘坤珊、贝时璋、黄翼、罗宗洛、吴钟伟、郭斌龢、李寿恒、夏振铎、吴耕民、张绍忠、陈建功、顾

① 《第二次中国教育年鉴》,第六编,学术文化,第五章"学术之审议与奖励",商务印书馆 1948 年版,第 521—522 页。

② 宋恩荣、章咸主编:《中华民国教育法规选编》,江苏教育出版社 1990 年版,第 692—693 页。

谷宜、钱宝琮、张其昀、郑晓沧、林天兰18人。[①] 最后，苏步青、王琎、吴耕民三人当选。受聘人数位列西南联大(7人)、中央大学(5人)之后，居全国各大学第三位。1943年12月，第二批部聘教授产生，共15人，具体是：胡光玮、楼光来、柳诒徵、冯友兰、常道直、何鲁、胡刚复、高济宇、萧公权、戴修瓒、刘炳麟、邓植仪、刘仙舟、梁伯强、徐悲鸿。[②] 其中，胡刚复时任浙大理学院院长。

以上两次部聘教授合计，中央大学共有13人，西南联大8人，浙大4人，武汉大学3人，中山大学、四川大学、重庆大学各2人，湖南大学、西北师院、燕京大学、国立师院、江苏医学院各1人。不难看出，部聘教授主要集中在全面抗战时期办学实力较强、发展较快的西南联合大学、中央大学、浙江大学、武汉大学、中山大学、四川大学等高校，而这些高校在相当程度上确立了日后全国重点大学的格局。[③]

(七)实施导师制与训导制

据吴家镇研究，导师制最早滥觞于19世纪的英国牛津大学和剑桥大学。"在牛津大学与剑桥大学之导师，为学校之一种行政人员；对于在校学生，负有教育上及道德上监督之责任。此种导师制度，发生于十四世纪。最初由魏克汉威廉主张，将全校学生，分配于受有津贴讲学之教师或导师，使负监督指导责任。"[④]这一制度大约在民国初期至五四期间即流布我国，20世纪20年代，林语堂与徐志摩对此均有过较早介绍。国内各大学中，最先实行此一制度的是教会大学金陵女大。该校在1916年即推行此制，但影响较小。1928年6月吴贻芳担任校长后，继续实行这一制度。[⑤] 第二个推行导师制的大学，是上海的私立大夏大学。1929年4月5日，大夏大学在本科三四年级及高师科二年级共177名学生中，施行导师制。每个导师指导之人数，以10人为限。[⑥] 1934年9月2日，

---

①　《竺可桢全集》第8卷，上海科技教育出版社2006年版，第203页。

②　曹天忠：《档案中所见的部聘教授》，《学术研究》2007年第1期，第113—118页。

③　曹天忠：《档案中所见的部聘教授》，《学术研究》2007年第1期，第113—118页。

④　吴家镇：《我国大学导师制之初步考察》，《教育研究》1936年第71期，第91—109页。

⑤　张连红：《金陵女子大学校史》，江苏人民出版社2005年版，第142页。

⑥　《本校施行导师制之经过》，《大夏周报》1929年第65期，第6—7页。收入娄岙菲主编：《大夏大学编年事辑》(上)，华东师范大学出版社2014年版，第91—92页。

大夏大学更进而制定《导师制条例》及《导师制施行细则》,自 1934 年秋季施行。[1] 北平师范大学于 1932 年 10 月 28 日也通过决议试行导师制。该校成立了"学生生活指导委员会",对学生的思想、课外作业、团体生活予以指导。此后,如私立厦门大学、清华大学、北平女子文理学院、省立安徽大学、国立北平大学、私立北平辅仁大学、私立北平中国学院等,均先后进行此一制度的尝试。[2] 国立浙江大学则在 1936 年 4 月竺可桢担任校长后,积极准备,推进导师制的实行。[3]

教育部酝酿在全国推行导师制,始于 1930 年 4 月 15 日至 23 日在南京举行的第二次全国教育会议。该会议通过了由教育部提交的《改进高等教育计划书》。该计划书中明确提出:"国立各大学教授讲师,除教室授课外,应规定时间,在校内接见学生,负个别指导的责任。师生宿舍具备者,应提倡试行导师制度。"[4]此后,1936 年 4 月 28 日,教育部颁布《专科以上学校特种教育纲要》,其中谈及训育组织时说:"(一)各校应一律设置学生生活指导委员会(或训育委员会)……(二)尽可能范围内推行导师制度。各校如无特殊障碍或重大困难,应酌行导师制,依各科系年级分别指定专任教员为导师,计学生每若干人,设置导师一人,平日体察学生个性,据以指导其课业与修养。详细办法可由各校依其实际情形酌定之。"[5]

陈立夫执掌教育部后,正式开始实施这一制度。1938 年 3 月 28 日,教育部以第 1526 号训令的形式,颁发了《中等以上学校实行导师制纲要》以及《实施导师制应注意各点》。这两个文件体现出五个方面的精神:其一,训教合一。即凡专任教师均有兼任学生导师之义务。希望教师既做"经师",又做"人师",给学生以必要的人生、生活方面的指导,以改现代教育中师生愈来愈疏离、关系愈来愈淡薄之弊端。其二,人格感化。即凡为导师者均要谨言慎行、以身作则,提倡身教重于言传,做好学生的楷模。其三,师生打成一片。通过导师制增加学生

---

① 《推进导师制》,《大夏周报》1934 年第 1 期。

② 吴家镇:《我国大学导师制之初步考察》,《教育研究》1936 年第 71 期,第 91—109 页。

③ 《竺可桢全集》第 6 卷,上海科技教育出版社 2005 年版,第 67、75 页。

④ 《第二次全国教育会议之回顾》,《教育杂志》1930 年第 5 期。

⑤ 《中华民国史档案资料汇编》第 5 辑,第一编,教育(二),江苏古籍出版社 1994 年版,第 1307 页。

与教师的各种接触机会,使教师能够明了学生的实际情况,打破师生之间的隔阂,提高学校教育的效率。其四,密切学生家庭与学校之间的联系。学校要定期向学生家长报告该学生在学校的种种表现,学生家长也要通过通信方式向学校报告该学生在家庭中的情况,以此沟通家庭、学校与社会,共同促进学生的正常成长。其五,监督、监控学生的思想行为,不使学生接触或产生错误思想行为。

　　1941 年 3 月 6 日,教育部又颁布了《中等学校导师制纲要》10 条。导师制施行一段时期后,逐步显露出一些问题。为此,1939 年 4 月,全国第三次教育会议决定,大学在校长之下设立教务、训导、总务三处,由训导处统筹全校训导。1940 年 10 月,教育部复在重庆召开训导会议,通过三个决定:其一,鉴于"主任导师在专科以上学校与训导长或训导主任并设以来,或则不守工作分际,互相摩擦,或则徒负其名,形同虚设,不仅训导效率难以增进,有时徒起人事上之纠纷"①。所以决定中等以上学校不设"主任导师",导师制由训导处负责推行。②其二,通过《部定导师考察学生评语及登记标准》和《部定训导报告表及月报表》,并向教育界广泛征集合理的学生操行成绩考查方法。其三,鉴于以往导师任课及所指导学生过多而导致的导师任务繁重、不堪指导的问题,决定"嗣后各省市各中等学校增强训导而酌减专任教师授课最高时数"③。由于大学生和中学生具有不同的特点,因此教育部此后又决定废止 1938 年制定的《中等以上学校导师制纲要》,将专科以上学校和中等学校分别拟定办法。1942 年,教育部颁布了《专科以上学校导师制纲要》和《专科以上学校导师指导学生要点》。前者与《中等以上学校导师制纲要》中的有关规定区别不大,后者则糅合《训育纲要》和《青年守则》,提出学生最低限度应达到忠勇、孝顺、仁爱、信义、和平、理解、服从、勤俭、整洁、助人、学问、有恒等 12 条训练条目。1944 年 6 月 8 日和 1944 年 9 月 8 日,教育部还制定了《中等学校导师制实施办法》《专科以上学校导师制实

---

①　转引自张丽红:《抗战时期大学导师制研究:以国立中山大学为个案》,中山大学 2004 年硕士学位论文,第 12 页。

②　《取消主任导师全校训导事宜由训导长或训育主任负责》,教育部编:《教育法令汇编》第 6 辑,正中书局 1941 年版,第 76 页。

③　《教育部训令第四二八二八号》(1940 年 12 月 24 日),《教育部公报》1940 年第 23、24 期合刊,第 7 页。

施办法》两个文件,其关于导师制的规定日臻完善。

应该说,全面抗战时期教育部对导师制的推行颇为重视。这一制度的实施,当时也普遍受到高等教育界的关注和欢迎。从其实施效果来看,初期虽取得了一些成效,但到抗战中后期,却逐步流于形式。

全面抗战时期,为配合导师制的实行,教育部亦不断加强各级学校的训育。

首先,明确各级学校训育机构的名称和职责。大学训育组织方面,1939 年 4 月召开的第三次全国教育会议,决定在专科以上学校建立训导组织。规定大学设教务处、训导处、总务处,训导处设训导长一人,独立学院和专科学校设训导主任一人。训导处下设生活指导组、军事管理组、体育卫生组。各组设主任一人,并分别设训导员、军事教官、医护士及群育指导员若干人。生活指导组其职能是:"关于训导计划之拟定""关于导师之分配""关于学生训导之分组""关于学生思想之训导""关于学生团体之登记与指导""关于党部及三民主义青年团之委托事项""关于社会服务及劳动服务之推行事项""关于各项规章表册之拟定"。军事管理组其职能是:"关于升降旗及各种集会之领队""关于膳堂操场宿舍之管理""关于参观旅行之指导""关于劳动服务之指导"。体育卫生组其职能是:"关于课外体育活动之指导""关于学校卫生之计划与监督""关于学生健康营养之指导"。[①] 学校并设训导会议,由校长、训导长、教务长、主任导师、全体导师及训导处各组主任组成,校长为主席,讨论一切训导事项。[②] 关于大学训导处设立的原因,后来陈立夫曾有所解释:"第一,由于推行导师制,须有统筹的机构。二因战时学生贷金、救济、疾病照顾、微调有关学生种种事务增多,需有主管机构。三因战时须集中意志争取胜利,青年行动,须有积极指导方可免入歧途,妨碍抗战。"[③]不过,大学训导机构到抗战末期有一个变化。1944 年 7 月,教育部发出训令,规定对专科以上学校训导机构进行调整,在训导处之下,改设生活管理、课外活动及卫生组,学生日常之管理由训导处训导人员统筹实施。军

---

① 《专科以上学校训导处分组规则》,教育部训育委员会编:《训育法令汇编》,教育部训育委员会 1943 年编印,第 42—43 页。

② 《大学行政组织补充要点》,教育部训育委员会编印《训育法令汇编》,教育部训育委员会 1943 年编印,第 40—41 页。

③ 陈立夫:《战时教育行政回忆》,台湾商务印书馆 1973 年版,第 27—28 页。

训教官,则专负军事学术教学与训练之责。①

其次,成立训育研究委员会,并召开各种会议,研究训育问题。1938 年,教育部成立训育研究委员会(后于 1942 年改组为训育委员会),以专门研究学校训育和社会教育训育实际问题。该机构专门发行《训导通讯》刊物,刊布有关训育之法令及消息。同时还编制了训导图表及标语,下发各级学校使用。为提高各级学校训育人员的理论水平,教育部还向各级学校训导人员下发了《教育与人生》《青年心理与训育》《德行竞赛》《课外活动》《课外学艺研究》《社会教育机关训导实施法》《中等学校训导与各科教学》《三民主义与社会科学》《学校社会服务》《中等学校劳动生产训练》《大学生用钱问题研究》《专科以上学校训导实施法》《中等学校训导实施法》《中心及国民学校训导实施法》《领袖最近对于军事教育之指示》《学校训导手册》《童军管训人员手册》等多种图书。为检讨训导工作,1942 年,召开了"陪都附近中等以上学校训导会议"。除中等以上学校主管训导人员外,其他部分院校亦派代表参加。1943 年,训导会议扩大范围,分区举行,计分陪都(包括陪都附近及湖北省)、成都(包括成都附近及西康)、昆明(包括滇黔)、兰州(包括陕甘宁青等省)、桂林(包括桂浙湘鄂等省)、江西(包括赣粤闽等省)六区。各区会议均由教育部派人主持。②

再次,明确各级学校的训育标准。1938 年 2 月,国民党颁布了《青年训练大纲》,分基本观念、训练要项、训练方式三项,对于全国青年之训练目标之实施有详细规定。这个大纲虽并非各级学校的训育标准,却对中等学校训育影响较大,"以后中学实施军事管理与童军管理,推行导师制,实行精神总动员,实施战时服务,乃至中学校中展开党团组织与活动,胥以此青年训练大纲为其范畴"③。1939 年,教育部又将蒋介石确定的"礼义廉耻"四字,确定为全国各级学校的共同校训,要求制成牌匾予以悬挂。为配合学校导师制的推行,1939 年 9 月 25 日,教育部颁布《训育纲要》。该纲要由陈立夫亲自拟就并经蒋介石批准,全篇

---

①　《教育部训令第三二四七五号》,《国立山西大学校刊》1944 年第 7 期,第 3—4 页。

②　中国国民党中央执行委员会宣传部编:《抗战六年来之教育》,中国国民党中央执行委员会宣传部 1943 年编印,第 34—35 页。

③　中国国民党中央执行委员会宣传部编:《四年来之教育与文化》,中国国民党中央执行委员会宣传部 1941 年编印,第 26 页。

充满保守色彩,企图调和三民主义思想与中国传统道德思想,体现了以蒋介石、陈立夫等为代表的国民党内实权派的较为保守的训育理念,其目的完全是为其一党服务的。至于正式的《专科以上学校训育标准》则颁布较迟,于 1944 年 9 月 9 日始发布。《专科以上学校训育标准》分"总则"和"实施方法"两大部分。在"总则"部分,规定其训育要旨是:"专科以上学校的训育之实施,根据部颁训育纲要及其他训育法令之规定,策励学生实践共同校训——礼义廉耻,以陶融忠孝仁爱信义和平之美德及养成具智仁勇具备之品格,才能为建设三民主义新中国之优秀国民。"关于训育原则,该标准强调训教合一、以身作则、启发开导、由作而学、集团训练等五个原则。关于训育的具体德目,该标准仍以青年守则 12 条作为标准,分项考察。关于具体的实施方法,强调团体训导、个别训导、环境设备三者相结合。最后,关于专科以上学生操行成绩的考查,该标准提出测验、调查、观察、谈话等四种方法,具体考查仍以青年守则 12 条,即忠勇、孝顺、仁爱、信义、和平、礼节、服从、勤俭、整洁、助人、学问、有恒,分项进行打分。[①]

最后,继续进行大中学校训导人员以及中学公民教员的资格审查与检定。全面抗战前,此项工作曾进行多年,耗费了国民党大量的精力。抗战时期此一工作并未停止,限于篇幅,此处不及细述。

上述各项改革措施,除导师制与训导制具有较强烈的控制师生思想的目的外,其他大多数措施,其目的还是保存和发展全民族教育力量,以支持长期抗战的需要。总的来说,这些措施在进一步补充和完善全面抗战前确立的高教基本体制,调整全国高等教育的结构和布局,推动高等教育的规范化、现代化等方面,还是比较具有积极意义的。

二、英士大学的设立与发展

全面抗战期间,浙江大学离开浙江,播迁至赣、桂、黔等省办学,之江文理学院、杭州艺专亦同时迁离本省,"吾浙高等教育,顿形衰落,然各中等学校则

---

① 《专科以上学校训育标准》,《教育部公报》1944 年第 9 期,第 3—10 页。

仍照常开学,并未停顿,每届毕业学生,为数颇多"[1]。为解决省内中学毕业生升学问题,浙江及时创设了省立英士大学(后改为国立)。该校在战时于浙南山区艰难办学,屡次迁徙、改组,校史及各方面情况均较为复杂,以下即简要叙述之。

(一)英士大学的筹设

英士大学筹设于 1938 年底 1939 年初,正式成立于 1939 年 8 月 3 日。浙江省筹设该校的主要原因是救济浙江省及东南各省份的失学青年。

全面抗战初期,我国东南沿海各省份失陷,该地区原有大学,除个别退往上海办学外,其余多数向内地西迁。这造成沿平汉、粤汉两路以东各省份的中学毕业生及曾在各大学肄业的青年,苦于无校可升、无学可就,升学问题陡然凸现。同时,1938 年夏,教育部虽组织国立各院校统一招生,但从浙江省至西南各省份,交通梗阻,旅费不菲,浙江省已考取而不能前往学校报到的学生日益增多。针对省内中学生"欲至省外求学而不可得,徘徊观望苦闷可悯"的状况,浙江省有关方面自"不忍坐视青年之沦弃"[2],意图予以尽快解决。浙教厅在 1938 年 11 月间,即初步拟具设立大学的计划,并提经浙省府第 1025 次会议通过。新设大学初定名为"浙江省立浙江战时大学",浙江省府聘派许绍棣(省教育厅厅长)、谷正纲(省党部主任)、黄祖培(省财政厅厅长)、阮毅成(省民政厅厅长)、伍廷飏(省建设厅厅长)、许蟠云、李立民、王振汉、王佶(省立医专校长)、赵曾钰(省电话局局长、浙东电厂厂长)、黄祝民、莫定森(省农业改进所所长)、陈仲民等 13 人为筹备委员。并以许绍棣、赵曾钰、黄祖培、莫定森四人为常务委员,指定许绍棣为主任委员,积极进行筹备。

当时浙省府已迁至永康办公,因此在 1939 年 2 月,浙江战时大学筹备委员会亦于丽水三岩寺成立办事处,具体办理筹备事宜。该办事处设总干事一人,下分文书、事务、注册三课及会计室。初调派省教厅朱文治督学兼任办事处总干事,嗣派胡庆荣接任总干事。同时,又在丽水县城内万象山附设"建筑校舍临

---

① 许绍棣:《浙江省教育行政史略(四)》,《浙江月刊》(台北)1984 年第 7 期,第 15—18 页。
② 许绍棣:《浙江教育行政史略(四)》,《浙江月刊》(台北)1984 年第 7 期,第 15—18 页。

时办事处",调派省教厅技士顾恒主持,并成立"校舍建筑设计委员会",以谋规划、咨询事宜。"于是各项章则之拟订,校舍建筑之测绘,校址之勘定收购,各项预算之编制,学术设备之筹购,均次第积极进行。"①1939 年 5 月,浙省府第 1067次会议,决定增聘王兆麟、张景欧、张功焕、薛济民、张惠政五人为筹备委员,但王兆麟、张惠政二人并未应聘。②

1939 年 3 月下旬,浙江战时大学筹委会即在《东南日报》上刊登广告,说:"本大学现拟招收理化、机电、土木、农艺及畜牧兽医等系一年级新生,并收容各地因战时失学之二、三、四年级大学各该系肄业生,前经制发表格办理调查登记以为设班之参考。原定二月底为止,期间兹以远道未及登记者甚多,特展期至三月底止。凡志愿转学或投考者,统希就近分别迅向本会或方岩浙江省教育厅及本省各县政府党部民众教育馆索取,填寄登记,幸勿稽延为荷!"③

浙江新设大学初名"战时大学",其含义是"为抗战建国的需要及为其工作留一永远的纪念"。对于该省设立战时大学之事,教育部长陈立夫曾对竺可桢表示"并不赞同,但浙省势在必行矣"④。陈立夫要求浙江省主席黄绍竑将战时大学取消,而改设一所专科学校,⑤但并未得到同意。此后教育部仍动用权力,要求该校改名。1939 年 5 月,教育部指示该校筹备委员会,"为符总裁于十九年即拟设立英士大学之意旨",应改为"英士大学"。⑥ 1939 年 5 月 20 日,浙省府第 1071 次会议,通过将"省立浙江战时大学"改为"省立英士大学"的议案。此次浙江省新设大学的改名,显然是出自蒋介石、陈立夫的授意,它从一个侧面凸显出全面抗战时期国民党对大学控制的加强。竺可桢曾评论:"迪生来电谓教部已准浙江设立战时大学,更名为英士大学。此全系一种投机办法,因教部长陈立夫系陈英士之侄也。许绍棣等之不要脸至此已极,可谓教育界

① 胡庆荣:《浙江省立英士大学筹备始末》,《英大周刊》1940 年创刊号,第 10—11 页。
② 《国立英士大学第七届毕业纪念册(1946 年)》,转引自周秀松主编:《英士大学钩沉》,中国民族摄影艺术出版社 2015 年版,第 26 页。
③ 周秀松主编:《英士大学钩沉》,中国民族摄影艺术出版社 2015 年版,第 27 页。
④ 《竺可桢全集》第 7 卷,上海科技教育出版社 2005 年版,第 43 页。
⑤ 《竺可桢全集》第 7 卷,上海科技教育出版社 2005 年版,第 44 页。
⑥ 蒋径渤:《战时新生的英士大学》,王觉源编:《战时全国各大学鸟瞰》,独立出版社 1941 年版,第 138 页。

之败类矣。"①

校名虽改,但原定计划及其组织仍无变更。为节省时间及提前招生计,由该校筹委会先后推聘许绍棣及王佶、莫定森、赵曾钰、张定欧、张功焕、薛济明、胡庆荣等人为招生委员,提前组织招生委员会。同时,还制定《设置免费公费学额办法》,决定免费学额为学生总数的30%,公费学额为学生总数的6%,另行组织免费及公费学额审查委员会办理。此外,并有《学生贷金规则》之制定。②

1939年7月,该校筹委会决定设立英士大学校务委员会,综理全校校务,下设秘书处,分设教务、训导、总务三课及会计室。省政府分别聘派谷正纲、阮毅成、黄祖培、许绍棣、伍廷飏、赵曾钰、莫定森、王佶、黄祝民等人为该校校务委员,指定许绍棣为主任委员,同时颁布了该大学组织大纲。1939年8月3日,英士大学校务委员会正式办公,标志着该校的正式诞生。该日召开的校务委员会第一次会议,研究确定了各院院长的人选问题,推定赵曾钰兼任工学院院长,王佶兼任医学院院长,莫定森兼任农学院院长,同时聘定一些教授、讲师。会议还决定,于8月16日,接收前筹备委员会的所有文件、名册、经费与工作。③

关于该校内部的院系设置,1938年12月7日浙江战时大学筹备委员会召开第一次会议时,"当经决议,设置文法商及理工、医、农四学院,计分十三系"。后在调查登记过程中,发现插班生过少,"遂决定将文法商学院及理工、农、医各院二、三、四年级缓办,先办理工、农、医三院,于本年秋季招收一年级新生"④。时任浙江省主席黄绍竑,在1939年12月9日英士大学开学典礼上,曾谈及该校为何要先办工、农、医三学院:"英大现在先办农工医三学院,先前一般人看来,认为并不怎样重要,而且不易办到,但我们却认为目前既迫切需要,就不问其困难如何,决然毅然先办起来。讲到需要,因为前后方许多伤病官兵没有人医疗,所以要办医学院。又因为农业生产急须改进并增加生产量,所以要办农

①　《竺可桢全集》第7卷,上海科技教育出版社2005年版,第88页。
②　胡庆荣:《浙江省立英士大学筹备始末》,《英大周刊》1940年创刊号,第10—11页。
③　胡庆荣:《浙江省立英士大学筹备始末》,《英大周刊》1940年创刊号,第10—11页。
④　《浙省英士大学之创设及其使命许主委在始业式时致词》,《东南日报》1939年11月3日,第4版。

学院。又因为各种工业问题急须解决,就得要办工学院。"①黄绍竑以上所说,自然颇有道理。但在中国高等教育进入一个相对成熟的时期,新设一所综合性大学而内无文理学院之设置,怎么看都是存有明显不足的。此正如竺可桢当时所指出的,"专设医、工、农三学院而无文理,焉望能其办好"②。

英大理工学院原定设土木、理化、机电三系。后教育部电令将理工学院改为工学院,理化系改为化学工程系;农学院设农艺、畜牧兽医二系;医学院则是就原有浙江省立医药专科学校改组、归并而来。这里,可稍为述及浙江省立医专在战争初期的办学情况。1937 年 7 月全面抗战发生后,该校奉令组织教员学生成立救护队,学生登记参加训练者有 150 人,分内科、外科、司药、防疫、检验、救护、担架、护病、交通九组,各组组长副组长均由该校职教员充任。训练完毕后,由组长率领至各后方医院服务,同时在该校附属医院收容受伤官兵,实施治疗。③ 此外,全面抗战前,该校正积极筹备改办医学院事宜,"忽因抗战军兴,寇氛紧逼,杭垣沦陷,改医专为医学院事遂暂中止"④。校长王佶率 200 多名师生,"携同卷宗、册箱、仪器、药品、书籍等,于十一月十七日仓促离杭,而淳安,而缙云。廿七年一月,始到达临海,继续开学"。1938 年 1 月 8 日,该校抵达临海县,借三台前省立六中校舍的一部正式开学,附属医院亦租赁民房同时办理。开学时,该校教职员及学生部分星散,学生只余 130 多人。⑤ 1938 年 8 月,奉省府令,该校将省立高级助产职业学校归并办理,学校方面即在校内组织高级助产职业科,以收容此批学生。该年因公路已断,交通不便,该校只在永康及本校两处举行招生,录取医科生 35 名、药科生 13 名、护士生 10 名、助产生 13 名。同时,该校积极在临海当地从事社会教育活动,开展城乡演讲、家族访视、指导妇孺卫生、学生卫生等工作。⑥ 1939 年 8

---

① 黄绍竑:《英士大学之精神》,《英大周刊》1940 年创刊号,第 6—18 页。

② 《竺可桢全集》第 7 卷,上海科技教育出版社 2005 年版,第 88 页。

③ 浙江省抗日自卫委员会战时教育文化事业委员会编:《浙江战时教育文化实施概况》,战时教育文化事业委员会书刊发行部 1939 年发行,第 3—4 页。

④ 《英士大学医学院沿革》,《东南日报》1942 年 4 月 16 日,第 3 版。

⑤ 浙江省抗日自卫委员会战时教育文化事业委员会编:《浙江战时教育文化实施概况》,战时教育文化事业委员会书刊发行部 1939 年发行,第 4 页。

⑥ 浙江省抗日自卫委员会战时教育文化事业委员会编:《浙江战时教育文化实施概况》,战时教育文化事业委员会书刊发行部 1939 年发行,第 6—7 页。

月,医专校舍被敌机轰炸,不得已迁校天台县。此时,英士大学筹备告竣,始将省立医药专科学校改组为英士大学医学院,内分医学、药学两系,并将附属医院改组为英大医院。[①]

(二)建校初期的校舍、经费与师资情况

英大筹建于抗日战争全面发生的时期,且又地处抗日前线的浙江,故其校舍兴建、设备购置、经费筹措、师资聘请、招生诸方面,均遭遇后方所不能及之困难,自为一种必然。正如该校负责人许绍棣在 1939 年 11 月所言:"在这战时,万百失轨,百事难办。例如工农学院校舍,招商招标,几次没有结果。又因时局不靖,几次比帐订立合同,终于因承包人时时悔约不成功。其所提条件,不但异常苛刻,而且有些过分不近情理。其他如图书仪器及化学用品的购置,无一不发生困难,甚至汇款,几家大银行都加拒绝。所以现在设备不能齐备,无可讳言。"[②]

校舍方面,初期拟以丽水县三岩寺筹备委员会办事处原有房屋,充作学校办公之用。医学院则有临海原有医专校舍,足敷所用。比较困难的是工、农二学院的院舍,当时在丽水三岩寺附近并无适当房屋,均须新建。同时,因丽水为浙东当时工业较发达的区域,故该校决定在此设立工学院。经勘定丽水城内万象山为院址,以地形不平整,施工不易,且于将来发展颇多困难,而不得不另觅新处。后择定三岩寺附近之金桥头为院址,征购田地 50 余亩,开始招商承建,计划建设办公室、礼堂、理化馆及其他应用房屋共 100 多间,需建筑费约 6 万元。因省府拨给该校的筹备费十分有限,学校只得不断调整建设计划,将其压缩至最低程度,也需 4 万多元。以此价格招标,并与有关承包商进行谈判,承包商见无利可图,并不愿签订合同,所以工学院的院舍兴建一直拖延,影响了该院的教学。农学院院舍,该校择定于松阳县。因松阳本为浙江省农业区,战事发生后,浙江省农业改进所亦迁至此处,便于将来农学院学生实习。英大因此很快在该处征购田地 30 多亩,绘制图样,招商

---

① 《英士大学医学院沿革》,《东南日报》1942 年 4 月 16 日,第 3 版。
② 《浙省英士大学之创设及其使命许主委在始业式时致词》,《东南日报》1939 年 11 月 3 日,第 4 版。

承建。[1] 在工学院、农学院两处新校舍尚未落成前,学校只能暂借位于丽水的省立处州中学原有房屋,作为临时校舍。并借用城郊公共房屋,为各种实验室所。[2]

建校初期,英大重视学术设备的自制和购置。农学院所应用之动植物及各种标本,经学校酌拨经费,由院长莫定森负责拟订计划,派员分往各地采制。工、农、医各学院所应用之图书、仪器、药品等,则由各学院负责制订计划,择其急要者,分别列单,送请筹委会核定后,与商家磋商,签订合同,委托购买。但迄正式开学之时,这些设备仍未能运到。

建校初期,该校的办学经费亦非常不足。浙省府在决定成立战时大学时,决定其开办费为 5 万元,1939 年全年经常费为 30 万元。连医学院原有省立医专经常费 10 万元合并计算,则总计 40 万元。一般来说,这些经费对于新建大学是严重不足的,“以此五万元之开办费,支配实感困难”。学校呈准省政府,以省预算所列之该大学一、二、三月份之经常费共 7.5 万元,一并拨作开办费,合计为 12.5 万元,勉可应付。但后来省预算减缩,英大开办费及经常费,一直未领足,造成校舍建筑、学术设备购置等方面诸多困难。

师资方面,1939 年 8 月 3 日,英大校务委员会成立时,即聘请薛济明教授兼任理工学院理化系主任,张功焕教授兼任机电工程系主任,丁任生教授为医学院医学系主任,黄本立教授兼任农学院农艺系主任,孙德中兼任训导课主任,陈荩民教授兼任教务课主任、免费公费审查委员会委员、学术设备委员会委员,莫定森先生(时任浙江省农业改进所所长)为农学院院长兼学校招生委员会委员,赵曾钰先生(时任浙江省电话局局长、浙东电厂厂长)为工学院院长,王佶(时任浙江省立医专校长)为医学院院长。其他教师尚有多人。[3] 英士大学建校初期的师资情况,可参见表 6-3。

---

① 胡庆荣:《浙江省立英士大学筹备始末》,《英大周刊》1940 年创刊号,第 10—11 页。

② 《浙江省立英士大学》,教育部编:《专科以上学校概况》(上册),教育部 1942 年编印,第 111 页。

③ 《英士大学大事记》,《英大周刊》1940 年创刊号,第 11—12 页。

表 6-3　英士大学 1939 年度第一学期教师一览

姓名	别号	性别	年龄	籍贯	职别	学历	简历
陈荩民	任民	男	45	浙江天台	专任教授	法国底雄大学数学硕士	北京、暨南、广西、大夏等校教授兼系主任或院长
孙德中		男	41	浙江天台		美国哥伦比亚大学教育硕士	中央政治学校教授、河南大学南通学院等校教务长
黄本立	季道	男	38	浙江奉化	专任教授兼农艺系主任	日本京都帝国大学农学士	广西大学、浙江大学农艺系教授
丁任生		男	54	浙江天台	专任教授兼医药系主任	日本千叶医科大学毕业,留美六年、留德二年	浙江省医药专科学校校长兼教员
夏之时	雨行	男	50	江苏丹徒	专任教授	美国密歇根大学文学硕士	南京高等师范、东南、金陵、广西等大学英文教授
章梅先		男	55	浙江富阳			上海商务印书馆编译,上海法学院、之江文理学院国文教授,铁道部铁道年鉴编纂
张廷玉	连城	男	45	山东烟台		美国密歇根矿业大学毕业,理科学士、矿业工程师	美国密歇根矿业大学助教、北京门头沟煤矿矿师、浙江省建设厅荐任视察兼矿业股主任

续表

姓名	别号	性别	年龄	籍贯	职别	学历	简历
魏福嘉		男	40	浙江上虞		日本东京工业大学应用化学科卒业	浙江省医药专科学校化学及分析化学专任教师
林德昭		男	38	浙江慈溪	专任副教授	美国普渡大学电工硕士	沪杭甬铁路电气工程师兼闸口电厂厂站电气设施股主任
张功焕	凌杓	男	46	江苏武进	兼任教授兼机电系主任	美国康奈尔大学电机硕士	胶济铁路工务处工程师、浙江浙东电力厂总工程师兼副厂长
薛济明	则诚	男	40	浙江瑞安	兼任教授兼应用化学系主任	美国伊利诺伊大学化学博士	浙江、湖南、之江等大学化学主任教授,现任浙江化学工厂筹备主任、浙江电力厂理事
郭颂明		男	41	浙江临海	兼任教授	法国蒙百里农业大学毕业	浙江大学农学院教授兼教务主任、浙江省秘书处建设委员会简任技正
董聿茂		男	41	浙江奉化		日本京都帝大理学院动物科毕业	浙江杭州西湖博物馆馆长、浙江大学兼任教授、浙江省立医药专科学校教员

姓名	别号	性别	年龄	籍贯	职别	学历	简历
唐叔培		男	30	浙江杭县	专任讲师	日本东京帝大医学部医学专攻科毕业	曾任省立医药专科学校讲师
瞿潜	伯熊	男	38	江苏南通	专任讲师	南洋大学电机科学士	杭州高中科教员、浙江大学讲师、南通大学教授
李锋	雏凤	男	36	浙江东阳		中央观象台气象专修班毕业	国立中央研究院助理员、浙江建设厅视察、浙江省水利局测候所主任
彭起	翁牧	男	27	广东南海	兼任讲师	法国国立农业专门学校毕业，曾在法国都鲁大学农学院从事研究	浙江大学农学院专任教员
徐桂芳		男	27	浙江永嘉	专任助教	国立交通大学数学系毕业	国立上海医学院助教
高吕璋	达夫	男	40	浙江绍兴		浙江省医专毕业	浙江上虞红十字会医师、浙江省立医专助教
顾玄	虚白	男	20	江苏南通		日本京都帝大农学部及农林省农试场从事研究	浙江省昆虫局及农业改进所技术员

续表

姓名	别号	性别	年龄	籍贯	职别	学历	简历
陈自在		女	25	浙江杭县		浙江大学农学院毕业	省立实验农校农化专任教员、浙江省土壤研究所技术员

说明:本表据《教师一览表》,《英大周刊》1940 年创刊号,第 13—14 页。

上表所列名单,只是此时英大工、农二学院所聘教师,显然未包括该校医学院所聘教师。在 1940 年初,英大又添聘谢循贯为农学院植物学教授,张味真为国文教授,叶奇峰为农业概论教授,杨炳勋为英文讲师,沈伦为数学讲师,王福桢为生物学助教,秦自新为化学助教。[①]

(三)战时英士大学的招生、院系调整与迁徙

如上所述,英士大学于 1938 年底、1939 年初即开始筹备,原定于 1939 年春招收高年级插班生共 400 名,1939 年夏招收一年级各系新生。1939 年 3—4 月,该校筹委会派员在浙江各地办理失学青年的调查及登记。登记学生约 1900 人,其中大多数为高中毕业失学的学生,而曾在各大学各年级肄业的学生人数很少。根据此情况,筹委会决定 1939 年夏招收一年级新生 440 名,而不再招收插班生。1939 年 6 月 16 日,英大招生开始报名。[②] 为减少省外学生长途跋涉的困难,学校于 8 月 8 日至 10 日,分别在金华、丽水、宁波、临海、永嘉等五地,同时举行招生考试。首次招生,计报名者 685 人,参加考试者共 534 人。试验及格者,计工学院化学工程系 15 人,机电 50 人,土木系 45 人,农学院农艺系 27 人,医学院医学系 34 人,总计录取 171 人。原定的药学系、畜牧兽医系,因录取人数过少,"均为改入第二志愿院系,该两系本学期暂不开班"[③]。此次招生,调

---

① 《校闻·添聘教师》,《英大周刊》1940 年第 4、5 期合刊,第 26 页。
② 胡庆荣:《浙江省立英士大学筹备始末》,《英大周刊》1940 年创刊号,第 10—11 页。
③ 《英大自下学期起决定改为校长制理工学院改称工学院》,《东南日报》1939 年 10 月 15 日,第 3 版。

查登记人数、报名人数及录取新生人数,前后相差较大的原因是:其一,登记学生内,有一部分已有职业,或已无再求深造之志;其二,交通困难,在上海一部分学生因海口封锁而不能来考;其三,国立各院校同时在浙江招生,吸引考生放弃报考英大;其四,英大录取标准较严。[①]

1939 年 10 月 22 日,英士大学正式开学,蒋介石、陈立夫、朱家骅等国民党要人或颁发训词勖勉,或发电庆贺。

1940 年秋,英大参加国立各院校统一招生,共录取 155 人。其中,农学院 47 人,医学院 41 人,工学院 67 人。由于学生人数增加,原处州中学校舍已不敷用,于是将一年级新生留在处州中学内,称校本部;二年级学生迁至丽水三岩寺和松阳白龙圳上课。

1941 年秋,英大在农学院添设了农经系。同年秋天还设立农业专修科、合作专修科,此二科学生上课地址,在松阳县太保庙。同年秋,英士大学举行第三次招生,共录取 119 人。其中农学院 31 人,医学院 41 人,农业专修科 26 人,合作专修科 21 人。工学院当年没有招生。同年,省建设厅委托英大代办农业特产专修科、高级农业职校班各一班。1942 年 2 月 28 日,奉部令,英大举办大学先修班,招收学生 40 人,但仅办一期即停。1941—1942 年,该校还代办宁波高级工业职校一年,并从 1942 年第二学期起,指定代办临中四部,附设了测量人员短期训练班。[②]

1942 年 5 月,浙赣战役爆发,浙江省政府由永康迁至云和。因丽水遭到轰炸,英大遂于 6 月 7 日提前放假。对于无家可归的学生,学校予以收留。留校师生,分两路迁徙:一路由教务长陈荩民等带领,携带各种仪器、图书、设备、文卷和部分师生,撤往云和、景宁、泰顺三地,后在泰顺县司前乡停留。另一路由专人带领,撤至云和县长汀村,后转至该县三溪乡各村。原设于松阳县的农学院,则随同浙江省农业改进所撤至景宁县沙湾镇,旋迁至云和县霞晓桥村。[③]1942 年 8 月 28 日和 31 日,丽水、松阳先后克复,日军退回金华,英大始准备复

---

①　胡庆荣:《浙江省立英士大学筹备始末》,《英大周刊》1940 年创刊号,第 10—11 页。

②　《英大附设测量短训班》,《东南日报》1942 年 1 月 19 日,第 3 版。

③　周秀松主编:《英士大学钩沉》,中国民族摄影艺术出版社 2015 年版,第 33 页。

课。大学本部、合作专修科、农学院,集中到云和县小顺村作为临时校址。小顺村为该县最大村庄,陆运有丽(水)浦(城)公路,水运有瓯江水道,交通较泰顺便利。英大在小顺村,主要借用原浙江铁工厂在此处的厂屋办学。[①] 据英大学生蒋风回忆:"一日分两餐,两餐吃的都是稀饭。晚上住宿,与来自全国各地的数百名学生一起挤在小顺铁工厂车间搭起的上下铺过夜。当时穿的是草鞋,点的是汽灯,过着十分清苦的生活。"[②]1942 年 8 月 11 日至 13 日,英士大学在云和、泰顺等地招考新生,计录取 114 人,于 8 月 26 日开学。

全面抗战时期,因办学经费困难,各省立大学纷纷上书国府,要求改为国立。1942 年,英士大学亦迎来改国立的机会。1942 年 12 月 2 日,教育部长陈立夫密呈蒋介石,指出:"上年五届八中全会曾议决专科以上学校,应以中央经费办理为原则,又通过三年建设计划大纲,规定高等教育应视人力财力所许可,及各种事业发展之需要,由中央统筹酌量扩充……自三十一年度起,各省预算均改为国家预算,在经费方面已无中央经费与省经费之划分,对于各省立专科以上学校设置,自应重行筹划逐渐调整,俾利中央政策之推行。"陈立夫提出,上年存在的省立大学有四校,即河南大学、重庆大学、英士大学、山西大学,现河大已改国立,剩余三校的国立化亦应加快,应将英大改为国立,并将东南联大归并于英大:"英士大学及山西大学亦均感经费困难,有维持发展必要。英士大学设农、工、医三学院,为战时适应东南学子需要而设……拟将两校一并改为国立,俾立国家教育建立在同一基础之上,庶经费师资得为合理之分配,而为平时适当之发展。再,本年为收容上海各校退出员生而设之国立东南联合大学,原设浙省,现已迁福建建阳,上海各校实际并入者甚少,如谋集中人力物力,拟将该联合大学归并国立英士大学办理。"对此意见,蒋介石并无异议,于该月 19 日回复陈立夫:"十二月八日签呈悉。重庆、英士、山西等三大学拟改为国立,东南联大并归英士大学办理各节,均可准照办。"[③]1943 年 2 月 13 日,教育部拟定了有

---

① 《云和的英士大学——国内大学报道之十四》,《东南日报》1943 年 9 月 12 日,第 4 版。

② 蒋风:《新世纪的足迹:蒋风的儿童文学世界》,安徽文艺出版社 2014 年版,第 397 页。

③ 《教育部关于四川省立重庆大学浙江省立英士大学山西省立山西大学改为国立东南联大并入英士大学并恢复北洋工学院的有关文书》(1942 年 12 月至 1943 年 5 月),中国第二历史档案馆藏教育部档案,档号:五—2216,第 11—12 页。

关三大学改为国立及恢复国立北洋工学院的具体办法,呈行政院审议。其中,有关的"浙江省立英士大学改为国立英士大学办法",有七个方面的要点。

一、名称　国立英士大学。

二、校址　永久校址设浙江吴兴或上海,战事未结束前,暂设浙江泰顺。

三、编制　暂分左列各院系科:

农学院农艺学系、农业经济学系、畜牧兽医学系;

医学院医学系、药学系;

法学院政治学系、经济学系、法律学系;

艺术专修科、农业专修科、合作专修科。

四、经费　全年经费定为一百六十万元,卅二年度临时费六十万元,本年自四月份起,按九个月计算,经临两费总计一百六十五万元。

五、校产　省立英士大学原有校产,工学院校产,拨归国立北洋工学院外,均移充国立英士大学校产,为国立英士大学所有。

六、教职员及学生　(一)省立英士大学农、医各学院,农业、合作两专修科及国立东南联合大学法学院暨艺术专修科原有学生,均为国立英士大学学生。(二)省立英士大学农、医各学院,农业、合作两专修科及国立东南联合大学法学院暨艺术专修科教员聘约未满者,由国立英士大学加聘。(三)国立东南联大职员,由国立英士大学酌量选用。(四)省立英士大学工学院学生均为国立北洋工学院学生,省立英士大学工学院教职员聘约未满者,由国立北洋工学院加聘。

七、国立时期　自卅二年四月起改为国立。[①]

---

① 《教育部关于四川省立重庆大学浙江省立英士大学山西省立山西大学改为国立东南联大并入英士大学并恢复北洋工学院的有关文书》(1942年12月至1943年5月),中国第二历史档案馆藏教育部档案,档号:五—2216,第25页。

行政院于 1943 年 4 月 6 日批准了此办法。① 改国立后,关于英士大学的校长人选,最初教育部于 1943 年 2 月任命原复旦大学校长吴南轩为英大新任校长,但吴南轩以英大所处浙南山区过于艰苦,而托辞不就。陈立夫因此向蒋介石提出许绍棣(时任浙教厅长)、张其昀(时任浙大教授兼训导长)、杜佐周(时任暨南大学教授)三位人选,蒋介石最终选择了杜佐周。② 对杜佐周出任英大校长,何炳松等东南联大师生庆幸得人。③

国立北洋工学院院长,则由原英大教务长陈荩民代理,该校即原英大工学院,此时有土木工程、机电工程和化学工程三系。1943 年 6 月,东南联大法学院正式并入国立英士大学,但由于校舍不足,仍在福建建阳办学。直至次年 8 月,始从建阳迁至云和小顺里光村。陈荩民则率国立北洋工学院迁至泰顺的百丈口东岸村,在此办学至抗战胜利。④ 初至泰顺百丈口时期,北洋工学院学生有 272 人,教师 40 人。至 1944 年第二学期,教职员增至 82 人,学生增至 324 人。82 名教职员中,土木系 43 人,机电系 32 人,应化系 7 人;324 名学生中,土木系 134 人,机电系 120 人,应化系 70 人。该校骨干教师有教务长陈荩民、土木系主任张馨、化学工程系主任许植芳、电机系主任瞿渭,还有周尚、朱重光、闻诗、夏之时、王子瑜、王祖蕴、谢企荪、萧辅、袁积诚、徐震池、童子铿等人。⑤

1943 年 6 月 21 日,东南联大法学院和艺术专修科并入英士大学。归并后,英大的院系结构发生变化,变为"三院三科":农学院有农艺、农经、畜牧兽医三系;医学院有医学、药学二系;法学院有法律、政治、经济三系;三个专修科分别

---

① 《教育部关于四川省立重庆大学浙江省立英士大学山西省立山西大学改为国立东南联大并入英士大学并恢复北洋工学院的有关文书》(1942 年 12 月至 1943 年 5 月),中国第二历史档案馆藏教育部档案,档号:五—2216,第 6 页。

② 《教育部关于四川省立重庆大学浙江省立英士大学山西省立山西大学改为国立东南联大并入英士大学并恢复北洋工学院的有关文书》(1942 年 12 月至 1943 年 5 月),中国第二历史档案馆藏教育部档案,档号:五—2216,第 60—75 页。

③ 《暨南大学与东南联合大学》,刘寅生、谢巍、何淑馨编《何炳松纪念文集》,华东师范大学出版社 1990 年版,第 42 页。

④ 周秀松主编:《英士大学钩沉》,中国民族摄影艺术出版社 2015 年版,第 43—44 页。

⑤ 周秀松主编:《英士大学钩沉》,中国民族摄影艺术出版社 2015 年版,第 44 页。

为艺术、合作、农业专修科。1943 年 5 月 12 日,杜佐周出任英士大学校长,于 7 月 26 日抵达临时省会云和。① 杜佐周上任后,进行了一系列的调整:聘定孙怀仁为教务长兼法学院院长,娄子明为训导长,吴修为代理训导长,王子瑜为总务长,罗君惕为校长室秘书,陆毽绵为会计室主任,姚善涛为医学院院长,谢海燕为艺术专修科主任,张包增为合作专修科代理主任,农学院院长则暂由杜氏自兼。法律系主任邢文铎;政治系主任杨振先;农艺系主任郑体华;畜牧兽医系主任彭起;医学系主任郝万育;药学系主任叶三多;农业、合作两专修科主任未定。② 8 月 25 日,杜佐周决定法学院暂不集中于云和小顺,仍留建阳上课;艺术专修科则迁至云和;医学院仍设于泰顺县司前乡,合作专修科继续在云和办理。校本部则设于云和小顺,各院新生统在校本部上课,俟小顺方面房屋修建完竣后,再将各学院集中一地。③

1943 年 9 月,英大在云和、於潜、永嘉、屯溪、建阳招考新生,计录取 370 人。于是按原定计划,将法学院、艺术、合作两专修科及各院一年级,医学院医学系四、五年级,农学院经济系三、四年级,设于小顺;其余农、医二院各年级则仍设泰顺司前。12 月 6 日,举行新生开学典礼。

1944 年初,浙江省政府要求英士大学设立行政、财政、会计三个专修科,英大乃分聘三科主任,于 1944 年 2 月 5 日在云和、於潜、临海、永嘉、衢县五区招考新生。计录取行政科 55 人,财政科 53 人,会计科 49 人。1944 年 6 月初,因敌在浙东又有异动,英大遂组织应变委员会,将学生提前放假,以防万一。至 7 月形势好转,遂于 7 月 27 日至 8 月 2 日,分别在小顺、永嘉、昌化、临海、屯溪、宁海六区招考新生。计录取新生 298 人,附设三科录取新生 73 人,继又增选本校投考生 58 人。1944 年 10 月 3 日,附设三科还进行了一次续招,计录取新生 77 人。

1945 年 3 月 23 日,英大行政专修科继续进行招生,计录取 37 人。7 月 5 日,学校接教育部 6 月 6 日电令,将泰顺百丈口的国立北洋工学院重新归并于

①　《新任英大杜校长抵浙》,《浙江教育行政月刊》1943 年第 4 期,第 30 页。
②　《云和的英士大学——国内大学报道之十四》,《东南日报》1943 年 9 月 12 日,第 4 版。
③　《英大校本部决迁移云和》,《浙江教育行政月刊》1943 年第 5 期,第 26 页。

英大,并令艺术、合作两专修科停办,学生分别转入相应院系。8 月 6 日至 13 日,英大招考新生,在泰顺、云和、临海、江山、缙云、永嘉、昌化、屯溪、立煌九区举行,录取新生人数不详。[①] 1946 年 1 月后,行政、财政、会计三专修科,奉令停止招生。

1945 年 8 月 15 日抗战胜利后,英大迅速派员到温州城区寻找临时校址。10 月 1 日,英大决定迁至永嘉,11 月在此复学开课。当时,工学院在温州来福门、清明桥一带;法学院在温州中山公园园林管理处、九曲桥边;农学院在温州西郊玉环殿一带。1946 年春,英大奉教育部令移址金华,并以此为永久校址。而此时杜佐周已辞职,校长暂由工学院院长周尚代理。迁移工作一拖再拖,至暑假期间始迁移完毕。[②]

(四)战时英士大学的教职员数量及学生人数

全面抗战期间,英士大学在浙南山区艰难办学,教职员数量、学生在校人数及毕业生数量,均有增长。教职员方面,从 1939 年秋的 72 人增长至 1946 年夏的 182 人。学生方面,从 1939 年秋的 126 人增加到 1946 年夏的 899 人。这方面的具体变化,可参见表 6-4 和表 6-5。

表 6-4　全面抗战时期英士大学历年教职员人数统计

单位:人

学年度		教员数	职员数	合计
1939		20	52	72
1940		35	58	93
1941		101	92	193
1942		73	54	127
1943	第一学期	91	66	157(内兼课教员 18 人)
	第二学期	91	66	157(内兼课教员 18 人)

---

① 周秀松主编:《英士大学钩沉》,中国民族摄影艺术出版社 2015 年版,第 86—87 页。
② 周秀松主编:《英士大学钩沉》,中国民族摄影艺术出版社 2015 年版,第 70—71 页。

续表

学年度		教员数	职员数	合计
1944	第一学期	90	66	156
	第二学期	90	66	156
1945	第一学期	104	65	169(兼课教员5人)
	第二学期	113	69	182(兼课教员5人)

说明:本表据《第二次中国教育年鉴》第五编(商务印书馆1948年版)第613页。

表6-5　全面抗战期间英士大学各院系历年学生人数统计

单位:人

学年度		农学院	工学院	医学院	法学院	合作专修科	艺术专修科	农业专修科	先修班	合计
1939		17	78	31	—	—	—	—	—	126
1940		64	145	72	—	—	—	—	—	281
1941		95	143	113	—	21	—	26	40	438
1942		85	107	96	—	24	—	23		335
1943	第一学期	140		144	223	26	25			558
	第二学期	140		144	210	24	20			538
1944	第一学期	127		187	251	24	21			610
	第二学期	121		190	255	23	21			610
1945	第一学期	143	397	15	322					877
	第二学期	144	425	15	309					893

说明:本表据《第二次中国教育年鉴》第五编(商务印书馆1948年版)第613—614页。

就该校学生籍贯来说,历年学生,绝大多数来自浙江及附近各省份。如1942年,该校在校学生共335人,以性别论,男290人,女45人。以省籍论,浙籍295人,苏籍12人,皖籍16人,赣籍2人,湘籍、鄂籍各2人,另外沪、平(北平)各1人。①

该校毕业生数量方面,据不完全统计,1942学年毕业生有37人。1943学年第一学期毕业生9人,第二学期毕业生47人。1944学年第一学期毕业生10人,第二学期毕业生56人;此外,本学年第二学期从军学生9人,征调8人。1945学年第一学期毕业生12人,第二学期毕业生70人。同时,本学年第一学期从军学生7人。以上总计265人。②

以上简要叙述了英士大学的创设及在战时的变迁。毋庸置疑,作为浙江省内第二所国立高校,也是全面抗战期间浙江省内唯一的国内高校,③英士大学的设立,在推动抗战时期浙江高等学校数量的增加、规模的扩大及社会服务开展等方面,具有不小的意义。此所高校的成立,扩充了战时浙江高等教育的规模,缓解了浙江及邻近一些省份中学毕业生的升学困难,对于当时浙江省的人才培养、高等教育发展以及全省抗战局面的维持等等,均有其不容忽视的积极作用。但毋庸讳言,因此时浙江省优秀人才大部流失,加之该校靠近前线,只能在浙南山区艰难办学,其师资、设备、科研等均受严重限制,明显制约了该校在全面抗战时期的发展。总体上说,该校尚处于一所新办大学的起步阶段,师资、教学、科研等能力尚比较有限,整体办学水平在国立36所高校中,实居较后位置。有论者称,该校在抗战胜利时"实力接近浙大,几与中正、中山大学齐名",实为一种过誉之论、溢美之词,并不符合事实。④

此外,从浙籍留美学生在该校执教情况看,全面抗战时期,该校具有留美经历的教师并不多。本章表6-3列有该校建校初期的21名教师姓名。1940年初,该校又新聘谢循贯、张味真、叶奇峰、杨炳勋、沈伦、王福桢、秦自新7人。以上两项,共计28人。再据教育部分别于1942年、1944年编印的《专科以上学校

---

① 周秀松主编:《英士大学钩沉》,中国民族摄影艺术出版社2015年版,第122页。
② 周秀松主编:《英士大学钩沉》,中国民族摄影艺术出版社2015年版,第124—129页。
③ 柳滔:《抗日战争时期的英士大学》,《浙江档案》2018年第8期,第44—47页。
④ 周秀松主编:《英士大学钩沉》,中国民族摄影艺术出版社2015年版,第49页。

教员名册》中所列英士大学教员姓名,共 38 人。加前述 28 人,则共为 66 人。除去个别姓名重复者,实际抗战时期在英士大学执教的主要教师今可考者共有 61 人。这 61 人中,明确为浙籍者为 43 人,其中具有留美经历者只有 8 人,他们具体是:孙德中、夏之时、张廷玉、林德昭、张功焕、薛济明、郑体华、丁求真。这 8 名教师,或担任该校训导长,或担任系主任,或担任教授、副教授,对于全面抗战时期英士大学的建校与初步发展,均起了不可或缺的作用。

三、东南联合大学的筹设及撤销

(一)东南联合大学的筹办及取消

东南联合大学筹组于 1941 年 12 月 8 日太平洋战争爆发以后。战前,上海为国内专科以上学校设立最多之处,国立、私立大学众多,约有 30 多所。如国立性质的暨南大学、交通大学、同济大学、上海医学院。私立性质的复旦大学、大同大学、大夏大学、光华大学、上海法学院、正风文学院、同德医学院、东南医学院、上海药专、上海音专、上海美专、新华艺专、东亚体专、纺织工专、吴淞商船学校、立信会计学校等,教会性质的震旦大学、沪江大学、圣约翰大学、东吴大学法学院等。1937 年 7 月全面抗战发生后,一方面,原在苏杭一带办学的教会大学,如之江文理学院、东吴大学及苏州美专(沪校)等,迁入上海租界,继续以各种形式办学;另一方面,在沪部分高校亦迁往内地,如交通大学、沪江大学、同济大学、大夏大学、复旦大学、上海医学院等。一些大学在迁往内地后,仍在“孤岛”留有部分师生,在租界设立分校,继续办学。暨南大学则比较特殊,其校长何炳松在战事发生后即做两手准备,一方面在沪继续办学,另一方面“函请当时教育部准予在闽、渝两地筹设分校”,后获准在闽、赣之间筹建。为此,何炳松亲赴闽、赣、湘三省,查勘校址,最后于 1941 年初派周宪文、吴修两教授赴闽北建阳筹建分校,而以沪校为本部。1941 年 10 月,暨大建阳分校开学,当年所招文、理、商三学院九个系的一年级新生,200 余人,即在分校上课。太平洋战争发生后,1942年春,何炳松将沪校师生迁移至建阳,改分校为校本部。"当时上海公私立专科以上学校,计有二十多所,但决心全部内迁并取得成功的,唯暨大一校而已。"①

　　1941年12月8日太平洋战争爆发,日军于次日即进驻租界,在沪高校、中小学纷纷关闭或放假。在严峻的形势之下,一些高校、中学的师生随后内迁,多数涌向浙江。为救济从沪撤退的员生,1942年2月20日,教育部派督学许逢熙、骆美奂前往浙皖,筹备成立国立第十九中学,许逢熙随后设立教育部战区学生指导处金华登记处,办理登记事宜。教育部并电令浙皖闽赣诸省学校,尽量收纳来自战区之学生。② 1942年2月21日,根据教育部的指令,浙教厅在金华酒坊巷原金华中学旧址,设立了"沪港澳员生登记处",由督学查溯生、钟士杰、许明远、胡长风等人主持。该处第一批登记学生即有31名,分别分发英士大学、常山临中、严州中学等校借读。③ 第二批登记学生达333人,另有教员21人,分别分发中正大学、厦门大学、浙大龙泉分校、英士大学、常山临中、碧湖联中、碧湖联师等校借读。④ 第三批登记合格之中学生72名、大学生38名。此后,根据教育部的最新指令,该处从4月1日起停止员生登记工作。⑤

　　以上的登记、救济,主要针对从沪撤退的大批中学员生。对于从沪撤退的大学员生,教育部从一开始就另谋办法解决。1942年1月13日,《前线日报》呼吁"依照西南联大的先例,在战区边地适宜地址,设立东南联合大学及联合中学各一所,以收容内迁的青年学子"⑥。两天之后,教育部即决定,在浙江筹组国立东南联合大学,以收容从上海撤退的各高校师生。根据部令,成立东南联大筹备委员会,初期以胡健中(《东南日报》社长)、骆美奂(前宁夏教厅长)、王凤喈(前中央政治学校教务主任)、张寿镛(光华大学校长)、曹惠祥(私立大同大学校

① 金永礼:《十载辛劳,身殉文教——何炳松校长主政暨大十年纪事》,《暨南校史资料选辑》第1辑,暨南大学华侨研究所1983年版,第224页。
② 《收容内移学生》,《中央日报》1942年2月21日,第3版。
③ 《教厅登记处分发战区学生首批卅二名入英士大学等校肄业》,《东南日报》1942年3月12日,第3版。
④ 《浙教厅登记处续送战区学生审核合格员生共三百余人》,《东南日报》1942年3月26日,第3版。
⑤ 《浙教厅登记处办理结束》,《东南日报》1942年4月4日,第3版。
⑥ 《一个紧急的建议》,《前线日报》(上饶)1942年1月13日,第2版。

长)、杨永清(东吴大学校长)、黎照寰(国立交通大学校长)、樊正康(沪江大学校长)、裴复恒(国立上海商学院院长)、何炳松(暨南大学校长)为委员,以何炳松、王凤喈分别担任正、副主任委员;2月10日,教育部加派阮毅成(浙民政厅长)、许逢熙(教育部督学)、许绍棣(浙教厅长)为委员;4月6日,增派胡寄南(暨南大学教务长)为委员;4月9日,筹委会电请教部批准,加派李培恩(前之江文理学院院长)、胡敦复(前大同大学校长)为委员;6月下旬,因王凤喈辞职,部派周宪文(教育部驻沪视察员)继任副主任委员。这样,东南联大筹委会,先后有委员16名,但如张寿镛、胡敦复、杨永清等三人,或留沪或在美,一直未能到任。①

　　筹委会经费方面,据1942年3月有关报纸报道,教育部当时拨出80万元,以支持该大学的筹建。②1942年2月5日,教育部令国立暨大及上海商学院、上海医学院、上海音专等集中金华待命。③2月2日,教育部电令胡健中、骆美奂二人,先行在金华设立东南联大筹备处。骆美奂于2月7日抵达,"从事筹备"④。随后,筹备委员何炳松、王凤喈、黎照寰、胡健中等先后抵浙。⑤2月25日,教部电令东南联大于今春开学,该校采用委员制,校务委员有何炳松、王凤喈、骆美奂、黎照寰、胡健中等。⑥1942年3月24日,东南联大筹备处在金华酒坊巷三十八号原金华中学旧址正式成立。决定从4月1日开始,正式接办上海专科以上学校内迁员生的登记工作,为登记师生提供膳宿。由该处登记收容的学生,不再分发借读,而是进行有关训练,俟将来编级以后,即作为东南联大的首批学生。⑦

　　1942年4月5日下午,筹委会召开第一次委员会议,参加者有许绍棣、何炳松、骆美奂、阮毅成、许逢熙、胡健中六名委员,列席者有朱中虑、龚自明二人。此次会议做出了以下几项重要决定:第一,修正该筹委会组织规程,并决定东南

---

① 《国立东南联合大学筹备委员会同学录(1943年7月)》,中国第二历史档案馆藏教育部档案,档号:五—6308,第1—2页。
② 《东南联大本月可开学》,《大公报》(桂林)1942年3月3日,第4版。
③ 《沪内迁各大学在浙筹设东南联大》,《大公报》(桂林)1942年2月5日,第4版。
④ 《东南联大现已开始着手筹备》,《大公报》(桂林)1942年2月10日,第2版。
⑤ 《东南联大筹委何炳松等已抵浙》,《大公报》(桂林)1942年2月18日,第3版。
⑥ 《东南联大决设七院暑期招生》,《大公报》(桂林)1942年3月21日,第4版。
⑦ 《东南联大筹备处已在金华成立》,《东南日报》1942年4月2日,第3版。

联大设文、理、法、商四学院,及艺术、体育、纺织三个专修科。第二,除上述四院及三专修科学生外,由沪退出的其余各院学生,由本筹委会代为上呈教育部,分发其他院校。第三,东南联大教职员的聘任,"以尽先甄选上海专科以上内迁人员为原则"。第四,设立设计委员会,由正、副主任委员及聘请之专家5—11人组织,先聘请杜佐周、顾兆麟、沈仲俊三人为设计委员。①

1942年4月13日和4月25日,东南联大筹委会又召开第二、三次会议,出席委员有许逢熙、杨永清、骆美奂、胡健中和何炳松等,列席者有李培恩、沈仲俊、朱中虑、娄子明四人。会议通过聘请谢海燕、倪贻德二人为本会设计委员的决定,并做出了一些人事任命。如总务处长为朱中虑,文书组主任孟宗邹,事务组主任仇□樑,交通组主任姚启洪,代理出纳组主任程炼生,暂代会计室主任方岳,娄子明为编训处长,登记组主任苏乾英,军事管理组主任兼学生总队长刘伟民,训导组主任未定。② 同时委托杜佐周在上海负责一切联络及宣传事宜,并派员分赴临浦、诸暨、南涧、渌渚四地设立交通站,以方便沿途照料上海内迁之员生。③ 筹委会还公推骆美奂、胡健中、盛振为、李培恩、许逢熙、何炳松、朱中虑七人,于4月30日起程,分赴江山、常山一带复勘校址。④

第三次会议结束后,何炳松即按期与胡健中、骆美奂、许逢熙、李培恩、盛振为、朱中虑等人,前往浙赣边界的江山县南乡石门村勘察校址,发现此处自然环境优美,可用祠堂宏大,认为适宜于建校,遂决定于此设校。当即电请教育部批准,筹委会即请赵贤科、王道等当地人士协助修建有关校舍。勘察结束后,胡健中、骆美奂返回金华筹备处,何炳松则赴上饶,会晤第三战区司令长官顾祝同,请其支持办学。5月上旬,何炳松自上饶返回建阳,对暨南大学校务做详细指示。

此时,在金华筹备处收容的上海专科以上学校学生已有200余人。另外,上海交通大学、国立上海医学院等校学生,由东南联大筹委会发放路费,远赴重

---

① 《东南联大决设四院三科》,《东南日报》1942年4月28日,第3版。
② 《东南联大筹委会举行第二次会议》,《前线日报》(上饶)1942年4月18日,第4版。
③ 《国立东南联合大学筹备委员会同学录(1943年7月)》,中国第二历史档案馆藏教育部档案,档号:五一6308,第2—3页。
④ 《东南联大学生下月开始训练》,《东南日报》1942年4月27日,第3版。

庆母校就读。其他在东南联大所办四院三科以外之各科大学生多人,亦由筹委会分发内地相当大学肄业。上海方面,经过杜佐周的接洽,大部已准备内迁,或已在内迁途中,"国立东南联合大学之筹备,至是盖已略见头绪"①。

不料从 5 月 15 日开始,日军进犯浙东,浙赣战役爆发,金华、兰溪一带受敌机窜扰,设于此处的浙江省军政、教育各机关不得不向西撤离。何炳松于 17 日赶到金华时,当时已登记的东南联大师生 200 多人,在朱中虑的带领下,乘车撤往江山。在上海的杜佐周,受敌伪仇视,亦只身由沪内撤。次日,何炳松即携带眷属与谢海燕、倪贻德等,分乘两条民船,匆匆撤离金华,于 5 月 23 日抵达江山。杜佐周亦由东阳经龙游,撤至江山,与何炳松会面。当时江山处浙赣铁路中心,已非安全之地。适何炳松接顾祝同来电,建议将东南联大迁至闽赣边界。在与胡健中、杜佐周、谢海燕等人商议后,根据日军不断推进的状况,何炳松决定撤至建阳,并电告教育部同意。5 月 30 日,在谢海燕、倪贻德、沈仲俊、朱中虑等人带领下,东南联大 200 多名师生步行,经浦城撤往建阳。此次步行,"途中几无日不雨,艰苦备尝",于 6 月 24 日抵达目的地。

建阳古称潭城,是一座历史文化名城,为南宋理学大儒朱熹讲学所在地。当时全县人口约 9 万人,县城则不满万人。因该县地处闽西北崇山峻岭中,日军不能进犯,较为安全。但东南联大抵达时,建阳已有大批军政机关和避难民众驻留,物价不断上涨,房屋非常紧张,东南联大师生的食宿、医药、用具等筹措至感困难。东南联大设立了迁校委员会、校舍委员会,均由谢海燕主持,以便学校迁动或校址确定时,预先有所准备。当时联大暂在建阳城郊的童游乡找到安置地点,利用当地中山室和中心小学作为办公处及学生宿舍,暂时居住。东南联大与设于此处的暨南大学相距不远,便于两校联络。除先修班外,东南联大的学生均在暨南大学借读。何炳松上午在暨南大学办公,处理校务;下午赴东南联大筹委会视事,"虽事集一身,百端待举,但先生工作秩然有序,稳步地开展了两校事务"②。

---

① 《国立东南联合大学筹备委员会同学录(1943 年 7 月)》,中国第二历史档案馆藏教育部档案,档号:五—6308,第 2~3 页。

② 金永礼:《十载辛劳,身殉文教——何炳松校长主政暨大十年纪事》,《暨南校史资料选辑》第 1 辑,暨南大学华侨研究所 1983 年版,第 225 页。

　　1942 年 8 月中旬,日军退至金华、兰溪一带,浙赣战局始趋于稳定。于是,东南联大筹委会决定以建阳童游乡北段为临时校址,开始整修祠堂,建造校舍。在修建校舍的同时,东南联大的其他校务工作也在积极推进中。一是聘任教师,到该年 9 月中旬,东南联大已聘请教授 21 人,正在商洽中的有 13 人,待约者 7 人,共 41 人。① 二是学校组织方面,也日益健全。东南联大任命胡寄南担任教务长,罗君惕为学校秘书,娄子明为训导长,朱中恕为总务长,杜佐周为文学院院长,江泳为理学院院长,孙怀仁为法学院院长,陈振铣为商学院院长,谢海燕为艺术专修科主任,娄子明兼为先修班主任。当时东南联大的艺术专修班,其师生来自上海美专。学生总共仅有 10 人,教师有谢海燕、倪贻德、潘天寿、俞剑华四人,均为颇负盛名的画家、教授。东南联大在建阳办学期间,学生生活非常清苦,全靠公家贷金维持,衣衫褴褛,度日艰难,尤其缺乏过冬衣服。为此,何炳松与第三战区政治部主任邹文华商洽解决学生的棉衣问题。邹文华同意以每套 10 元的价格,调拨 1300 套旧棉军衣给东南联大。当时暨南大学、东南联大两校在校学生,总计才只有 1100 人。这批棉衣的到来,确实解决了学生过冬的衣服问题。三是招生。当时因浙赣战役而入闽的学生约 2000 人,其中中学生约 1200 人,专科以上学生 700 余人。② 为解决集中在建阳的沦陷区高中生入学问题,尽管校舍和师资尚未完备,但东南联大于该年 8 月下旬招收新生 48 人,先修班 38 人。连同上海内迁学生 145 人,全校学生总计 231 人。9 月中旬,何炳松迭次致电教育部请示东南联大成立事宜,教育部电准该校正式开学。但由于上海各委员因交通困难不能内撤,而内地各委员又多散处各地,无法召开筹备会议,东南联大校务只能由何炳松、周宪文、胡健中、杜佐周、谢海燕等人维持,并随时电呈教育部核夺办理。

　　对于东南联大正式成立之事,教育部并未予以同意。为此,何炳松说:"九月十九日奉部十六日电,仍令本会继续筹备,大学暂缓成立,现有学生并入暨南大学。至上海退出员生仍由本委员会收容。十月二十二日又奉十月十九日电,

---

　　① 《国立东南联合大学筹备委员会同学录(1943 年 7 月)》,中国第二历史档案馆藏教育部档案,档号:五—6308,第 3—4 页。

　　② 《浙赣入闽学生分发各校就读》,《东南日报》1942 年 11 月 12 日,第 3 版。

令知原有暨南大学办理之先修班,改由本委员会办理。十一月十日又奉十月二十九日电令,凡沪、浙、赣退闽学生高中毕业者派入先修班,大学肄业者派入暨南大学或本大学借读。"①11 月 1 日,东南联大筹委会决定,将全部登记学生及考取新生送至暨南大学借读,先修班于 12 月 8 日开学,聘娄子明兼任先修班主任。

1942 年 12 月 2 日,陈立夫密呈蒋介石,提议将东南联大归并于英士大学,并改英士大学为国立,得到蒋介石的首肯。② 同年 12 月 29 日,行政院第 594 次会议,原则通过东南联大归并英士大学的决议,但对于如何归并,行政院要求教育部予以研拟。1943 年 2 月 13 日,教育部向行政院提交了《国立东南联合大学归并结束办法》,行政院于同年 4 月 6 日予以批准。该结束办法共八条,主要内容如下。

　　一、原设科系归并办法如次:(1)法学院及艺术专修科并入国立英士大学;(2)文、理、商三学院及先修班并入国立暨南大学。

　　二、该校法学院及艺术专修科原有学生,均为国立英士大学学生,文、理、商三学院及先修班学生均为国立暨南大学学生。

　　三、该校法学院及艺术专修科原有教员聘约未满者,由国立英士大学加聘,文、理、商三学院及先修班原有教员聘约未满者,由国立暨南大学加聘。

　　四、该校职员由国立英士大学及国立暨南大学酌量选用,未入选者,发给三个月薪金遣散。

　　五、该校并入国立英士大学之教职员及学生,均分别发给旅费。

　　六、该校分发员生旅费及办理结束所需经费,均在该校本年度经费内开支,并以一部分经费拨归国立暨南大学,作为接办该校先修班

　　① 《国立东南联合大学筹备委员会同学录(1943 年 7 月)》,中国第二历史档案馆藏教育部档案,档号:五—6308,第 3—4 页。

　　② 《教育部关于四川省立重庆大学浙江省立英士大学山西省立山西大学改为国立东南联大并入英士大学并恢复北洋工学院的有关文书》(1942 年 12 月至 1943 年 5 月),中国第二历史档案馆藏教育部档案,档号:五—2216,第 11—12 页。

及文、理、商三学院员生之用。至经费支配办法，俟另案饬知。

七、该校原有校产，均移充国立暨南大学校产，为国立暨南大学所有。

八、该校归并结束事宜，自文到之日开始，尽本年七月底办理完竣。①

对于该校的撤销，何炳松至感遗憾。1943 年 7 月，其为《国立东南联合大学筹备委员会同学录》一书作序，称："炳松轻才受命于倥偬之间，筹备于危难之际，自问本不克负此重任，故在职同仁，虽黾勉从公，而计划仍不克实施，学校终未成立。此虽时局多变有以致之，而人谋之不臧，亦炳松之疚于心也。"②东南联大的撤销，其表面上的原因，是该校所收容上海高校内迁师生数量不足，不符原来期望。从撙节本已十分紧缺的高教经费考虑，教育部认为该校实无再办下去的必要。其深层次的原因，则是原设于上海的四所教会大学(之江、沪江、震旦、圣约翰)拟迁福建邵武联合办学，而留沪的其他私立高校则不愿内迁，致使教育部用东南联大收容在沪高校大批师生的计划落空。③

教育部撤销东南联大的决定，当时也遭到东南联大全校学生的反对。该校学生于 1943 年 1 月 3 日，电呈国防最高委员会、国民参政会、行政院、教育部，要求政府重新考虑，收回成命。其电文云："顷阅报载，联大归并英大，闻情惶惑。窃念联大之设，意深任重。胚胎将巩，遽令归并，悴痛何极。谨诉群衷，胪列如下：一、为表彰学士气节，忧国奉公，不更守志，俾东南联大得留传中华教育史光荣之一页。二、联大名义既经播扬，忽事归并，陷区学生势必恍忽其志，裹足不前，似失中枢抢救青年之本旨。三、联大擘画经营，规模粗具；苟将归并，诚有功亏一篑之憾。四、联大经一载之筹备，延不成立，为敌伪宣传口实，摇动青

_____

① 《教育部关于四川省立重庆大学浙江省立英士大学山西省立大学改为国立东南联大并入英士大学并恢复北洋工学院的有关文书》(1942 年 12 月至 1943 年 5 月)，中国第二历史档案馆藏教育部档案，档号：五—2216，第 10 页。

② 金永礼：《十载辛劳，身殉文教——何炳松校长主政暨大十年纪事》，《暨南校史资料选辑》第 1 辑，暨南大学华侨研究所 1983 年版，第 225 页。

③ 韩戍：《抗战时期的国民政府教育部与留守上海高校》，《抗日战争研究》2018 年第 2 期，第 27—43 页。

年来归信心。五、东南素为文化渊薮,是以联大成立,实为建树东南最高学府之始基,且可将闽浙专科以上诸校归并,藉可力量充实而少经费。六、政府计划,贵能一贯,否则有失威信。以上诸端,略举其要,伏乞体念下情,重新考虑,收回成命,国立东南联大全体学生四百四十五人冬(二日)叩(五日寄)。"[1]同月,东南联大筹委会亦向教育部恳切提出三条意见:其一,"学生近方借读暨大,归并时设法顾全学业,无因归并而辍弦歌";其二,"内迁时,川旅生活等费,宜从优资助";其三,"遴选资望素著人士,担任校长"。[2]

1943 年 6 月 2 日,教育部颁布"高字第 26247 号"训令,正式下令将东南联大的文、理、商三院及先修班并入暨南大学,法学院和艺术专修科并入英士大学。7 月底,随着归并工作的完成,存在一年零五个月的东南联合大学,就此撤销。[3]

(二)东南联合大学教职员及学生情况

东南联合大学的校史,虽比较短暂,但此段历史并非毫无价值。东南联大诞生于抗战危难之际,其筹备历尽艰辛。学校于金华初建后,因浙赣战役而迁至江山,随后又迁至福建建阳。迁徙途中,师生备尝艰辛。迁至建阳后,因经费不足,师生生活条件极差。1943 年 7 月归并于暨大、英大时,归并英大的师生,又于 1944 年 8 月重新迁浙,至云和小顺办学。在这期间,以何炳松为首的联大筹委会及全体教师,在十分艰难的条件下,奔波辛劳,坚持办学,体现了战时教育界学人"坚持到底、为国育才"的精神,此难能可贵,值得后人永远铭记。此外,因教育部最初下令筹组东南联大时,其校址即确定设于浙江省。后虽因战事发展,不得不迁至福建省办学,但该校法学院及艺术专修科,在归并后仍划归浙江省英士大学所有。这样的史实,说明东南联大为战时浙江高等教育发展变迁之一部分。教育史家在书写战时高校史时,将东南联大归入浙江高等教育史之列,应是比较准确的。

---

[1]　《东南联大学生不愿归并英大》,《大公报》(桂林)1943 年 1 月 18 日,第 4 版。

[2]　《东南联大归并在即电呈教部三点意见》,《前线日报》(上饶)1943 年 1 月 7 日,第 4 版。

[3]　周秀松主编:《英士大学钩沉》,北京,中国民族摄影艺术出版社 2015 年版,第 44—47 页。

为保存此段历史,表 6-6、表 6-7、表 6-8 列出东南联大撤销前的教职员工与学生情况,可供参考。

表 6-6　东南联合大学职员情况

机构	职员姓名
筹委会	正、副主任委员:何炳松、周宪文
	委员:胡寄南、黎照寰、曹惠祥、裴复恒、张寿镛、樊正康、杨永清、胡健中、骆美奂、阮毅成、许绍棣、许逢熙、李培恩、胡敦复
秘书室	秘书:罗君惕
教务处	兼任教务长:胡寄南
	教务员:朱敬祈、孙文允、盛伯梁
	办事员:章明
文学院院长	杜佐周
理学院院长	江泳
法学院院长	孙怀仁
商学院院长	陈振铣
艺术专修科主任	谢海燕
兼任先修班主任	娄子明
训导处	训导长:娄子明
	登记组代理主任:黄如琦
	体育卫生指导员:唐更生
	办事员兼女生指导:苗淑华
	办事员:郑侃
	书记:张新德
	校医:钱祖彝
	医师:李桴
	护士:张素娟
	学生训练总队部总队长:高肖麟
	中队长:臧安熙
	区队长:唐雅克、金钦文、万启荣、张文渊
	书记:林俊飞

机构	职员姓名
总务处	总务长:朱中忠
	文书组主任:孟宗邹
	办事员:顾凡
	译电:杜素贞
	收发:章苏
	书记:瞿仲耜
	管卷:章秉舜
	事务组主任:周家修
	办事员:凌凤标、王同圣、刘宇程、董其勇、曹家绶
	出纳组主任:程炼生
	会计室主任:方岳
	佐理员:郑师燧
	办事员:李慧姑
	佐理员:张舜华
	办事员:杨怀新

说明:本表据《国立东南联合大学筹备委员会同学录》(1943 年 7 月),中国第二历史档案馆藏教育部档案,档号:五—6308,第 6—8 页。

表 6-7　东南联合大学教员情况

学院或专修科	教员姓名
文学院	院长:杜佐周
	教授:胡寄南、王育三
	副教授:张其春
	讲师:叶松坡、黄启俊
理学院	院长:江泳
	副教授:严德炯
	讲师:于绍勋

续表

学院或专修科	教员姓名
法学院	院长:孙怀仁
	教授:陈柏心、吴兆莘、邢文铎、刘杰、陈文彬
	副教授:林超、姚华廷、吴宿光
商学院	院长:陈振铣
艺术专修科	主任:谢海燕
	教授:倪贻德、潘天寿、俞剑华
先修班	主任:娄子明
	教导主任:王代江
	教员:刘纪泽、罗君惕、孟宗邹、俞竹贞、张其春、杨国宾、于绍勋、苏鸿培、江泳、王子瑜
	王勤增、盛伯梁、黄启俊、刘杰、朱敬祈、黄如琦

说明:本表据《国立东南联合大学筹备委员会同学录》(1943 年 7 月),中国第二历史档案馆藏教育部档案,档号:五—6308,第 8—10 页。

表 6-8　东南联合大学大学部及先修班学生情况

院系与专修科		学生数量/人	备注
文学院	中文系	11	
	外文系	6	
	史地系	6	
	教育系	14	
理学院	数理系	10	
	化学系	30	
商学院	会计银行系	63	
	工商管理系	19	
	国际贸易系	1	

院系与专修科		学生数量/人	备注
法学院	法律系	34	
	政治系	37	
	经济系	43	
艺术科		10	
先修班	甲组	46	
	乙组	41	
	丙组	53	
其他	教育部分发学生	53	
总计		477	

说明:本表据《国立东南联合大学筹备委员会同学录》(1943 年 7 月),中国第二历史档案馆藏教育部档案,档号:五—6308,第 10—28 页。

应该指出的是,由于相关资料的欠缺,表 6-7 所列的部分该校筹备委员及教职员生平事迹已无考。对该校筹办及初期运行发挥了积极作用者,仅有骆美奂、胡健中、盛振为、李培恩、许逢熙、何炳松、杜佐周、谢海燕、倪贻德、潘天寿、俞剑华、孙怀仁、罗君惕、周宪文等十多人。以上十几人中,骆美奂、李培恩、何炳松、杜佐周四人为浙籍,且具有留美经历。特别是何炳松(浙江金华)、杜佐周(浙江东阳),对于东南联合大学的创办及维持,贡献颇多。

四、全面抗战时期浙江大学的崛起

(一)竺可桢的办学思想和训育理念

从 1936 年 4 月至 1949 年 4 月,留美出身的气象学家竺可桢担任浙江大学校长达 13 年。在更替非常频繁的民国大学校长中,可算罕见。自竺可桢任校长后,该校只用 10 年左右的时间,即跨入国内顶尖高校行列,"成为当时全国最完整的两所综合性大学之一"①。浙大的王淦昌、周厚复、束星北、程开甲等人在全面抗战时期的研究,甚至接近诺贝尔奖的水平。② 这不能不说是中国近现代高等教育史的一大奇迹。导致这一奇迹的原因是什么呢?曾在浙大任教、后为中国科学院学部委员的生物学家谈家桢认为,上至国家,下至单位,大凡一个团体的领导者,均必须具有较强的凝聚力,善于把各种人才聚集在一起,组成一种有机力量,"像紧握拳头那样有力"。倘能如此,这个团体必是朝气蓬勃、富有生命力的团体,一定会有出色的成绩。为什么竺可桢先生领导的浙江大学当时能有出色的成绩?谈家桢说:"我感到竺先生就有这样一种巨大的凝聚力,把许多著名学者聚在一起,通力合作,才把这所大学办好。"③无独有偶,著名数学家苏步青亦曾说:"竺先生是一个好校长,他与蔡元培一样,是我国近代教育史上最好的大学校长。他比我大 12 岁,我们在浙江大学共事 10 多年,关系密切甚好,他的为人与高尚的品德,至今还令人难以忘怀。"④从 1941 年起即和竺可桢在浙大共事的江希明教授指出:"我们经常想到为什么竺校长在短短的十三年里能把浙江大学从一个规模较小并不出名的大学,一举办成蜚声中外的高等学府,为解放后的新中国提供了不少优秀的建设人才。论环境条件那十三年正是处在抗日战争年代,学校一再搬迁,颠沛流离,内战频繁,物价飞涨,特务横行,朝不保夕。十三年就是在这样的环境条件下进行教学的。我们都经历过破庙里上课,祠堂里实验,油灯下看书。"⑤在推动浙大崛起的诸种因素中,校长竺可桢的办学思想与人格魅力,是不可忽视的重要原因。

在办学思想方面,竺可桢反对前任郭任远的法西斯主义治校政策及国民党的"党化教育",而提倡学术自由、教授治校。这一思想来源于哈佛大学校长艾略特的治校理念,并进行了一定的改造。竺可桢曾于 1936 年 4 月 25 日、1936

---

① 沈思屿:《怀念竺可桢老师》,浙江大学校友总会、电教新闻中心编:《竺可桢诞辰百周年纪念文集》,浙江大学出版社 1990 年版,第 27 页。

② 《杨竹亭文集》,浙江大学上海校友会 2016 年编印,第 93 页。

③ 谈家桢:《哲人云亡,遗风永存——纪念竺可桢先生诞生百周年》,贵州省遵义地方志编纂委员会编:《浙江大学在遵义》,浙江大学出版社 1990 年版,第 305 页。

④ 苏步青:《怀念竺可桢先生们》,贵州省遵义地方志编纂委员会编:《浙江大学在遵义》,浙江大学出版社 1990 年版,第 299 页。

⑤ 江希明:《大力发扬竺校长的办学精神》,浙江大学校友总会、电教新闻中心编:《竺可桢诞辰百周年纪念文集》,浙江大学出版社 1990 年版,第 138 页。

年 5 月 18 日、1936 年 9 月 17 日、1938 年 6 月 26 日、1939 年 2 月 4 日的几次讲演中均提到哈佛大学。至于此时其日记中关于哈佛大学的记载则更多。竺可桢曾于 1913—1918 年在美国哈佛大学接受教育,在该校获博士学位。他订有《哈佛大学毕业同学会会报(刊)》,此份刊物是其常读的英文书报之一,在其日记中留下多次阅读的记录。1944 年 4 月 6 日,他读到 1942 年 4 月 25 日出版的该刊后,曾感慨:"阅来往函件等二十余通,其中有民卅一年四月廿五之《哈佛同学学会报》,乃美国参战以后第一次见到者,真如多年阔别之友人。"①由上即可见竺可桢对哈佛大学感情之深。可以说,哈佛大学对于竺可桢来说,既是其母校,也是其精神归属。所以竺可桢在其《思想自传》中明言:"我认哈佛为我的母校,我回国以后在大学里教书或是办行政,在研究院办研究所,常把哈佛大学做我的标准,哈佛大学便成了我的偶像。"②还曾说:"哈佛大学不但是美国最老的学校,而亦是美国最著名、最富而设备最完备的学校。"③

　　哈佛大学历史上曾有一名著名的校长,名叫艾略特,正是在其卓越领导下,该校成为世界顶尖名校。竺可桢对艾略特的评价颇高,说:"但是哈佛大学对于世界教育的贡献,实在 Charles W. Eliot 爱理倭做了校长以后。他做了四十年的校长,从 1869—1909 年,他把哈佛大学学术地位提高,成为世界著名学府之一,功绩非小。"④另外,哈佛大学率先在世界各大学中采用选课制,此点亦给予竺可桢很好的印象:"爱理倭对于哈佛大学的改革,不但影响于美国全国,而且影响到中国教育。现在中国各大学所通行之选课制,就是爱理倭所首创,而最初实行选课,就是哈佛大学。"1937 年,浙大将该校的校训定为"求是",而哈佛大学的校训的中文译意,亦为"求是",这并不是偶然,实际是竺可桢对哈佛校训的借鉴和模仿。早在浙大正式确定校训之前,竺可桢曾多次提到哈佛的校训,说:"有一点哈佛大学亦可以昭示我们的,即为哈佛大学的校训 Veritas,拉丁字Veritas 就是真理。我们对于教育应该采取自由主义或干涉主义,对于科学注重纯粹抑注重应用,尚有争论的余地,而我们大家应该一致研究真理,拥护真

①　《竺可桢全集》第 9 卷,上海科技教育出版社 2006 年版,第 71 页。
②　《竺可桢全集》第 4 卷,上海科技教育出版社 2004 年版,第 89 页。
③　《竺可桢全集》第 2 卷,上海科技教育出版社 2004 年版,第 369 页。
④　《竺可桢全集》第 2 卷,上海科技教育出版社 2004 年版,第 370 页。

理,则是无疑义的。"①浙大确定校训后,竺可桢解释说:"何谓求是?英文是 Faith of Truth。美国最老的大学哈佛大学的校训,意亦是'求是',可谓不约而同。"②

竺可桢治理浙大,是以艾略特的自由主义治校理念为借鉴的,并进行了一定的改造。③艾略特认为,大学教育具有三个功能:"首先,是教学;其次,是以书籍和文集的形式,对已获得的系统知识进行存储;第三,研究,或者换句话说,尽量突破现有的知识限制,即使只有一点点,日复一日、年复一年后,探究一些真理。"艾略特还对其进行了进一步的解读:"大学教学最重要的要素是'教授、书籍和设备',因为只有拥有他们,才能保证优质的教学,促成丰富的教学成果。"④竺可桢对其非常认同,1936年4月25日在浙大正式演讲中,即提出大学的三要素为教授、图书设备、校舍建筑,其中"教授是大学的灵魂"⑤。1936年4月5日,竺可桢在正式任浙大校长前,与浙大工学院院长朱一成谈话,明确表示:"关于教授治校一点,余谓乃宿昔所主张,渠不甚以为然。余以为此乃一种目标,第一步在首先觅得一群志同道合之教授也。"⑥上任之初,他就多方努力,先后聘胡刚复、梅光迪、王琎、张绍忠、束星北、何增禄、王淦昌、吴福桢、张其昀、景昌极、朱庭祜、吴钟伟、张谟显、孙逢吉、张肇骞、林天兰、陈辛恒、庄泽宣、张孟闻、周承祐、钱祥标、胡硕荪、刘准业、程耀椿、徐天锡、黄本立、冯言安、张振华等一批教授来校任教,初步打下教授治校的基础。在后来的迁校期间,特别是内迁贵州时期,浙大坚持"教授治校,民主办学",学校的教务、训导、总务长都由教授出任,各院院长及系主任也都是由知名教授担任。学校重大事项,均由校务会议研究确定。此校务会议,除校长、处长和院长为当然委员外,又由教授会选举的10名教授参加。作为校长,竺可桢在校务会议上从不专断,而是充分让教授发

---

① 《竺可桢全集》第2卷,上海科技教育出版社2004年版,第370页。
② 《竺可桢全集》第2卷,上海科技教育出版社2004年版,第461页。
③ 刘正伟、卢美艳:《竺可桢对哈佛大学校长艾略特大学理念的接受与改造》,《高等教育研究》2018年第9期。
④ 转引自刘正伟、卢美艳:《竺可桢对哈佛大学校长艾略特大学理念的接受与改造》,《高等教育研究》2018年第9期,第83—92页。
⑤ 《竺可桢全集》第2卷,上海科技教育出版社2004年版,第334页。
⑥ 《竺可桢全集》第6卷,上海科技教育出版社2005年版,第50页。

表意见,然后集体决定。此外,学校还有许多专门委员会,如预算、升等、训导、建设等项事务的专门委员会,也都由校长聘任教授组成,这些委员会都是校长的参谋机构,"学校中的大小事务大多都有教师参谋过问"①。1946年复员返杭后,浙大成立13个委员会,"教授治校"的思想得到进一步的贯彻。② 艾略特的另一治校理念,是认为大学应培养社会领袖,如州长、参议员、市长候选人等,"他们或是参议员、州长顾问、外交官,或是在海陆军服役,即使其它职业更吸引他们,给的薪酬也更诱人;他们依然不为所动,抱负远大,积极服务于国家"③。竺可桢亦接受此一思想,曾说:"大学是养成一国领袖人才的地方。"④所谓"领袖人才",就是"必须具有清醒而富有理智的头脑,明辨是非而不恂利害的气概,深思远虑,不肯盲从的习惯,而同时还要有健全的体格,肯吃苦耐劳、牺牲自己努力为公的精神"⑤。

竺可桢的前任郭任远在出掌浙大时,积极秉承国民党政府加强学生军事管理的指示,成立"军事管理处"作为实施学校训育的机构。学生日常生活军事化,军事教官多以命令与体罚代替道德教育,学校动辄开除学生,"总计任职三年开除学生达二百余人,被开除学生事前多未受警告,亦未受记过处分,只以被郭氏间谍所诬,遂被开除"⑥。这种法西斯主义的训育方式,最终导致了"驱郭风潮"的发生。竺可桢认为:"盖郭任远在浙大之失败,军事管理实负其责,而所用三军事管理员皆低薪水阶级,资格甚差,不足引起学生之敬仰心,学生衔之切骨,寻常高压之下,敢怒不敢言。一旦爆发,乃不复可抑制。"⑦因之,改革浙大训育,就成为其担任校长后一项急迫的任务。

早在上任之前,竺可桢就与当时的教育部长王世杰就学校训育事宜进行了

---

① 江希明:《大力发扬竺校长的办学精神》,浙江大学校友总会、电教新闻中心编:《竺可桢诞辰百周年纪念文集》,浙江大学出版社1990年版,第140页。

② 《实行教授治校,成立十三种委员会》,《国立浙江大学校刊》复刊第145期,1947年3月17日,第3页。

③ 转引自刘正伟、卢美艳:《竺可桢对哈佛大学校长艾略特大学理念的接受与改造》,《高等教育研究》2018年第9期,第83—92页。

④ 《竺可桢全集》第2卷,上海科技教育出版社2004年版,第351页。

⑤ 《竺可桢全集》第2卷,上海科技教育出版社2004年版,第462—463页。

⑥ 《呈教育部准郭辞职全文》,《国立浙江大学校刊》1936年第233期,未标页码。

⑦ 《竺可桢全集》第6卷,上海科技教育出版社2005年版,第63页。

沟通。王世杰建议"设立一训育委员会,以院长组织之,为惩戒学生事,此外则设训育指导委员会,以军训教官及体育教员等等组织之,而以学生所信服之师长为主任",竺可桢"颇善其说"。① 正式上任后,竺可桢即于 1936 年 5 月 9 日主持召开的第一次校务会议上,撤销"军事管理处",成立"校训育委员会",遴选出胡刚复、倪志超、吴福桢、郑晓沧、李寿恒、诸葛麒、蒋振、沈鲁珍、庄泽宣、刘孝娴、舒鸿、梁庆椿、徐树人等为委员,竺可桢为主席。其后,校训育委员会的组成名单屡有调整。1936 年 6 月 12 日校训育委员会第一次会议,"讨论下年度训育方针"②。同年 9 月 4 日,浙大成立了训育处。1936 年度、1937 年度该处负责人分别为留德博士蒋振及前浙江体育场场长陈柏青。蒋振草拟了"训育处章程及学生受军训者多项规则,如上操、课室、卧室、自修室等等"③,经竺可桢修改后正式实施。为理顺关系,在 1936 年 9 月 25 日召开的第四次校务会议上,决定"训育处……属于训育委员会,改名训育部"④。至此,浙大训育逐步走上正轨。

在改革学校训育组织的同时,竺可桢也积极筹划实施导师制。在 1936 年 5 月 4 日及 5 月 18 日的两次讲演中,竺可桢均介绍了英美一些大学所推行的导师制。1937 年 5 月 14 日,他又"与史地系及不分系教授讨论训育事","结论以学生自由选择导师较为方便"⑤。同年 9 月 17 日,竺可桢主持召开一年级教授会议,"决定二十一、二日移往天目山,实行训教合一等等"⑥。在经过必要的准备后,浙大正式于 1937 年 9 月 23 日起首先在一年级 250 余名学生中试行导师制。据浙大史地系教师李絜非记述:"大一导师制的组织,不分系别及性别,计每组由导师一人负责管理十七人或十八人,随时由导师将学生思想行为个别记录下来,以为保存指正的根据。"10 月 12 日,还组织了"导师会",当时各导师"咸重视此会为中国教育上一大转折"⑦。导师制实行短期效果甚佳,竺可桢当时自记:"据叔岳报告,此间导师制制度实行以来尚称顺手。学生既觉有一师长时可

---

① 《竺可桢全集》第 6 卷,上海科技教育出版社 2005 年版,第 59 页。
② 《竺可桢全集》第 6 卷,上海科技教育出版社 2005 年版,第 92 页。
③ 《竺可桢全集》第 6 卷,上海科技教育出版社 2005 年版,第 139 页。
④ 《竺可桢全集》第 6 卷,上海科技教育出版社 2005 年版,第 151 页。
⑤ 《竺可桢全集》第 6 卷,上海科技教育出版社 2005 年版,第 301 页。
⑥ 《竺可桢全集》第 6 卷,上海科技教育出版社 2005 年版,第 370 页。
⑦ 李絜非:《抗战中的浙江大学》,《教育通讯》1938 年第 21 期,第 10—13 页。

问询,而老师亦有数青年为友不致寂寞。天目山实为导师制之理想地点。如昨日星期日,天气既值秋高气爽,导师与学生均群出外散步,每人约率十七八人,男女各有,又不分系。"①受此鼓舞,竺可桢决定浙大二、三、四年级学生迁至建德后即推行导师制。该年10月29日、11月19日、12月10日,浙大召开三次导师会议,对此一制度进行了补充完善。其内容是:各导师须每周至学生膳堂与学生会餐一次,时间定在每日下午六时,餐后即集合本组所导学生举行谈话,"藉于饮食言笑之间,寓潜移默化之旨"。或者利用星期日,"师生郊聚,问难析疑,亲切无间,以身作则,示之典范";学期中,每月第二周之星期六各导师集会一次,交流导生心得;不适于本人领导的学生,可由各导师开具名单,提交校长办公室改派;每位导师领导学生之人数,以16人为限;一、二年级学生主要以担任课程之教授为导师,三、四年级学生则以本系主任及教授为导师。②

经过导师制等改革,浙大训育凸现出一些新气象。训育人员与学生之关系大大改善,师生的精神面貌逐步向好。竺可桢晚年曾回忆:"在这个时候,训育是用导师制的,因为一直在颠簸流离,师生共患难,可以说这是全校精神最融洽的时候。"③

(二)院系、研究所的增设与学生人数的增长

1936年4月竺可桢初掌浙大时,浙大办学规模较小,当时只有文理、工、农等三个学院、16个学系,在校学生共有500余人,教职员130多人。1936年秋,浙大即增设史地系,以张其昀为系主任。将原农学院农业动物、农业植物、农业社会三个系,调整、改组为农艺、园艺、蚕桑、病虫害、农业经济五系。

全面抗战时期,浙大陆续增设一些院系,办学规模不断扩大。先于1938年8月增设了师范学院,以郑晓沧为院长;1939年又将文、理学院分设,分别以梅光迪、胡刚复为院长。1939年2月,创办浙东分校,以陈训慈为主任。1945年8月,增设法学院,以李浩培为首任院长。学系方面,则于1938年秋在师范学院

　　①　《竺可桢全集》第6卷,上海科技教育出版社2005年版,第389页。
　　②　《本校推进导师制》,《国立浙江大学校刊》1938年复刊第3期,第3页。《本校实施导师制概况》,《国立浙江大学校刊》1938年复刊第4期,第3页。
　　③　《竺可桢全集》第4卷,上海科技教育出版社2004年版,第94页。

下增设国文、英语、数学、理化、史地五系,并将原隶属于文学院的教育系归并至师范学院。1940 年,文学院增设中文系,农学院增设了农化系。1944 年秋,工学院增设了航空工程系,农学院增设了药学系。1945 年 8 月,增设法律系。研究所方面,根据教育部指令,浙大先后增设了理科研究所数学部、生物学部,文科研究所史地部,工科研究所化工部,农科研究所农业经济学部等四个大学研究所、五个研究部,并招收研究生从事科学研究。从 1942 年起,每年均有一批研究生毕业。如 1942 年当年,就有七名研究生毕业,具体是:史地研究部的刘熊祥、丁锡祉、严钦尚、沈玉昌、郭晓岚,数学研究部的程民德、吴祖基。① 仅史地研究部就在全面抗战时期培养了 25 名研究生,其中如叶笃正、施雅凤、赵松乔、陈述彭、陈吉余五人,在 1949 年后成为中国科学院学部委员。② 除以上科研性质的研究所外,浙大史地系还设有史地教育研究室,为教材研究性质。总之,截至抗战胜利前夕,浙江大学已有六个学院、一个分校、两个先修班、25 个学系、四个研究所、五个研究部。

全面抗战时期,浙大学生数量亦有大幅增长。1943 年 7 月 8 日,竺可桢曾在其日记进行了如此总结:"浙大(学生)自民廿七年至今已增五倍。是年毕业生 65 人,今年 355。该时(在泰和)全校只三百七十余人,现则计二千学生矣。分校不在内,亦达一千六百人。"③1945 年 1 月,竺可桢曾统计遵、湄、永三地学生数量,共 1658 人。④ 如加上浙东分校的学生,则在 2000 人以上。学生的省籍也在不断扩大。未迁徙前,该校学生来源除浙江各地外,"多数来自太湖流域的江南各地";到宜山后,"我们的学籍表中几乎包含全中国所有的各省市区,而其中江西、湖南、广东、广西、贵州等省籍的学生,至今且已居相当的多数"。⑤ 1945 年 1 月时,浙大本部共 1658 名学生,其中浙江 416 人,江苏 294 人,湖南 201 人,安徽 130 人,广东 101 人,贵州 74 人,湖北 82 人,江西 79 人,四川 63 人,福建 47 人,河南 26 人,河北 24 人,广西 42 人,山东 22 人,辽宁 6 人,吉林 3 人,黑龙

---

① 《竺可桢全集》第 9 卷,第 360 页,上海科技教育出版社 2006 年版。

② 倪士毅:《播州风雨忆当年——浙大史地系在遵义》,贵州省遵义地方志编纂委员会编《浙江大学在遵义》,浙江大学出版社 1990 年版,第 108—110 页。

③ 《竺可桢全集》第 8 卷,上海科技教育出版社 2006 年版,第 597 页。

④ 《竺可桢全集》第 9 卷,上海科技教育出版社 2006 年版,第 306 页。

⑤ 李絜非:《浙江大学西迁纪实》,浙江大学 1939 年版,第 40 页。

江2人,山西省7人,西康、陕西各1人,甘肃3人。只有云南、热河、青海、察哈尔、宁夏无1人。另外还有南京17人、上海11人、北平10人、天津4人、青岛2人。[①] 浙江大学已成为名副其实的"国立"大学。

浙大学风优良,教师在教学上认真负责,大部分学生的学习比较扎实,在一些竞赛活动中表现优秀。1941年7月,浙大共有28名学生参加教育部主办的首届专科以上学校学生学业竞试活动,结果得奖金者2人,[②]具体是:教育系汤马伟、农化系吴志华。此外,史地系沈玉昌获奖状,"得奖金者全国三十余人,武汉、中山各六人,中央、岭南各三人,四川、浙江二大学各二人。余如西南联大等均只一人而已"[③]。1942年5月,浙大又参与第二届学生学业竞试,全国共91名学生得奖,浙大则有10名学生获奖,得奖数为全国各高校之冠。具体是:一年级国文第三名李禄先(浙东分校)、第四名朱兆祥(浙东分校),英文第二名张天定(浙东分校),数学第六名莫慰民、第八名余玉森,理学院数学第二名郭本铁,物理第一名邹国兴,地理毛汉礼,农学院植病系刘锡琎,农化系徐振。[④] 竺可桢在总结此次浙大获奖的特点时,说:"此次得奖人可注意者,即本校数学与地理已两年连续得奖,工学院尚未得过一个奖,农化亦连续两年得奖,西北师范学院与独立师范学院因为竞争者少,故易于见效。"[⑤]1943—1945年,浙大学生亦积极参与"知识青年从军"运动与军委会外事局征求大学生译员的活动。据竺可桢1945年6月2日的日记所载:"知本学年从军学生共137人,超出中央所定额70名,达一倍。译员去年三月与本年四月两批亦137人。"[⑥]这体现了浙大学生炽烈的爱国、报国之情。

总之,至抗战胜利前夕,浙大的综合实力与办学规模(见表6-9),已位居西南联大、中央大学之后,而居全国高校第三。

① 《竺可桢全集》第9卷,上海科技教育出版社2006年版,第306页。注:此处数据疑有误差。
② 《竺可桢全集》第8卷,上海科技教育出版社2006年版,第124页。
③ 《竺可桢全集》第8卷,上海科技教育出版社2006年版,第120页。
④ 《竺可桢全集》第8卷,上海科技教育出版社2006年版,第336页。
⑤ 《竺可桢全集》第8卷,上海科技教育出版社2006年版,第339页。
⑥ 《竺可桢全集》第9卷,上海科技教育出版社2006年版,第416页。

表 6-9　1936 年 4 月至 1945 年 8 月浙江大学院系、研究所增设与学生数量变化

时间	院系增设	研究所增设/个	双班增设/个	招生数量/人	毕业生数量/人
1936 年 6 月					162
1936 年秋	增设史地系；将原农业动物、农业植物、农业社会三系改组为农艺、园艺、蚕桑、病虫害、农业经济五系			259	
1937 年 6 月					126
1937 年秋				366	
1938 年 6 月					70
1938 年秋	增设师范学院；增设师范学院国文、英语、史地、理化、数学系；改文理学院教育系为师范学院教育系			471	
1939 年 2 月	增设浙东分校、先修班				
1939 年 6 月					61
1939 年 8 月		增设理科研究所数学部、文科研究所史地部；增设史地教育研究室			
1939 年秋	文理学院分设；增设研究院（分文理两研究所）		机械工程、化学工程各增一班	宜山本部377；浙东分校120；浙东先修班50	

续表

时间	院系增设	研究所增设/个	双班增设/个	招生数量/人	毕业生数量/人
1940 年 2 月	增设遵义先修班			20	
1940 年 8 月					117
1940 年秋	增设中国文学系、农业化学系		电机工程、化学工程各增一班	509	
1941 年 7 月					约 170
1941 年秋		增设工科研究所化工学部		443	
1942 年 6 月					117
1942 年秋		增设理科研究所生物学研究部、农科研究所农业经济学部	浙东分校添招师范学院国文、英语各一班,同时遵湄停招此二班	新生 408;先修班 148;教育部分发、保送生 149	
1943 年 6 月					311
1943 年秋				新生 572;先修班 56	
1944 年 6 月					300 余
1944 年秋	增设药学系、航空工程系		农艺、土木、化工、机械各增一班	新生 254;先修班 27	
1945 年 6 月					370 余
1945 年秋	增设法学院;增设法律系				

说明:本表据《竺可桢全集》第 6—9 卷(上海科技教育出版社 2005—2006 年版)有关内容制成。

(三)教员增聘

抗战时期浙江大学曾数次迁徙,学校所迁居的建德、泰和、宜山、遵义、湄潭等地,均非大城市,对人才的吸引力不强。特别是 1939 年后,后方各地物价上涨严重,粮价奇昂,生活物资匮乏,这更增添了聘请教师的困难。

1939 年时,浙大教授起薪只有 350 元,副教授 250 元,讲师 130 元,助教 70 元。至 1940 年,教授起薪增至 370 元,最高 400 元。这个最高薪,当时只有李寿恒、吴耕民两位教授享受到。如苏步青、陈建功等教授,也只拿 380 元的薪水。1941 年 6 月 7 日,浙大决定自下学期起,教授最高为 420 元,助教起薪为 100 元。① 此后,随着物价的不断上涨,浙大亦屡次加薪,但仍入不敷出。除薪水外,1940 年后,教育部陆续向各校教职员发放生活津贴、米贴(每人谷二斗一升)和教员奖助金(名额限定在全校教职员的八分之一)。但这些补贴对于家口众多的教师来说,仍属杯水车薪。如 1943 年 5 月 13 日,竺可桢向教育部高教司长吴俊升提交了浙大教员得乙种奖助金的具体名单。根据这个名单,此时浙大共有 168 名教员,符合此项资格者 35 人,具体为:丁思纯(有直系亲属 11 人);郦承铨(10 人);诸葛麒、陈崇礼(各 9 人);钱宝琮、储润科、李寿恒、毛信桂、徐声越(各 8 人);胡哲敷、程石泉、夏定域、佘坤珊、罗宗洛、王国松、竺士锴、李相勖、钟兴锐、陈家祥、胡家键、吴钟伟、夏振铎、郭斌龢、汝桂(各 7 人);陈建功、孙逢吉、朱正元、贝时璋、谈家桢、张孟闻、彭谦、祝汝佐、王淦昌、顾谷宜、缪钺(各 6 人)。② 以上教师所得此项奖助金并不多,因为根据规定,家有六名直系亲属者,才可得奖金 200 元,七人以上者可得 400 元。薪资微薄,教师普遍糊口困难。1944 年 2 月 1 日,竺可桢曾自言:"余每月所收入共为四千三百元,一市担米。而上月单买菜已三千元,油盐酱均在外,三者连煤、水,至少一千五百元。而梅儿一人在湄须用一千元,贵重之药尚不在内。余尚如此,余人可知。"③1944 年 11 月 18 日,竺可桢致函陈训慈,特别谈到浙大教师的生活困难:"遵湄二

① 《竺可桢全集》第 8 卷,上海科技教育出版社 2006 年版,第 91 页。
② 《竺可桢全集》第 8 卷,上海科技教育出版社 2006 年版,第 563 页。
③ 《竺可桢全集》第 9 卷,上海科技教育出版社 2006 年版,第 23 页。

处僻处黔中,地位与陪都、昆明迥然不同。故中大、联大教职员大半多在外兼事,重庆各教授几于无人不兼事,甚至一人而领两份米贴者亦已司空见惯。而浙大同人十之八九均为专任,名副其实,故其经济窘迫情形远非中大同人可比也。"①在极度困难之下,浙大教师也不得不摆地摊,出让衣物、首饰、图书等,或亲自种菜、养殖、做点心,以换取些许收入。1941 年 9 月 23 日,苏步青晤竺可桢时说:"谈建功家中困难情形,因一家八口,月需一石米,价在一千元左右,故已将衣服、锡器典质殆尽,但难以为继。……经步青商定,由数学研究部移一万元,由苏步青交去。"②事后陈建功并无能力归还此笔借款,只好以己所藏一套珍贵的英文图书《高斯全集》25 本,"作价充数"。③ 也有部分教师违反校规,在遵义附近的中学、军训部军官外语班等处兼课。竺可桢曾记述:"浙大向不准兼课,但目前以教员生计困难,故佘坤珊、顾谷宜均在外语班专任,收入总在二三千元一月,校中亦遂不禁止之。惟乙种奖金以名额有限,嘱咐其退出而已。"④

尽管存在以上困难,但在聘请教员方面,浙大也有自己的优势,如校长竺可桢的民主作风与浙大优良的校风、较好的图书设备条件等。竺可桢为留美哈佛大学博士,中央研究院气象研究所所长,教育部学术审议委员会委员,中国科学社发起人和主要领导者,又曾在武昌高师、南京高师、东南大学、南开大学、中央大学执教。多重身份使竺可桢在教育界、科学界具有广泛的人脉资源与号召力。除竺可桢外,时任浙大各学院院长和系主任的胡刚复、梅光迪、李熙谋、郑晓沧、王琎、张绍忠、苏步青、陈建功、谈家桢、贝时璋、卢守耕、蔡邦华、张其昀、吴钟伟、王国松、郭斌龢等人,亦有较强的招徕能力,吸引人才来校执教。竺可桢非常重视教员的选聘,始终坚持高标准,非学术、教学优秀的教师不能聘请至该校教。此正如江希明所说:"他总是设法从其他大学或国外回国的学者中择优聘请来校任教,同时每年也有部分教师离校他就,这样就可以使各系教师不断更新,队伍逐步趋向完善。选聘教师时对教师的

---

① 《竺可桢全集》第 2 卷,上海科技教育出版社 2004 年版,第 620 页。
② 《竺可桢全集》第 8 卷,上海科技教育出版社 2006 年版,第 402 页。
③ 《竺可桢全集》第 8 卷,上海科技教育出版社 2006 年版,第 507 页。
④ 《竺可桢全集》第 9 卷,上海科技教育出版社 2006 年版,第 111 页。

业务要求也很严格,不但要学有专长有论文著述,还要擅长教学,每学期教课不足每周六小时者不能任为专任教师,因此学校的教师对工作都是积极负责,从而教学质量均可得到保证。"①对于教学不佳、学生反映强烈、锱铢必较的教师,则予以解聘或严厉批评。如1942年8月5日,竺可桢就写信给农学院院长蔡邦华,批评该院教师罗登义的意气争薪:"作函与邦华,知彭谦加薪后,罗登义如不加薪又将辞职,此辈之不识大体,徒争锱铢,士大夫之较量如此,真可叹息。一人之价值,可以一二十元之薪水争去就,其不足以为师表可知。"②聘请教员时,竺可桢亦能从节约全校经费角度考虑,量入为出,不轻易允诺高薪。1943年7月1日,竺可桢就史地系主任张其昀邀钱穆来浙大讲学三个月一事,认为:"教授方面,钱宾四来遵义费钱甚多,闻汇去二万元外,留遵二月去八千元,此人万不可聘。故下年渠如不来,亦不函约矣。"③对于确有能力但因各种原因提出辞职的优秀教师,竺可桢尽量晓以大义,予以挽留,以保证骨干教师的不流失。如张绍忠、贝时璋、谈家桢、苏步青、陈建功、费巩等,或因经济困难,或因同事间矛盾,均闹过辞职,竺可桢均极力挽留。对于新教员初来校任教,浙大实行优厚待遇,"规定新聘教员距离在500公里以外者,多支一个月薪,一千公里以外者,多支二个月薪"④。

在校长竺可桢、各院院长及各系主任等努力下,全面抗战时期浙大先后聘请不少优秀教师来校,如马一浮、孟宪承、陈剑修、丰子恺、张孟闻、罗宗洛、涂长望、任美锷、谭其骧、陈立、陈乐素、方豪、刘节、贺昌群、向达、黄尊生、吴文晖、蒋硕民等,学校教师队伍不断扩大。至1941年12月时,浙大已有教员229人(其中女教员21人),计教授81人、副教授26人,讲师42人,助教78人,兼任者只1人。学生不算龙泉分校,则有1048人。其中四年级254人,三年级373人,二年级406人(以上一年级学生不在内)。文院95人,理院126人,工院485人,农院202人,师院140人。⑤ 至1943年2月13日统计,浙大包括分校在内,有教

① 江希明:《大力发扬竺校长的办学精神》,浙江大学校友总会、电教新闻中心编《竺可桢诞辰百周年纪念文集》,浙江大学出版社1990年版,第139页。
② 《竺可桢全集》第8卷,上海科技教育出版社2006年版,第378页。
③ 《竺可桢全集》第8卷,上海科技教育出版社2006年版,第593页。
④ 《竺可桢全集》第8卷,上海科技教育出版社2006年版,第103页。
⑤ 《竺可桢全集》第8卷,上海科技教育出版社2006年版,第239页。

授、副教授达 159 人。[①] 1943 年 8 月 26 日,竺可桢统计全校教职工数,"将校中报部之教职员名额核定,计教员 251 人,职员 155 人,共为 406 人"[②]。1944 年、1945 年两年,浙大教员数量,大体稳定在 260—270 人。表 6-10 为战时浙大主要教员变动的统计。

表 6-10　1936 年 4 月至 1945 年 8 月浙大主要教员变动情况

时间	新聘教员	辞职、解聘、去世教员
1936 年 4—6 月	胡刚复、梅光迪、吴福桢、张其昀、景昌极	
1936 年 7—12 月	王焕镳、王庸、祝文白、林天兰、陈辛恒、庄泽宣、朱庭祐、张绍忠、束星北、何增禄、王淦昌、张肇骞、张孟闻、张闻骏、周承祐、钱祥标、胡硕荪、吴钟伟、刘准业、程耀椿、徐天锡、孙逢吉、黄本立、冯言安、张振华、柳定生、林汝瑶	
1937 年 1—6 月		
1937 年 7—12 月	章用、贺昌群、齐学启、张荫麟、郭斌龢、俞大纲、孟宪承、王琎、钱钟韩、谈家桢、吾舜文、刘恢先	曾炯之、沈有乾、景昌极
1938 年 1—6 月	马一浮、叶良辅、黄秉维、胡家健、蔡邦华、刘庆元、彭风泽、胡士煊	张荫麟、徐洽时、孙鲁农、谌亚远、蔡鼎、林天兰
1938 年 7—12 月	雷沛鸿、孟宪承、杨守珍、彭谦二、刘遵宪、万一、夏振铎、熊同龢、刘永济、毛燕誉、缪钺、高尚志、彭谦、殷元章	章用、庄泽宣
1939 年 1—6 月	余克缙、竺士楷、王培德、陈训慈、丰子恺、向达、黄翼、路季讷、涂长望、黄尊生、刘之远、屠达、丰子恺	张逸樵、金秉时、徐右渔、万一、冯言安

① 《竺可桢全集》第 8 卷,上海科技教育出版社 2006 年版,第 506 页。
② 《竺可桢全集》第 8 卷,上海科技教育出版社 2006 年版,第 622 页。

续表

时 间	新聘教员	辞职、解聘、去世教员
1939 年 7—12 月	方慧贞、佘坤珊、田德望、刘节、张肇骞、王师羲、沈尚贤、侯家熙、叶允竞、黄人杰、蒋芸生、陈立、李相勖、李凤荪、郦承铨、薛声岳、陈楚珩、任美锷、李熙谋、吴明愿、侯家煦、胡永声、朱正元、吴荣熙、林澍民、张有生、王仁东、陈懋文、赵伯基、黄希周、王建中、易希陶、姜琦、陈剑修、董聿茂、谢幼伟、孙怀慈、罗登义	陈大慈、毛燕誉、刘永济、陈嘉、沈同洽、王庸、贺昌群、蔡堡、蒋天鹤、唐凤图、毛启爽、张闻骏、朱一成、廖文毅、顾莹、孟宪承、雷宾南、唐观国、张培贞、顾青虹
1940 年 1—6 月	彭百川、罗登义、赵人骥、杨钦、范绪箕、田德望、黄尊生、张君川、谭其骧、刘馥英、汪同祖、路季讷	陈遶、刘节
1940 年 7—12 月	王徜、谢哲邦、张荫麟、吴征铠、曾慎、罗宗洛、王惟英、陶元珍、李源澄、卫士生、张裕征、萧璋、罗凤超、吴文楲、夏定域、王谟显	姜琦、彭百川、陈训慈、周厚复
1941 年 1—6 月	江希明、徐瑞云,黄肇兴、杜光祖、孙君立、潘承圻、毛掌秋	
1941 年 7—12 月	梁庆椿、王葆仁、孙祁、胡哲敷、邵秀林、程石泉、蒋硕民、马师亮、朱伯康、苏元复、吴文晖、张德粹、金城、德梦铁、黄川谷、沙学浚、方豪、陈庸声、苏元复	陈剑修、孟宪承、邰寿岗
1942 年 1—6 月	谢家玉、沈开圻、徐渊若、谢文通	范绪箕
1942 年 7—12 月	林良桐、李恩良、蒋炳贤、孙宗彭、胡正渠、陈乐素	卫士生、张荫麟、丰子恺、李熙谋、高尚志、黄秉维
1943 年 1—6 月	蒋硕民、钱穆	涂长望、任美锷
1943 年 7—12 月	冯乃谦、钱令希	钱穆、方豪、张孟闻
1944 年 1—6 月	蔡金涛、严德一、仲崇信	沈尚贤、王超人、杨守珍、王宏基

时　间	新聘教员	辞职、解聘、去世教员
1944 年 7—12 月	任美锷、黄肇兴、夏少非、丁绪宝、易鼎新、王维屏、蔡金涛、陈达勋	樊君穆、孙念慈、黄翼、罗宗洛、樊平章、刘泰、张鸿谟、卢庆骏
1945 年 1—6 月	卢鹤绂、范绪箕	费培杰、齐学启
1945 年 7—8 月	宋希尚、黄国芳、李春芬、么枕生	吴文晖

说明：本表据《竺可桢全集》第 2 卷及第 6—9 卷(上海科技教育出版社 2004—2006 年版)及其他若干资料制成。

(四)科学研究

竺可桢出任校长后,提倡"教授治校,民主办学",努力营造学术研究氛围,引进教学与研究人才,促进科学研究水平不断提高。在全面抗战时期,浙大虽一再搬迁,办学经费亦经常短缺,师生生活困难,但科学研究却未尝中辍,仍赓续进行。全面抗战时期浙大学术活动较多,学术研究氛围很浓。如各系的读书报告会、学术讨论会经常进行,在伽利略逝世 300 周年、徐霞客逝世 300 周年、中国工程师节、中国科学社年会、中国物理学会年会、钱宝琮与贝时璋等久任教授休假座谈会、纪念周集会召开时,均举行学术报告和学术讨论。此外,竺校长还利用中外学者来访或过境的机会,邀请其做学术报告,以丰富师生的学术视野。江希明教授后来曾回忆说:"在那些年代里学校的学术空气非常浓厚,对于学术研究的发展和对学生的学术兴趣的培养都起着积极的推动作用。"[①]

在此值得一述的,是浙大在遵义、湄潭举办的较大规模并较有影响的两场学术讨论会。

1941 年 12 月 20 日下午 3 点,史地系举办徐霞客纪念会,参加者有史地系学生、教师及校长竺可桢、中文系主任郭斌龢、吴志尧等人,"共约八十人之谱"。张其昀在会上讲演《徐霞客之精神》,竺可桢讲《徐霞客之时代》,叶良辅讲《丁文

---

① 江希明:《大力发扬竺校长的办学精神》,浙江大学校友总会、电教新闻中心编:《竺可桢诞辰百周年纪念文集》,浙江大学出版社 1990 年版,第 140 页。

江与徐霞客》,方豪讲《徐霞客与西洋教士关系》,任美锷讲《林文英"江流索隐"、"浙东山水"》,黄秉维讲《徐霞客游记中之植物地理时代》,谭其骧讲《丁文江所谓徐霞客对于地理上之重要发见》。① 此次纪念会的论文,后结集为《徐霞客先生逝世三百周年纪念刊》(为《国立浙江大学文科研究所史地学部丛刊》专号之一种),于1942年12月出版。②

1944年10月25日,浙大在湄潭举办纪念中国科学社成立30周年学术纪念会。时英国科学家李约瑟携其夫人李大斐一行共五人在浙大访问,亦参加了此次会议。前一日(24日)上午9点,李约瑟在学生膳厅讲演"科学与民主",有教职员、学生共400人听讲。下午3点,又请皮克先生演讲"英国战时农业研究"。晚上8点,在文庙大成殿,再请李约瑟演讲"中西科学史之比较",讲演后,浙大教师与李约瑟进行了讨论。25日上午9点,在文庙大成殿召开中国科学社湄潭分社年会,胡刚复、郑晓沧等社员38人及李约瑟均参加。胡刚复、竺可桢、李约瑟先后发言,并请钱宝琮讲演"中国古代科学发展之特点"。至12点半始结束。此次学术会议,浙大教师共提交了数十篇研究论文,仅生物学方面就有30多篇,浙大请李约瑟、皮克两先生进行审阅。26日,竺可桢做了"二十八宿之起源"的讲演;27日上午,会议参加者30多人在大成殿继续展开学术讨论。皮克先生参与讨论,并介绍近来生物学、物理学之进步情况。陈鸿逵、王琎、胡刚复、丁绪宝、王淦昌、谈家桢、王葆仁、姚鑫等浙大教授,与皮克先生进行了交流。此次会议结束后,李约瑟从中挑选一批优秀论文带回英国,在英文《自然》等杂志上发表。③

全面抗战时期,浙大各学系教师积极开展学术研究,取得了相当丰富的成果,以下简要介绍。

浙大史地系为国内高校名系,系内分史、地二组,设有史地研究部,并招收、培养了25名研究生。战时该系主要教师有张其昀、张荫麟、顾谷宜、刘节、景昌极、向达、贺昌群、李源澄、陈乐素、黎子曜、叶良辅、谭其骧、刘之佐、任美锷、涂

① 《竺可桢全集》第8卷,上海科技教育出版社2006年版,第205—206页。
② 倪士毅:《播州风雨忆当年——浙大史地系在遵义》,贵州省遵义地方志编纂委员会编《浙江大学在遵义》,浙江大学出版社1990年版,第107页。
③ 《竺可桢全集》第9卷,上海科技教育出版社2006年版,第207—210页。

长望、黄秉维、尹世勋等人。该系组织有史地学会,定期聘请校内外知名教授讲演,也请高年级学生做读书报告。如叶良辅讲演"瀚海盆地",涂长望讲演"为何贵州天无三日晴",任美锷讲演"贵阳附近的地形和苗族社会",黄秉维讲演"聚落研究",张席禔讲演"云贵高原与蒙古高原"等。[①] 史地系亦先后刊行《史地杂志》《国立浙江大学文科研究所史地研究所丛刊》《思想与时代》等刊物,发表教师的研究论文。张其昀的国防地理研究,谭其骧的中国历史地理研究(此时谭著有《播州杨保考》《贵州释名》《秦郡界址考》等文),陈乐素的宋史研究和古文献研究,较富于特色。全面抗战时期该系教师出版的主要著作有:任美锷《欧洲政治地理》,叶良辅《地理学研究法》,张荫麟《中国史纲》,张其昀主编《遵义新志》,尹世勋《湄潭之气候》等。特别是《遵义新志》一书,为新式地方志著作,全书共分 11 章,17 余万字,并附地图 22 幅。正文包括"地质""气候""地形(上)""地形(下)""相对地势""土壤""土地利用""产业与资源""聚落""区域地理""历史地理"各部分。该书主要内容全系浙大史地研究部各组导师及研究生实地考察、调查研究而写成。此部新型地方志对遵义今后的地方建设有极重要之参考价值。该系地理部教师成果丰硕,对于遵义、西南地理的研究较具特色。在1941 年春时,地理教师刘之远就发现距遵义 46 公里的团溪锰矿。此矿可提取二氧化锰,广泛应用于钢铁、化学、电气等工业领域。刘之远于 1941 年 7 月写成《遵义团溪洞上锰矿附近地质简报》,"寄送各需锰机关",引起资源委员会等政府机关的重视。[②]

浙大教育系主要教师有郑晓沧、孟宪承、陈剑修、陈立、黄翼、李相勖、胡家健、朱希亮、王侗等。该系分心理、教育两组,设有心理实验室,由黄翼主持,陈立等教师参与研究。全面抗战时期,黄翼教授有三篇心理学论文在美国《心理学报》上发表;陈立教授则专注于教育测验与统计的研究,全面抗战时期亦有四种研究报告在美国有关杂志上刊发。

浙大国文系亦荟萃了一批国内知名学者,如郭斌龢、王焕镳、缪越、郦承铨、

---

① 施雅风:《饮水思源怀念遵义》,贵州省遵义地方志编纂委员会编《浙江大学在遵义》,浙江大学出版社 1990 年版,第 123 页。

② 翁仲康:《刘之远教授》,贵州省遵义地方志编纂委员会编《浙江大学在遵义》,浙江大学出版社1990 年版,第 414 页。

丰子恺、沙孟海、夏定域、胡哲敷、萧璋、祝文白、任铭善、陆维钊、王季思、夏承焘、胡伦清、徐声越、刘永济、陈大慈、张清常、薛声震等。该系办有《国立浙江大学师范学院院刊》《国立浙江大学文学院集刊》《思想与时代》等刊物,发表了一批文学研究论文。缪钺的《诗词三论》,丰子恺的《子恺漫画全集》《子恺漫画选集》《子恺近作漫画集》《抗战歌曲选》著作,亦有较高水平。王焕镳受校长竺可桢委托所作《国立浙江大学黔省校舍记》一文,高古典雅,为校史名作。

浙大外文系主持人为梅光迪,主要教师有郭斌龢、田德望、陈嘉、佘坤珊、谢文通、张君川、黄尊生等人。该系教师教学能力相当优秀,如梅光迪的英国文学史,郭斌龢的希腊罗马古典文学,佘坤珊的英国诗歌,谢文通的英国散文,田德望之意大利语、但丁,张君川之戏剧、莎士比亚,田德望与张君川共同担任的德语、歌德等,皆受学生欢迎。相比教学,此时该系教师学术研究成果则较少,少量论文多刊于《思想与时代》《国立浙江大学文学院集刊》《国立浙江大学师范学院院刊》等杂志中。

浙大数学系亦为国内高校名系,其学术活动之丰富,为浙大全校之冠。每周六下午均有学术讨论会,事先贴出报告,系主任苏步青、教授陈建功每会必到。[①] 数学系学生读完三年级后,须选定一方向。如为数学分析方向,即由陈建功先生指导;如为几何研究方向,则由苏步青先生指导。该系针对四年级学生,开设两门选修课"数学研究甲""数学研究乙",此两课对学生日后从事学术研究帮助甚大。"数学研究甲"课程,由学生轮流报告论文,全系教师与其他四年级学生必须参加;"数学研究乙"课程,分几何、分析两组进行,由学生轮流报告事先选定的文献。[②] 遵湄时期,浙大数学系教师的研究主要有四个方向:一为数学分析,由陈建功教授带领王福春、卢庆骏、徐瑞云、程民德、项辅辰等教师,在三角级数及单叶函数方向不断探索。二是微分几何,由苏步青教授带领熊全治、张素诚、白正国、吴祖基等教师,在射影微分几何领域辛勤耕耘。苏步青当时已在湄潭写成《射线曲线概论》一书初稿,他由此被法国著名数学家布拉须凯称为

---

① 施雅风:《饮水思源怀念遵义》,贵州省遵义地方志编纂委员会编:《浙江大学在遵义》,浙江大学出版社1990年版,第123页。

② 施雅风:《饮水思源怀念遵义》,贵州省遵义地方志编纂委员会编:《浙江大学在遵义》,浙江大学出版社1990年版,第141页。

"东方第一个几何家"①。三是数理方程、代数,由蒋硕民教授带领学生进行研究。四是钱宝琮教授的中国古代数学史研究,惜无人继承。②

浙大物理系的教师阵容,在全校最为整齐,其研究实力非常突出。该系除全面抗战前就已来校执教的胡刚复、张绍忠、王淦昌、束星北、何增禄、朱福炘等著名教授外,全面抗战时期又增加了朱正元、丁绪宝、卢鹤绂、周北屏等教师。该系图书杂志、设备也较齐全,如订有美国《物理评论》《现代物理评论》、德国《物理学期刊》《物理杂志》、英国《哲学杂志》《英国皇家学会学报》等。实验室有电学、光学、近代物理、实验技术等四个,还有专门的图书室、暗室和修理工厂。系主任王淦昌教授精心保护浙大当时仅有的一克镭,每次跑警报,均将其揣进怀里进防空洞。1942年1月11日,物理系还举办"伽利略逝世300周年纪念会",竺可桢、胡刚复、方豪、王淦昌、朱正元、程石泉、解俊民等均讲演或提交论文。对纪念会情况,竺可桢在其日记中进行了简要记述:"八点半物理学会胡济民、解俊民来,约至财神庙十号教室作伽利略逝世三百周纪念,何增禄主席。报告后由刚复讲'伽利略之生平及其对于物理学之贡献',约1h40′,对于动之第一定律解释甚好。次余讲'伽氏对于天文学之贡献'半小时。次方人杰讲'伽氏与天主教之关系及科学入中国之关系'。次程石泉讲'伽利略在近代科学上之地位'。时已十二点,尚有朱善培、王淦昌、解俊民三篇未读。"③1941年11月29日,从西南联大转至浙大数学系任教的蒋硕民,曾对竺可桢言:"浙大物理设备、数学书籍甚佳,国内无出其右。"④抗战时期,物理系想方设法开展物理实验与研究,取得了比较突出的成绩。物理系四年级学生的"物理讨论"课,分甲、乙两班。甲班是四年级的必修课,由全系教师和四年级学生轮流做报告;乙班由束星北、王淦昌教授主讲,本系或外系师生均可自由旁听,报告中可自由提问,空气活跃。做实验没有电,该系著名教授束星北即亲自动手,将一辆旧汽车上用的旧电机,改造为手摇发电机;1944年他暂时调去军政部,设计制造出中国第一

---

① 黄振霞:《浙江大学在湄潭》,《黔人》(台北)1944年第1期,第183页。

② 张素诚:《回顾浙大数学系在遵义湄潭》,贵州省遵义地方志编纂委员会编:《浙江大学在遵义》,浙江大学出版社1990年版,第138页。

③ 《竺可桢全集》第8卷,上海科技教育出版社2006年版,第279页。

④ 《竺可桢全集》第8卷,上海科技教育出版社2005年版,第193页。

部雷达;何增禄带领学生吹制真空设备。王淦昌在抗战时期的国内外杂志上,共发表 10 篇学术论文,学术研究能力比较突出。他带领化学、物理两系的一些助教和学生,进行宇宙射线实验、应用方面的研究,发表了四篇论文。另外,王淦昌此时也比较关注核物理方面的研究,不但开设"原子核物理"课程,而且写成《中子的放射性》《中子和反质子》等几篇论文,并提出探测中子与反质子的方法,将其探测结果写成论文。他写成《关于探测中微子的一个建议》,于 1941 年 10 月 13 日寄往美国的《物理评论》杂志,于 1942 年初发表。论文发表数月以后,美国阿伦(J. S. Allen)教授亦在实验中证实了中微子的存在。此项研究被称为 1942 年世界物理学研究的重要进展之一。1944 年 10 月 25 日至 26 日,浙大在湄潭召开中国科学社成立 30 周年纪念会暨中国物理学会贵州区年会,英国科学家李约瑟夫妇参与了此次会议。会上,浙大的物理学会会员共宣读了论文九篇,其中束星北《加速系统的相对论转换公式》、王淦昌《中子的放射性》等五篇论文,被李约瑟带回英国,发表于 1945 年的《自然》杂志。[①] 除这次年会外,中国物理学会贵州区还在 1942 年 12 月、1943 年 10 月 31 日、1945 年 10 月 7 日,在浙大物理系举办过三届年会。[②]

浙大生物系亦是国内名系之一,拥有贝时璋、谈家桢、蔡堡、罗宗洛、张肇骞、张孟闻、仲崇信、江希明等一批知名教授。当时生物系的设备只有几台显微镜和温箱、烤箱,白天靠自然光,晚上借助于桐油灯或柏油灯。没有水,生物系就在祠堂外造一个小水塔,上置一只大水桶,把经过净化的江水一担一担挑上去,利用位差压力,形成自来水,用竹管接出来使用。显微镜数量有限,往往多人轮流使用,白天轮不到,就利用晚上时间用油灯进行观察。所谓"日中不足,继以焚膏","白日既匿,又复三更灯火"。就是在这样比较简陋的条件下,从 1942 年至 1946 年,生物学教师在国内的《科学记录》《实验生物学杂志》等刊物上发表了 10 多篇高水平论文,在英国的《自然》《实验生物学杂志》《植物学记事》《动物学集刊》和美国的《生理动物学》《植物学杂志》《遗传学》《美国自然科

---

① 程开甲等:《遵湄时期的浙大物理系》,贵州省遵义地方志编纂委员会编:《浙江大学在遵义》,浙江大学出版社 1990 年版,第 149—152 页。

② 范岱年、丌方:《王淦昌在贵州的七年》,贵州省遵义地方志编纂委员会编:《浙江大学在遵义》,浙江大学出版社 1990 年版,第 447—448 页。

学家》等刊物上共发表 20 多篇论文。[①] 特别是贝时璋的细胞重建研究、谈家桢的遗传学研究,丰富了摩尔根的遗传学学说等,均引起了国外同行的注意。张孟闻在此写成《湄潭动物志》书稿。当时在生物系,有贝时璋带领的实验生态学研究小组、罗宗洛带领的植物生理学研究小组、谈家桢带领的遗传学研究小组等。生物系还经常组织书报讨论会,由教授、讲师、助教、研究生和高年级学生轮流主讲,每周六举行一次,七年多从未间断。这种讨论会对培养青年教师和高年级同学的独立阅读、分析、综合以及表达能力,均起了非常重要的作用。

浙大化学系中,先后担任系主任的有周厚复、王琎、王葆仁,此外还有储润科、吴征恺、刘遵宪、张其锴、王承基等教师。因人员变动较大,该系在研究成果上不如数学、物理等系丰富。

浙大工学院设有化学工程、电机工程、土木工程、机械工程、航空工程五系,各系均有一批著名教师。如化工系有李寿恒、苏元复、吴征恺、刘馥英、程耀椿、冯新德、侯毓汾、吴文栻等,"全系师资阵容之强大,实力之雄厚,在当时国内诸大学化工系中,并不多见"[②]。电机系有李熙谋、王国松、杨耀德、沈尚贤、马师亮、蔡金涛、王懋鋆等人。机械系著名教师有钱钟韩、王仁东、王宏基、万一、范绪箕、施成熙、梁守槃、夏志斌。土木系有吴钟伟、钱令希、梁永康、竺士锴、孙怀慈、张书农、刘恢先等。航空系设立较晚,著名教师不多。工学院特别注重教学,以培养学生为主,其学生数量占全校学生一半左右。相对而言,由于战时条件的限制,学术研究较为逊色。

浙大农学院为生物科学的教学与研究中心,设有农场,分农艺场与园艺场,农艺场有水稻、玉米、大麦、小麦、棉花、油菜等试验田和作物标本区;园艺场有果树、蔬菜、花卉等试验田;由孙逢吉、张鸿谟负责。农学院设有推广部,1942 年还设立农业经济研究所,招收研究生。在该院任教的专业教授达 42 名,如农学系的卢守耕、孙逢吉、徐涉,园艺系的吴耕民、熊同和,农化系的黄本立、杨守珍、彭谦、罗登义,病虫害系的蔡邦华、陈鸿逵、祝汝佐、李凤荪、王云章、刘淦芝、陈

①　姚鑫、周本湘:《湄上弦歌——记浙大生物系在湄潭》,贵州省遵义地方志编纂委员会编:《浙江大学在遵义》,浙江大学出版社 1990 年版,第 162 页。

②　赵善成:《遵义时期的浙大化工系》,贵州省遵义地方志编纂委员会编:《浙江大学在遵义》,浙江大学出版社 1990 年版,第 176 页。

家祥,农经系的梁庆椿、吴文晖、雷男、张德粹、沈文辅、陆年青,蚕桑系的夏振铎、王福山等。该院办有《浙农通讯》《农院专刊》《蚕声》《农化通讯》《农经通讯》《浙大园艺》《病虫知识》《农业经济学报》等刊物,刊登研究文章。四年级学生均须做读书报告,每名学生每学期须做报告1—2次,还组织学术报告会,请校内外名家演讲。学院培养了研究生16人。在科研方面,1943年2月5日,农学院举行全院学术报告会,参会论文85篇,其中农艺系16篇,园艺系19篇,农化系29篇,病虫害系12篇,蚕桑系5篇,农业经济系4篇。① 农艺系研究水稻、玉米、大麦、小麦、棉花、油菜等主要作物的选种和栽培,园艺系主要研究果树、蔬菜、花卉等观赏植物的引种、调查、栽培、选种技术。农化系主要研究土壤、肥料、农产制造,以及蔬菜、谷物营养等。病虫害系着重在病虫害的调查、防治、食用菌人工培养、五倍子等研究。蚕桑系着重在柞蚕的研究。农业经济系着重在农家的调查研究。1944年,农林部提供研究补助费10万元,约请农学院教师从事研究,研究课题有陈鸿逵《除虫菊枯病之研究》、蔡邦华《五倍子之研究》、祝汝佐《我国粮食害虫生物防治之研究》、罗登义《我国主要蔬菜中维生素之研究》、吴文晖《耕者有其田之研究》。1945年增加卢守耕《水稻多收栽培法》、叶声钟《蓖麻良种选育》两个课题,经费增为31.5万元。研究成果除发表在浙大农学院所办刊物上外,还发表在《中农月刊》《中农经济统计》《中大农经集刊》《四川经济期刊》《科学》《广西农业》《中华农学会报》等国内刊物上。农学院还结合当地农业生产实际,进行推广马铃薯、番茄、洋葱、西瓜、甜瓜、花椰菜等良种栽培工作,受到农民的欢迎。蔡邦华的我国西南各省蝗虫、马铃薯蛀虫、稻苞虫之研究,蔡邦华与唐觉有关五倍子的研究,卢守耕有关水稻育种和胡麻杂交的研究,孙逢吉的芥菜变种研究,吴耕民的甘薯、西瓜、洋葱等蔬菜瓜果新品种在湄潭的试制和推广以及关于湄潭胡桃、李、梨的研究,熊同和的植物无发现繁殖研究,林汝瑶的观赏植物研究,杨守珍的豆薯各部的杀虫研究,陈锡臣的小麦研究,过兴先的玉米和棉花研究,储椒生的榨菜研究,陈鸿逵与杨新美的白木耳人工栽培研究,葛起兴的茶树病虫害研究,祝汝佐的中国桑虫研究,杨新美的贵州食用蕈的

---

① 陈锡臣:《浙江大学农学院在湄潭》,贵州省遵义地方志编纂委员会编:《浙江大学在遵义》,浙江大学出版社1990年版,第205页。

人工栽培研究等,均达到相当高的水平,在国内处于领先水平。[①]吴文晖教授所著《农业经济学原理》一书,于 1945 年 6 月获教育部学术审议二等奖。罗登义受湄潭茶场委托,测定茶园土壤属性,取得 63 种结果。[②]

　　1945 年 10 月 27 日,英国科学家李约瑟在英国《自然》周刊第 156 卷上发表《贵州和广西的科学》,其中概述了其观察到的全面抗战时期浙大科学研究情况,说:"在介于重庆和贵阳之间的一座叫遵义的小镇里,可以见到中国最好的四所大学之一的浙江大学。浙大主要住在破旧的寺庙里,遵义还容纳不下整个学校……浙大校长是竺可桢博士,中国著名的气象学家,中央研究院气象研究所所长。""在湄潭,人们发现科学研究很活跃。生物系在贝时璋博士的领导下……一直在研究腔肠动物生殖作用的诱导现象和昆虫的内分泌素等项目。访问中还见到谈家桢博士,他对瓢虫奇特的色斑遗传学研究已在美国方面引起颇多的兴趣。他曾去美国访问过一年。在化学方面,王葆仁博士……在研究磺胺类药物的衍化物(其中一些已被发现是活跃的植物生长激素);王琎博士则是微量分析和中国炼丹史专家。这个活跃的小组还要加上张其楷,一位曾在美国受训的研究当地麻醉剂的专家,以及孙宗彭,曾留学美国的生物化学家。""在物理学方面,由于缺乏设备,多数的研究工作侧重于理论方面的原子核物理以及几何光学方面,然而水平显然很高[有留学爱丁堡的王淦昌博士、丁绪宝博士以及米利肯(Millikan)的学生何增禄博士和大有前途的程开甲博士]。还有一个由几何学家苏步青博士主持的杰出的数学研究所。""拥有广阔场地的农业研究所也在进行诸多研究。生物化学博士罗登义已经发现,在当地一种野蔷薇(学名 Rosa multiflora)花荚里有含量很高的维生素(每克含维生素 C20 毫克和维生素 P30 毫克);还发现中国的一种大枣(学名 Zizyphus Vulgaris)里每克含有约 35 毫克维生素 P。酿造组的白汉熙博士正在研究贵州著名的茅台酒所用的特殊酒曲,这种酒曲除酵母菌外,还包含不下 28 种特地配入的药材,其中一些能加速糖化,而其他的可能可以防止微生物的污染。这一点甚至有军事上的重要性,因为一部分供盟国军用卡车在中国路面上使用的动力酒精,是将传统

---

①　邹先定主编:《浙江大学农业与生物技术学院院史(1910—2010)》,浙江大学出版社 2010 年版,第 27 页。

②　黄振霞:《浙江大学在湄潭》,《黔人》(台北)1994 年第 1 期,第 183 页。

方法制成的烧酒送到中央蒸酒厂蒸馏而得的。彭谦博士主持下的土壤学研究,正在进行土壤中的 pH 值及土中微量元素如镍、锌等的研究,特别注重与茶、豆、蔬菜等作物的关系。遵义还有一所中国蚕桑研究所,在蔡堡博士主持下,做了非常充实的研究工作。"①

此段引文中并没有提到全面抗战时期浙大在史学、地理学等人文社会科学方面的贡献,这可能与李约瑟的专业兴趣有关,但其所概述的浙大在自然科学方面的贡献,还是比较全面的。

五、全面抗战时期浙江大学的社会服务与地方教育服务

培养人才、科学研究、社会服务,为大学的三项基本功能。全面抗战时期的浙江大学,不仅教学、科研出色,而且在社会服务、发展地方中小学教育方面,亦取得比较突出的实绩。以下分三个时期予以概述。

(一)内迁泰和时期

浙江大学约于 1938 年 2 月中旬迁至江西泰和上田村,借此村中的大原书院、萧氏宗祠办学,至 9 月中旬迁离,前后约有七个多月。在此期间,浙大一方面抓紧授课,另一方面积极开展社会服务。

1. 修筑防洪大堤

上田村位于泰和县城西五里,与赣江相去咫尺。浙大初到此村,即目睹村中"楼壁墙脚,以往的水痕,斑斑可见,本地住民虽已习焉不怪,然新来者不无戒怵"。为保护校中的贵重设备不受洪水损坏,也为了当地免除隐患,浙大决定修筑防洪堤坝。

筑堤之议,初由浙大土木系教师唐凤图提出。1938 年 3 月 13 日,他向校长

---

① [英]李约瑟、李大斐编著,余廷明等译:《李约瑟游记》,贵州人民出版社 1999 年版,第 208—209 页。

竺可桢提出详细建议，据竺可桢在日记中记载："上流洲尾村之石坝以及泰和城东之狗头山，共约十五里，若筑堤三尺高，则可防如去年之大水。预计须土方一万方左右。一星期以内即开始测量，预期于两星期内将第一步测量完毕。此外尚有山洪问题，上田村北之玉华、武山，至夏季时有山洪暴发，其中宣泄全赖渠道。主要渠道由玉华山迂回而东，绕过县城东北，折曲而南，终汇于赣江。但渠道迂回宣泄不利，但上田以西梁家村附近山麓巨塘积水，与洲尾村附近老河口石坝相连，如辟人工水道使与渠道相贯通，而与老河口筑闸节制，则不妨及灌溉矣。"①竺可桢欣然接受了此建议，遂于 3 月 17 日，与泰和县县长鲁绳月、县府科长辛焕曾、第四区区长萧元伯、县水利局局长傅元衍等人，同赴沙村附近山上进行勘察。② 修筑大堤需要不菲资金与人力，这并非浙大所能承担，需谋求赣省政府的支持。4 月 8 日，竺可桢与胡刚复、梁庆椿三人在南昌，与赣省水利局长燕方畋等商谈工程款项及征工问题，燕方畋表现出支持的态度。竺可桢在日记中记："谈及泰和堤工问题，依唐凤图、吴馥初等所拟路线，有土方一万七千余，如去马路工程亦有万三千余。以时间之紧迫，征工只能作一部，故燕允在南昌包工。觅一百人则每人每天可作一方，三百人一个月即作九千方，其余九千方则征工。预计平均五角一方，需款九千元，除水利局可担任五千元外，余四千元须商之于建厅，十日内工人即送去云云。"为弥补资金缺口，竺可桢后还至省建设厅与厅长杨绰庵商议，对于浙大提出的沙村垦殖场经费 1.6 万元与修筑大堤4000 元之数额，"杨即满口答允，但须浙大负其全责"③。在浙大、江西省水利局、泰和县政府三方合作努力下，1938 年 4 月组织成立了"堤工委员会"，由竺可桢亲任主席，并设办事处于上田村萧氏宗祠。浙大土木系唐凤图、胡鸣时、徐仁骅等教师亲任设计、制图和督工，土木系主任吴钟伟则安排本系工读学生，分别测量水位和基础。该项工程东起泰和县，西迄梁家村，长约 15 里。工程于 4 月28 日正式开工，5 月 7 日工人增至 700 人，5 月 20 日后更增至 800 人，至 6 月底乃告完工。

竺可桢非常关心工程的进度，在 5 月 31 日的日记中自记："截至今日，堤工

---

① 《竺可桢全集》第 6 卷，上海科技教育出版社 2005 年版，第 486 页。
② 《竺可桢全集》第 6 卷，上海科技教育出版社 2005 年版，第 488—489 页。
③ 《竺可桢全集》第 6 卷，上海科技教育出版社 2005 年版，第 500—501 页。

委员会之工程第一段应告成。但包工王桂林、夏文卿均尚未能做完原来之一万方,而梁家村方面须制一闸,且村庄地势低,星期日大雨后,无法取土,故十天以内尚不能告成,而大水则难免不于十天以内到临,故极为焦灼也。"①至大堤完工时,赣江并未发生洪水。但在 1939 年、1940 年两年,赣江却发生较大洪水,上田村因有浙大帮助修筑的防水大堤而幸免遭受损失。1939 年 8 月 19 日,竺可桢在宜山遇从泰和返校的毕业生解翼生,"谓七月间泰和大水,水几平浙大之堤,为近来罕见,故地方人士称道浙大不置云"②。1940 年 4 月 26 日,时在遵义的竺可桢,又接在泰和的气象所工作人员金咏深函告,"本年三月前泰和附近雨水长,而一、二诸日又值大雨,三日已晴,但是日上午忽发洪水。上田村幸得浙大所筑千秋堤之助,得以不进水,但三日上午十点水离堤面只尺余,十二点后即退,七日已退尽。于是省政府诸人莫不感谢此千秋堤云云"③。此段大堤修成后,对于当地防洪起到显著的作用,被人称为"千秋堤""浙大大堤"。

2. 举办沙村示范垦殖场

浙大迁至泰和后,即观察到该县"历遭兵燹,原田每每荒芜可惜"。因战事影响,战区难民不断涌入赣省,生活困难。农学院院长吴耕民、梁庆椿等人向竺可桢提出移难民垦荒的建议,"俾可救济流亡,增加生产,诚为一举两得",得到竺可桢的同意。1938 年 4 月 8 日,竺可桢在南昌与赣省水利局、建设厅接洽筑堤经费时,亦向省方提出建设沙村垦殖场的问题,赣省建设厅向省政府提出议案,得到省府同意,拨款 1.5 万元。其中先拨 0.5 万元,用于为难民发放生活费,购买农具、牲口、衣服等。1938 年 5 月 15 日,浙大指派即将毕业的农学院四年级学生蔡正兴、解翼生二人,赴沙村成立示范垦殖场筹备处,并选时任农学院助教的周承澍为该垦殖场具体负责人。5 月下旬,浙大派该校土木系工读学生一队,测量垦区地形。最终勘定泰和属四区沙村墟附近高垅地方一带荒田 600 亩,作为第一垦区,由农经系系主任梁庆椿亲自草拟进行计划,向赣省政府提交报告。浙大农学院院长兼垦区管理委员会主席卢守耕,也于同月偕该场主任周

---

① 《竺可桢全集》第 6 卷,上海科技教育出版社 2005 年版,第 527 页。
② 《竺可桢全集》第 7 卷,上海科技教育出版社 2005 年版,第 143—144 页。
③ 《竺可桢全集》第 7 卷,上海科技教育出版社 2005 年版,第 344 页。

承澍,先后在南昌、吉安,选符合条件的垦民共 81 人,送往泰和垦区。

　　竺校长对沙村垦殖一事,也比较关心,其日记中留下多处记载。1938 年 5 月 19 日,竺可桢、卢守耕赴泰和县府晤鲁县长,"与鲁谈沙村垦殖场地权。据云,该处均荒废多年,应无问题。惟为免作日后纠纷计,可以出布告,嘱人民于一定时期内来指明某处地段为其所有"①。5 月 20 日,竺可桢又与第四区萧区长同往杨家村所定示范垦殖场参观,"其地在山脚下,即余辈亦第一次所见者"②。6 月 9 日,竺可桢再约吴耕民、卢守耕、周承澍同赴沙村,据竺可桢自记:"初往垦殖场,沿小路一走,见上次荒地已有若干开垦。据周云,水源似无问题,荒地现惟在两山之间有一百余亩。吴观铚率高工毕业生正在测量。十二点回至杨村办事处晤蔡正兴。此屋系杨家祠堂,颇宽敞,足收容六七十难民之用。"③ 6 月 23 日,竺可桢又陪同县长鲁绳月,赈济委员会科长孙嘉燮、李积新,经济部顾谦吉,及江西省赈务会主任秘书胡干来,再次视察沙村示范垦殖场。④ 6 月 24 日,沙村垦殖场委员会第一次会议在大原书院召开,竺可桢在会上,"报告测量已毕事,沙村垦殖场图已制就。难民到者,据周报告已有七十七人"。在此次会议上,推卢守耕为沙村垦殖委员会主席,泰和县政府辛科长为秘书。⑤

　　经过数月的筹备、忙碌,至该年 8 月,沙村垦殖场初具规模。1938 年 8 月 11 日,根据周承澍的报告,竺可桢了解到:"沙村现有垦民 102 人,其中壮男、壮女占 65%,每人每月膳费不过费二元一角,即连衣着、零用亦不过二元七角六分。全队分为五组,稻田仅种十余亩,拟以本年冬作开始。至明年,一小部分人于春季即可独立。现拟在马路以南推广垦种,可得三四百亩,可预期一百五十人即可垦种七百亩。已购得牛十四头,农具亦备,并拟织布。垦民尚能相安乐业,惟其中有七八人迟早要受淘汰。"⑥8 月 27 日,竺可桢又阅读周承澍提交的垦殖场七、八两月的工作报告:"至七月底共有难民 101 人,其中女子廿七人,年岁十五以下十二人,四十五以上十人,籍贯苏 63、浙 12、天津 6 人,以松江、宜兴

---

① 《竺可桢全集》第 6 卷,上海科技教育出版社 2005 年版,第 521 页。
② 《竺可桢全集》第 6 卷,上海科技教育出版社 2005 年版,第 522 页。
③ 《竺可桢全集》第 6 卷,上海科技教育出版社 2005 年版,第 531—532 页。
④ 《竺可桢全集》第 6 卷,上海科技教育出版社 2005 年版,第 538 页。
⑤ 《竺可桢全集》第 6 卷,上海科技教育出版社 2005 年版,第 538 页。
⑥ 《竺可桢全集》第 6 卷,上海科技教育出版社 2005 年版,第 563 页。

为最多,各廿人。已种晚稻十二亩,有水牛十一头,牛价五百六十元。副业有织布及制粉条两种。谷价每石一元二角,制成粉条可售三元二角,谷之粉渣尚可饲猪,每石饲五六头,每头猪粪可肥田六七亩。已投资三百元,并建粉作坊五间。粮食自六月十四至七月底共用米三十市石,每人每年须二石八斗,米价在四元三角。每月蔬菜共六十元,每人月八角也,故粮食每人平均月二元八角。"①1938 年 9 月浙大撤离泰和之际,竺可桢曾致函赣省建设厅厅长杨绰庵,"嘱省府无论如何设法维持沙村事业"②。

沙村垦殖示范场是浙大发挥自身特长、投入一定人力物力资源所从事的一项社会服务事业。尽管此项事业规模不大,时间较短,但却凸显了浙大师生关心难民疾苦、急其所急的爱民精神。

3.创办澄江学校

浙大迁至泰和时,除全体师生外,亦有不少教职工眷属随行,其子女无学可上,急需入学。而据梁庆椿的调查,泰和乡村小学非常落后,存在"教员报酬低而工作忙""师资程度低下""设备简陋""缺少课外活动""教材缺乏农村与本地之适应性""忽略精神训练"等诸多缺点,实有对其扩充与改组之必要。在梁庆椿、庄泽宣、郑晓沧等人的建议下,浙大校方与泰和县政府及当地人士商妥,由浙大接办上田村中的保学,将其改称澄江学校(澄江即赣江)。先在 1938 年 2 月 22 日正式组织校董会,浙大及上田村各推四人,另聘该县教育人士一人担任校董。浙大教师中出任校董的,是郑晓沧、庄泽宣、张其昀、张绍忠四人,其中郑晓沧为校董会主席,庄泽宣兼任校长。学校经费,由上田村萧氏及浙大各捐出200 元,泰和县府补助 200 元,上田村承担 200 元,其他学杂费收入约 200 元,共计 1000 元。学校校舍是就原有保学房屋进行修葺而成的。全校共有学生 120余人,小学中高年级、低年级各编为一级,初中生因数量少而编为一级。所有课程依部颁课程标准讲授,而仪器图书,则多由浙大借用。该校的任课教师,除聘请专任的二人外,其他均由浙大具有教学兴趣的各系同学担任。

---

① 《竺可桢全集》第 6 卷,上海科技教育出版社 2005 年版,第 571 页。
② 《竺可桢全集》第 6 卷,上海科技教育出版社 2005 年版,第 575 页。

澄江学校由浙大向赣省教育厅备案后,于 1938 年 3 月 24 日正式开学,至 6 月 29 日放暑假休学。其间,浙大曾建议赣教厅在该村建立一县立小学,赣教厅于 5 月 26 日进行了回复,竺可桢在其日记中记载:"又关于澄江学校事,教厅只允拨钨矿税充义务教育,澄江办有中学,不得提用。因此校中将中小学分开,以中学为澄江,而以小学为泰和第一区中心小学。县中即以此转呈,自四月份起月可得六十六元,每年八百元之数。"①同年 6 月,赣省府下令改澄江学校为县立上田村小学。后赣省府亦迁至泰和县,改上田村小学为省立实验小学。②

(二)内迁宜山时期

1938 年 10 月,浙江大学迁至广西宜山,在此留居约一年多,于 1939 年 12 月 20 日迁往遵义。在这短暂的一年左右时间里,浙大继续开展社会教育与地方教育服务事业。除抗敌宣传、歌曲演唱、社会募捐外,还开展了下述两项活动。

1. 助农服务

全面抗战时期因交通阻隔,费用浩繁,多数师生并不返回老家。为此,浙大在每年暑期均举行学术或其他活动,以活跃师生生活。1939 年 7 月 19 日,竺可桢与顾谷宜、梁庆椿、程耀椿、张其昀、丰子恺、胡刚复、胡家健、向达等谈及组织校中暑期讲习会问题,"结果拟召集学生自治会与教职员委员会联合讨论此事。据胡建人云,暑期讲习分读书、社会服务、娱乐及演讲四组,但只社会服务已组织有头绪云"③。7 月 27 日,竺可桢再次召集暑期讲习会师生联合会议,决定分读书、社会服务与游艺三股进行。其中社会服务方面,"则有成人教育与代农家收获、慰问伤兵等工作。成人教育一部分在宜山,一部将赴广西各处"④。

根据上述安排,1939 年 7 月 31 日,农经系主任梁庆椿,带领本系学生 37 人,前往附近小龙地方,"帮乡人作收获工作"。此助农学生工作队,分为三队,

①　《竺可桢全集》第 6 卷,上海科技教育出版社 2005 年版,第 525 页。
②　李絜非:《浙江大学西迁纪实》,浙江大学 1939 年编印,第 19 页。
③　《竺可桢全集》第 7 卷,上海科技教育出版社 2005 年版,第 126 页。
④　《竺可桢全集》第 7 卷,上海科技教育出版社 2005 年版,第 130 页。

以吕高超、钱英男、寿宇三人为领队,在峝口、莫村、坝头三地开展工作,助农民收割稻谷。[1]

2.成立实验小学及举办成人教育

1938 年 8 月,浙大成立师范学院,开始招收师范生。为未雨绸缪,解决将来师范生实习问题,1939 年 8 月 22 日,竺可桢主持召开学校行政会议,决定办理实验小学,"同时在小龙江建屋,屋好后兼办中学"[2]。这所小学校址位于宜山蓝靛村,竺可桢委托浙大总务长、教育系教授胡家健办理。1939 年 10 月 26 日,胡家健告知竺可桢,小学已于本月 18 日开课,定于下月 1 日正式行开学典礼,全校学生共有 130 余人,教师 5 人。竺可桢因此称赞"胡建人办事可称迅速"[3]。1939 年 11 月 1 日,竺可桢参加该校开学典礼时,学生已有 162 人,"中广西人占半数约 78 人,浙江 27 人,江苏 23 人。以职业而论则商学二界为多,农家子只一人而已,年龄自五至十四五,课室现只二座,分四间"[4]。

除办理实验小学外,浙大还发动学生在暑期办理成人教育事业,共在县城和怀远镇办了八个班的成人教育班。其中县城的成教班有学生 180 多人,皆为成人妇女,共教两个月,修业者 80 余人;怀远镇有妇女班一班、伤兵班一班(40余人)。[5]

(三)内迁贵州时期

1940 年初,浙大从广西宜山迁至贵州遵义,从此在此居留六年半。定居遵义不久,竺可桢即在 1940 年 8 月 1 日"浙大成立 13 周年纪念会"上,指出:"抗战期中在贵州更有特殊之使命。昔阳明先生贬窜龙场,遂成'知难行易'之学说。在黔不达二年,而闻风兴起,贵州文化为之振兴。阳明先生一人之力尚能如此,

---

① 《竺可桢全集》第 7 卷,上海科技教育出版社 2005 年版,第 132—133 页。
② 《竺可桢全集》第 7 卷,上海科技教育出版社 2005 年版,第 145 页。
③ 《竺可桢全集》第 7 卷,上海科技教育出版社 2005 年版,第 189 页。
④ 《竺可桢全集》第 7 卷,上海科技教育出版社 2005 年版,第 192 页。
⑤ 谭明均:《抗日时期浙江大学在宜山》,《宜山文史》第 2 辑,中国人民政治协商会议宜山县委、宜山县志编委会 1988 年编印,第 38 页。

吾辈虽不及阳明,但以一千余师生竭尽知能,当可有裨于黔省。"①"浙大来此,尚有多年之逗留,吾人自当步法先贤,于所在地之种种设施,革革兴兴,尽心竭力以赴。……例如开辟荒地,使耕地加多;改良种植方法,使产量增加;避免破坏,减少浪费,成效可与增加生产相埒。其简接直接,积极消极,与抗建有裨益者,均为大学所当顾及而努力。"②浙大如此说,亦如此去做。居遵义六年多,该校开展了广泛的社会服务与地方教育服务活动,较好地践行了竺可桢所言浙大在贵州的"特殊使命"。

1. 协办黔省中学各科教员暑讲会

战时,教育部为推动后方各省份中学各科教员的进修,其最重要的一项工作,即是要求各省份普遍举办中学教员暑期讲习会。1938年7月7日,教育部颁布《二十七年暑期中等学校各科教员讲习讨论会办法》,要求川、滇、黔、桂、陕、甘等六省在暑期举办中学各科教员讲习会。③次年4月20日,教育部又提前颁布《二十八年暑期中等学校各科教员讲习讨论会办法》,指示川、滇、黔、陕、甘等五省克期筹备进行。④此后几年,教育部每年均会颁布相关办法,要求按期举行暑讲会。其举办省份,也逐步扩展到宁、青、绥、湘、浙、桂、粤、西康等后方省份。

关于暑讲会的举办方法,教育部历年之规定,实大同小异。主要有:其一,暑讲会的组织,一般由相关的委员会或由所处本区域的师范学院来主持。如果设立相关的委员会,则由各省教育厅厅长担任主任委员,由所在地专科以上学校校长(或院长)及教育部指定的其他人员担任委员。如由所在区域的师范学院主办,则由该校校长提任主任委员,本省及邻近各省教育厅厅长、本地其他大学校长或知名教授担任委员。每届暑讲会,由主办方负责办理各科分组、讲演题目、选聘讲师、经费预算等各项事宜。讲习会所需职员,则从举办地省教育厅

---

① 《竺可桢全集》第7卷,上海科技教育出版社2005年版,第407页。

② 《竺可桢全集》第2卷,上海科技教育出版社2004年版,第512页。

③ 《令四川、云南、贵州、广西、陕西、甘肃等省教育厅检发二十七年暑期中等学校各科教员讲习讨论会办法及表令仰遵照由》,《教育部公报》1938年第7期,第42—43页。

④ 《二十八年暑期中等学校各科教员讲习讨论会办法》,中国第二历史档案馆藏教育部档案,档号:五—6915(2),第64页。

或师范学院相关职员中,予以调用,不另支薪。其二,参加暑讲会的学员,一般为中学、师范及职业学校的各科教员。暑讲会结束前,须对所有学员进行成绩考查,成绩合格者,发给证明书。其三,暑讲会举办地点,一般为省会或指定地点,如成都、昆明、贵阳、桂林、兰州、西安等。其四,暑讲会期限,一般为四周至六周,于暑期举行。其五,暑讲会所开设的课程,一般分"精神讲话"、"分科教材教法"(或"学科讲演")、"教育问题讨论"、"学术讲演"(或"专题演讲")、"体育活动"等几大类,学时各有比例要求。如 1938 年的办法规定,"精神讲话"和"体育活动"各占学时总数的 10%,"分科教材教法"占 30%,"学术讲演"占 35%,"教育问题讨论"占 15%。而 1941 年的办法,则要求:"每日学科讲演四小时,讨论一小时,此外精神讲话、时事讲演,每周六小时;其体育活动、教育问题讨论之时数,由各委员会自行酌定。"其六,暑讲会分组,按公民、国文、英文、史地、数理化、生物、教育、行政等进行分组,一般不应少于三科,相关各科可以合并,具体则视讲师聘请情况而确定。其七,暑讲会各项开支中,仅讲师酬金由教育部供给,学员旅费由学员所在学校支给,学员膳宿费及暑讲会办公费则由各省库开支。

1938 年 8 月,教育部颁布了《师范学院规程》,在全国确定西南联大师范学院、西北联大师范学院、中央大学师范学院、浙江大学师范学院、中山大学师范学院等五所师范学院,并指定了各自的中等教育辅导区域。同年 8 月底,浙江大学即以原教育系为基础成立师范学院,先后由郑晓沧、王琎担任院长。该师范学院所负责的辅导区为桂、黔二省。

(1)参与 1939 年黔省暑讲会

抗战时期黔省的中学教员暑讲会,从 1938 年 8 月开始举办,首届参加学员达 461 人。[①] 但此次讲习会,浙大因尚在江西泰和,故无缘参与。1939 年,尚在广西宜山办学的浙大,已经参与了黔省中学暑讲会。当时黔教厅制定了举办暑讲会的《办法大纲》《预算表》《抽调办法》《参加人数简表》等章程,呈部批准。[②]并组织了暑讲会委员会,由省教厅长张志韩担任主任委员,李宗恩(贵阳医学院

---

① 《举办暑期中等学校教员讲习会讨论》,《贵州教育》1938 年第 1 期,第 7 页。
② 《贵州省政府咨检送本省二十八年暑期中等学校各科教员讲习讨论会各项办法咨请查照见复由》,中国第二历史档案馆藏教育部档案,档号:五—6915(1),第 201—207 页。

院长)、欧元怀(大夏大学副校长)、喻任声(大夏大学社教系主任)、彭百川(教育部战区中小学教师贵州服务团团长)、李超英(部派代表)任委员。讲习会会址设于贵阳花溪省立女中,会期从 8 月 1 日至 31 日。本届讲习会分"公民国文""史地""数理化"三组进行,实到学员 103 人,来自黔省 48 个学校。原聘讲师共20 人,分别来自大夏大学、浙江大学、贵阳医学院、中山大学、国立师范学院、黔江师范学校等学校。如大夏大学派出梁园东(历史)、李青崖(国文)、谌志远(公民)、罗星(数学)、蓝春池(化学)、吴澄华(历史)、王裕凯(教学法)等人;贵阳医学院派出严仁荫(化学)、郭一岑(教育)、缪镇藩(国文)等人;中山大学派出黄敬思(教育);国立师范学院派出谢澄平(历史)、任孟闲(数学)、金兆均(体育)三人;黔江师范学校,也派出著名学者曹刍(教育)参加。此外,黔省高等法院、省党部也各派出一人担任讲师。[1] 浙大方面,原拟派刘永济(国文)、陈训慈(历史)、孙泽瀛(数学)、束星北(物理)、周厚复(化学)、黄秉维(地理)等六位教授担任讲师。[2] 但黄秉维在送部审查时未通过,其余教授则因他事未能前往。故竺可桢校长另派王焕镳、钱宝琮两教授于 8 月前往暑讲会,担任国文、数理化两组的讲师。[3]

　　此次讲习会的内容,除学术讲演、精神讲话及共同必修科目(如"教育原理""教育心理""教学法")外,还遵照部颁办法,对学员实行军事管理。当时成立军事大队部,军训教官由省保安处遴选委员担任。据部派代表李超英、彭百川的观察,此次讲习会因各院校所派讲师未能按期到齐,"以致排课参差,殊为憾事",但各讲师仍能努力讲演,学员们的精神状态亦极好。[4] 此次讲习会的数学讲师钱宝琮,亦谈到该期讲习会的问题,据竺可桢在其日记中所记:"钱琢如来,谈及贵阳所办暑期学校事,知所讲者程度不齐为一大缺点,而教师则最初人极

---

　　① 《贵州省政府咨本省中等学校暑讲会讲师聘金一五六六元已由本府教育厅垫发咨请查照汇发由》,中国第二历史档案馆藏教育部档案,档号:五—6915(1),第 59—63 页。

　　② 竺可桢:《呈送暑期中等学校教员讲习讨论会讲师名单请鉴核由》(1939 年 5 月 25 日),中国第二历史档案馆藏教育部档案,档号:五—6915(2),第 126—128 页。

　　③ 《两年来本校大事纪》,《国立浙江大学校刊》复刊 1941 年第 100 期,第 13 页。

　　④ 彭百川、李超英:《为呈报奉令协助筹办贵州省二十八年暑期中等学校各科教员讲习讨论会经过祈鉴核由》,中国第二历史档案馆藏教育部档案,档号:五—6915(1),第 25 页。

少,到临了时始稍多,结果缺席者以大夏教员充数云。"①

(2)参加 1940 年黔省暑讲会

1940 年的黔省暑讲会仍由省教厅主办。黔教厅长欧元怀为主任委员,委员有齐泮林、林绍文、梁欧第等。②讲师主要来自大夏、交大、浙大、贵医、湘雅等大学及有关机构。如大夏大学就选派了海维特(外籍教授,英文)、谢六逸、李青崖(国文)、张尧年(英文)、夏元瑮(数理化)、马宗荣(教育)、陈一百(教育)、王裕凯(教育)、顾文藻(生物)等人;贵阳医学院选派了郭一岑(心理学)、杨葆昌(化学);湘雅医学院也选派了白施恩(音乐)、郑爱德(救护)、沈元晖(救护)三名讲师。另有蔡作屏(生物)、刘廷蔚(生物)、喻任声(教育)三名讲师,分别来自遵义蚕桑研究所等机构。③

浙大方面,据竺可桢在 7 月 1 日给教育部的公文时说:"惟查本大学因迁校关系,本学期期间,不得不酌予变更。现定各院学生学业,四年级于八月中旬结束,二、三年级于八月下旬结束,一年级于九月底结束。所有各科教授,正忙于补授功课。是该暑期讲习讨论会时间既有冲突,一时无法抽调赴筑担任暑期中等学校各科教员讲习讨论会讲师。惟既奉钧令,于无办法之中,谨慎选师范学院国文系王焕镳、物理系朱正元、教育系陈剑修三教授,分别担任各该科讲师。其余各科讲师,仍请钧部另就他校选派。"④但 7 月 23 日欧元怀给教育部的报告中,却只提到本年浙大不放暑假、派出讲师困难,而忽略了浙大实质选派三位教授担任讲师这一史实。⑤

此次暑讲会会址设在贵阳花溪私立西南中学校内,参加学员原定 130 人,实际仅到会 89 人,来自黔省公私立 50 余校。计分国文、英语、数理化、生物、教

---

① 《竺可桢全集》第 7 卷,上海科技教育出版社 2005 年版,第 175 页。
② 《中学教员暑讲会举行委员会议》,《贵州日报》1940 年 6 月 18 日,第 3 版。
③ 《贵州省二十九年暑期中等学校各科教师讲习讨论会讲师一览表》(1940 年 8 月 4 日),中国第二历史档案馆藏教育部档案,档号:五—6916(1),第 234—240 页。《贵州省二十九年中等学校各科教员讲习讨论会学员成绩表》,中国第二历史档案馆藏教育部档案,档号:五—6916(2),第 124—125 页。
④ 竺可桢:《呈明本大学因本学期学生结束期间延长各教授忙于补授功课无法抽调赴筑担任暑期中等学校教员讲习讨论会讲师仅慎选王焕镳朱正元陈剑修三教授前往分别担任讲师情形祈鉴核由》(1940 年 7 月 1 日),中国第二历史档案馆藏教育部档案,档号:五—6916(2),第 161—162 页。
⑤ 《快邮代电浙大本年不放暑假不能派出讲师参加是否可由湘雅医学院选聘讲师乞核示》,中国第二历史档案馆藏教育部档案,档号:五—6916(1),第 76—77 页。

育五组进行讲习,讲习日期从 8 月 1 日至 31 日,贵州省主席吴鼎昌曾两次莅临该会进行精神讲话。9 月 1 日,举行闭幕式。[①]

(3)合办 1941 年黔省暑讲会

1941 年的黔省暑讲会由黔教厅与浙大师范学院合办。欧元怀任暑讲会主任委员,委员有王琎、李相勖、佘坤珊、何增禄、喻任声、马镇国、侯励镇、胡宏模等。大夏、贵医、贵州农工学院(后改称贵州大学)等大学亦派出讲师参加。本届讲习会聘请的讲师总计有 34 人,如谢六逸、李青崖、王裕凯、谢嗣升、杨葆昌、夏元瑮、张永合、卢愚、朱虚白、张尧年、方兴国、蔡作屏、朱凤美、李承祐、孙宗彭、刘廷蔚、王以康、陈淑珠、喻锡章等,皆为各校著名教授。浙大方面,共派出佘坤珊(英语)、费培杰(英语)、丰子恺(国文)[②]、苏步青(数学)、陈建功(数学)、朱福炘(物理)、王淦昌(物理)、李相勖(教育)、王倘(教育)、胡家健(教育)、王琎(化学)等 11 人,占全部讲师的 32%。本届暑讲会的地址与上年相同,仍为私立西南中学校内。讲习时间仍为四周左右,从 8 月 1 日至 31 日。分组方面,共分国文、英语、数理化、教育、生物五组。

与往届相比,本届讲习会体现出一些新的特点:第一,浙大发挥重要作用。浙大共派出 11 名教授担任讲师,人数为历届最多。浙大教育系主任李相勖,还担任了讲习会教务主任,全程参与各项教学活动的组织。校长竺可桢也于 7 月 30 日"赶到筑垣,以便主持进行"[③]。第二,暑讲会特刊的发行。本届黔省暑讲会在《贵州日报》第 4 版专门开辟了《中等学校教师暑期讲讨会特刊》。该特刊前后共发行四期,具体出刊日期为 8 月 8 日、15 日、22 日、29 日。特刊主要登载暑讲会组织者、部分讲师的有关讲话及论文。如李相勖在特刊上发表的《教师的道德律》《怎样做一个优良的中学教师》两文,均为作者在讲习会所讲内容的底稿。第三,讲师来之不易,学员参加人数未达预期。据李相勖说,讲师的讲课时间均事先于聘书中载明,"不容更动"、不能请假。故各讲师"多于开讲前数日

---

① 《黔省教员暑讲会昨举行结束式》,《中央日报》(贵阳)1940 年 9 月 1 日,第 3 版。

② 丰子恺并没有出现在黔教厅给教育部报告时所列的讲师名单上,但《贵州日报》及《贵州教育》均报告丰子恺参加了此次讲习会。见《中学教员讲讨会今日起报到增聘丰子恺等教授为讲师》,《贵州日报》1941 年 7 月 29 日,第 3 版;《中学暑期讲讨会开课》,《贵州教育》1941 年第 6 期,第 33 页。

③ 《竺可桢来筑主持暑讲会》,《贵州日报》1941 年 7 月 31 日,第 3 版。

即行动身,有因翻车而致受伤者,有因抛锚中道返去三次者"。学员方面,原拟调集 160 人,但因交通困难及其他原因,实到只有 85 人。因故退会者 11 人,实际最后顺利结业者只有 72 人。[①] 讲师到会的不易与学员的大量缺席,均从一个侧面体现出战时各省份举办暑讲会困难重重。

(4)1942 年的黔省暑讲会

1942 年的黔省暑讲会,黔教厅最初因为经费紧张,并不打算举办。当年 4 月 13 日,欧元怀曾向教育部报告说:"本省暑讲会已连办四届,经参加教员颇多。最近交通益感困难,届时学员恐难如期调齐。再查本年是项概算仅奉核列一六○○○元。以现时物价推计,尚不敷暑期学员百人一月之膳费。"鉴于此种情况,他建议"改派各中校校长、教务主任组织参观团,酌往湘、赣、川等省参观,藉资借鉴"。但教育部对此建议予以否决:"查暑期讲习会参加者为各科教员,电呈拟派参观,参观人员为校长或教务主任,似有不通。暑讲会仍仰赓续办理。"[②]因此,黔省只能按照往年惯例,由省教厅与浙大师范学院、贵阳师范学院合办。在组织方面,欧元怀任主任委员,贵阳师院教务长熊铭青任副主任委员兼教务长,委员有王珽、王克仁、喻任声、马镇国、李相勖、熊铭青等。[③] 黔教厅还与教育部协商确定了新的讲师酬金标准,每小时提高到 20 元。[④] 本届讲师有来自贵大、贵阳师范学院、大夏、浙大等大学的教授,如梁园东、吴焯、陈鉴、李良骐、姚薇元、袁庄伯、张伯篯、王克仁、熊铭青、梁瓯第、黄宇人、傅志仁、尚传道、姚克方、王鸿儒、乐余唐、韩钟琦、喻任声等。浙大方面派出任美锷(地理)、方豪(历史)、李相勖(教育)、舒鸿(体育)、胡士煊(体育)、蒋新(体育)、高尚志(体育)

---

① 李相勖:《本年贵州中等学校教师暑期讲讨会概况——在浙江大学教育学会讲演辞》,《贵州日报》1941 年 11 月 26 日,第 4 版。

② 《一九四二年各省举办中等学校教员暑期讲习会文书及表册》,中国第二历史档案馆藏教育部档案,档号:五—6918,第 4—7 页。

③ 《中等学校教员举行暑期讲习会教厅浙大师范学院会同筹办》,《贵州日报》1942 年 5 月 26 日,第 3 版。

④ 《贵州省政府教育厅快邮代电电请准予如数发给本年暑期中等学校各科教员讲习讨论会讲师酬金五二八零元祈电示由》(1942 年 6 月 5 日),中国第二历史档案馆藏教育部档案,档号:五—6918,第 89—92 页。另,1939 年时,部定的暑讲会酬金是每小时 5 元。

共七名讲师。^① 另外,贵州省政府各部门的负责人也担任了本届讲习会的特约讲演。会期方面,本届改从 7 月 20 日至 8 月 15 日举行。分组方面,分体育、史地、行政三组进行。学员方面,预定为 100 人,实际参加者为 80 余人。^②

相比前三届,本届讲习会的讲师阵容无疑略为逊色;但因为此次讲习会设立体育组的关系,浙大因此得以派出舒鸿等四名体育教师参加,这又为此次讲习会增添了一点新的色彩。

总之,1939 年至 1942 年,浙大积极协办、参与了四届贵州省中学各科教员暑期讲习讨论会,总计培训学员约 360 人。抗战时期黔省中学有 100 余校,中学教师总数量在 2000 人左右。^③ 浙大参与的这些暑讲会,对于提高黔省中学各科教师的教学水平、发展黔省的中学教育,做出了实际的贡献。另外需要说明的是,1943 年、1944 年、1945 年的讲习会,浙大未能参加,其原因并不在自身,而是黔省根本未举办中学暑讲会。如 1943 年,因黔省未将暑讲会所需经费列入预算,加之物价飞涨,"财政拮据,增筹维艰",故教育部同意黔教厅提出的"停办"请求。^④ 1944 年的暑讲会,黔教厅本已会同浙大师范学院、贵阳师范学院认真筹备,决定分理化、博物两组,拟在省立科学馆内按期举办。讵料"兹以由桂经筑赴滇之美空军人员纷请本省政府觅借暂驻地点,市内民房以无适当余屋可资利用,经指定本厅在省立科学馆内准备办理暑讲会之教室,宿舍暂为借用,本期暑讲会只得暂行停办"^⑤。对此,教育部也只能同意。至于 1945 年暑期黔省未举办暑讲会,则是受上年黔南战事的影响。当时,尽管新任教育部长朱家骅仍催促各省份举办,但黔教厅长在当年 8 月 6 日报告:"因去岁遭受黔南战事影响,本期诸待恢复,大多开学较迟,故暑假期间亦予缩短,或不放暑假。为顾及各学校教学事业计,本年中等学校教员暑期讲习会拟请准予停办。"最后教育部

---

① 欧元怀:《电请准予如数补发本年暑期中等学校各科教员讲习讨论会讲师酬金四五六〇元》(1942 年 8 月 29 日),中国第二历史档案馆藏教育部档案,档号:五—6918,第 259—262 页。

② 《会务杂记》,《贵州日报》1942 年 7 月 31 日,第 4 版。

③ 《从中学教员暑讲会讲起》,《贵州日报》1942 年 7 月 25 日,第 3 版。

④ 《贵州省政府快邮代电电请准予停办本年暑期中等学校教员讲习会》(1943 年 4 月 26 日),中国第二历史档案馆藏教育部档案,档号:五—6919,第 7—8 页。

⑤ 《贵州省政府教育厅快邮代电》(1944 年 7 月 10 日),中国第二历史档案馆藏教育部档案,档号:五—6920,第 122—124 页。

批复："姑准免办,惟明年应早事筹划,俾能及时举办为要。"①

2.创办浙大附中以助益地方教育

浙大在泰和、宜山时期,为发展地方教育及解决教职工子女入学问题,曾创办过澄江学校和浙江大学实验学校小学部。当时亦欲创办实验学校初中部,以为师范学院学生实习之场所,但因筹备未及而未果。

浙大创办中学的计划是在遵湄时期得以实现的。浙大湄潭分部所在地湄潭县城,山明水秀,风景优美,原设有县立初中"湄潭中学"。该校与浙大附中合并前,有学生 607 人,②校长为冉懋森。但该校师资总体水平不高,办学设备相当缺乏,校风亦比较松弛,学生升入高中机会渺茫。1940 年初,乘浙大分部迁来湄潭的机会,冉懋森认为借此可提高湄中的办学水平,故与县长严溥泉商议,欲将此中学与浙大附中合并,"议定在收生方面,尽量照顾湄潭籍学生"③。1940 年 5 月 7 日,严溥泉就邀集当地各界人士开会,议决与浙大附中合并事宜。竺可桢在当日记载:"膳后开湄潭浙大迁移协助委员会,到冉懋森、田孔皆、杨千夫、严持强、何介三、卢炯然(冯开宗、何德明)。由严溥泉主席,卢炯然记录。余及刚复、邦华、厚信、壮予、建人列席。议决:(1)湄潭中学与实验学[校]合并,由严县长征求地方人士意见后呈厅……"④5 月 25 日,严溥泉主持召开湄中合并会议,通过县中与浙大附中合并案。至 5 月 25 日,县政府正式呈文省政府主席吴鼎昌与省教厅长欧元怀,报告合并事宜。当年 9 月 14 日,竺可桢又与新任湄潭县县长杨端楷晤谈,再次讨论湄中与浙大附中合并办法:"余告以浙大已复教育厅以三点,即县款可以保存作为湄中基金,原在校之学生经甄别后可以留校,但第三点继续招生湄中学生七十余人,则以格于程度不能照办,只能招生补习班学生而已。"⑤次日,在县府,竺可桢参加了县长主持的浙大迁移协助委员会会

---

① 贵州省政府教育厅:《为电复本年举办中等学校教员暑期讲习讨论会困难情形敬祈鉴核准予缓办由》(1945 年 8 月 6 日),中国第二历史档案馆藏教育部档案,档号:五—6921,第 31—32 页。

② 《竺可桢全集》第 7 卷,上海科技教育出版社 2005 年版,第 451 页。

③ 曾庆于:《湄潭第一中学史略》,湄潭县政协委员会文史资料委员会编《湄潭文史资料》第 6 辑,湄潭县政协委员会文史资料委员会 1989 年版,第 244 页。

④ 《竺可桢全集》第 7 卷,上海科技教育出版社 2005 年版,第 352 页。

⑤ 《竺可桢全集》第 7 卷,上海科技教育出版社 2005 年版,第 437 页。

议,"湄中合办事,余主张不招湄中新班,如程度不能入一年级而尚可造就者,则入补习班"①。从以上记载中可看出,鉴于原湄中学生程度过低,浙大并不想全部接收这些学生,而是想通过编级考试的方式选拔较优学生,对于未能选上的学生则通过办理补习班来解决。

合并一事大体确定后,竺可桢即令湄潭分部筹备主任胡家健负责筹备附中事宜。胡家健(1903—2001),字建人,安徽绩溪人,系1925年东南大学教育系毕业,后留学美国哥伦比亚大学获得博士学位。他在全面抗战前曾任河南省立一师教员兼附小主任、安徽省立四中校长等职,有较丰富的中学行政经验,是一位比较合适的人选。1940年9月25日,胡家健即向竺可桢通报了筹备情况:"湄中决合并于实中,实中教员聘书不日可发,月支一千二百余元,而尚缺数、理等教员也。"②10月5日,竺可桢再至湄潭,至附中视察,"知湄潭中学于一号始接收并合于实验中学,现定七号报到,十三四注册。十一起湄中旧生编级考试,十五起上课。教员多已请就,惟数、理、化及体育、音乐、劳作乏人。拟请农院助教兼教。湄中旧教员无一留者,湄中学生607人,此次愿编级者预料不过四百人左右,共七班。初中二、三各春、秋两班,一年级春季三班,再加新招之实中初一、高一各一班。湄中旧有县经费全部贮存,作为将来恢复湄中之基金。惟省府津贴每月六百元,则由实中应用。原有校址尚可应用,惟设备则绝无仅有而已"③。实际此次通过编级测验的原湄中学生只有277人。④

浙大附中由竺可桢亲任校长,胡家健任主任,实际负校长之责。1943年胡家健辞职后,附中先后由朱正元、胡哲敷、朱希亮等人继任主任一职。该校组织机构相对简单,主任之下只设训导、教导两部,分别由吴耀卿、骆匡時任主任。教职员初期有20多人,至1945年5月,据《竺可桢日记》记载,已有54人。附中教员多为避难后方的中学名师,如洪自明(国文)、吴耀卿(英文)、骆匡畴(英文)周本湘(生物)、江丽君(音乐)、袁箴华(音乐)、柴扉(图画)、王庆英(数学)、张生

　　① 《竺可桢全集》第7卷,上海科技教育出版社2005年版,第438页。
　　② 《竺可桢全集》第7卷,上海科技教育出版社2005年版,第444页。
　　③ 《竺可桢全集》第7卷,上海科技教育出版社2005年版,第451页。
　　④ 黄振霞:《湄潭县第一中学简介》,湄潭县政协文史资料委员会编《湄潭县文史资料》第9辑,遵义市人民印刷厂1992年印,第111页。

春(数学)、过雪琴(体育)、周奇阜(教务)、王道骅(地理)、胡士奎(化学)、廖慕禹(英语)、孙振坤(英语)、邰明秋(数学)、孙振堃等。[①] 也有孙嗣良(数学)、张叶芦(国文)、李汝涛等少数浙大毕业生在此任教。

　　1940 年 10 月 15 日,附中正式开学,初期开办费为 2.5 万元,全年经费 12 万元。[②] 校址在原湄中所在地武庙。校内有四合院三处、花园一处、操场两处,礼堂、饭厅、教室、宿舍俱备。原湄中初中通过编级考试的 200 多名学生,编为六个班(湄中班),加上新招生的一班初一新生和一班高中新生,全校学生总数达到 480 余人。另据 1943 年出版的《国立浙江大学要览》记载,当时浙大附中有初中、高中、六年一贯制共 11 班,高中生 123 人,初中生 305 人,教职员 49 人。[③] 至 1945 年 5 月,则"有十一班,高中五班,初中六班,高中包括师范一班。共有学生 396 人,其中女生 118 人。籍贯以黔为第一,118 人;浙 57 人,苏 52 人,皖 39 人,粤 23 人,湘 20 人,南京市 19 人,赣 18 人"[④]。因通货膨胀,附中每月经费已达 12 万元,年经费为 144 万元。[⑤]

　　浙大附中主任胡家健,是一位有思想、有办学实践经验的教育家。他在学校创设之初,即提出 16 字的办学方针:"教导结合,文理并重,手脑并用,知行合一。"为此,学校采取了若干办法:第一,确立较全面的课目。第二,聘请一批一流的教师,并要求其教书育人,以身作则。第三,对原湄潭中学程度较差的学生,注重数、理、化基础学科的补习,对初三年级加授化学和代数。第四,对于新招收的初一学生,教学上采用六年一贯制;对于高中一年级学生,则着重主科、减少选科,尤其注重确立数理化的根基。第五,在学校设备方面,"从湄中接收过来的图书仪器,实在贫乏"。为此,学校向教育部特别申请了 13 万元的设备费,并购置了一套《万有文库》和部分急需的图书。学校也曾分别向贵阳花溪防空学校、川教厅工厂订购了理化仪器,还"特请本校生物、园艺、病虫害各系代制

　　① 《杨志才诗文集》,出版地不详,2007 年自印版,第 142—151 页;竺安《对湄潭浙大附中的怀念》,钱永红主编《求是忆念录:浙江大学百廿校庆老校友文选》,浙江大学出版社 2017 年版,第 110—113 页。
　　② 贵州省政府教育厅编:《贵州教育》,贵州省政府教育厅 1943 年编印,第 73 页。
　　③ 《国立浙江大学要览》,国立浙江大学 1943 年编印,第 5—6 页。
　　④ 《竺可桢全集》第 9 卷,上海科技教育出版社 2006 年版,第 409 页。
　　⑤ 《竺可桢全集》第 9 卷,上海科技教育出版社 2006 年版,第 438 页。

展览的动物、植物和昆虫标本"①。

在胡家健等历任校长的严格管理和全校教师的努力下,浙大附中"师承浙大的优良学风,并以其较高的教学质量、严格的考试制度,很快赢得了当时大后方贵州的三所最好中学之一的美名(其他的二所是在贵阳花溪的清华中学和贵阳口水寺的国立十四中,后者的前身是南京中央大学实验中学,即现今的南京师院附中)"②。浙大附中之所以声名鹊起,是因为 1943 年该校 30 多名高三年级学生参加全省中学联考取得了非常优异的成绩,并全部录取升入大学。当年教育部指定黔、赣、甘三省举办高中毕业生会考及升学联合考试。黔省联考于 7 月 15 日至 21 日举行,考试科目有公民、英语、理化、国文等。8 月 12 日,黔教厅制定了升入大学的录取标准,决定"升学平均 45 分以上,国、英、数为一类,史地、理化、生物、公民为另一类,二者各占 50% 的分数,并规定国文必须及格(40 分以上),各课成绩无零分"。8 月 15 日,考试成绩发榜。计全部 1676 名考生中,符合录取标准者有 812 人。计算参加联考的各中学的成绩,则以国立第十四中第一、私立清华中学第二、国立浙大附中第三、湘鄂教区联合中学第四、国立第三中学第五、省立平越高中第六、省立贵阳高中第七。其中,国立十四中、私立清华中学、浙大附中三校参加联考的学生,是"全部录取"。当时有专家认为,"浙大附中设在湄潭,一切有大学部在协助推进,成就自然甚大"。如论个人成绩,此次联考的第一、第二名,均来自国立第十四中学;第三名则来自浙大附中,名陈毅仁,其各科成绩平均在 70 分以上。③

总之,从 1940 年 10 月至 1946 年 7 月,浙大附中在湄潭办学六年。该校每年均在筑、遵、湄三地进行招生,其录取的学生中,有浙大教职工子弟、失学青年、战争孤儿及"从川南和黔北各县来的本地学生"④几种。以黔籍学生论,该校在开办初期,即招收原湄潭中学的 277 名学生学习;1945 年上半年时,该校黔籍学生仍有 118 人,几占总数的三分之一。1946 年 6 月浙大复员时,附中的图书

①　师院述之:《附中在跃进着》,《浙大学生》复刊 1941 年第 1 期,第 3 页。

②　喻克良:《浙大附中在湄潭》,贵州省遵义地方志编纂委员会编:《浙江大学在遵义》,浙江大学出版社 1990 年版,第 698—701 页。

③　慎夫:《谈贵州联考》,《贵州教育》1943 年第 7、8 期合刊,第 16—18 页。

④　杨达寿:《浙江大学西迁办学对贵州科技教育的影响》,杨军昌、周感芬主编:《区域教育文化纵横》,中央民族大学出版社 2016 年版,第 440 页。

和设备全部留给了湄潭中学。可以说,在六年中,该校为湄潭及黔北各县培养了几百名学生(其中如幸必达等部分学生均升入了各大学),从而为发展黔省地方教育,做出了实际贡献。另外还需要指出的是,在浙大的协助下,1943 年,黔省教育厅创办了"湄潭实用职业学校",校址设在县城外的湄江之滨。该校校长邱璧光为浙大教育系毕业生,茶叶专业课的教师刘淦芝为浙大农学院兼课教师,也是中央农业实验所的茶叶专家;蚕桑专业课的教师则是浙大蚕桑系的老师。该校为湄潭和邻近各县也培养了一些实用人才。①

3. 两次战地服务团的组织及活动

全面抗战时期,以"战地服务团"名义组织并展开活动的各界服务团体,数量众多;如只就高校而言,则不过只有 1937 年底至 1941 年底存在的国立中山大学战地服务团,1942 年 6 月至 8 月开展活动的国立中正大学战地服务团,及1940 年、1945 年两次组织活动的国立浙江大学战地服务团等三校而已。②

(1)第一次战地服务团

浙大于 1940 年寒假学校预备由宜山北迁遵义的空闲时期,由该校学生自治会组织成立了第一次学生战地服务团。该团以潘家苏为团长,庄自强为副团长,团员共 77 人,其中有女生 17 人。出发前,全团进行了服务知识的学习,由"校中看护教授教团员们简易的包扎术和医药知识"。

1940 年 1 月 8 日下午,战地服务团在宜山举行出发典礼,竺可桢亲自讲话并授旗。③ 服务团从宜山前往广西大塘、宾阳、迁江、昆仑关、南宁县属等靠近前线地区,开展战地服务。其服务内容有"救护、宣传、联络军民及歌咏、戏剧"。团员们沿途开展街头宣传、访问农家并举办抗战漫画展览。初到宾阳时,团员们曾救助过几十个躺在路边无人管的重伤兵,照顾其生活,并安排其至邻近的伤兵医院;在迁江时,团员们又与"政治部南路工作队"和著名的"新安旅行团"

---

① 慎夫:《谈贵州联考》,《贵州教育》1943 年第 7、8 期合刊,第 16—18 页。
② 关于中山大学战地服务团情况,可参见梅海:《活跃的中山大学战地服务团》,《中山大学学报(社会科学版)》1986 年第 1 期,第 105—111 页;关于中正大学战地服务团的情况,可参见钟学艳《抗战时期的姚名达与战地服务团》,《史学月刊》2012 年第 5 期,第 134—136 页。
③ 《竺可桢全集》第 7 卷,上海科技教育出版社 2006 年版,第 272 页。

合组一流动宣传队,开展抗战宣传;并与驻地军民召开联合座谈会、联欢会,协助解决军队的粮草供应问题。到达昆仑关一带后,部分团员被分至距前线仅有五里的野战医院工作。当战况趋于紧张之时,在学校的催促下,服务团被迫于2月10日前后撤回了宜山、遵义。① 但团员戴行钧因与他人走散,而被小股日军俘虏。后在转运广东途中脱身,辗转香港、上海,于次年始返回浙大。

1940年2月25日,战地服务团在遵义举行了工作检讨会。竺可桢在本日的日记中记载:"据诸生报告,知前方确有大学学生工作之需要。迁江附近人民尚不知有抗日之战,大塘一日间运到伤兵急待包扎者数十人,军民间形势之隔阂,最初大家以为前方无大学生之需要者后乃改变观念云。"②此次战地服务团的工作时间虽不长(从1月1日至2月2日),但团员们克服了困难,经受了磨炼,并用亲身实践体会到战时大学生的重要责任,这就是最大的收获。

(2)第二次战地服务团

1945年1月,浙大第二次组织战地服务团。1944年6月,日军发动"一号作战",连续攻战我豫、湘、桂多地。11月,河池失守,贵州危急。在此存亡危机之秋,浙大学生的爱国心被激发出来,"遵义浙江大学的《生活壁报》上贴出了一篇文章,建议学生自治会组织同学慰劳过境南下的抗日军队,立即得到热烈响应"。学生自治会立即通过决议,成立战时服务队,加紧开展抗日宣传与劳军活动。12月1日,独山失陷,浙大校方于次日召开大半天的紧急会议,③学生自治会主席支德瑜在会上汇报了近期的劳军情况,并提出再次组织战地服务团到前线开展服务的要求。这个请求得到了校方的批准,决定服务团的名额为60人,④具体是遵义30人、湄潭15人、永兴15人。

组织战地服务团的决定,在学生中得到了广泛响应。"校中同学签名自愿参加者极为踊跃,以限于经费及团员名额,许多热心同学只好在失望中放弃这个机会。"1945年1月10日,战地服务团正式成立。关于全团的实际人数,亲历

---

① 《浙大战地服务团在南战场》,《东南日报》1940年5月7日、8日、9日,均为第4版;《竺可桢全集》第8卷,上海科技教育出版社2006年版,第296页。
② 《竺可桢全集》第7卷,上海科技教育出版社2006年版,第303页。
③ 《竺可桢全集》第9卷,上海科技教育出版社2006年版,第235—236页。
④ 支德瑜、丁儆:《战地服务团出征记》,《红岩春秋》2015年第9期,第43—45页。

者后来的回忆并不一致。笔者根据 1945 年 5 月出版的《国立浙江大学战地服务团报告书》所附团员名单统计,实际有 61 人。除助教支德瑜、丁儆分任正副团长外,团员有王侠、于彦人、于子三、于用德、张人杰、潘道皑、邵柏舟、皇甫焜、周兴国、李志凤、夏惠白、尤天健、司徒巨勋、常亚雄、陈皓、万迪秀、陆星南、李忠福、杨惠莹、张天虹、葛云英、郑乃祺、马秀卿、曾守中、哈兰文、叶玉琪、温毓凌、陈耀宾、谢福秀、赵祚兰、张承炎、费仲华、严刘祜、王侠、陈尔玉、刘赓书、温邦光、陈明皓、朱葆琦、王湧祥、刘纫笙、蔡南山、李正心、石必孝、黄源荣、张瀚、韦作藩、钟一鹤、张尚情、赵桂潮、雷学时、郑国荣、胡金麟、王志铿、段秀泰、安粤、顾明朗、姜国清、强德华。①

第二次战地服务团的准备工作,较第一次更为出色。首先,在组织方面,服务团下设秘书处、联络、总务股、服务股;各股之下,又设文书组、联络组、通讯组、资料组、设计组、事务组、会计组、出纳组、交通警卫组、访驻组、救护组、文艺组、戏剧组、音乐组等。全体团员分为两队,每队之下设三个小队,共六个小队。从团长至每个团员,各有所属、各有所司,便于开展工作。其次,在工作原则、目的与内容方面,服务团亦制定了切实的目标。(1)根据校长竺可桢等人的指示,工作原则有三:"一是服务以不失学为原则;二是吃苦以不生病为原则;三是牺牲以不伤身为原则。"(2)工作目的有二:"一面在激励士气,提高战斗精神,另一面则唤起战区民众的警觉性,发动民众组训民众,使发挥军民合作的伟大力量,阻截敌人,并搜集将士们英勇杀敌的事迹予以报道表扬。"(3)工作内容为:"将成立军人服务部,并在行军必经各地设立军人服务站。"前者旨在推行军中文化、为士兵代写书信及缝洗衣服;后者旨在协助地方政府,供给过境部队茶水稻草,代雇挑夫与协助野战医院救伤、换药、看护。此外,并公演话剧,举行音乐晚会,供给军乐,激励作战情绪。② 再次,在经费方面,服务团也努力筹措。据团长支德瑜后来回忆:"筹措经费是一件大事。开展募款募物活动,得到遵义各界的热情支持,筹集的慰问金和慰问品,十之七八来自遵义各界的捐赠和两次京剧义演的收入。除了学校将团员的公费、贷金、伙食费一起拨交战地服务团外,还

---

① 国立浙江大学战地服务团编:《国立浙江大学战地服务团报告书》"附录",《决算表》《团员名单》,浙江大学 1945 年印行。

② 乔青:《浙大战地服务团昨出发赴黔南》,《贵州日报》1945 年 1 月 23 日,第 3 版。

得到遵义学生服务处从学生自助金额内拨出的一笔经费,作为团员的生活补贴。"①根据《国立浙江大学战地服务团报告书》所列出的"决算表",该团在出发前共筹措经费153万余元,最终开支达到652万元。② 最后,与第一次战地服务团一样,第二次战地服务团在出发前,也进行了服务训练,如战地救护、战地服务讲座、歌咏练习、剧目排练等。另外,根据预定工作内容,服务团还向同学募集了一些图书、信封等。战地服务团并请校中教授黄尊生和沈思严,分别为团歌作词、作曲。

此次战地服务团的活动日期约从1945年1月20日至3月1日。其服务地点则为黔省贵筑县青岩镇、惠水一带,服务对象为第13军石觉部、第193师肖重光部。服务团于1月22日到达青岩镇后,即开始工作。在青岩的工作内容主要有六项:一是到军队中宣传慰问、演出小节目,分发慰问品。二是设立军人服务部,内有图书供军人借阅,并设照片展览、棋类,并帮助士兵代写书信。据当时报纸报道,"该团现在青岩设立军人服务站,为推行军中文化,并设立军中图书室,以供给前线将士精神食粮。惟以现有图书较少"③。三是访问青岩百姓及各界人士,召开座谈会,推动成立"青岩战时服务委员会"。这一组织的中心工作,是慰劳国军,供给军中所需粮草马料等物品。2月6日时,服务团在青岩举行军政士绅座谈会,有20多名团员参加,决定筹组战时服务委员会,在春节期间扩大劳军,由当地政府捐出积谷,并购买肉类劳军。四是开展社教事业,由团员组织知识青年辅导队、儿童训练团及军官英语讨论班等,开展活动。④ 五是出版《阵中快讯》和《士兵之友》油印小报,通过收听广播消息及自己撰稿,对士兵宣传抗日,鼓舞士气。六是排演话剧,在2月10日青岩军民联欢大会上,进行表演。

除青岩外,浙大战地服务团还于2月13日,派出30名团员,赴惠水摆金镇一带,随193师开展工作,担任士兵文化课的教育工作。并组织小型演出队,下

---

① 支德瑜:《回忆浙大战地服务团》,湄潭县政协文史资料委员会编《湄潭文史资料》第5辑,湄潭县政协文史资料委员会1988年版,第159页。

② 国立浙江大学战地服务团编:《国立浙江大学战地服务团报告书》"附录",《决算表》《团员名单》,浙江大学1945年印行。

③ 《浙大服务团重视将士精神食粮》,《贵州日报》1945年1月30日,第3版。

④ 《浙大战地服务团扩大春节劳军》,《贵州日报》1945年2月12日,第3版。

连队进行演出。服务团还开设了一个小型军官训练班,由团员担任教员,"讲一点机械的原理和有关武器的知识"[1]。2月17日、18日,服务团在当地参与一场大型军民联欢会活动。[2] 此外,服务团还办了一所小学毕业生和初中生补习班,为当地学生服务。3月1日,该团离开青岩,返回遵义。

对于这次服务团的活动,支德瑜评价道:"将近六十位同学志愿参加战地服务团,奔赴前线。这是他们爱国热情的体现,是值得称道的具体抗日行动……战地服务团的组织和活动,对于学校里的同学和老师来说,给爱国救亡思想起了鼓舞作用。"[3]揆诸史实,这样的评价还是比较中肯的。

4.农经系战时乡村服务队

浙大在遵湄开展农村服务,最早始于1943年。当年暑期,浙大三青团组织曾"奉令在暑假期间组织农村服务队,宣传兵役,推行国家总动员,慰问出征军人家属等"[4]。但由于相关资料缺乏,关于此次农村服务的具体情况,暂不清楚。而对于1944年、1945年浙大农经系两次组织的战时农村服务队,现留存下来的彼时资料,则有所披露。

(1)1944年暑期学生战时乡村服务队

浙大农经系创立于1928年,在全国专门以上学校中创系最早。战前,该系就与浙江省有关农业部门合作,开展过关于浙江省农产运销及嘉兴、兰溪等县经济的相关调查。1938年浙大迁至江西泰和后,"本系与赣省当局合办泰和沙村示范垦殖场,开战后创办垦殖场之先声"。宜山时期,1939年暑假,农经系组织学生到广西宜山县莫村开展经济普查。"当时鉴于农村劳力之缺乏,乃立即倡组浙大学生助农收获队,实际辅助刈割禾谷,创国内学生服务之新纪元。"[5]浙大迁至遵湄后,农经系的办学规模有所扩大。在农学院院长蔡邦华和梁庆椿、

---

① 支德瑜、丁儆:《回忆浙大战地服务团》,湄潭县政协文史资料委员会编:《湄潭文史资料》第5辑,湄潭政协文史资料委员会1988年编印,第166页。

② 《浙大报务团已公毕返校》,《中央日报》(贵阳)1945年3月3日,第3版。

③ 支德瑜、丁儆:《回忆浙大战地服务团》,湄潭县政协文史资料委员会编:《湄潭文史资料》第5辑,湄潭政协文史资料委员会1988年编印,第169页。

④ 李杭春:《竺可桢国立浙江大学年谱(1936—1949)》,浙江大学出版社2017年版,第261页。

⑤ 《农业经济系速写》,《浙大学生》复刊1941年第1期,第23—25页。

吴文晖两位系主任的极力提倡下,农经系继承了以前注重社会调查的优良传统,组织师生在假期开展农村调查与农村服务。曾于抗战时期在浙大就读的杨达寿回忆:"农学院学生在一年级基础课结束后,加授七周暑假课程。二年级开始,分系授课,选定正、辅系,使学生在毕业后加宽受业面。暑假农村调查也是三年级农学院学生的无学分必修课,每个同学必须将课堂上学的理论知识付诸实践,从拟表、选样、实地调查,到资料整理、统计分析、撰写报告,每人都得以实践。"①

1944年暑期,浙大农学院与全国学生救济总会遵义分会联合组织学生暑期农村服务团,赴湄潭农村开展服务活动。该团名誉团长为农院院长蔡邦华,团长为农经系主任吴文晖,副团长为全国学生救济会遵义干事钮志芳。团员为浙大农经系三年级学生,共有16人,分为二队。服务地点为湄潭县庙塘、梭塘二乡,服务时间从7月21日至8月中旬,约20日。具体服务工作,厥分六项:①社会教育,如办理农民讲习会,附设民众问字及代笔处、民众阅览处,张贴有关抗战的壁报和标语等。农民讲习会由团员轮流担任通俗演讲,具体讲题有"农村服务的意义""逢水作坝与发展农田水利""逢山造林与保护森林的意义""怎样防治兽疫""怎样防治病虫害""怎样增产粮食""合作社的组织及其利益""怎样组织农会""怎样改善农村卫生""怎样提倡正常娱乐""什么是公民的权利和义务""有钱出钱和有力出力"等。②农业推广。一方面由团员张贴有关推广的书报和标语,另一方面则向农民介绍、发放优良水稻品种,种子由浙大农学院及湄潭农业推广所提供。③提倡卫生。由团员向农民宣传卫生知识,并在农家调查时随时劝导,如提倡开大窗户、清理沟渠、厕房与厨房之隔离、注意饮水与饮食之卫生等。湄潭卫生院还向服务团提供了少量药品,由团员分送农民。④举办娱乐活动。团员曾为当地农民举行一次音乐会,并表演话剧。⑤劳动服务,主要是协助征属助收助耕,并代写信件。⑥结合专业知识,开展农家概况调查。②

(2)1945年暑期学生战时乡村服务队

1945年暑期,浙大农经系继续组织了战时农村服务队,《国立浙江大学校

---

①　杨达寿:《我国早期生态昆虫学的奠基人——纪念前浙江大学农学院院长蔡邦华110周年华诞》,程家安主编:《蔡邦华院士诞辰110周年纪念文集》,浙江大学出版社2012年版,第228页。

②　《浙大暑期服务团出发农村工作》,《贵州日报》1944年7月24日,第3版。

刊》在 1945 年 6 月 16 日、7 月 1 日、7 月 16 日、8 月 16 日均进行了报道。此次农村服务队,仍由浙大农学院与全国学生救济总会遵义分会合组,蔡邦华、吴文晖、陆年青、钮志芳等四人担任指导。队员有徐容章、许国华等 20 余人,主要为农经系三年级学生。竺可桢在 1945 年 7 月 4 日记载:"湄潭战时服务队学生徐容章来……徐容章又谓战时服务队现有款廿万元,定于暑期下乡工作,职员中有徐容章、蔡绳武、向协五、李唤民、王立经、温毓陵、蔡南山。"①服务队设队长一人,下设服务、调查及总务三组。服务时间为 7 月 24 日至 8 月 14 日,服务地点为湄潭县鱼塘乡。服务内容与上年基本相同,计分:"(甲)民众教育,如出版墙报,主办短期补习学校,图书及书报展览,召开座谈会等。(乙)医药卫生知识宣传及设立简易诊疗处。(丙)农事推广及病虫害防治宣传。(丁)农村调查,如本乡概况调查(包括农村环境及有关农业经济制度)、个别农家经济调查(包括人口、土地、牲畜、作物及副业之生产借贷、家庭生活费用等)。"②

关于此次服务的成绩,《国立浙江大学校刊》曾提道:"战时服务队下乡工作,颇有成绩,见稻子皆被稻苞虫所害,遂亲自下田领导乡人捕捉,乡人异常感激。"③时任浙大农经系讲师的赵明强,在后来回忆吴文晖时也说:"1945 年 7 月浙大农学院与全国学生救济总会遵义分会合办暑期农村服务调查队,当时农经系主任吴文晖教授在农学院蔡邦华院长领导下,同陆年青教授及学救会总干事钮志芳一起任指导。农经系三年级学生为队员,开展了较有实效的农村服务。当时服务的项目有:民众教育、医药卫生、农事推广及病虫害知识宣传等,很受群众欢迎,也颇得社会上的好评。"④

以上从暑讲会、附中、战地服务团、农村服务队等四个方面,概述了遵湄时期浙江大学服务地方教育和社会的主要活动。浙大师生当时参与的地方教育服务和社会服务,当然远不止此。以地方教育服务来说,尚有办理浙江小学、举办中学辅导会议和史地教材展览会、担任家庭教师辅助家庭教育、办理中学教

---

① 《竺可桢全集》第 9 卷,上海科技教育出版社 2006 年版,第 446—447 页。
② 《浙大暑假农村服务队出发湄潭乡间工作》,《贵州日报》1945 年 8 月 11 日,第 4 版。
③ 《湄潭通讯》,《国立浙江大学校刊》1945 年第 128 期,第 7 页。
④ 赵明强:《怀念吴文晖教授》,《吴文晖教授纪念文集》,《吴文晖教授纪念文集》编辑组 1992 年印,第 21 页。

员进修,以及协助黔教厅,办理保送该省各县"从事小学或国民教育服务成绩优良之师范或高中毕业生"升入浙大师范学院等。[①] 以社会服务来说,另有演出戏剧、举办音乐会和运动会、街头抗战宣传与募捐、慰劳过境军队、筹集禁烟经费创办戒烟所、开放学校设备供民众参观等。限于篇幅,在此无法一一细述。应该说,这些社会服务或地方教育服务活动,是师生们在正常的教学、科研之外,不畏艰苦,克服交通不便、经费短缺、百姓文化落后等困难得以完成的。其中所彰显的大学所不能推卸、不能弱化的社会责任与师生积极参与社会教育的服务精神,或许可以给我们今日高等院校的建设提供不少启发。

六、浙籍留美学生与全面抗战时期浙江高等教育

全面抗战期间,浙江大学先后播迁至赣、桂、黔三省办学,一方面为浙江高等教育保存了师资,积蓄了战后复兴的人才与力量;另一方面,1939 年 5 月,浙大在浙江省龙泉县坊下村设立了分校。数年间,分校连同遵义本部一起,招收不少浙江高中毕业生,为浙江高级人才培养做出了重要贡献。

一个大学办学水平的提高,主要依赖一流的教师队伍。全面抗战时期浙江大学的崛起,主要是因为聘请了不少教学科研能力强、认真负责的教师。全面抗战时期在浙大担任过助教、讲师、副教授、教授,并在日后获得中国科学院学部委员或院士者,就有 31 人。他们是:竺可桢(浙江绍兴,留美)、王淦昌(江苏常熟,留德)、苏步青(浙江东阳)、陈建功(浙江绍兴,留日)、王序(江苏无锡,留奥)、姚鑫(江苏常熟,后留英)、王葆仁(江苏扬州,留英)、冯新德(江苏吴江,后留美)、吴征铠(江苏扬州,留英)、贝时璋(浙江镇海,留德)、谈家桢(浙江宁波,留美)、罗宗洛(浙江黄岩,留日)、蔡邦华(江苏溧阳,留日)、任美锷(浙江宁波,留英)、苏元复(浙江海宁,留英)、黄秉维(广东惠州,未留学)、涂长望(湖北武汉,留英)、谭其骧(浙江嘉兴,未留学)、刘恢先(江西莲花,留美)、徐芝纶(江苏江都,留美)、钱令希(江苏无锡,留比)、钱钟韩(江苏无锡,留英)、蔡金涛(江苏

南通,留美)、梁守槃(福建福州,留美)、胡济民(江苏如皋,后留英)、张肇骞(浙江永嘉,留英)、朱壬葆(浙江金华,留英)、朱祖祥(浙江宁波,后留美)、卢鹤绂(山东掖县,留美)、程开甲(江苏吴江,后留英)、向达(湖南溆浦,留英)。

据笔者不完全统计,除以上 31 名优秀教师外,战时在浙大有执教经历的重要教师,还有 99 名,他们是:王琎(浙江黄岩,留美)、胡刚复(江苏无锡,留美)、梅光迪(安徽宣城,留美)、郑晓沧(浙江海宁,留美)、张绍忠(浙江嘉兴,留美)、李熙谋(浙江嘉善,留美)、卢守耕(浙江慈溪,留美)、李寿恒(江苏宜兴,留美)、吴耕民(浙江余姚,留日)、张其昀(浙江鄞县,留美)、王国松(浙江温州,留美)、钱宝琮(浙江嘉兴,留英)、蔡堡(浙江余杭,留美)、束星北(江苏扬州,留美)、何增禄(浙江诸暨,留美)、周厚复(江苏江都,留法、德)、梁庆椿(广东中山,留美)、张荫麟(广东东莞,留美)、陈鸿逵(广东新会,留美)、吴钟伟(江苏武进,留美)、陈训慈(浙江慈溪,未留学)、朱福炘(江苏常州,后留美)、杨耀德(江苏松江,留美)、吴福桢(江苏武进,留美)、孟宪承(江苏武进,留美)、庄泽宣(浙江嘉兴,留美)、费巩(江苏吴江,留英)、顾谷宜(江苏无锡,留苏)、郭斌和(江苏江阴,留美)、黄翼(福建厦门,留美)、黄尊生(广东番禺,留法)、储润科(江苏宜兴,留法)、缪钺(江苏溧阳,未留学)、潘承圻(江苏吴江,留美)、佘坤珊(天津,留美)、朱庭祜(上海川沙,留美)、叶良辅(浙江杭州,留美)、李相勖(安徽桐城,留美)、舒鸿(浙江慈溪,留美)、孙逢吉(浙江杭州,留美)、朱叔麟(浙江桐乡,留日)、胡家健(安徽绩溪,留美)、杨守珍(江苏,不祥)、陈立(湖南平江,留英)、陈乐素(广东新会,留日)、罗登义(贵州贵阳,留美)、范绪箕(江苏江宁,留美)、朱正元(江苏南京,留美)、丁绪贤(安徽阜阳,留英)、么枕生(河北丰润,未留学)、王庸(江苏无锡,未留学)、王焕镳(江苏南通,未留学)、丰子恺(浙江嘉兴,未留学)、田德望(河北顺平,留意)、孙宗彭(江苏无锡,留美)、萧璋(四川三台,未留学)、贺昌群(四川马边,未留学)、雷沛鸿(广西南宁,留美)、江希明(江苏灌云,留德)、丁绪宝(安徽阜阳,留美)、孙怀慈(浙江,留学情况不详)、陈剑修(江西遂川,留美)、李絜非(安徽盱眙,未留学)、沈尚贤(浙江嘉兴,留德)、路季讷(江苏宜兴,留美)、张君川(山东惠民,留英)、刘节(浙江温州,未留学)、李源澄(四川犍为,未留学)、刘之远(河北磁县,未留学)、姜琦(浙江温州,留美)、彭百川(江西永新,留美)、钱穆(江苏无锡,未留学)、陶元珍(四川安岳,未留学)、孙泽瀛(四川新宁,留日)、刘馥英(浙江奉化,留德)、黄川谷(四川邻水,留日、美)、谢佐禹(广东梅县,留学情况不详)、王福春(江西安福,留日)、夏承焘(浙江温州,未留学)、熊同和(安徽凤阳,留美)、夏振铎(浙江嘉兴,留日)、樊平章(籍贯与留学情况均不详)、祝汝佐(江苏靖江,未留学)、王师羲(籍贯与留学情况均不详)、蒋硕民(北平,留德)、易鼎新(湖南,留美)、王仁东(上海,留美)、侯毓芬(江苏无锡,留美)、张孟闻(浙江宁波,留法)、费培杰(籍贯与留学情况均不详)、殷元章(江苏无锡,留英)、王谟显(浙江奉化,留英)、卫士生(浙江衢州,留美)、张德庆(上海宝山,留美)、毛信桂(浙江奉化,未留学)、林天兰(福建,留美)、万一(籍贯与留学情况均不详)、雷男(籍贯与留学情况均不详)、沈思岩(籍贯与留学情况均不详)。

以上所述 130 位教师中,明确为浙籍留美出身者,共 18 名,约占当时浙大 130 名主要教师总数的 14%。他们具体是:竺可桢、郑晓沧、王琎、谈家桢、张绍忠、李熙谋、张其昀、卢守耕、王国松、何增禄、叶良辅、蔡堡、庄泽宣、舒鸿、朱祖祥、孙逢吉、姜琦、卫士生 18 人。表 6-11 列出此 18 人的简况,以示大概。

表 6-11　全面抗战时期浙大浙籍留美教师情况

姓名	籍贯	留学学历	时任职务	主要荣誉	备注
竺可桢	浙江绍兴	唐山路矿学堂毕业,留学美国伊利诺伊大学、哈佛大学,获硕士、博士学位	浙大校长,兼任中央研究院气象研究所所长	最优秀教授党员[1],中央研究院第一、第二届评议员,中央研究院第一届院士[2]	
郑晓沧	浙江海宁	浙江高等学堂毕业,留学美国威斯康星大学、哥伦比亚大学,获学士和硕士学位	曾任浙大教务长,浙大师范学院院长、任浙大龙泉分校主任、浙大研究院院长		

---

① 此系国民党中央于 1945 年 5 月评出。当时浙大有竺可桢、张其昀、吴文晖、李相勖四人入选。参见沈卫威《民国教授的三大荣誉——部聘教授、最优秀教授党员、院士》,《民国研究》2014 年春季号,总第 25 辑,第 7—9 页。

② 由中央研究院评议会于 1948 年 3 月 27 日选出。浙大当时共有竺可桢、苏步青、罗宗洛、贝时璋四人入选。

续表

姓名项目	籍贯	留学学历	时任职务	主要荣誉	备注
王琎	浙江黄岩	留学美国科兴学院、里海、明尼苏达大学,获学士、硕士学位	曾任浙大理学院化学系主任、师范学院化学系主任,后任浙大师范学院院长	部聘教授	
谈家桢	浙江宁波	东吴大学、燕京大学毕业,留学美国加州理工学院,获博士学位	浙大生物系教授,浙大生物学部研究员		
张绍忠	浙江嘉兴	南京高师毕业,留学美国芝加哥大学、哈佛大学	任浙江大学教务长		1947年在杭州病逝
李熙谋	浙江嘉善	上海工业专门学校毕业,留学美国麻省理工学院、哈佛大学,获硕士、博士学位	曾任浙大工学院院长,曾主持过浙大训导事务		前浙江工专校长
张其昀	浙江鄞县	南京高师毕业,1943年至1945年赴美讲学	任浙大文学院史地系主任、浙大师范学院史地系主任、浙大史地学研究部负责人,亦曾主持浙大训导事务	最优秀教授党员,中央研究院第一届评议会评议员	
卢守耕	浙江慈溪	北京农业专门学校毕业,留学美国康奈尔大学研究院,获硕士、博士学位	曾任浙大农学院院长、农艺系主任		前浙江农专教员
王国松	浙江温州	浙江公立工业专门学校毕业,留学美国康奈尔大学,获硕士、博士学位	曾任浙大工学院院长、工学院电机系主任		前浙江工专教师

姓名项目	籍贯	留学学历	时任职务	主要荣誉	备注
何增禄	浙江诸暨	东南大学毕业,留学美国加州理工学院、罗切斯特大学,获硕士学位	曾任浙大理学院物理系主任		
叶良辅	浙江杭州	上海南洋中学毕业,留学美国哥伦比亚大学,获硕士学位	曾任浙大文学院史地系主任、师范学院史地系主任、浙大史地学研究部负责人	中央研究院第一届评议会评议员	1949年9月病逝
庄泽宣	浙江嘉兴	清华学校毕业,留学美国哥伦比亚大学、普林斯顿大学,获硕士、博士学位	任浙大文学院教育系主任		
蔡堡	浙江余杭	北京大学毕业,留学美国耶鲁大学、哥伦比亚大学,获硕士学位	曾任浙大文理学院院长、浙大文理学院生物系主任		
舒鸿	浙江宁波	留学美国春田学院、克拉克大学,获学士、硕士学位	浙大体育处主任		
朱祖祥	浙江宁波	浙江大学毕业,1945年至1948年留学美国密执安州立大学,获博士学位	战时任浙大农学院农化系助教、讲师		
孙逢吉	浙江杭州	南京高师毕业,留学美国密尼沙泰大学,获硕士学位	浙大农学院农艺系教授兼农场主任		

续表

姓名项目	籍贯	留学学历	时任职务	主要荣誉	备注
卫士生	浙江衢县	南京高师、东南大学毕业,留学美国斯坦福大学、哥伦比亚大学、纽约大学,获硕士、博士学位	曾任浙大图书馆主任		
姜琦	浙江永嘉	先后留学日本东京高师、明治大学,美国哥伦比亚大学,获学士、硕士学位	曾任浙大训导长		

说明:本表据张淑锵主编《浙江大学史料·第二卷(1927—1949)》(上、下)(浙江大学出版社 2022 年版)、李杭春编《竺可桢国立浙江大学年谱(1936—1949)》(浙江大学出版社 2017 年版)、许高渝编《从求是书院到新浙大——记述和回忆》(西泠印社出版社 2017 年版)、《杨竹亭文集》(浙江大学上海校友会 2016 年版)、杨竹亭编著《求是先哲群英传》(浙江大学出版社 1996 年版)、杨竹亭主编《师恩难忘——顾谷宜教授诞生 101 年纪念文集》(上海市浙江大学校友会 2005 年编印)等著作内容编成。

以上所列 18 名浙籍留美出身的教师,除姜琦在出任浙大训导长期间,积极奉行国民党"党化教育"方针,压制师生的进步活动,从而对浙大的贡献为负面外,其余 17 人均能服膺校长竺可桢"教授治校,民主办学"的治校方针与浙大"求是"校风,在行政、教学、科研、社会服务诸方面,为浙大的崛起做出了比较突出的贡献。

郑晓沧、王琎、张绍忠、李熙谋、张其昀、王国松、卢守耕等,均为竺可桢治理浙大时所非常依赖的骨干教师与院系负责人。这批留美出身的学者型教师,既能坚持原则,又宽以待人。他们办事认真,勇于担责,任劳任怨,为同人表率。全面抗战时期,他们与胡刚复、蔡邦华、李寿恒、沈思岩、胡家健、贺壮予等人一起,为浙大的几次迁校、选址、图书设备运输、师生安置、师资延聘、教学组织、学术研究、社会服务诸方面,积极擘画,有所贡献。

郑晓沧、李熙谋两人,很有行政才干,因之颇得竺可桢的赏识。在竺可桢不在校时,曾多次代理过校长职务。竺可桢在几次辞职时,均曾向教育部有关方面推荐此二人代己。郑晓沧还在 1939 年的艰难时期,赴浙东筹办分校,从选址、聘请师资到招生、开学,贡献最大。后因其女健康原因,辞去浙东分校主任一职,返回校本部就任研究院院长。

张绍忠不仅是浙大物理系的开拓者、首任系主任,而且在全面抗战时期长期担任浙大教务长。此项工作十分繁重,又容易得罪人。但张绍忠从树立严谨的学风、校风考虑,在教学管理上做到铁面无私、严格执纪、不留情面,人称"铁包公"。张绍忠对全面抗战时期浙大全校教务管理,鞠躬尽瘁,竭尽全力。学生日后回忆:"张绍忠教务长,他表面很凶,但心地善良。他把对学生的爱,一直埋在心里,一直忍受着许多师生们的背后指责。一些过去也随之指责过他的同学,现在都明白了,他像严父一样,为我们操碎了心。可惜,他死得太早了。"[①]

张其昀为竺可桢在南京高师、东南大学任教时的学生,师生二人情谊颇深。受其师治学影响较大,主张"史地合一"。在竺可桢出任校长后,他从中央大学来到浙大,创办史地系并任首届系主任。在其带领下,浙大史地系迅速发展,成长为当时国内大学的名系,吸引和培养出一大批著名学者。在陈布雷推荐下,张其昀进入蒋介石的视野,曾受其资助,在浙大创办《思想与时代》杂志,提倡"科学时代的人文主义"。该杂志在全面抗战时期后方人文学术界,颇有影响力。1942 年,在竺可桢的推荐下,张其昀获得美国国务院资助的赴美讲学资格,于 1943 年 5 月赴美。抗战胜利后,自美返校,继梅光迪后出任浙大文学院院长。

王琎为第一批庚款留美学生,中国近代分析化学的开拓者和传播者,曾任中央研究院化学研究所首任所长。1937 年秋,他从四川大学来到浙大任教,担任化学系主任,并继郑晓沧之后任浙大师范学院院长。他是首批部聘教授之一,在科学研究上,他长期从事中国古代化学史研究,曾用化学分析方法分析我国古代五铢钱的化学成分,也曾探讨古代锌的起源、镴(指锡与铅的合金)成分及其与铅锡和锌之间的关系、中国用锌之进化、中国白铜成分、中国古代化学成就、中国铜合金冶炼技术、中国古代金属化合物、中国古代实用化学知识与技

---

① 《抗战时期浙大教务长——物理学家张绍忠教授》,杨竹亭编著:《求是先哲群英传》,浙江大学出版社 1996 年,第 69 页。

术、中国古代科学思想等问题。①

叶良辅是我国地貌学的创始人,曾任中山大学地质系主任,战前曾在中央研究院地质研究所工作十年,多次进行野外考察。1938年初至浙大史地系任教,为该系地学组学术带头人,带领青年教师和学生开展遵义附近地理学研究,产生多篇成果。1942年张其昀赴美后,他出任浙大史地系主任和史地研究所所长,做了许多行政工作。他富于研究才华,研究成果丰硕,在地质界享有较高声誉,曾在浙大培养出施雅凤、陈述彭、沈玉昌、毛汉礼、陈吉余、严钦尚、杨怀仁、丁锡祉、李治孝等一批日后的中国院士和著名地质学者。②

谈家桢是中国生物遗传学的奠基人,他于1937年秋入职浙大,长期在浙大生物系任教,于1980年当选为中国科学院学部委员。他在生物系教授"生物遗传学""高级细胞遗传学"课程,并担任研究生指导,带领学生进行细胞遗传蝗虫染色体之构造行为、果蝇形态有染色体比较分析、瓢虫新嵌镶显性现象与瓢虫友雄性致死基因之生理与遗传等研究。他在这一时期培养了盛祖嘉、施履吉、刘祖洞、徐道觉、项维、张本华、雷宏淑、陈瑞棠、应幼梅、李焱昌等多名遗传学研究生,这些学生日后成为新中国生命科学、医学、农业等方面的著名学者和专家。他还收过一个印度留学生甘尚澍,这名外国留学生后任巴基斯坦一所农学院院长。③

舒鸿为民国时期著名体育教授,与袁敦礼、董守义、徐英超、马约翰、赫更生等人齐名。他长期担任浙大体育处负责人,在全面抗战时期迁校、学生的体育锻炼与卫生、学校所在地体育活动普及诸方面,均有突出贡献。

卢守耕、王国松、何增禄、蔡堡、庄泽宣、孙逢吉、卫士生诸人,或前文已有介绍,或限于资料,此处不再赘述。

应该注意的是,除全面抗战时期任职于浙大的浙籍留美学者外,此时尚有同样为留美出身、供职于英士大学、东南联合大学的学者,如英士大学校长杜佐周、训导长孙德中、医药系主任丁任生、教师林德昭和夏之时、应化系主任薛济

---

① 杨国梁:《王琎教授》,贵州省遵义地区地方志编纂委员会编:《浙江大学在遵义》,浙江大学出版社1990年版,第511页。

② 《中国近代地貌学奠基人——叶良辅教授》,杨竹亭编著:《求是先哲群英传》,浙江大学出版社1996年版,第160—161页。

③ 谈家桢:《难忘的岁月》,贵州省遵义地区地方志编纂委员会编:《浙江大学在遵义》,浙江大学出版社1990年版,第168页。

明,东南联合大学筹委会主任何炳松等。但丁任生、林德照、夏之时三人已无考,这里只简要介绍其余几位。

杜佐周(1895—1974),字纪堂,浙江东阳人。武昌高师毕业留美,入爱荷华州立大学,研习教育学,获教育硕士学位,于 1924 年归国。曾任武汉大学文学院院长,后在厦门大学执教。全面抗战发生后,任暨南大学秘书,1943 年出任国立英士大学校长。他带领该校学生转移至泰顺司前、里光,并积极提倡学术研究,扩大院系。1946 年 6 月辞职。著有《教育与学校行政管理》等著作和一批教育学论文。①

何炳松(1890—1946),字柏丞,浙江金华人,我国著名的西洋史专家。浙江高等学堂毕业留美,入威斯康星大学、普林斯顿大学,获学士、硕士学位。1917年归国,曾任北京高师英语部主任、浙江省立一师校长等职,后在商务印书馆编译所工作,协助办理《教育杂志》。1935 年出任暨南大学校长。全面抗战发生后,先在租界办学,后在福建建阳设立分校,太平洋战争发生后,迅速将该校迁至建阳,使学校避免了损失。1942 年初,他兼任东南联合大学筹委会主任,为该校的筹办、迁徙与师生生活,呕心沥血,鞠躬尽瘁。1943 年初,东南联大撤销,他继续担任暨南大学校长。1946 年病逝。②

孙德中(1899—1968),浙江天台人,从北京大学英语系毕业,曾入北京师大教育研究所学习,1927 年任浙江省立六中校长,1929 年留美,入哥伦比亚大学研究院肄习,获教育硕士。旋往英国伦敦大学研究教育。1933 年归国,任中央政治学院教授、南通学院教授兼教务长。全面抗战之初,曾任天台中学校长,1939 年任英士大学教授兼训导长。后任台湾大学教授。

薛济明,生卒年不详,浙江瑞安人。1916 年中学毕业后留日,入日本东京工业大学化学科学习,获学士学位。后又留美,入伊利诺伊大学,获化学硕士、博士学位。曾任伊利诺伊大学化学科助教,于 1928 年归国,任浙江大学工学院教授。1932 年后,任教于之江文理学院。1939 年初,任浙江化工厂厂长,并兼任英士大学应化系主任、教授。

---

① 周秀松主编:《英士大学钩沉》,中国民族摄影艺术出版社 2015 年版,第 151 页。
② 周秀松主编:《英士大学钩沉》,中国民族摄影艺术出版社 2015 年版,第 151 页。

结　　语

　　1840 年鸦片战争以后,在外力压迫与内部变革等因素的交互推动下,中国教育开始缓慢而艰难地从传统教育向现代教育转型。此一变迁过程,史家多称之为"中国教育的现代化"(或曰"中国教育的近代化")。其中,因高等教育处于整个人才培养体系的顶端,故其现代化的进程,对社会各方面的影响比较大。一般认为,晚清民国时期,特别是从甲午战后的清廷朝野兴学直至 1949 年左右,为我国高等教育的早期现代化阶段。在此约半个世纪中,我国高等教育的现代化开始蹒跚起步,历经晚清 10 年、民初北洋政府统治 15 年、全面抗战前南京国民政府统治的 10 年、全面抗战 8 年及解放战争时期的 3 年等各阶段的调整、改革、发展,最终至 1949 年新中国成立之前,已初具规模。至于晚清民国时期高等教育早期现代化的主要内容,则既包括有关高等教育的主要制度、教学内容、教学方法与手段等方面的变革,亦包含有关高等教育的观念、思想、理论、社会心理、价值取向等方面的变化。此外,由于我国地域辽阔、省级行政区域众多、各地区具体情况千差万别等,因此高等教育的地理布局、区域发展、均衡化等问题,同样是早期现代化所涵括的另类层面的内容。基于此,今人考察高等教育早期现代化诸问题,在注重宏观考察的同时,亦不可忽视其中观、微观层面的问题,特别是省域高等教育早期现代化的问题,值得探讨。

　　从区域高等教育发展比较的视角来看,浙江是一个较有高等教育发展优势的省份。浙江省虽然是我国面积较小的省份之一,但由于其地处东南沿海,自古为人文渊薮,各种人才辈出,近代教育名家众多,社会经济较为发达,中等教育与留学教育亦在全国处于较前位置。加之在民国时期又相对具有较丰富的政治资源等,使该省具备较早、较快发展的诸多有利条件。但历史是复杂的,以上所言这些优势,只是一般理论上存在的。从具体的实践过程看,浙江高等教育早期现代化的历程,并非一帆风顺、直线前进,而是经历了曲折,其中不乏停滞或比较困难的时期。

浙江高等教育的早期现代化,跨越了清末、民国两个时代,其中可分为五个具体的历史发展阶段。

第一个阶段(1897 年至 1911 年),为浙江高等教育早期现代化的启动时期。这一时期,浙江高等教育从无到有,先后诞生官立性质的求是书院(后改称浙江高等学堂)、浙江两级师范学堂、浙江官立法政学堂、浙江高等巡警学堂,私立性质的浙江法政学堂、绍兴法政学堂、宁波法政学堂、浙江铁路学堂,以及教会设立的育英书院(后改称之江学堂)、广济医学堂、广济药学堂等,总计有 11 所高等教育性质的学校。除广济医学堂、广济药学堂两所学校办学规模、社会影响较小外,其余九所学校,其办学规模均较大,在该省高等教育史上,均有其重要地位和影响。特别是林启等人创办的求是书院(后在新政时期改名"浙江高等学堂"),无论是其师资构成,还是其开设课程、教学内容等方面,均已初步具备近代高校的性质。

第二个阶段(1912 年至 1927 年),为浙江高等教育早期现代化的挫折与艰难行进时期。此一时期,受新学制颁布、全国高等教育政策调整等影响,浙江高等教育的发展进入一个比较困难的阶段。一方面,浙江高等学堂、浙江两级师范学校、浙江公立法政学堂、私立浙江法政学堂等重要学校停办,造成此期浙江没有一所综合性大学和高等师范学校,相关人才的培养严重受阻。另一方面,该时期浙江兴办了三所公立专门学校(浙江公立工业专门学校、浙江公立农业专门学校、浙江公立医药专门学校),其高等教育的血脉仍借此存续。这就为1927 年南京国民政府成立后国立浙江大学的诞生奠定了一定的基础。

第三个阶段(1927 年南京国民政府成立至 1937 年全面抗战爆发前夕),为浙江高等教育早期现代化的曙光时期。此一时期,南京国民政府从形式上初步统一全国,接管政权,开始在高等教育领域实施一系列改革、调整和整顿措施。以此为契机,该期浙江高等教育获得突破性发展。虽然省立法政专门学校于1929 年永久停闭,省立医药专门学校亦一度经历停办风波,但 1927 年 8 月 1 日国立浙江大学(初名第三中山大学)的正式设立,一举结束了民国以来浙江没有综合性大学的不正常局面。浙大设立之初,由于经费不足、院系不稳定、科学研究之风未兴,总体办学水平并不高。虽名为国立,但实质仍是一个省域色彩较浓的区域大学。但在邵裴子、竺可桢等校长的努力下,至全面抗战爆发前,浙大已度过建校初期难以避免的不稳定阶段,初步聚合起一批具有留学经历、水平较高的核心教师。这就为全面抗战时期浙江大学的崛起奠定了良好的基础。除浙大以外,同期浙江的另外两所高校——之江文理学院和省立医药专科学校,亦办出了自己的特色。

第四个阶段(从 1937 年 7 月全面抗战的爆发至 1946 年 6 月浙大等高校的复员),为浙江高等教育早期现代化的苦难辉煌时期。全面抗战时期,中华民族遭遇了巨大的劫难、考验和困难,高等教育领域亦不例外。此期浙江高等教育,既有苦难,亦有辉煌。从苦难一面来看,浙江大学、浙江省立医药专科学校、杭州艺术专科学校均不得不迁徙省外,易地办学,只有浙江医专留居省内办学。特别是浙大,于省外数次播迁,最终在黔北遵湄地区办学七年,幸得保存独立建制。从辉煌一面来看,在具有民主办学思想与人格魅力的竺可桢校长主持下,浙大弘扬"求是"学风,在战时困难条件下,开拓进取,教学、科研、社会服务各项事业均有较大发展,办学实力稳步提升。从全面抗战初期的 3 个学院、16 个学系、130 多名教师、400 多名学生,发展至 1946 年的 6 个学院、25 个学系、4 个研究所、1 个分校、2 个先修班、1 所附中、309 名教师、2100 多名学生。内迁贵州时期,浙大不仅毕业了近 2000 多名本科生、44 名研究生,拥有苏步青、吴耕民、王琎、胡刚复等 4 名部聘教授(数量在全国各大学中仅次于西南联大、中央大学),培养出 60 名左右的日后中国科学院学部委员,而且在科学研究上取得了一系列突出成绩。可以说,浙大在全面抗战八年中迅速崛起,其办学水平已整体进入全国一流高校行列。浙大之外,全面抗战时期,浙江亦曾诞生两所新的综合性大学:一所是 1939 年 8 月正式成立的省立英士大学(后改为国立),另一所是 1942 年 1 月 15 日开始筹组但此后一直处于筹组而未正式成立的国立东南联合大学(后该校于 1943 年 6 月,分别并入暨南大学和英士大学)。这两所学校的创立、变迁,同样是战时浙江高等教育历程的一部分。

第五个阶段(从 1946 年 6 月战后高校复员直至 1949 年 5 月杭州解放前夕),为浙江高等教育早期现代化的调整时期。此一时期,浙江已拥有五所高校,即两所综合性大学(浙江大学和英士大学),一所私立大学(之江文理学院),一所国立专科学校(杭州艺术专科学校),一所私立专科学校(浙江体育专科学校)。需要说明的是,由于该时期时间较短,加之笔者研究时间及精力有限,本书并未对此展开论述。

近代中国留学生是近代中国产生的新的社会群体和新的文化阶层。其数量在总体上虽不大,但由于其负笈国外,学习和掌握了西方先进的知识、技术和文化,归国后多在政治、教育、科技、实业、外交等关键部门就职,其成为社会精英,从而对社会各方面的革新和进步,发挥了难以替代的作用。可以说,留学生始终与近代中国社会的现代化进程,特别是与高等教育现代化的进程,紧密联系在一起,成为其中重要的变革、推动力量。

晚清民国时期,浙籍留学生人数众多,而其中的留美学生对浙江高等教育的早期现代化亦发挥了重要影响。从本书具体考察来看,浙籍留美学生在浙江高等教育早期现代化进程的各阶段所起的作用有所不同,总体上呈现"愈到中后期,影响愈大"之趋势。

在第一个阶段,亦即清末时期,由于实际上只有邵裴子一名留美归国生在浙江高校任教(担任浙江高等学堂教师,后在民国初任该校校长),此期可以说无影响。

在第二个阶段,亦即北洋时期,浙籍留美学生归国者总计约有 46 人之多。但因浙江无公立综合性大学设置,故此类归国留美学生,大多执教于省外大学。而此时在本省内两所专科学校和之江大学服务者寥寥无几,仅有吴钦烈、徐崇简、郑文彬、王琎、舒鸿、吴维德、李培恩等 7 人。他们对学校的教学、人才培养有一定的影响,但总体上影响较小。

在第三个阶段,亦即全面抗战前的十年,随着浙江大学在 1927 年 8 月的正式成立,浙籍留美学生于此逐步聚集,并发挥愈来愈重要的作用。当时在浙大任教的浙籍留美归国者,有蒋梦麟、邵裴子、郑晓沧、李熙谋、王国松、蔡堡、吴耕民、卢守耕、张绍忠、何增禄、谈家桢、朱壬保、舒鸿、孙逢吉等 14 人。蒋梦麟、邵裴子曾出任浙大第一、第二任校长,对浙大的创立、学校维持、经费筹措、院系设置、教师聘请等方面,厥功至伟;郑晓沧、李熙谋、张绍忠、吴耕民、卢守耕、王国松、何增禄、蔡堡、谈家桢诸人,长期执教于浙大,或任院长、系主任,对院系创立、教学组织、课程开设、教师聘请、人才培养等方面,发挥许多实际作用;朱壬葆、舒鸿、孙逢吉等人,此时虽较年轻,但亦为人才培养做出了贡献。

在第四个阶段,亦即全面抗战时期,浙籍留美学生进一步聚合于浙大,广泛开展课堂教学、科学研究、人才培养、社会服务等工作,对浙大在全面抗战时期的崛起,发挥了非常突出的作用。此时供职于浙大的浙籍留美归国者,约18人,即竺可桢、郑晓沧、王琎、谈家桢、张绍忠、李熙谋、张其昀、卢守耕、王国松、何增禄、叶良辅、蔡堡、庄泽宣、舒鸿、朱祖祥、孙逢吉、姜琦、卫士生。竺可桢作为科学家出身的校长,提倡"教授治校,民主办学",在全面抗战时期困难条件下,他领导学校迁徙,延聘一批高水平名师来校任教,倡导通才教育与科学研究,其作用无可替代。郑晓沧、王琎、张绍忠、李熙谋、张其昀、卢守耕、王国松、何增禄、叶良辅、蔡堡、庄泽宣、舒鸿、朱祖祥、孙逢吉、卫士生等,皆为学校骨干教师,或出任院长、教务长、分校主任、系主任,或担任学科教授,皆能积极秉承竺可桢办学方针,弘扬"求是"学风,严谨治学,精心育人,是推动浙大在全面抗战时期实现辉煌的一支重要力量。另外,当时供职于英士大学、东南联合大学的一些学者,如英士大学校长杜佐周、训导长孙德中、医药系主任丁任生、应化系主任薛济明、教师林德昭和夏之时,以及东南联合大学筹委会主任何炳松等,皆为浙籍留美学生出身。他们对英士大学的发展与东南联合大学的筹组,同样付出艰辛努力。

由上简言之,在浙江高等教育早期现代化进程中,浙籍留美学生在清末民初因数量少、浙江无综合性大学,所起作用比较小;1927年至1946年,随着浙籍留美学生归国者增多以及浙江大学的创立与发展,其所起的作用不断增大,是推动这一时期浙江高等教育早期现代化的一支极其重要的力量。

本书对浙江高等教育早期现代化进程和浙籍留美学生影响的探讨,只是一种初步的尝试与探索。笔者希望通过对这一问题的考察与分析,丰富人们对浙江近代高等教育历史发展脉络的认识,进一步拓展区域高等教育早期现代化研究的视野与内涵。

参考文献

[美]队克勋著,刘家峰译:《之江大学》,珠海出版社 1999 年版。

[美]杰西·格·卢茨著,曾钜生译:《中国教会大学史(1850—1950 年)》,浙江教育出版社 1987 年版。

[英]李约瑟、李大斐编著,余廷明等译:《李约瑟游记》,贵州人民出版社 1999 年版。

《本署司袁呈学部详报宣统元二两年浙省学务情形请示遵文》,《浙江教育官报》1911 年第 60 期,第 323—332 页。

《本校实施导师制概况》,《国立浙江大学校刊》1938 年复刊第 4 期,第 3 页。

《本校推进导师制》,《国立浙江大学校刊》1938 年复刊第 3 期,第 3 页。

陈布雷:《陈布雷回忆录》,岳麓书社 2018 年版。

《呈教育部准郭辞职全文》,《国立浙江大学校刊》1936 年第 233 期,未标页码。

《程天放辞鄂教厅长》,《中央日报》(南京)1933 年 2 月 10 日,第 6 版。

《筹办杭州大学之议案》,上海《民国日报》1921 年 11 月 11 日,第 7 版。

《筹设江浙大学案》,《申报》1919 年 11 月 13 日,第 7 版。

《从中学教员暑讲会讲起》,《贵州日报》1942 年 7 月 25 日,第 3 版。

《第二次中国教育年鉴》,商务印书馆 1948 年版。

《东南联大本月可开学》,《大公报》(桂林)1942 年 3 月 3 日,第 4 版。

《东南联大筹备处已在金华成立》,《东南日报》1942 年 4 月 2 日,第 3 版。

《东南联大筹委会举行第二次会议》,《前线日报》(上饶)1942 年 4 月 18 日,第 4 版。

《东南联大归并在即电呈教部三点意见》,《前线日报》(上饶)1943 年 1 月 7 日,第 4 版。

《东南联大决设七院暑期招生》,《大公报》(桂林)1942 年 3 月 21 日,第 4 版。

《东南联大现已开始着手筹备》,《大公报》(桂林)1942 年 2 月 10 日,第 2 版。

《东南联大学生不愿归并英大》,《大公报》(桂林)1943 年 1 月 18 日,第 4 版。

《东南联大学生下月开始训练》,《东南日报》1942 年 4 月 27 日,第 3 版。

《东南联大筹委何炳松等已抵浙》,《大公报》(桂林)1942 年 2 月 18 日,第 3 版。

《东南联合大学决设四院三科》,《东南日报》1942 年 4 月 8 日,第 3 版。

《发展职业教育》,《浙江教育行政周刊》1932 年第 1 期,第 18—27 页。

《费巩文集》编委会编:《费巩文集》,浙江大学出版社 2005 年版。

《改进中学教育》,《浙江教育行政周刊》1932 年第 1 期,第 9—18 页。

《光宣年间浙江兴办新式学堂史料(上)》,《历史档案》2004 年第 2 期,第 38—54 页。

《国立中央大学图书馆小史》,国立中央大学图书馆管理处 1928 年印行。

《杭州·省长拟设浙江大学》,《申报》1918 年 12 月 25 日,第 7 版。

《杭州之江大学校章程》,上海美华书馆 1917 年排印。

《胡寄南心理学论文选》(增补本),学林出版社 1995 年版。

《沪内迁各大学在浙筹设东南联大》,《大公报》(桂林)1942 年 2 月 5 日,第 4 版。

《黄绍竑回忆录》,广西人民出版社 1991 年版。

《会务杂记》,《贵州日报》1942 年 7 月 31 日,第 4 版。

《将设巡警高等学堂》,《神州日报》1908 年 11 月 27 日,第 7 版。

《教会学校之移交》,《浙江大学教育周刊》1928 年第 5 期,第 10 页。

《教厅登记处分发战区学生首批卅二名入英士大学等校肄业》,《东南日报》1942 年 3 月 12 日,第 3 版。

《教育部订定战区学生贷金暂行办法》,《教育杂志》1938 年第 2 期,第 94—104 页。

《教育部训令第三二四七五号》,《国立山西大学校刊》1944 年第 7 期,第 3—4 页。

《教育部训令第四二八二八号》(1940 年 12 月 24 日),《教育部公报》1940 年第 23、24 期合刊,第 7 页。

《教育司长令县知事于现设小学严加监督附近地方不准再行添设私塾其已设者调查呈报指示改良文》,《浙江公报》1912 年第 108 册,第 7 页。

《教育厅选送师范学生入联大浙大肄业》,《贵州日报》1941 年 8 月 16 日,第 3 版。

《京师:分筹学务经费》,《广益丛报》1908 年第 160 期,未标页码。

《京外奏牍:浙江巡抚增韫奏私立法政学堂援案开办请立案折》,《学部官报》1910 年第 131 期,第 2—3 页。

经亨颐:《经亨颐日记》,浙江古籍出版社 1984 年版。

《举办暑期中等学校教员讲习会讨论》,《贵州教育》1938 年第 1 期,第 7 页。

《举行小学教育成绩展览会之经过》,《浙江教育行政周刊》1932 年第 5 期,第 43—50 页。

《两年来本校大事纪》,《国立浙江大学校刊》复刊 1941 年第 100 期,第 13 页。

《湄潭通讯》,《国立浙江大学校刊》1945 年第 128 期,第 7 页。

《民元以来浙江官费留学生一览表》,《浙江大学教育周刊》1928 年第 5、6 期,第 5 期第 13—18 页,第 6 期第 8—26 页。

《民政部奏定高等巡警章程》,《浙江教育官报》1911 年第 55 期,第 159—170 页。

《宁波巡警学堂择期开课》,《神州日报》1907 年 9 月 22 日,第 4 版。

《农业经济系速写》,《浙大学生》复刊 1941 年第 1 期,第 23—25 页。

《派遣里昂中法大学官费生的经过》,《浙江大学教育周刊》1928 年第 15 期,第 33—34 页。

《黔省教员暑讲会昨举行结束式》,《中央日报》(贵阳)1940 年 9 月 1 日,第 3 版。

《清华同学录》,国立清华大学校长办公室 1937 年编印。

《求是儿女怀念文集》编辑组编:《寄情求是魂:求是儿女怀念文集》,浙江大学出版社 2015 年版。

《求是书院章程》,《经世报》第 2 期。见汪林茂主编:《浙江大学史料·第一卷(1897—1927)》上,浙江大学出版社 2022 年版,第 242—244 页。

《全国高教近四年度专兼任教员之增减》,《申报》1936 年 11 月 4 日,第 14 版。

《全国高教专任教员较增》,《申报》1936 年 10 月 29 日,第 8 版。

《师资进修通信研究部设立以后》,《浙江教育行政周刊》1932 年第 5 期,第 24—41 页。

《十九年度浙江省官费留学生留学国别及性别统计》,《浙江教育行政周刊》1931 年第 5 期,第 1 页。

《实行教授治校,成立十三种委员会》,《国立浙江大学校刊》复刊第 145 期,1947 年 3 月 17 日,第 3 页。

《收容内移学生》,《大公报》(桂林)1942 年 2 月 21 日,第 2 版。

《私立之江文理学院沿革及立案经过》,《浙江教育行政周刊》1932 年第 3 期,第 4—5 页。

《提学司袁详陈绅敬第拟订私立法政学堂公约及学则请奏咨立案文》,《浙江官报》1910 年第 20 期,第 197—198 页。

《王葆仁先生百年诞辰纪念文集》编委会编:《王葆仁先生百年诞辰纪念文集》,浙江大学出版社 2009 年版。

《文牍一:本署司袁详　抚宪浙江通艺中学改设私立法政学堂核与新章未符可否仍旧准设请咨　部核复文》,《浙江教育官报》1910 年第 22 期,第 221—222 页。

《文牍一：本署司袁照会绍兴私立法政学堂监督陶绅该堂第一班讲习科毕业各生名册应另造送并将第二班应造表册一并送司详咨文》，《浙江教育官报》1911年第74期，第372—374页。

《吴文晖教授纪念文集》，《吴文晖教授纪念文集》编辑组1992年编印。

《校闻·添聘教师》，《英大周刊》1940年第4、5期合刊，第26页。

《新任英大杜校长抵浙》，《浙江教育行政月刊》1943年第4期，第30页。

《巡警学堂筹划常年经费》，《新闻报》1907年6月28日，第10版。

《巡警学堂附设通学班》，《时报》1907年5月26日，第5版。

《巡警学堂招考》，《时报》1907年3月1日，第5版。

《杨志才诗文集》，2007年自印版。

《杨竹亭文集》，浙江大学上海校友会2016年编印。

《一个紧急的建议》，《前线日报》（上饶）1942年1月13日，第2版。

《英大附设测量短训班》，《东南日报》1942年1月19日，第3版。

《英大校本部决迁移云和》，《浙江教育行政月刊》1943年第5期，第26页。

《英大自下学期起决改为校长制理工学院改称工学院》，《东南日报》1939年10月15日，第3版。

《英士大学大事记》，《英大周刊》1940年创刊号，第11—12页。

《英士大学医学院沿革》，《东南日报》1942年4月16日，第3版。

《玉海楼藏书捐赠浙大文院》，《申报》1947年10月24日，第6版。

《预备设立巡警学堂》，《时报》1906年10月12日，第5版。

《云和的英士大学——国内大学报道之十四》，《东南日报》1943年9月12日，第4版。

《章奏：学部　奏酌量推广私立法政学堂片》，《浙江教育官报》1910年第44期，第281—282页。

《浙大报务团已公毕返校》，《中央日报》（贵阳）1945年3月3日，第3版。

《浙大服务团重视将士精神食粮》，《贵州日报》1945年1月30日，第3版。

《浙大起风潮邵校长愤然辞职》，上海《民国日报》1931年11月6日，第8版。

《浙大暑假农村服务队出发湄潭乡间工作》,《贵州日报》1945 年 8 月 11 日,第 4 版。

《浙大暑期服务团出发农村工作》,《贵州日报》1944 年 7 月 24 日,第 3 版。

《浙大校长郭任远辞职离校》,《时报》1935 年 12 月 23 日,第 5 版。

《浙大战地服务团扩大春节劳军》,《贵州日报》1945 年 2 月 12 日,第 3 版。

《浙大战地服务团在南战场》,《东南日报》1940 年 5 月 7 日、8 日、9 日,均第 4 版。

《浙抚奏报改办高等巡警学堂》,《申报》1909 年 5 月 14 日,第 4 版。

《浙赣入闽学生分发各校就读》,《东南日报》1942 年 11 月 12 日,第 3 版。

《浙江公立医药专门学校药学科沿革》,《同德医药学》1923 年第 6 期,第 82—85 页。

《浙江教育司通令凡私塾在学校附近一里以内者下学期一律停闭嗣后增设小学即私塾随时取消文》,《浙江公报》1912 年第 137 册,第 6—7 页。

《浙江欧美留学生第二批出发》,《时报》1908 年 10 月 4 日,第 6 版。

《浙江欧美留学生第一批赴美》,《申报》1908 年 9 月 24 日,第 19 版。

《浙江省长公署训令第八百二十号(中华民国五年十月十七日):令代理私立浙江法政专门学校校长许壬:准教育部咨该校设立别科所请应无庸议》,《浙江公报》1916 年第 1654 期,第 13—14 页。

《浙江省二十年度师资训练机关概况表》,《浙江教育行政周刊》1932 年第 1 期,第 4—6 页。

《浙江省二十一年度县市联立中学概况表》,《浙江教育行政周刊》1932 年第 1 期,第 12—14 页。

《浙江省各县二十年度举办假期进修讲习会统计》,《浙江教育行政周刊》1932 年第 5 期,第 5—23 页。

《浙江省考取游学欧美各国官费学生姓名表》,《浙江教育官报》1908 年第 3 期,未标页码。

《浙江省考取游学欧美各国官费学生姓名表》,《浙江教育官报》1908 年第 4 期,未标页码。

《浙江省已立案各私立中学一览(二十年七月二十七日调制)》,《浙江教育行政周刊》1931 年第 49 期,第 1—2 页。

《浙江私立广济医学各科专门学校五十周年大事记》,《广济医刊》1931 年第 7 号,第 1—3 页。

《浙江私立广济医学专门学校教员录》,《广济医刊》1924 年第 9 号,第 16—19 页。

《浙江私立广济医学专门学校同学录(民国八年二月调查)》,《广济医报》1919 年第 2 期,第 55—77 页。

《浙江私立广济医学专门学校一千九百二十二年教职员表》,《广济医报》1921 年第 6 期,第 75—76 页。

《浙江行政公署批第三千六百五十五号:原具呈人私立龙山法政学校校长陈樊枢:呈报拟将该校废止请核转报部由》,《浙江公报》1914 年第 684 号,第 9 页。

《浙江行政公署训第一百五十号(中华民国三年一月):令私立浙江法政专门学校校长阮性存:准教育部咨准予正式认可饬遵由》,《浙江公报》1914 年第 693 号,第 12 页。

《浙江巡抚咨明选派游学欧美学生章程办法文》,《学部官报》1908 年第 67 期,"京外学务报告",第 1—5 页。

《浙教厅登记处办理结束》,《东南日报》1942 年 4 月 4 日,第 3 版。

《浙教厅登记处续送战区学生审核合格员生共三百余人》,《东南日报》1942 年 3 月 26 日,第 3 版。

《浙教育会请设大学》,《申报》1918 年 5 月 9 日,第 6 版。

《浙省立英士大学将招收转学生》,《东南日报》1939 年 11 月 26 日,第 3 版。

《浙省留英学生一览表》,《浙江教育官报》1909 年第 24 期,第 145 页。

《浙省英士大学之创设及其使命许主委在始业式时致词》,《东南日报》1939 年 11 月 3 日,第 4 版。

《郑晓沧先生诞辰百年纪念集》编委会编:《春风化雨——郑晓沧先生诞辰百年纪念集》,杭州大学出版社 1992 年版。

《之江大学今秋恢复》,《申报》1929 年 6 月 27 日,第 11 版。

《之江大学暂时停办》,《申报》1928 年 7 月 10 日,第 11 版。

《之江文理学院立案》,《申报》1931 年 7 月 26 日,第 12 版。

《之江文理学院立案已准》,上海《民国日报》1930 年 9 月 22 日,第 6 版。

《中等学校教员举行暑期讲习会教厅浙大师范学院会同筹办》,《贵州日报》1942 年 5 月 26 日,第 3 版。

《中华民国史档案史资料汇编》第 5 辑,第一编,教育(二),江苏古籍出版社 1991 年版。

《中华民国史档案资料汇编》第 3 辑,教育,江苏古籍出版社 1994 年版。

《中华民国史档案资料汇编》第 5 辑,第二编,教育(一),江苏古籍出版社 1991 年版。

《中学教员讲讨会今日报到增聘丰子恺等教授为讲师》,《贵州日报》1941 年 7 月 29 日,第 3 版。

《中学教员暑讲会举行委员会议》,《贵州日报》1940 年 6 月 18 日,第 3 版。

《中学暑期讲讨会开课》,《贵州教育》1941 年第 6 期,第 33 页。

《中央大学在渝开课》,《中央日报》1937 年 11 月 23 日,第 1 版。

《竺可桢来筑主持暑讲会》,《贵州日报》1941 年 7 月 31 日,第 3 版。

《竺可桢全集》第 1—11 卷,上海科技教育出版社 2004—2006 年版。

《专科以上学校教员研究专题概况》,《全国学术工作咨询处月刊》1936 年第 8 期,第 55—78 页。

《专科以上学校训育标准》,《教育部公报》1944 年第 9 期,第 3—10 页。

《咨浙巡抚和度支部前学务处及本部奏筹奏提各款当谨遵光绪三十一年十一月上谕咨行立案恋永远遵行文(宣统二年六月二十七日)》,《学部官报》1910 年第 136 期,第 4—5 页。

《奏复核浙省宁波法政别科毕业试卷循章请奖折》,《学部官报》1910 年第 113 期,第 7—9 页。

蔡沐禅、刘忠坤:《卢鹤绂传》,复旦大学出版社 2015 年版。

曹树基、李玉尚:《太平天国战争对浙江人口的影响》,《复旦学报》2000 年第

5 期,第 33—44 页。

曹义孙主编:《中国政法大学教育文选》第 20 辑,中国政法大学出版社 2016 年版。

辰伯(吴晗):《两浙藏书家史略》,《清华周刊》1932 年第 9、10 期合刊,第 198—285 页。

陈夔龙:《梦蕉亭杂记》,北京古籍出版社 1995 年版。

陈立夫:《战时教育行政回忆》,台湾商务印书馆 1973 年版。

陈平原:《抗战烽火中的中国大学》,北京大学出版社 2015 年版。

陈桥驿:《浙江地理简志》,浙江人民出版社 1985 年版。

陈侠:《师范学院的修业年限问题》,《东方杂志》1943 年第 18 期,第 32—62 页。

陈学恂主编:《中国近代教育史教学参考资料》,人民教育出版社 1986 年版。

陈玉玲:《国民政府初期对高等教育的整顿:1927—1937》,中国社会科学出版社 2018 年版。

程家安主编:《蔡邦华院士诞辰 110 周年纪念文集》,浙江大学出版社 2012 年版。

褚季能:《女学先声——中国妇女教育史话之一》,《东方杂志》1934 年第 7 号,第 23—26 页。

崔运武:《中国师范教育史》,山西教育出版社 2006 年版。

丁申:《武林藏书录》,古典文学出版社 1957 年版。

丁文江:《历史人物与地理的关系》,《努力周报》1923 年第 43 期,第 1—3 页。

丁文江:《历史人物与地理的关系(续)》,《努力周报》1926 年第 44 期,第 1—2 页。

丁贤勇:《新式交通与社会变迁:以民国浙江为中心》,中国社会科学出版社 2007 年版。

董宝良、熊贤君主编:《从湖北看中国教育近代化》,广东教育出版社 1996

年版。

董宝良主编:《中国近现代高等教育史》,华中科技大学出版社 2007 年版。

复旦大学历史系、复旦大学中外现代化进程研究中心编:《覆水不收》,上海古籍出版社 2020 年版。

葛绥成:《分省地志·浙江》,中华书局 1939 年版。

顾毓秀:《战时教育的回忆》,出版机构不详,1948 年版。

顾志兴:《浙江藏书家藏书楼》,浙江人民出版社 1987 年版。

贵州省政府教育厅编:《贵州教育》,贵州省政府教育厅 1943 年编印。

贵州省遵义地区地方志编纂委员会编:《浙江大学在遵义》,浙江大学出版社 1990 年版。

郭金海:《1957 年中国科学院学部委员的增聘》,《中国科技史杂志》2011 年第 4 期,第 501—521 页。

郭太风、廖大伟主编:《东南社会与中国近代化》,上海古籍出版社 2005 年版。

国家图书馆古籍馆编:《国家图书馆藏近代统计资料丛刊》28,北京燕山出版社 2007 年版。

国立浙江大学编:《国立浙江大学要览(廿四年度)》,浙江大学 1936 年编印。

国立浙江大学编:《国立浙江大学要览》,浙江大学 1943 年编印。

国立浙江大学编:《国立浙江大学要览》,浙江大学 1948 年编印。

国立浙江大学战地服务团编:《国立浙江大学战地服务团报告书》,浙江大学 1945 年编印。

国民党中央执行委员会宣传部编:《四年来之教育与文化》,国民党中央执行委员会宣传部 1941 年编印。

韩戍:《抗战时期的国民政府教育部与留守上海高校》,《抗日战争研究》2018 年第 2 期,第 27—43 页。

杭州大学地理系、《浙江地理》编写组合编:《浙江地理》,浙江人民出版社 1978 年版。

杭州市教育委员会编:《杭州教育志(一○二八——一九四九)》,浙江教育出版社 1994 年版。

何方昱:《科学时代的人文主义:〈思想与时代〉月刊研究(1941—1948)》,上海书店出版社 2008 年版。

何方昱:《训导与抗衡:党派、学人与浙江大学(1936—1949)》,上海书店出版社 2017 年版。

何明主编:《中国科学院第一批学部委员(哲学社会科学部)》,中国大百科全书出版社 2010 年版。

何增光:《浙江高等师范教育史》,杭州出版社 2008 年版。

胡不归:《四十年来浙江的教育官》,《浙江日报》1945 年 5 月 3 日、4 日,均第 4 版。

胡建雄主编:《浙大逸事》,辽海出版社 1998 年版。

胡庆荣:《浙江省立英士大学筹备始末》,《英大周刊》1940 年创刊号,第 10—11 页。

华冈学会编:《张其昀博士的生活和思想》,华冈学会 1982 年编印。

黄福涛:《欧洲高等教育近代化——法、英、德近代高等教育制度的形成》,厦门大学出版社 1998 年版。

黄季陆主编:《革命文献》第 54 辑,中国国民党中央委员会党史史料编纂委员会 1971 年编印。

黄启兵:《民国初年法政学校的兴盛与整顿———一种制度分析的视野》,《中国法学教育研究》2007 年第 3 期,第 23—31 页。

黄绍竑:《英士大学之精神》,《英大周刊》1940 创刊号,第 6—7 页。

黄式金:《师范学院设立后之在职中学教师进修问题》,《中华基督教教育季刊》1939 年第 2 期,第 9—14 页。

黄振霞:《浙江大学在湄潭》,《黔人》(台北)1994 年第 1 期,第 183 页。

暨南大学华侨研究所编:《暨南校史资料选辑》第 1 辑,暨南大学华侨研究所 1983 年编印。

蒋风:《新世纪的足迹:蒋风的儿童文学世界》,安徽文艺出版社 2014 年版。

教育部编:《教育法令汇编》第 1 辑,商务印书馆 1936 年版。

教育部编:《教育法令汇编》第 6 辑,正中书局 1941 年版。

教育部编:《全国专科以上学校教员研究专题概览》(上、下册),商务印书馆 1937 年版。

教育部编:《十年来之教育概述》,教育部 1939 年编印。

教育部编:《专科以上教员名册》第 1、2 册,教育部 1942 年、1944 年编印。

教育部编:《专科以上学校概况》(上册),教育部 1942 年编印。

教育部训育委员会编:《训育法令汇编》,教育部训育委员会 1943 年编印。

教育部资料研究室编:《一九三七年以来之中国教育》,教育部资料研究室 1947 年编印。

金富军:《清华大学留美公费生考试制度考察》,《清华大学学报(哲学社会科学版)》2015 年第 3 期,第 139—152 页。

金澍荣:《现行师范学院制度与中等学校师资的调节》,《东方杂志》1943 年第 3 期,第 42—45 页。

李国祁:《中国现代化的区域研究——闽浙台(1860—1916)》,台湾"中研院"近代史研究所 1981 年版。

李杭春编:《竺可桢国立浙江大学年谱(1936—1949)》,浙江大学出版社 2017 年版。

李文治等编:《中国近代农业史资料》第一辑,科学出版社 2016 年版。

李喜所、刘集林等:《近代中国的留美教育》,天津古籍出版社 2000 年版。

李相勖:《本年贵州中等学校教师暑期讲讨会概况——在浙江大学教育学会演讲辞》,《贵州日报》1941 年 11 月 26 日,第 4 版。

李絜非:《抗战中的浙江大学》,《教育通讯》1938 年第 21 期,第 10—13 页。

李絜非:《浙江大学西迁纪实》,浙江大学 1939 年版。

李雪梅:《中国近代藏书文化》,现代出版社 1998 年版。

梁启超:《近代学风之地理的分布》,《清华学报》1924 年第 1 期,第 2—37 页。

刘少雪:《书院改制与中国高等教育近代化》,上海交通大学出版社 2004

年版。

刘晓琴:《中英庚款留学生研究》,《南开学报》2000 年第 5 期,第 72—80 页。

刘寅生、谢巍、何淑馨编:《何炳松纪念文集》,华东师范大学出版社 1990 年版。

刘正伟、卢美艳:《竺可桢对哈佛大学校长艾略特大学理念的接受与改造》,《高等教育研究》2018 年第 9 期,第 83—92 页。

柳和城、宋路霞、郑宁:《藏书世家》,上海人民出版社 2002 年版。

柳滔:《抗日战争时期的英士大学》,《浙江档案》2018 年第 8 期,第 44—47 页。

陆阳、胡杰主编:《胡敦复胡明复胡刚复纪念文集》,线装书局 2014 年版。

吕顺长:《清末浙江与日本》,上海古籍出版社 2001 年版。

吕顺长:《清末中日教育文化交流之研究》,商务印书馆 2012 年版。

骆祖英:《一代宗师——钝叟陈建功》,科学出版社 2007 年版。

马玉田、舒乙主编:《文史资料存稿选编》第 24 册《教育》,中国文史出版社 2002 年版。

梅海:《活跃的中山大学战地服务团》,《中山大学学报(社会科学版)》1986 年第 1 期,第 105—110 页。

明立志编:《蒋梦麟学术文化随笔》,中国青年出版社 2001 年版。

缪进鸿:《长江三角洲与其他地区人才的比较研究》,《教育研究》1991 年第 1 期,第 10—27 页。

宁波市江北区政协教文卫体和文史资料委员会、江北区庄桥街道办事处、江北区教育局(体育局)合编:《奥运篮球第一哨——舒鸿教授纪念文集》,西泠印社出版社 2008 年版。

宁波市鄞州区政协文史资料委员会编:《鄞县百人》(下卷),宁波出版社 2019 年版。

宁波市鄞州区政协文史资料委员会编:《振衣千仞:文化卷》,宁波出版社 2017 年版。

欧阳一:《乐山杂忆》,《武大校友通讯》2005 年第 1 辑。

潘国旗:《民国浙江财政研究》,中国社会科学出版社 2007 年版。

潘之庚:《十六年度浙江全省学校统计表》,《浙江教育行政周刊》1929 年第 17 期,第 1—10 页。

潘之庚:《十五年度浙江教育统计概况》,《浙江大学教育周刊》1928 年第 25 期,第 1—5 页。

钱翰献主编:《钱塘江文献集成》第 18 册《之江大学专辑》,杭州出版社 2016 年版。

钱永红编:《一代学人钱宝琮》,浙江大学出版社 2008 年版。

钱永红主编:《求是忆念录:浙江大学百廿校庆老校友文选》,浙江大学出版社 2017 年版。

乔青:《浙大战地服务团昨出发赴黔南》,《贵州日报》1945 年 1 月 23 日,第 3 版。

秦玉清:《近代私塾改良研究》,中国政法大学出版社 2016 年版。

清华大学校史研究室编:《清华大学史料选编》第 1—3 卷,清华大学出版社 1991—1994 年版。

曲士培主编:《蒋梦麟教育论著选》,人民教育出版社 1995 版。

沙千里编:《战时重要法令汇编》,重庆中心印书局 1944 年版。

上海市档案馆编:《上海档案史料研究》第 1—15 辑,上海三联书店 2006—2013 年版。

邵祖德等编:《浙江教育简志》,浙江人民出版社 1988 年版。

申晓云:《动荡转型中的民国教育》,河南人民出版社 1994 年版。

慎夫:《谈贵州联考》,《贵州教育》1943 年第 7、8 期合刊,第 16—18 页。

师院述之:《附中在跃进着》,《浙大学生》1941 年复刊第 1 期,第 3 页。

史美钧:《浙江教育简史》,《浙江政治》1940 年第 9 期,第 35—48 页。

舒新城编:《近代中国留学史》,上海古籍出版社 2014 年版。

宋恩荣、章咸主编:《中华民国教育法规选编》,江苏教育出版社 1990 年版。

孙荪侯:《浙江教育史略》,浙江省教育厅 1931 年编印。

孙洋:《太平洋战争时期美国对华文化援助研究》,吉林大学 2012 年博士学位论文。

台北市浙江大学校友会编:《国立浙江大学》(上、下),台北市浙江大学校友会 1985 年编印。

汤志钧、陈祖恩编:《中国近代教育史资料汇编 戊戌时期教育》,上海教育出版社 1993 年版。

陶水木:《浙商与中国近代工业化》,中国社会科学出版社 2009 年版。

童村、王来国编:《热血流向——著名生理学家朱壬葆院士传》,解放军出版社 2001 年版。

童隆福主编:《浙江航运史(古近代部分)》,人民交通出版社 1993 年版。

汪敬虞编:《中国近代工业史资料》第 2 辑(上、下册),科学出版社 2016 年版。

汪林茂主编:《浙江大学史料·第一卷(1897—1927)》(上、下),浙江大学出版社 2022 年版。

汪林茂主编:《浙江辛亥革命史料集》(全 8 卷),浙江古籍出版社 2014 年版。

汪兆翔:《基督教对于最近时局当有的态度和措施》,《文社》1928 年第 8 册,第 1—34 页。

王承绪、赵端瑛编:《郑晓沧教育论著选》,人民教育出版社 1993 年版。

王焕琛编:《留学教育——中国留学教育史料》第 1—4 册,台北编译馆 1980 年版。

王继平等:《晚清人才地理分布研究(1840—1912)》,中国社会科学出版社 2012 年版。

王觉源编:《战时全国各大学鸟瞰》,独立出版社 1941 年版。

王天骏:《文明梦——记第一批庚款留美生》,清华大学出版社 2012 年版。

王彦君:《浙江科学技术史(民国卷)》,浙江大学出版社 2014 年版。

王运来:《江苏高等教育的早期现代化》,人民出版社 2001 年版。

王滋源:《回忆赵师梅的故事令人感动》,《珞珈》(台北)1992 年第 110 期。

魏颂唐:《浙江经济纪略》,出版单位不详,1929 年版。

吴笛主编:《浙江大学中文系系史·总论卷》,浙江大学出版社 2011 年版。

吴光辉:《转型与建构:日本高等教育近代化研究》,世界知识出版社 2007 年版。

吴小鸥:《启蒙之光:浙江知识分子与中国近现代教科书发展》,浙江工商大学出版社 2016 年版。

伍春晖:《湖南教育近代化研究》,湖南人民出版社 2012 年版。

西南联合大学北京校友会校史编辑委员会编:《国立西南联合大学校史资料》,北京大学出版社、云南人民出版社 1986 年版。

徐和雍等:《浙江近代史》,浙江人民出版社 1982 年版。

徐立望:《1914—1927 年浙江大学筹建运动》,《浙江学刊》2016 年第 4 期,第 76—84 页。

许高渝、傅天珍主编《国立浙江大学龙泉分校史料》,浙江大学出版社 2019 年版。

许高渝编:《从求是书院到新浙大——记述和回忆》,西泠印社出版社 2017 年版。

许高渝等编著:《遗珍逸文:老浙大期刊集萃》,浙江大学出版社 2017 年版。

许绍棣:《浙江教育行政史略(六)》,《浙江月刊》(台北)1984 年第 9 期,第 5—7 页。

许绍棣:《浙江教育行政史略(三)》,《浙江月刊》(台北)1984 年第 5 期,第 16—19 页。

许绍棣:《浙江教育行政史略(四)》,《浙江月刊》(台北)1984 年第 7 期,第 15—18 页。

宣香颖:《清末浙江留学日本早稻田大学百名师范生之研究》,浙江工商大学 2022 年硕士学位论文。

严中平等编:《中国近代经济史统计资料选辑》,科学出版社 2016 年版。

杨达寿等:《浙大的校长们》,中国经济出版社 2007 年版。

杨怀仁主编:《叶良辅与中国地貌学》,杭州大学出版社 1989 年版。

杨思信、郭淑兰:《教育与国权——1920 年代中国收回教育权运动研究》,光明日报出版社 2010 年版。

杨思信:《战时浙江大学的训育与风波——以竺可桢日记为考察中心》,《甘肃社会科学》2016 年第 5 期,第 156—160 页。

杨学为、朱仇美、张海鹏主编:《中国考试制度史资料选编》,黄山书社 1992 年版。

杨竹亭编著:《求是先哲群英传》,杭州大学出版社 1996 年版。

杨竹亭主编:《师恩难忘——顾谷宜教授诞生 101 年纪念文集》,浙江大学上海校友会 2005 年印。

余子侠、冉春:《中国近代西部教育开发史——以抗日战争时期为重心》,人民教育出版社 2008 年版。

袁成毅:《浙江抗战损失初步研究》,陕西人民出版社 2003 年版。

张彬:《从浙江看中国教育近代化》,广东教育出版社 1996 年版。

张彬:《浙江教育史》,浙江教育出版社 2006 年版。

张根福:《抗战时期浙江省人口迁移与社会影响》,上海三联书店 2001 年版。

张健:《张钧衡及其"适园"藏书》,《芜湖职业技术学院学报》2003 年第 4 期,第 31—33 页。

张立程、汪林茂:《之江大学史》,杭州出版社 2015 年版。

张丽红:《抗战时期大学导师制研究:以国立中山大学为个案》,中山大学 2004 年硕士学位论文。

张连红主编:《金陵女子大学校史》,江苏人民出版社 2005 年版。

张其昀:《浙江省史地纪要》,商务印书馆 1925 年版。

张其昀先生文集编辑委员会编:《张其昀先生文集》第 1—22 册,台北"中国文化大学"出版部 1988 年版。

张上隆主编:《纪念吴耕民教授诞生一百周年论文集》,中国农业科技出版社 1995 年版。

张淑铿主编:《浙江大学史料·第二卷(1927—1949)》(上、下),浙江大学出版社 2022 年版。

张耀翔:《清代进士之地理的分布》,《心理》1926 年第 1 期,第 1—12 页。

张寅:《大变局中的省域教育领导者:清末提学使司研究》,浙江大学出版社 2019 年版。

章开沅、马敏主编:《社会转型与教会大学》,湖北教育出版社 1998 年版。

章开沅、余子侠主编:《中国人留学史》(上、下册),社会科学文献出版社 2013 年版。

章有义编:《中国近代农业史资料》第二辑(1912—1927),科学出版社 2016 年版。

赵世培、郑云山:《浙江通史》第 9 卷《清代卷》(中),浙江人民出版社 2005 年版。

赵卫平、张彬主编:《浙江大学教育学院院史》(修订版),浙江大学出版社 2019 年版。

赵志飞主编:《中国晚清警事大辑》第一辑,武汉出版社 2014 年版。

浙江财务人员养成所编:《浙江财政概要》,浙江财务人员养成所 1931 年编印。

浙江大学校史编写组编:《浙江大学简史》(第一、二卷),杭州大学出版社 1996 年版。

浙江大学校友总会、电机工程系合编:《怀念王国松先生文集》,浙江大学校友总会、电机工程系 1985 年编印。

浙江大学校友总会、电教新闻中心编:《竺可桢诞辰百周年纪念文集》,杭州大学出版社 1990 年版。

浙江公立工业专门学校编:《浙江公立工业专门学校一览》,浙江公立工业专门学校 1921 年编印。

浙江省档案馆编:《浙江民国史料辑要》(上册),浙江省档案馆 2002 年编印。

浙江省建设厅编:《两年来之浙江建设概况》,浙江省建设厅 1929 年编印。

浙江省教育厅编:《三年来浙江高等教育概况》,浙江省教育厅 1932 年编印。

浙江省抗日自卫委员会战时教育文化事业委员会编:《浙江战时教育文化实施概况》,战时教育文化事业委员会书刊发行部 1939 年印行。

浙江省政协文史资料委员会编:《浙江文史集粹·教育科技卷》,浙江人民出版社 1996 年版。

浙江学务公所编:《浙江教育统计》,浙江学务公所 1909 年编印。

之江大学编:《私立之江大学一览》,之江大学 1930 年编印。

之江文理学院编:《私立之江文理学院一览》,之江文理学院 1937 年编印。

支德瑜、丁儆:《战地服务团出征记》,《红岩春秋》2015 年第 9 期,第 43—45 页。

中国国民党中央执行委员会宣传部编:《抗战六年来之教育》,中国国民党中央执行委员会宣传部 1943 年编印。

中国基督教教育调查会编:《中国基督教教育事业》,商务印书馆 1922 年版。

中国人民政治协商会议邗江县委员会文史资料研究委员会编:《邗江文史资料》第 6 辑《物理学家束星北:纪念束星北逝世十周年》,中华人民政治协商会议邗江县委员会文史资料研究委员会 1993 年编印。

中国人民政治协商会议湄潭县政协文史资料委员会编:《湄潭县文史资料》第 9 辑,中国人民政治协商会议湄潭县政协文史资料委员会 1992 年编印。

中国人民政治协商会议湄潭县政协文史资料委员会编:《湄潭文史资料》第 5 辑,中国人民政治协商会议湄潭县政协文史资料委员会 1988 年编印。

中国人民政治协商会议湄潭县政协文史资料委员会编:《湄潭文史资料》第 6 辑,中国人民政治协商会议湄潭县政协文史资料委员会 1989 年编印。

中国人民政治协商会议宜山县委、宜山县志编委会编:《宜山文史》第 2 辑,中国人民政治协商会议宜山县委、宜山县志编委会 1988 年编印。

中国人民政治协商会议浙江省委员会文史资料委员会编:《天涯赤子情——港台和海外学人忆浙大》,浙江人民出版社 1987 年版。

中国人民政治协商会议浙江省委员会文史资料研究委员会编:《浙江文史资料选辑》第 10 辑,浙江人民出版社 1978 年版。

中国人民政治协商会议浙江省委员会文史资料研究委员会编:《浙江文史

资料选辑》第 13 辑,浙江人民出版社 1979 年版。

中国人民政治协商会议浙江省委员会文史资料研究委员会编:《浙江文史资料选辑》第 29 辑,浙江人民出版社 1985 年版。

中国人民政治协商会议浙江省委员会文史资料研究委员会编:《浙江文史资料选辑》第 45 辑《浙江近代学校和教育家》,浙江人民出版社 1991 年版。

中国社会科学院近代史研究所编:《中国社会科学院近代史研究所青年学术论坛(1999 年卷)》,社会科学文献出版社 2000 年版。

中国社会科学院近代史研究所编:《中国社会科学院近代史研究所青年学术论坛(2010 年卷)》,社会科学文献出版社 2011 年版。

中国文化建设协会编:《抗战前十年的中国》,龙田出版社 1980 年版。

中华续行委办会调查特委会编,蔡咏春等译:《1901—1920 中国基督教调查资料》(修订本),中国社会科学出版社 2007 年版。

中虚:《巴黎通信:留学勤工俭学经过情形》,《申报》1921 年 12 月 26 日,第 6 版。

钟学艳:《抗战时期的姚名达与战地服务团》,《史学月刊》2012 年第 5 期,第 134—136 页。

周忱编选:《张荫麟先生纪念文集》,汉语大词典出版社 2002 年版。

周东华:《民国浙江基督教教育研究:以身份建构和本色之路为视角》,中国社会科学出版社 2011 年版。

周秀松主编:《英士大学钩沉》,中国民族摄影艺术出版社 2015 年版。

朱国仁:《西学东渐与中国高等教育近代化》,厦门大学出版社 1996 年版。

朱君毅:《现代中国人物之地理教育与职业的分布》,《心理》1926 年第 1 期,第 1—12 页。

朱庆葆、陈进金、孙若怡等:《中华民国专题史》第 10 卷《教育的变革与发展》,南京大学出版社 2015 年版。

朱寿朋编:《光绪朝东华录》,中华书局 1958 年版。

朱新予:《浙江丝绸史》,浙江人民出版社 1985 年版。

邹先定主编:《浙江大学农业与生物技术学院院史(1910—2010)》,浙江大学出版社 2010 年版。

后　记

　　本书出版受浙江省博士后科研项目择优资助,撰写时我正在浙江大学教育学院进行博士后研究。我曾在田正平先生开设的"中国近代教育文献专题研究"课程中与先生讨论,得到先生关于近代留学研究的一些启发。中国的教育史现代化运动属内生外源型,西潮的冲击乃中国现代化进程中不可或缺的历史动因,这基本上已成为中国教育现代化研究当中的共识,而中国教育现代化研究的核心又在于知识精英分子群体,确切而言则是深受中国传统文化熏陶又受欧风美雨浸润的留学生群体。过去十几年关于近代留学教育和留学生的研究,多从教育、文化、科学、中外交流等角度进行,的确已经取得了较为丰硕的成果,大大推动了人们对近代教育艰辛曲折发展历程的认识,也给人们提供了多面相的近代历史图像。部分研究多为综合性的宏观研究,或是从留学政策与历史背景、留学生与某学科发展、留学生归国之后的成就与贡献、留学生知识人社团与学术权力、留学生代表群体与个体的教育思想等方面进行研究,或是侧重于晚清民初留学生群体多样政治取向的分化,或是从史学角度探求近代教育思潮的历史进程,寻觅其理论研究发展的新脉络,同时这些研究也对中国近代教育思潮做了比较全面和细致的考察,揭示了各类主要教育思潮的萌生、形成、拓展、嬗变与更生的节律及思潮之间的前因后果。关于近代留学教育及近代留美生诸问题的研究,始终是教育史领域的一个研究热点和重点,这部分研究大多从"教育"相关视角切入,具备了问题意识并关注现实需求,也力图避免教育史学理论薄弱、研究思维简单直线化及研究范式过于静态、单一的状况发生。这部分成果大体可归属到"留学生与中国教育现代化"这一宏大而又传统的论题之

361

下。其具体议题则可细分为留学生与西方教育思想在中国的研究、留学生与晚清中国教育的改革、留学生与中国现代学科的建立与发展、具有海外留学背景的近代教育学家、教育学背景留学生与当代中国高等教育研究等几条主线。

除了本书中所展现的历史图景之外，根据数年的思考，我认为自 2010 年起，随着公共空间视角、文化形象学、全球史视角的引入，留学教育史尤其是近代留美教育史研究有了创新性的突破。总的来说，这部分研究为传统留学教育研究注入了活力，从留学生精神文化、留学生知识人社团与学术权力、全球视域等方面深入勾勒了"留学教育史"的具体面相，呈现出了一种多维立体化的研究模式。但研究的广度仍然不够，研究领域仍然有可扩展空间，研究深度也有待进一步挖掘。然而，从研究集中时间段来看，以公共领域、文化形象学或全球视野进行的各类研究，都存在一系列弊端，如"重中文材料轻外文材料"，普遍忽视了对他们留学经历的本身，留学生更为深层的国家观念、国家心态意识变迁的研究。另外，从研究方法与研究视角来看，多是个案与长时段的总体概述分别进行，缺乏对某一特殊时间段的留学生群体及个体的深层次聚焦研究，以及对留学生心理变迁、政治参与、域外活动等问题的研究。从研究方法与研究视角来看，多以传统历史研究法、个案研究法或现代化研究法、社会史研究法为主，普遍重视考察留学生对国家、社会或某省、某学科的影响及其作用的挖掘。但更进一步地综合运用教育史、思想史、观念史、政治学、心理史学等研究方法，来探析留美学生的一系列活动与讨论具体的历史细节，以及推进近代留学教育、近代留学生、近代知识分子及其心态的相关研究，还较为缺乏。学者叶隽曾在《变创与渐常：侨易学的观念》一书中提出一项关于留学生群体的重要观念——"侨易观"。所谓"侨易观"是指从半封建半殖民地的中国进入发达的资本主义国家，每一个留学生都要经历环境的巨大变化所带来的冲突、调整、适应和融入的过程，这一过程称之为因"侨"而致"易"，这其中既包括物质位移、精神漫游所造成的个体思想观念的形成与创生，也包括不同的文化子系统如何相互作用于精神变形，这种观念有助于解释留学生的一系列问题。

此后，为了回答以上这一系列问题，也为了将近代留学教育史的研究逐渐引向深入，我曾在相关部分研究中尝试解答。研究成果曾以《公共领域、文化形象与跨国视野："近代留学教育史"研究的新趋势及其分析》《论教育学人的学科求索——基于留美中国学生"中国教育研究会"个案的探讨》《由"私域"走向"公共":近代留美中国学生的历史选择——以留美中国学生联合会为例》《以"筑新学"而"造新国"的向度与难为——以〈留美学生季报〉为例》《索我中华之尊严:留美中国学生域外救国活动的开展——以"山东问题"为视角》《异质文明下的游移:近代留美学生之身份二重转换》《异邦的"想象":公众视域下近代留美中国学生形象之解读》《想象异域与自我正名:留美中国学生及其游学指南手册中的留学生活》《书生报国的另一种面相:留美中国学生的价值选择与意义转向——以"山东问题"为视角之考察》《论教育史研究服务实践的难为之因与可为之径》《彼岸再现与民族自志:访美学人张其昀及其〈旅美见闻录〉》《觅"政"之途:夹缝时代中的学人与学科求索——以近代留美政治学人张忠绂为个案之探讨》等为名,发表于相关学术期刊。相关成果亦曾获得中国教育学会教育史分会第十四届优秀成果奖(2013年)、中国教育学会教育史分会第十六届优秀成果奖(2015年),以及中国教育学会首届优秀个人奖(2017年)、云南省第二十一届哲学社会科学优秀成果奖(一等奖)(2018年)、云南省教育规划优秀成果奖(一等奖)(2017年)。

为了近代留学教育主题的延续,我又陆续申请并主持了各级各类课题,如国家社科基金(全国教育科学"十三五"规划教育学)课题"异域想象与自我审视:近代西方公众视野下留美中国学生形象研究(1879—1949)"(编号:XOA180295)、中国博士后科学基金第66批面上资助"家国情怀与使命担当:近代留美中国学生在美政治活动研究(1909—1937)"(资助编号:2019M662094)、浙江省博士后项目择优资助"'世界性'与'本土性'的互动:浙籍留美学人与浙江高等教育早期现代化研究"(编号:222485)。值得注意的是恰恰是对最后一个课题的五年研究,形成了本书的主要篇章。如读者所见,本书以晚清至民国时期浙籍留美学生为研究的切入视角,以浙籍留美学生创建、执掌、执教或参与浙江专门以上学校,引领和推动浙江高等教育的早期现代化为研究重点,较系统地梳理近代浙籍留美学生的数量、结构、留美学习过程及归国后就职、服务等史实。本书是高等教育领域之下对区域化特性的研究,通过对浙江省域高等教育早期现代化发展的研究,并将浙江高等教育发展置于近代世界变迁潮流下进行考察,有助于更好地廓清近代中国尤其是浙江地区的社会结构变革,以及全球互动背景之下高等教育运动的轨迹与内在规律。对本书主题的细致探讨有助于明晰当前各大高等院校如何在当今高等教育国际化潮流中得到更好的发展。可以说本书是对田正平先生所提出的未来教育史研究"应如何牢牢把握住'教育发展规律'这条主线,体现教育本身的特点"这个问题,一个比较有力的回答。当然,以上这些课题对留学教育主题的进一步探讨还在继续,期望未来能向读者交上一份更完整、更令人满意的答卷。

言归正传,如今本书也已完稿,长久以来忙碌的一个研究也即将画上休止符,但对于一名立志于在此研究中继续前行的科研工作者而言这才只是开始。撰写期间一直给予支持并令我深切感恩的师长有:中国教育科学研究院宋恩荣研究员(已故),浙江大学文科资深教授田正平,北京师范大学教育历史与文化研究院孙邦华教授、徐梓教授,江苏师范大学周棉教授,中国教育科学研究院储朝晖研究员,同济大学人文学院叶隽教授,遵义师范学院唐露萍挚友,哈尔滨师范大学张杨挚友,以及对这本书付出巨大心力的浙江大学出版社刘婧雯编辑及陈思佳编辑,如若没有两位可敬可爱的编辑助力,这本书的问世是不可预见的。感谢以上各位师长朋友在这段异常艰难、尤显漫长的时光中给予的鼓励,在最难以看到光明到来的被绝望裹挟的深夜带给我最振奋人心的晨晖。我所工作的院校云南师范大学,给予了我这样一位低调无名青年研究者十分重要的资助。在本书写作过程中,我曾有幸于 2018 年入选云南师范大学"优秀青年学者"人才项目,同年入选云南省首批"高层次人才计划"青年学者人才专项;2019年入选了云南省"高层次人才计划"青年学者后期研究资助专项;2020 年夏又入选了云南师范大学首批"联大学者"(青年英才)专项;2022 年冬又受到国家留学基金委(CSC)及云南省人民政府"高层次人才计划"研修资助,赴美国加州伯克利大学亚洲研究中心学术访问。以上种种均是对一名正值科研上升期的研究人员最真诚、最振奋的鼓励,我愿意与云南师范大学以及无条件接纳我为博士后研究人员的浙江大学教育学院一级学科博士后流动站共同分享彼此的未来。

感谢我的父母对我的疼爱与宽容。女儿不孝,未能时常陪伴他们身边。对他们来说,能够给予女儿最实际的安慰是随时准备好一桌丰盛的饭菜,一家人得以在饭桌上短暂聊聊。尤其是我的父亲,长期在丽江工作,每次听到我要回家,无论工作如何繁忙,也要连夜搭动车回昆明,忙前忙后准备一桌可口佳肴。

我却常因为情绪不佳匆匆落筷,转身离席。他们没有任何怨言,依然小心翼翼地悉心呵护我的脆弱,体恤我的焦虑,并在生活方面倾尽所能,解决我的一切后顾之忧,让我在绝望沮丧时还能有复苏的能量。我的先生李俊源,是一位极具包容心、同理心、幽默感的良善伴侣,我们相识的时候还是青春年少,不知不觉已携手走到了人生不惑,在美丽家乡高原小城滇池湖畔与彼此分享了生命中最宝贵的6000多天,共同经历了无数的生命体验。虽时常因观念不同稍有争执,但记忆中更多的是欢声笑语、心灵相通。他用山一般的宽容,理解接纳着并不完美的我,包容着这充满着艰难,总是给他"开玩笑"的世界。我们始终相互鼓励,为彼此的人生"加油鼓劲",我也期待着自己能在未来的学术道路上不畏艰难、披荆斩棘。

就此落笔,谨以本书献给一直以来关爱我、鼓励我的亲朋好友,正是有了你们,我的人生才有了些许的慰藉。

张睦楚

于美加州伯克利寓所

2023 年 6 月 29 日